Walter Hömberg
Lektor im Buchverlag

Walter Hömberg

Lektor im Buchverlag

Repräsentative Studie über einen unbekannten Kommunikationsberuf

Unter Mitarbeit von
Susanne Pypke und Christian Klenk

2., überarbeitete Auflage

UVK Verlagsgesellschaft mbH

Bibliografische Information der Deutschen Nationalbibliothek
Die Deutsche Nationalbibliothek verzeichnet diese Publikation in der Deutschen Nationalbibliografie; detaillierte bibliografische Daten sind im Internet über http://dnb.d-nb.de abrufbar.

ISBN 978-3-86764-338-2

1. Auflage 2010
2. Auflage 2011

Einband: Susanne Fuellhaas, Konstanz
Titelfoto: Istock Inc.
Printed in Germany

UVK Verlagsgesellschaft mbH
Schützenstr. 24 · 78462 Konstanz · Deutschland
Tel.: 07531-9053-0 · Fax: 07531-9053-98
www.uvk.de

Inhalt

Anhang

1 Die Studie

1.1 Auf den Spuren eines unbekannten Kommunikationsberufs

Falsche Vorstellungen

Ein Lektor war vor dem Standesamt und musste seinen Beruf angeben und nannte den Beruf Lektor. Aber die Dame im Amt hatte reingeschrieben ‚Elektriker', weil sie einfach nicht wusste, was ein Lektor ist. Ist ein Extremfall, aber trifft uns alle.

Christoph Selzer, Klett-Cotta (Stuttgart)

Viele haben auch keine Vorstellung. „Aha, schön, da musst du sicher sehr viel lesen" – das ist so die übliche Reaktion, weil viele keine genaue Vorstellung davon haben, was es bedeutet, Lektorin zu sein. Das Ansehen ist okay. Aber es ist kein Berufsbild, wo alle dastehen und sagen: „Meine Herren, dass du das werden durftest!"

Maria Dürig, Limes (München)

Vorurteile über Lektoren? – Unmengen: Das muss doch spannend sein, jeden Tag ein neues Buch zu lesen ... Dass nicht jedes Buch spannend ist und jedes Buch im Laufe von Wochen merklich an Reiz verlieren kann ... Das ist die eine Sache. Bei Verlegern wird auch durch die Medien ein Bild transportiert: Sehr beliebt ist immer in irgendwelchen Krimireihen der Verleger in der Jugendstilvilla mit großem Garten, der dann nur noch mal kurz mit dem Bentley vorfährt und schaut, wie die niederen Schergen so sein Vermögen vermehren, und dann mal kurz mit dem Bestsellerautor einen Kaffee trinkt. Das, so denke ich mal, ist doch eher ein seltenes Bild in der Realität.

Stefanie Aulbach, J. D. Sauerländer's (Frankfurt)

Die Reaktion ist immer eher Neugierde: Ach schön, könnt ihr immer lesen, könnt ihr so viel lesen, ist doch schön. Also naive Vorstellungen auch. Die Leute können sich darunter, glaube ich, einfach nichts vorstellen. Ein Verlag ist immer noch eine Blackbox, und Lektoren lesen eben irgendwie, haben mit interessanten Sachen, literarische Lektoren mit interessanten Leuten zu tun, Autoren vielleicht – und das muss ja spannend sein.

Hans-Ulrich Müller-Schwefe, Suhrkamp (Frankfurt)

Das Berufsbild genießt nach meiner Einschätzung einiges Ansehen, es ist auch immer noch etwas die Aura des Geheimnisumwitterten dabei. Ganz häufig kommt als erste Bemerkung: Ach ja, ich wollte auch einmal ein Buch schreiben ... Das ist dann eher lustig. Ich merke, dass viele Leute nahezu keine Vorstellung davon haben, was in einem Verlag wirklich getan wird und auch deswegen von der Arbeit eines Lektors nicht viel Vorstellung haben. Meistens werde ich gefragt, ob ich denn jetzt den ganzen Tag im Büro sitze und lese. Nach meiner Einschätzung ist das Berufsbild auch verbunden mit Schöngeistigem, ein bisschen was Abgehobenes. Ich glaube die Gespräche würden anders verlaufen, wenn ich mich vorstellen würde als Redakteur beim Fernsehen.

Dietrich Voorgang, Claudius (München)

Die Vorurteile sind ja ein bisschen so, dass Lektoren verhuschte, mausgraue Wesen sind, die keine eigene Kreativität haben und selber unglaublich trocken und buchhaltermäßig sind und dann die Kreativität der Autoren anzapfen.

Claudia Stein, Büchergilde Gutenberg (Frankfurt)

Ich hatte nicht das Bedürfnis, Lektorin zu werden, da ich dieses Berufsbild einer stundenlang über Manuskripten dasitzenden verhuschten Persönlichkeit hatte. Das ist das, was leider immer noch in germanistischen Hauptseminaren als das Berufsbild des Lektors transportiert wird – fälschlicherweise. Damals, als ich studiert habe, war das auf jeden Fall noch so: Der Lektor ist zuständig, um mit dem Autor in die Tiefen des Textes zu gehen und hat dann pro Halbjahr ein Buch. Und dann wird da stundenlang diskutiert, wenn man Glück hat über Rotwein, wenn man Pech hat, stundenlang am Telefon. Und man sitzt mit feinem Bleistift da. Das ist das Berufsbild des Lektors, das immer noch transportiert wird.

Maria Dürig, Limes (München)

Ich denke mal die ganze Branche pflegt von sich das Bild, sehr gebildet, sehr intellektuell und sehr informiert zu sein und auch zu wissen, was so die Welt im Innersten zusammenhält.

Stefanie Aulbach, J. D. Sauerländer's (Frankfurt)

Das Buch gilt als das älteste Massenmedium. Bereits lange vor den periodisch-aktuellen Druckmedien wie Zeitung und Zeitschrift dienten geschriebene und gedruckte Bücher zur zeitüberdauernden Fixierung und raumüberwindenden Weitergabe kultureller Inhalte. Die später hinzugekommenen auditiven (Hörfunk), visuellen (Film) und audiovisuellen Medien (Fernsehen) haben das Buch ebenso wenig verdrängt wie der multimediale Kommunikationsraum Internet. Im Gegenteil: Die Zahl der neu oder erneut erschienenen Buchtitel sowie die Menge der insgesamt gedruckten Buchexemplare weltweit ist höher als je zuvor in der Geschichte. In den vergangenen Jahren wurden allein in Deutschland mehr als 900 Millionen Exemplare von Büchern, Broschüren und ähnlichen Druckerzeugnissen jährlich produziert und über 80 000 Neuerscheinungen verzeichnet. Der Sortimentsbuchhandel erzielte ungeachtet der Medienkonkurrenz steigende Umsätze, und trotz sinkender Leserzahl liegt das Lesen noch immer auf Platz sieben der beliebtesten Freizeitbeschäftigungen. Damit zählt die Bundesrepublik zu den führenden Buchnationen im internationalen Vergleich.[1] In Zeiten von digitalen Datenhighways, weltweiter Vernetzung und stetig anwachsender elektronischer Medienkonkurrenz widerlegen diese Daten McLuhans These vom Untergang der Gutenberg-Galaxis.

Für die ungebrochene Bedeutung des Basismediums Buch gibt es viele Gründe: Es ist auf Dauer verfügbar (zum Beispiel durch Bibliotheken und Archive oder durch individuellen Besitz); der Nutzer ist unabhängig von technischen Wiedergabegeräten und kann die Rezeptionsgeschwindigkeit bei der Informationsaufnahme selbst steuern; ein Buch ist leicht zu handhaben sowie orts- und situationsflexibel rezipierbar; kein anderes Medium präsentiert insgesamt ein

[1] Die genauen statistischen Wirtschaftskennzahlen des herstellenden und verbreitenden Buchhandels sowie die Daten zur Buchnutzung in Deutschland werden seit 1952 jährlich vom Börsenverein des Deutschen Buchhandels in der Broschüre „Buch und Buchhandel in Zahlen“ publiziert. Im Jahr 2007 betrug die Zahl der Neuerscheinungen 96 479 Titel; davon waren 89 Prozent Erstausgaben (Börsenverein 2008: 62). Umfassende Angaben zur Buchnutzung und zum Leseverhalten enthält eine Studie der Stiftung Lesen (Franzmann 2001).

so breites Spektrum publizistischer Vielfalt; und das Buch stellt das wichtigste Trägersystem der modernen Kultur dar: Ohne die in diesem Medium gespeicherten Erkenntnisse sind weder wissenschaftliche Diskussionsprozesse noch literarisch bzw. künstlerisch inspirierte Diskurse möglich.

Angesichts dieser quantitativen und qualitativen Bedeutung als kulturelles Leitmedium ist auffällig, wie wenig das Buch in der Publizistik- und Kommunikationswissenschaft Beachtung findet. So taucht der Begriff im kürzlich unter dem Titel „Öffentliche Kommunikation“ erschienenen „Hand*buch* Kommunikations- und Medienwissenschaft“ nur im Untertitel, nicht aber in Text und Register auf (Bentele et al. 2003). Dabei ist evident, wie stark die „öffentliche Kommunikation“ in allen Medien von Impulsen durch Buchveröffentlichungen lebt. Das trifft sowohl auf aktuelle Neuerscheinungen zu, die intellektuelle Debatten in den Feuilletons der Zeitungen und Zeitschriften anstoßen, als auch auf ursprünglich in Buchform publizierte literarische Stoffe, die von Funk, Film und Fernsehen adaptiert werden.

Über den Mediencharakter des Buches wurde auch in den Literaturwissenschaften lange Zeit kaum reflektiert. Das änderte sich erst in den 1970er Jahren, als literatursoziologische Sichtweisen auch in den traditionellen Philologien Einzug fanden. An einigen Universitäten hat sich in den letzten Jahrzehnten eine sogenannte „Buchwissenschaft“ etabliert (Mainz, München, Erlangen-Nürnberg, Leipzig), die schwerpunktmäßig das „literarische Leben“ thematisiert (vgl. Rautenberg 2003: 126f.). Da hier – und in einschlägigen Fachhochschul-Studiengängen – verstärkt das „Berufsfeld Buch“ angesteuert wird (vgl. Heinold 2001: 288ff.), haben auch manche Berufsbilder im Bereich der Produktion und Distribution dieses Mediums wissenschaftliche Aufmerksamkeit gefunden. Doch im Mittelpunkt stehen meist die historischen, ökonomischen und gestalterischen Dimensionen der Buchkultur. So befassen sich die Lehrangebote und Abschlussarbeiten zum Beispiel mit Themen wie „Friedrich Schiller und seine Verleger“, „Marketing im Verlag als Instrument der Führung“, „Konsequenzen des elektronischen Publizierens“ oder „Die Buchillustration im 15. und 16. Jahrhundert“.

Wie für jede medial vermittelte Kommunikation ist auch für die Vermittlung von Buchinhalten der Aspekt der Selektion zentral. Sie wird durch die Verlage geleistet, die einerseits für die Autoren- und Aussagenselektion, andererseits für die medienspezifische Transformation, die technische Produktion sowie die Distribution zuständig sind. Diesen Funktionen lassen sich folgende Hauptabteilungen des Verlags zuordnen: Lektorat, Herstellung, Werbung, Marketing, Vertrieb.

Die Prüfung, die Auswahl und die Bearbeitung der eingereichten Manuskripte verrichtet ein unsichtbares Wesen, von dem kaum mehr als die Berufsbezeichnung bekannt ist: der Lektor (zum Folgenden siehe Hömberg 1981). Dass man über den Beruf des Verlagslektors und die Leute, die ihn ausüben, so gut wie nichts weiß, ist umso erstaunlicher, als der Kommunikationsbetrieb sonst nicht gerade öffentlichkeitsscheu ist. Kaum eine Zeitung oder Zeitschrift, die nicht in jeder Ausgabe ihre Redakteure oder Ressortleiter aufführt, selten ein noch so kleiner Artikel, der nicht mit dem Namen oder dem Sigel des Verfassers gekennzeichnet ist; das Fernsehen gar nennt auf seinen Abspann-Epitaphen die Mitarbeiter aller Produktionsstufen – vom Ideenlieferanten über Darsteller, Kostümbildner, Kulissenbauer, Tontechniker bis zum Regisseur, Redakteur und Produzenten. Bei der Buchproduktion dagegen scheint es nur Verleger, Drucker und Autoren zu geben; Lektoren jedenfalls kommen nicht vor. Die wenigen Ausnahmen – etwa in den Impressen der Bücher von Luchterhand, teilweise auch bei Rowohlt, Fischer und einigen anderen Verlagen – machen die Regel nur deutlicher.

Kein Wunder, dass auch Lektoren selbst auf die Frage nach einem beruflichen Vorbild kaum etwas zu sagen wissen oder die offiziösen Schriften des Buchhandels in diesem Zusammenhang nur Namen nennen wie Melanchthon, Erasmus von Rotterdam, T. S. Eliot, André Gide, Oskar Loerke und Hermann Kasack – Persönlichkeiten, die sich ihren „Namen“ allesamt mit „eigenem schöpferischen Schaffen“ (Hiller 1961: 61) gemacht haben.

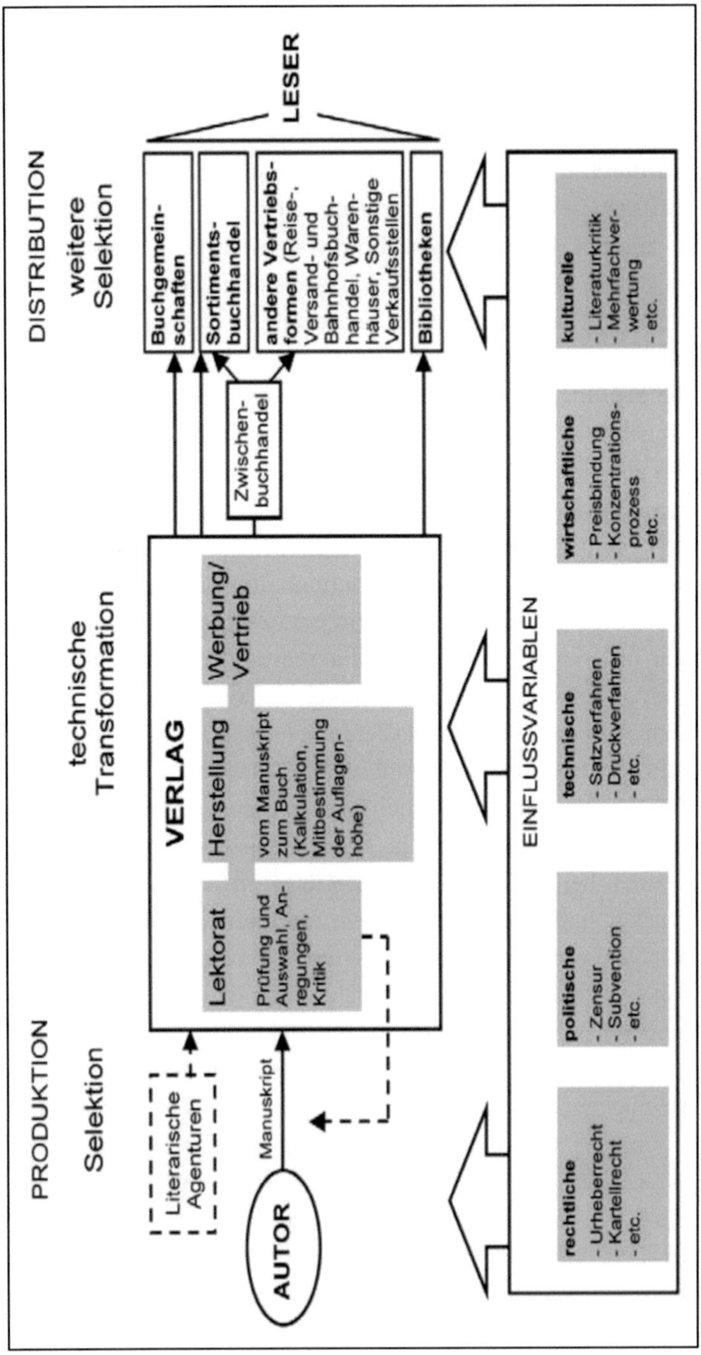

Der Prozess der Literaturvermittlung

(Grafik nach Hömberg 2004: 393)

Auch was die zahlreichen Handbücher zum Buchwesen über Funktion und Arbeitsweise des Lektors aussagen, bleibt merkwürdig blass. Lektor, das ist ein Beruf ohne Berufsbild, ohne Ausbildungsstandards, ohne Berufsorganisation, ja wohl auch ohne ein homogenes professionelles Selbstbild. Die Berufsbezeichnung „Verlagslektor“ blieb bis heute „ein schillernder Begriff, mit dem sich häufig seltsame Vorstellungen verbinden“ (Göbel 1986: 271). So sieht denn auch Schneider (vgl. 1997: 100) in der Anonymität der Lektoren, in den diffusen Angaben über ihre Funktionen sowie in der geringen Professionalisierung und im formal ungeregelten Berufszugang die Ursachen für den blinden Fleck im Wahrnehmungsorgan der Wissenschaft, der zu einer mangelnden Erforschung des Berufs und der Bedeutung dieser unsichtbaren Medienarbeiter führt.

Bereits vor gut zwei Jahrzehnten wurde von Göbel gefordert: „Das Lektorat literarischer Texte sollte [...] zunehmend Forschungsgegenstand der Literaturwissenschaft werden“ (Göbel 1986: 280). Diese Forderung hat allerdings kaum ein Echo gehabt. So finden sich im Vorlesungsverzeichnis der universitären Studiengänge nur selten spezielle Kurse zum Beruf des Lektors und weiterer Berufe rund ums Buch. Die einschlägige Literatur beschränkt sich nach wie vor weitgehend auf exemplarische Einzelporträts von Lektoren (Serie „Der Autor und sein Lektor“ im „Börsenblatt für den deutschen Buchhandel“, erstmals in Heft 74/2000) oder auf Würdigungen und Erfahrungsberichte von Lektoren (Struss 1981; Bauer 1995; Sammelbände von Habermas/Pehle 1989 sowie Schneider 1997). In jüngerer Zeit sind zwei schmale Bände erschienen, die das Selbstverständnis literarischer Lektoren dokumentieren (Nickel 2006; Siblewski 2007). Daneben liegen einige praxisorientierte Überblicksdarstellungen und Ratgebertexte vor (Keuchen 1983; Davies 1995; Plinke 2001; Glaubitz 2001). 2005 wurde schließlich eine Berufsgeschichte des Lektors im literarischen Verlag publiziert (Schneider 2005). Die Beschränkung auf den Bereich der Belletristik ist in Anbetracht des geringen Anteils der „schönen Literatur“ am Gesamtumsatz des Sortimentsbuchhandels und an der jährlichen Titelproduktion der Verlage jedoch eine stark verkürzte Betrachtung des Berufsfeldes des Lektors.[2] Seit 2007 erschien alle zwei Monate eine „Zeitschrift für Lektorinnen & Lektoren", die sich hauptsächlich mit konkreten Problemen der Berufspraxis befasste. Wegen zu geringer Abonnentenzahl wurde sie jedoch schon nach neun Heften eingestellt.

Aktuelle empirisch-analytische Bestandsaufnahmen zur Berufssituation und zur Arbeitsweise des Verlagslektors, wie man sie beispielsweise in der Journalistik zum Berufsbild des Journalisten findet, gibt es nicht. Der einzige Versuch, sich den Gatekeepern der Buchverlage empirisch zu nähern, wurde Ende der 1970er Jahre in den USA unternommen. Mittels eines Methodenmix aus standardisierten und nicht-standardisierten Befragungsmethoden sowie einer teilnehmenden Beobachtung untersuchten Coser, Kadushin und Powell das amerikanische Verlagswesen und das Berufsfeld des Lektors (Coser et al. 1982). Allerdings hat die Studie einen stark explorativen Charakter – einerseits bedingt durch die dürftige Erforschung der Branche vor Beginn der Studie und andererseits durch das Forschungsdesign, das dieser Ausgangslage Rechnung tragen musste.[3]

Die ältere Publizistikwissenschaft in Deutschland hat sich lange Zeit vorwiegend an historisch überholten Berufsrollen wie „Individualjournalist" oder „publizistische Persönlichkeit" orientiert; und in präskriptiver Attitüde hat sie sich eher mit der Berufsideologie als mit der Wirklichkeit der faktisch immer mehr innerhalb stark arbeitsteilig organisierter publizistischer Großorganisationen beschäftigten Journalisten befasst (vgl. Langenbucher 1974/1975). Dieser individualistisch-idealistische Ansatz wurde im deutschen Sprach-

---

[2] Der Anteil der Belletristik am Gesamtumsatz des Sortimentsbuchhandels beträgt rund 30 Prozent. Bei der Titelproduktion entfällt hierauf ein Anteil von etwa 15 Prozent. Lediglich bei den Taschenbüchern dominiert die Belletristik hinsichtlich Umsatz und Titelzahl (vgl. Börsenverein 2008).

[3] Die Untersuchung von Coser et al. ist die einzige Vergleichsstudie zum Berufsfeld des Lektors. Es wird daher trotz der räumlichen und zeitlichen Distanz immer wieder auf deren Ergebnisse verwiesen.

raum erst seit Ende der sechziger Jahre zugunsten einer organisations- und berufssoziologisch orientierten Perspektive verlassen.

Der Perspektivenwechsel hatte einmal wissenschaftsinterne Gründe, die hier nur verkürzt mit dem Stichwort Wandel der Disziplin von einer Geistes- zu einer Sozialwissenschaft angedeutet werden können. Mitentscheidend für diese Umorientierung waren jedoch auch wissenschaftsexterne Impulse: Die Strukturwandlungen auf dem Medienmarkt (Zeitungssterben, Presse- und Medienkonzentration, Expansion der Telekommunikation etc.) führten zu einer gesteigerten gesellschaftlichen Aufmerksamkeit gegenüber dem Kommunikationsbereich und legten Konsequenzen nahe, die unter anderem in der Forderung nach stärkerer staatlich-gesellschaftlicher Steuerung gipfelten. Die Bundesregierung gab daraufhin eine Fülle von Forschungsprojekten in Auftrag, um den Handlungsbedarf empirisch abzuklären. Der Schwerpunkt lag auf Erhebungen zur journalistischen Berufssituation.

Neben Gesamterhebungen („Repräsentative Journalistenenquete") wurden innerhalb dieses Forschungsprogramms Spezialuntersuchungen in verschiedenen Arbeitsfeldern durchgeführt; diese lassen sich unterscheiden nach Medienbereichen (Tageszeitung, Wochenzeitung, Rundfunk), Ressortzugehörigkeit (Lokales, Unterhaltung), Stellung in der Redaktionshierarchie (Volontäre, Chefredakteure), Berufssituation (von Pressekonzentration betroffene bzw. arbeitslose Journalisten) und gezielten Fragestellungen (Berufsmobilität, Innere Pressefreiheit). Die Datenerhebung erfolgte entweder per schriftlicher oder mündlicher Befragung von repräsentativ ausgewählten Stichproben oder aber in Form von Fallstudien mit kleineren Untersuchungssamples. Als Ertrag brachten sie eine eingehende Deskription von Merkmalen wie soziale Herkunft und Ausbildung, Tätigkeitsbereiche und berufsspezifische Einstellungen und Prestige innerhalb des journalistischen Berufsfeldes (vgl. Arbeitsgemeinschaft für Kommunikationsforschung 1977; Böckelmann 1993).

Zwei große Repräsentativstudien haben zu Beginn der neunziger Jahre weitere Aufschlüsse über die objektive und die subjektive Situation journalistischer Berufsangehöriger in Deutschland gebracht (vgl. Schneider/Schönbach/Stürzebecher 1993 sowie Scholl/

Weischenberg 1998). Eine diese Erhebungen wurde 2005 wiederholt, sodass hierzu jetzt auch aktuelle Daten vorliegen (Weischenberg/Malik/Scholl 2006a). Weiterhin sind vor allem die Einflüsse neuer Produktionstechniken auf das journalistische Handeln sowie die Entstehung und Entwicklung des Onlinejournalismus untersucht worden. Auch hier hat sich die Regel bestätigt, dass die Verfügbarkeit von Daten die weitere Forschung stimuliert.

Mit dem internen Entscheidungshandeln befasst sich ein spezieller Zweig der empirischen Journalismusforschung, die Redaktionsforschung. Durch die Verknüpfung system-, entscheidungs- und organisationstheoretischer Konzepte hat vor allem Manfred Rühl hier Grundlagen gelegt (1979; 1989). Gegenüber dem Abstraktum „Beruf“ betont er die differierenden Arbeitssituationen in unterschiedlichen institutionellen Zusammenhängen. Allerdings sind nur wenige Forscher seinen Anregungen gefolgt, so dass ein merkwürdiger Kontrast besteht zwischen theoretischer Fundierung und empirischer Konkretisierung. Über einige Einzelfallstudien ist die Redaktionsforschung bisher selten hinausgekommen (Meier 2002).

Die neuere Journalismusforschung liefert insgesamt viele Impulse, um auch andere Medienberufe empirisch zu untersuchen. Ihre Fragestellungen, Methoden und Ergebnisse wurden daher auch bei der vorliegenden Studie zur Berufssituation der Lektoren eingehend berücksichtigt und sowohl bei der Konzeption des Forschungsdesigns als auch bei der Interpretation der Daten zum Vergleich herangezogen.

1.2 Zielsetzung und Vorgehensweise

Setzt man sich das ehrgeizige Ziel, einen Berufsstand umfassend empirisch zu erforschen, ist es unerlässlich, bei der Konzeption der Studie möglichst viele Aspekte zu berücksichtigen, die mit dem Beruf und seinem Umfeld zusammenhängen. Das vorrangige Ziel bestand darin, das Berufsfeld des Lektors thematisch so breit wie möglich abzudecken. Auf diese Weise sollten die zahlreichen diffusen Vorstellungen vom Beruf des Lektors durch ein möglichst detailreiches, plastisches Bild ersetzt werden. Diesem Ziel tragen einerseits der Mix aus standardisierten Befragungsmethoden mit geschlossenen und offenen Fragen sowie das modulare Design der Studie Rechnung, andererseits wurden die möglichen Fragedimensionen mittels intensiver und extensiver Literaturrecherche und -analyse erschöpfend ermittelt und auf ihre Relevanz geprüft. Dadurch sollte neben der Repräsentativität der Stichprobe auch die inhaltliche Repräsentativität gewährleistet werden. Aufgrund des begrenzten Umfangs einer schriftlichen bzw. einer telefonischen Befragung[4] und aufgrund des dürftigen Forschungsstands zu Beginn der Untersuchung[5] hat die Studie notwendigerweise einen eher explorativen Charakter. Dies ist „bei Problemfeldern, die noch nicht ausreichend erforscht sind oder über die überwiegend deskriptive Untersuchungen vorliegen, [...] unabdingbar, um zu exakten Aussagen und danach überprüfbaren Ergebnissen zu gelangen" (Bock 1992: 90).

1.2.1 Forschungsfragen

Mit der Untersuchung von Lektoren in Buchverlagen sollte ein evidentes Forschungsdefizit behoben werden. Noch nie wurden bisher in Deutschland repräsentative Daten über Berufsbild, Anforderungsprofile und Arbeitsweisen dieses Kommunikationsberufes ermittelt. Die Forschungslücken sind bereits beim rein statistischen Informationsstand deutlich. So fehlt bisher sowohl eine Berufsstatistik, die auch nur die Zahl der einschlägig arbeitenden Lektoren

---

[4] Scholl und Weischenberg (1998: 322) weisen darauf hin, dass bei ihrer Studie „Journalismus in Deutschland" aufgrund der inhaltlichen Repräsentanz, der Vergleichbarkeit mit anderen Studien und der Differenziertheit der Antwortmöglichkeiten der Umfang des Fragebogens zu groß war, um telefonische Interviews zu führen. Ihre neue Erhebung von 2005 wurde dann allerdings in Form von Telefoninterviews nach dem CATI-System durchgeführt.

[5] Coser et al. (vgl. 1982: 377f.) hatten bei ihre Studie in den USA eine ähnliche Ausgangslage. Sie versuchten, das Problem der fehlenden Daten bezüglich der Grundgesamtheit der Lektoren mittels Zufallsprinzip und Schneeballsystem zu umgehen. Die vorliegende Studie strebte hingegen die Erfassung aller fest angestellten Lektoren in Deutschland in einer Datenbank an. Aus dieser Datenbank sollte dann per Zufallsprinzip eine repräsentative Stichprobe für die Befragung gezogen werden.

ausweist, als auch eine Statistik der Verlage, in denen Lektoren beschäftigt werden.

Lektoren nehmen eine (Ver-)Mittlerfunktion zwischen Verlag und Autoren ein. Welche Aufgaben sie dabei genau bewältigen müssen, wie der Berufsalltag aussieht, welche Einstiegsvoraussetzungen für das Ergreifen dieses Berufs gelten, welches Anforderungsprofil existiert, darüber gab es im Gegensatz zu vielen anderen Kommunikationsberufen keine gesicherten empirischen Daten. Über diese Fragestellungen hinaus sollten mit dem Projekt Fragen der sozialen Lage geklärt werden, insbesondere welche Form der Anstellung dominiert (Festanstellung, freie Mitarbeit etc.) und welche beruflichen Entwicklungs- und Aufstiegsmöglichkeiten es gibt. Außerdem sollten Angaben über die Arbeitszufriedenheit, über die Stellung innerhalb des Verlags, über das berufliche Selbstbild sowie über spezifische Zugangsvoraussetzungen ermittelt werden. Auf der Basis eines Überblicks über die aktuelle Berufssituation der Lektoren sollten außerdem Prognosen für die Zukunft entwickelt werden. Bei den repräsentativen Befragungen standen daher folgende Dimensionen im Zentrum:

Organisationsebene

- Um das Arbeitsumfeld der Lektoren zu beschreiben, wurden die *Strukturmerkmale* der Branche erhoben. Dazu gehören die Zahl der Verlage mit Lektoren und ihr Anteil an allen Verlagen sowie die Organisationsstruktur, die programmatische Ausrichtung und die wirtschaftliche Größenordnung dieser Verlage.
- Daneben war die *Organisation der Lektorate* von zentraler Bedeutung. Hierzu wurden Fragen zur personellen Ausstattung und Entwicklung, zu den existierenden Beschäftigungsformen (fest/frei), zur Lektoratshierarchie und zur Arbeitsteilung gestellt.

Akteursebene

- Hier wurde die *Art des Arbeitsverhältnisses* in den Fokus genommen: befristete oder unbefristete Anstellung, Teilzeit- oder Vollzeitarbeit, Zahl der einschlägigen Berufsjahre.
- Daneben wurden die *Arbeitsbereiche* (Programmbereiche, Editionsformen, Lizenztitel) und die *Zuständigkeitsbereiche* (Personalverantwortung, leitende Position) abgefragt.
- Die *ausgeübten Tätigkeiten* wurden in Blöcken erfasst, wobei die typischen Aufgabenbereiche wie Akquisition, Redaktion, Autorenmanagement, Projektmanagement und Organisation berücksichtigt wurden.
- Das *professionelle Selbstverständnis* wurde einerseits durch die offene Frage nach den wichtigsten Aufgaben eines Lektors im Verlag ermittelt, andererseits durch Fragen zum Selbstanspruch und zu beruflichen Vorbildern.
- Die *Arbeitssituation* und die *Berufszufriedenheit* wurden u. a. an der Höhe der Bezahlung, der Arbeitsbelastung, den Weiterbildungsmöglichkeiten, dem Arbeitsklima und den Karrierechancen gemessen. Zusätzlich wurde erfasst, ob es eine Kluft zwischen dem Selbstanspruch an den Beruf und dessen Verwirklichung bei der Arbeit gibt und ob die Gründung eines Berufsverbands für fest angestellte Lektoren als sinnvoll erachtet wird.
- Bei den *Einflussgrößen auf die Arbeit* der Lektoren wurden sowohl verlagsinterne Faktoren (Verlagsleitung, andere Lektoren, andere Abteilungen etc.), brancheninterne Faktoren (literarische Agenten, Autoren, Kritiker, Buchhändler etc.) als auch externe Faktoren (Leser) berücksichtigt. Zusätzlich wurde erhoben, inwiefern die mehrfache mediale Nutzbarkeit eines Inhaltes eine Rolle bei der Entscheidung über Publikation bzw. Nicht-Publikation spielt.
- Das *Anforderungsprofil* wurde in zwei Frage-Sets abgefragt: wichtigste Einstellungskriterien, Einschätzung der Wichtigkeit

verschiedener Hard und Soft Skills (allgemeine Verlagskenntnisse, betriebswirtschaftliche Kenntnisse, gute Rechtschreibung, EDV-Kenntnisse, Layout-Kenntnisse, Teamfähigkeit, Kommunikationsfähigkeit, Belastbarkeit).

- Zusätzlich wurde nach dem eigenen *Berufszugang* der Lektoren gefragt: verlagsbezogene Ausbildung, sonstige berufliche Erfahrungen, Motive für die Wahl des Berufes.
- Bezüglich der *Lektor-Autor-Beziehung* wurde einerseits nach der Intensität der Zusammenarbeit gefragt, andererseits sollten die Zusammenarbeit und die eigene Rolle in der Beziehung beurteilt werden.
- Hinsichtlich der *Zukunft des Berufs* sollten die Lektoren einschätzen, inwiefern die Bedeutung freier Lektoren und literarischer Agenten oder betriebswirtschaftlicher Kenntnisse zunehmen wird. Daneben sollte bewertet werden, inwiefern die Orientierung am Markt, der Wandel des Lektors zum Projektmanager oder die Technisierung das Berufsbild verändern werden.
- Zuletzt wurden die *soziodemographischen Merkmale* zur Vermessung des Berufes erhoben: Alter, Familienstand, Zahl der Kinder, höchster formaler Bildungsabschluss, persönliches Nettomonatseinkommen.

Da die Studie neben der Bestandsaufnahme der aktuellen Situation des Lektorenberufs Einschätzungen zur Zukunft des Mediums Buch liefern sollte, wurde neben den berufsspezifischen Fragen auch Fragen zur Einschätzung der Situation der Buchverlage und der Bedeutung des Mediums Buch gestellt. Dabei interessierte vor allem, ob die Vertreter der Branche davon ausgehen, dass die sogenannte „elektronische Revolution“ den Stellenwert des „alten“ Mediums verändern wird und welche Konsequenzen der rasante technische Wandel hat (Digitalisierung, Publishing-on-Demand, elektronisches Publizieren). Außerdem wurde der Frage nachgegangen, welchen Einfluss der Wandel der wirtschaftlichen Rahmenbedingungen (Verlagskonzentration, Buchhandelskonzentration, wachsende Bedeutung der Bestsellerlisten etc.) auf die Verlagsbranche hat. Die Ergebnisse der Befragungen können somit auch Planungsdaten für kommunikations- und bildungspolitische Maßnahmen liefern. In den letzten Jahrzehnten sind viele akademische Ausbildungsangebote für Kommunikationsberufe geschaffen worden (vgl. Hömberg/Hackel-de Latour 2005). Sollten hier nicht – wie etwa in den USA – auch spezielle Angebote für „Buch-Berufe" entwickelt werden? Die vorliegende Studie versucht auf diese Fragen eine Antwort zu geben.

1.2.2 Methodik, Durchführung und Repräsentativität

„Die Befragung gilt nach wie vor als das Standardinstrument empirischer Sozialforschung bei der Ermittlung von Fakten, Wissen, Meinungen, Einstellungen oder Bewertungen im sozialwissenschaftlichen Anwendungsbereich" (Schnell/Hill/Esser 1999: 299). Sie eignet sich in besonderem Maße (mehr noch als die Beobachtung), um die an einem kommunikativen Prozess beteiligten Personen und Institutionen zu untersuchen (vgl. Noelle-Neumann/Petersen 2002: 265). Da der Gegenstand des Forschungsinteresses Subjekte (Lektoren) sind, entspricht die Erhebungsform der Befragung am besten dem vorliegenden Untersuchungsobjekt (vgl. Laatz 1993: 103).

Die empirische Erhebung zum Berufsfeld des Verlagslektors wurde zunächst in zwei Phasen durchgeführt: Einer schriftlich-postalischen Befragung von Verlagsleitern folgte eine mündlich-telefonische Befragung von fest angestellten Lektoren. Die Ergebnisse beider Erhebungen werden, da sie teilweise thematisch ineinander greifen und sich inhaltlich ergänzen, jedoch nicht separat dargestellt. Vielmehr erschien es sinnvoll, sie in zusammengefassten Themenkomplexen zu präsentieren. Die Befragung der Verlagsleiter und der Lektoren erfolgte jeweils mittels standardisierter Fragebögen, die auch einige offene Fragen enthielt (vgl. Anhang). Somit wurde einerseits gewährleistet, dass exakte und nachprüfbare Daten gewonnen wurden, die mittels statistischer Methoden analysiert, interpretiert und verglichen werden können, und andererseits wurde durch die offenen Fragen dem explorativen Charakter Rechung getragen (vgl. Bock 1992: 90f.). Die Kombination sich ergänzender

Verfahren ermöglicht außerdem umfassendere Einsichten in das Problemfeld. Die einzelnen Befunde werden durch die Befragung zweier unabhängiger Zielgruppen außerdem besser empirisch abgesichert (vgl. Noelle-Neumann/Petersen 2002: 265f.).

Inhaltlich wurden bei der Konstruktion der Fragebögen drei Ziele verfolgt: Erstens sollten anhand der Erhebung die fehlenden primärstatistischen Daten zu den in Deutschland arbeitenden Lektoren ermittelt werden; zweitens wurde eine thematisch breit angelegte, inhaltlich und statistisch repräsentative Erfassung der relevanten Bereiche und Aspekte angestrebt; drittens sollten die gewonnen Daten mit den Resultaten anderer Studien zu Berufen im Kommunikations- und Buchbereich vergleichbar sein.

Das Buchverlagswesen in Deutschland ist eine sehr heterogene Medienbranche: Es gibt eine enorme Vielfalt an Verlagen, die sich hinsichtlich ihrer Größe, ihrer Editionsformen, ihrer Programmausrichtung und ihres Anteils an Lizenztiteln stark unterscheiden. Da standardisierte und quantifizierende Erhebungsverfahren die individuellen Erfahrungen und Arbeitsweisen der Lektoren nur sehr allgemein erfassen können, schien eine qualitative Ergänzung und Vertiefung sinnvoll. Eine Auswahl der Lektoren wurde deshalb in einer dritten Untersuchungsphase zusätzlich nach ihrem Werdegang und ihrem Arbeitsalltag befragt. Das methodische Vorgehen bei den einzelnen Erhebungsphasen ist in den nachfolgenden Abschnitten kurz dargestellt.

Die Verlagsbefragung

Angesichts der Tatsache, dass es bislang in Deutschland keine empirischen Daten zum Lektorenberuf gibt, war es nicht möglich, die anvisierte Zielgruppe der Lektoren direkt in den Fokus wissenschaftlicher Untersuchungen zu nehmen. Vielmehr mussten in einer vorgeschalteten, explorativen Vollerhebung zunächst auf Verlagsebene wichtige Basisdaten zur Struktur der Verlage und Lektorate erhoben werden. Da es in der vorliegenden Studie um das Berufsfeld fest angestellter Lektoren in Buchverlagen geht und neben allgemeinen Einschätzungen der Buch- und Verlagsbranche auch ökonomische und betriebliche Kennzahlen der Verlage abgefragt werden sollten, schienen die

Verleger bzw. die Verlagsleiter die adäquaten Ansprechpartner zu sein. Die Vertreter dieser Führungspositionen haben meist einen umfassenden Überblick über die Organisation, die strategische Ausrichtung, die Personalangelegenheiten und die Wirtschaftsdaten ihres Unternehmens. Bei ihnen laufen alle Informationen zusammen – und sie sind zugleich befugt, über die Preisgabe dieser Betriebsinterna zu entscheiden.

Als Erhebungsmethode bot sich die schriftliche Befragung an. Sie gilt unter anderem aufgrund ihrer guten organisatorischen Handhabbarkeit, des geringen Kostenaufwands und der geringen Verweigerungsquote bei heiklen Fragen als der „*Königsweg* der angewandten Sozialforschung" (Habermehl 1992: 113). Sie bietet sich besonders bei eher tastend erkundenden Studien an, die ein Forschungsfeld explorieren. Bei der Befragung der Verleger und Verlagsleiter, bei welcher zahlreiche Unternehmensdaten ermittelt werden sollten, ließ das schriftlich-postalische Vorgehen den Adressaten außerdem Zeit, die zur exakten Beantwortung der Fragen benötigten Daten zu recherchieren und gegebenenfalls notwendige Unterlagen zu besorgen (vgl. Laatz 1993: 108). Zudem handelt es sich um eine Untersuchung, die regional über das gesamte Bundesgebiet gestreut ist, sodass der Postversand des Fragebogens sinnvoll war (vgl. Merten/Teipen 1991: 111).

Als Grundgesamtheit der Vollerhebung wurden alle deutschen Buchverlage angenommen. Das Adressbuch für den deutschsprachigen Buchhandel geht von rund 15 000 Verlagen aus, die dem Bereich der „buchhändlerischen Betriebe" zugeordnet werden. Es folgt jedoch einer sehr weiten Definition, die auch Lehrstühle an Universitäten, Vereine, Organisationen und Institute einschließt, die Bücher herausgeben. Die Definition entspricht nicht der klassischen Vorstellung eines Verlages als publizistischer und wirtschaftlicher Institution; somit ist die genannte Zahl deutlich zu hoch angesetzt. Zum Vergleich sei hier auf die Umsatzsteuerstatistik des Statistischen Bundesamts hingewiesen. Diese weist für das Jahr 2003 in der Rubrik „Verlegen von Büchern (ohne Adressbücher)" nur 2553 steuerpflichtige Unternehmen aus. Die amtliche Vollerhebung des Statistischen Bundesamtes folgt allerdings von vornherein einer Definition durch wirtschaftliche Umsatzgrößenklassen. Sie berücksichtigt nur jene umsatzsteuerpflichtigen Unternehmen, die jährlich mindestens 17 500 Euro umgesetzt haben.

Im März 2005 waren im Börsenverein des Deutschen Buchhandels 1836 Betriebe des herstellenden Buchhandels (auf freiwilliger Basis) vertreten; seit 1999 ist die Zahl wegen der schwachen Konjunktur und der fortschreitenden Konzentration rückläufig. Diese Größenordnung scheint insofern plausibel, als nur Verlage mit wirtschaftlicher Zielsetzung und einer gewissen kritischen Masse vertreten sind, nicht-kommerziell orientierte Selbstverlage dagegen aus diesem Datenbestand herausfallen. Die Diskrepanz zwischen den Zahlen des Börsenvereins und des Statistischen Bundesamtes erklärt sich dadurch, dass zum Beispiel Musikverlage oder sogenannte Regiebetriebe nur zum Teil im Börsenverein vertreten sind und, wie angedeutet, für einige der wirtschaftlich schwächeren Kleinverlage (in der Umsatzgrößenklasse von 17 500 bis 50 000 Euro) eine Mitgliedschaft im Börsenverein nicht lohnt.

Im Umkehrschluss war davon auszugehen, dass nahezu sämtliche relevanten Buchverlage im Börsenverein vertreten sind. Aus arbeits- und zeitökonomischen Gründen konnte daher auf ein Screening von Verlagsadress-Verzeichnissen zur Erstellung einer vollständigen Datenbank deutscher Buchverlage verzichtet werden. Stattdessen wurden die Mitglieder des Börsenvereins des Deutschen Buchhandels als Grundgesamtheit der Buchverlage angenommen. Die Adressdatenbank der Mitglieder des Börsenvereins wurde für das Projekt vom Verleger-Ausschuss zur Verfügung gestellt. Nach einer Überprüfung der Datenbank auf Verlage, die nicht im Buchsegment tätig sind, reduzierte sich der Umfang der Grundgesamtheit von 1836 auf 1344 Buchverlage. Ausschlaggebend dafür war, dass sämtliche Verlage, die keine Bücher im klassischen Sinn oder im weiteren Sinn (also Bücher im Publishing-on-Demand-Verfahren oder in digitalisierter Textform) verlegen, aus dem Sample ausgeschlossen wurden. Dazu zählten beispielsweise Kalenderverlage, Musikalienverlage oder reine Hörbuchverlage.

Bereinigung der Grundgesamtheit

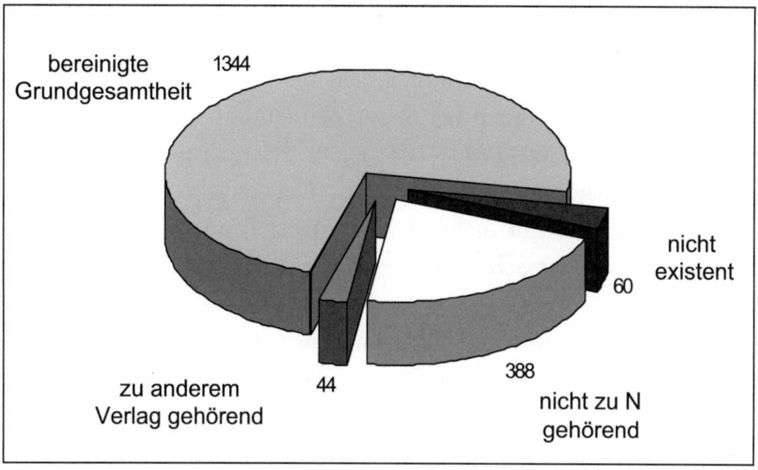

(N = 1836)

Ungeachtet dessen setzte sich die Grundgesamtheit nach wie vor aus sehr heterogenen Verlagstypen zusammen. Bei der Konstruktion des Fragebogens musste daher besonders darauf geachtet werden, dass die forschungsleitenden Fragen so operationalisiert wurden, dass die Dimensionen und Kategorien auf literarische Verlage ebenso zutrafen wie auf wissenschaftliche Verlage, auf Ein-Mann-Betriebe wie auf große Medienkonzerne, auf Publikumsverlage wie auf Spezialverlage. Bei der Auswahl der Pretest-Personen wurde besonderes Augenmerk darauf gelegt, dass es sich bei ihnen um Vertreter verschiedenster Verlagstypen handelt. Darüber hinaus wurde der Erhebungsbogen einem Experten für Fragebogenkonstruktion vorgelegt.

Am 7. April 2005 wurde der Fragebogen an die Mitglieder des Börsenvereins versandt. Um einen größeren Rücklauf zu erzielen, wurde parallel dazu ein kurzer Bericht in dem Branchenmagazin „Börsenblatt“ veröffentlicht. Außerdem wurden Ende April und Mitte Mai Nachfassaktionen durchgeführt. Der Rücklauf der Verlagsbefragung war sehr befriedigend. Insgesamt wurden 488 gültige Fragebögen zurückgeschickt. Im Vergleich zu mündlichen Methoden werden schriftlichen Umfragen insgesamt eher niedrige Ausschöpfungsquoten attestiert. So kann man, wenn man ausschließlich einen Fragebogen und ein motivierendes Anschreiben verschickt, laut Diekmann (1995: 441) und Porst (2001: 1) kaum eine Rücklaufquote von 15 Prozent erzielen. Allerdings lässt sich der Rücklauf mit den entsprechenden Maßnahmen der Total Design Methode (Dillman 1978), die auch bei dieser Befragung berücksichtigt wurden, erhöhen. Laatz (1993: 108f.) gibt als realistisch erreichbare Ausschöpfungsquote 33 Prozent an. Der erzielte Rücklauf von 36,3 Prozent ist somit mehr als zufriedenstellend. Er liegt deutlich über der Quote der Schnell-Umfrage des Börsenvereins von durchschnittlich 25 Prozent.

Noelle-Neumann und Petersen gehen davon aus, dass Rücklaufquoten in dieser Größenordnung nicht ausreichend sind, um die Repräsentativität der Stichprobe zu gewährleisten: „Wenn deutlich weniger als 50 Prozent der Empfänger den Fragebogen zurückschicken, kann man nicht von einer ‚repräsentativen Umfrage' sprechen; man kann die Ergebnisse nicht für die Gruppe, deren Einstellung und Verhalten erforscht werden sollen [...] verallgemeinern" (Noelle-Neumann/Petersen 2002: 280). Atteslander (2003: 330) und Laatz (1993: 108f.) weisen jedoch darauf hin, dass die Repräsentativität nicht ausschließlich durch den Faktor „Rücklauf" bestimmt wird. So handelt es sich hier zum einen um eine Vollerhebung der deutschen Verlage und zum anderen um eine relativ große Grundgesamtheit (N = 1344). Um dennoch sicher zu sein, dass die Repräsentativität der Daten gewährleistet ist, also keine Verzerrungen durch systematische Ausfälle vorliegen, wurde überprüft, ob die vorliegenden Daten die Grundgesamtheit adäquat abbilden. Zu diesem Zweck wurde der „Goodness of Fit"-Test durchgeführt. Dazu wurde einerseits die Verteilung der Verlage nach Bundesländern überprüft, andererseits die Verteilung der Verlage nach Umsatzgrößenklassen. Für beide Bereiche lagen durch die Mitgliederdatenbank des Börsenvereins bzw. durch die Umsatzsteuerstatistik des Statistischen Bundesamtes externe Vergleichsdaten vor.[6]

[6] Ausführlichere Erläuterungen des Testverfahrens finden sich im Anhang. – Bei den Berechnungen ergaben sich gelegentlich Rundungsresiduale.

Der Rücklauf der postalischen Verlagsbefragung

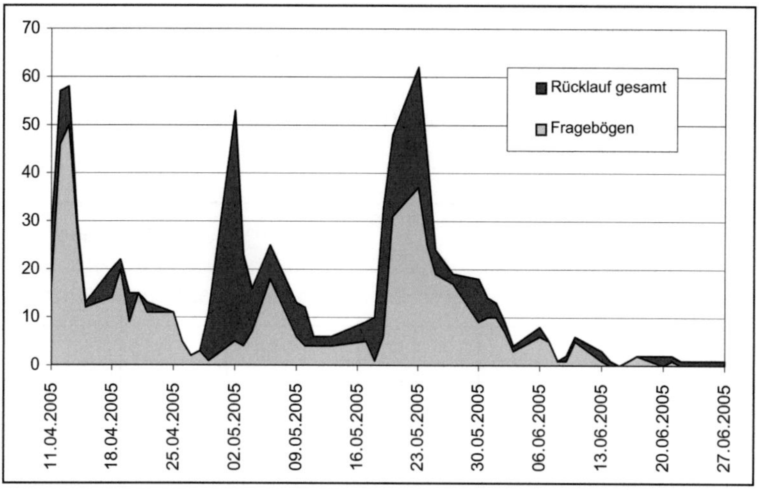

Die „Verteilung der Verlage nach Bundesländern“ ist eine Variable, die kaum äußeren Einflüssen unterliegt, da davon auszugehen ist, dass der Postversand deutschlandweit zuverlässig funktioniert. Erwartungsgemäß ergab die Überprüfung der Verteilung in der Stichprobe, dass bezüglich dieses Merkmals keine Verzerrungen erkennbar sind.[7] Anders verhielt es sich bei der Variablen „Umsatzgrößenklasse“. Hier war davon auszugehen, dass die Größe eines Unternehmens einen Einfluss auf dessen Teilnahmebereitschaft ausübt. Dies gilt insbesondere für die sogenannten Mini- oder Ein-Mann-Verlage, die keine fest angestellten Lektoren beschäftigen und überwiegend in den unteren Segmenten der Umsatzgrößenklassen zu verorten sind. Verzerrende Einflüsse bei der Überprüfung der Verteilung wurden aber auch durch den Umstand erwartet, dass die Daten der Umsatzsteuerstatistik einerseits immer nur für das vorletzte Jahr aktuell vorliegen und ihnen andererseits eine weiter ge-

[7] Mit einer Irrtumswahrscheinlichkeit von einem Prozent ist der empirische Chi-Quadrat-Wert (9,1975) kleiner als der kritische Chi-Quadrat-Wert (30,5779). Damit wird die Nullhypothese angenommen. Die Verteilung in der Stichprobe ist repräsentativ für die Grundgesamtheit.

fasste Verlagsdefinition zugrunde liegt. So ergab denn der Test auch, dass die Verteilung in der Stichprobe nicht repräsentativ für die Verteilung in der Umsatzsteuerstatistik ist.

Häufigkeitsverteilung der Verlage nach Umsatzgrößenklasse

Größenklasse	Umsatzsteuer-statistik*		Stichprobe	
	absolut	Prozent	absolut	Prozent
bis 100 000 Euro	906	35,5	112	24,5
über 100 000 bis 250 000	512	20,1	72	15,8
über 250 000 bis 500 000	369	14,5	60	13,1
über 500 000 bis 1 Mio.	230	9,0	46	10,1
über 1 Mio. bis 2 Mio.	183	7,2	48	10,5
über 2 Mio. bis 5 Mio.	169	6,6	51	11,2
über 5 Mio. bis 10 Mio.	66	2,6	26	5,7
über 10 Mio. bis 25 Mio.	69	2,7	25	5,5
über 25 Mio. bis 50 Mio.	24	0,9	7	1,5
über 50 Mio.	25	0,9	10	2,1
Summe	2 553	100	457**	100

* Die Angaben beziehen sich auf das Verlegen von Büchern (ohne Adressbücher) und sind der jährlich vom Statistischen Bundesamt herausgegebenen Umsatzsteuerstatistik entnommen. Sie gelten für das Jahr 2003 (Umsatzsteuerstatistik vom 3.6.2005).

** In 31 Fällen wurden von den Befragten keine Angaben zur Umsatzgrößenordnung ihres Verlages gemacht; daher ergeben sich als Summe nur 457 gültige Fälle und nicht 488.

Um die These zu prüfen, dass kleine Verlage mit einem Jahresumsatz von 500 000 Euro und weniger im Sample unterrepräsentiert sind, wurde der Test unter Ausklammerung dieser Größenklassen wiederholt. Das Ergebnis des Testes zeigte, dass der empirische Chi-

Quadrat-Wert (11,847) mit einer Irrtumswahrscheinlichkeit von einem Prozent im Annahmebereich der Nullhypothese liegt (der kritische Chi-Quadrat-Wert beträgt 16,812). Die Verteilung in der Stichprobe bezüglich der mittleren und großen Verlage ist also repräsentativ für die Verteilung in der Grundgesamtheit. Die kleinen Verlage sind folglich tatsächlich unterrepräsentiert. Dies konnte jedoch durch eine entsprechende Gewichtung der Daten bei der Auswertung ausgeglichen werden.[8]

Die Befragung der Lektoren

Mit den Ergebnissen der Verlagsbefragung lagen die notwendigen Parameter für die weiteren Untersuchungen vor, so dass die Berufsgruppe der Lektoren selbst ins Visier genommen werden konnte. Auf der Grundlage der in der Verlagsbefragung gewonnenen Daten konnten einerseits die Zahl der Verlage mit fest angestellten Lektoren und die Zahl der Lektoren selbst geschätzt werden, andererseits war es möglich, eine Datenbank der Lektoren bzw. der Verlage mit Lektoraten anzulegen.[9]

Als Datenerhebungsmethode wurde die computerunterstützte telefonische Befragung (CATI) verwendet. Mehrere Gründe sprachen dafür: Einmal waren die Zielpersonen geographisch weit gestreut, nämlich über ganz Deutschland. Zum anderen sollten die Lektoren am Arbeitsplatz kontaktiert werden, so dass man davon ausgehen konnte, dass das Kriterium der telefonischen Erreichbarkeit prinzipiell erfüllt war (vgl. Laatz 1993: 112). Allerdings sind Lektoren eine eher schwer erreichbare Zielgruppe. Daher wurde pro

[8] Das genaue Verfahren zur Ermittlung der Korrekturwerte wird im Anhang dargestellt.

[9] Aufgrund des Rücklaufs der Verlagsbefragung lagen zunächst bei rund einem Viertel der Verlage mit Lektoren vollständige Angaben vor. Bei den restlichen Verlagen wurden die Daten zur Beschäftigung von Lektoren so weit wie möglich über das Internet kostengünstig nachrecherchiert. Somit konnte die Mehrzahl der Verlage, die keine Lektoren beschäftigen, von der Datenbank ausgeschlossen werden. In anderen Fällen konnten über das Internet sogar die kompletten Angaben zu den Lektoraten ermittelt werden.

Fall eine Vielzahl von Kontaktversuchen (mindestens fünf) bis zum Antreffen der Zielperson vermutet. Dies lässt sich in einigermaßen kostengünstiger Form mit CATI gut realisieren. Weitere Vorteile von CATI sind die fortlaufende Kontrolle der Datenerhebung durch den Supervisor, die bessere Motivation der Befragten (im Vergleich zur schriftlichen Befragung), die große Geschwindigkeit bei der Datengewinnung und die hohe Ausschöpfungsquote (vgl. Laatz 1993: 103ff.; Habermehl 1992: 157).

Wie schon bei der Verlagsbefragung war auch bei der Lektorenbefragung zu berücksichtigen, dass ein sehr heterogenes Forschungsobjekt untersucht wurde. Aus diesem Grund war es erneut von zentraler Bedeutung, dass die im Fragebogen abgefragten Dimensionen und die vorgegeben Antwortkategorien alle Lektoren gleichermaßen berücksichtigten. Es musste ein sehr weites Feld von Arbeits- und Erfahrungsbereichen abgedeckt werden – vom Lektor im literarischen Programmbereich eines großen Publikumsverlags über den Schulbuchlektor bis hin zum Lektor in einem kleinen Fachverlag. Der Pretest hatte bei der Entwicklung des Fragebogens somit einen großen Stellenwert. Bei der Auswahl der Pretest-Personen wurde – wie schon zuvor – besonderes Augenmerk darauf gelegt, dass es sich bei ihnen um Vertreter ganz unterschiedlicher Verlagstypen handelt. Auch diesmal wieder wurde der Erhebungsbogen einem Experten für Fragebogenkonstruktion vorgelegt.

Aufgrund der Ergebnisse der Verlagsbefragung war klar, dass die Zahl der Verlage mit Lektoren erheblich kleiner ist als zunächst angenommen. Bei der Konzeption der Studie gab es zunächst die Annahme, dass in Deutschland in rund 2000 Verlagen fest angestellte Lektoren anzutreffen sind. Die Schätzung aus dem erhobenen Datenmaterial und die Daten der generierten Datenbank ließen hingegen eine Größenordnung von rund 600 Verlagen vermuten. Aus diesem Grund war es nahe liegend, alle Verlage mit fest angestellten Lektoren in die Befragung einzubeziehen. Dies garantierte gleichzeitig, dass das gesamte Spektrum der Verlage erfasst wurde und alle Verlags- und Anstellungsmerkmale in Bezug auf das Berufsbild des Lektors berücksichtigt wurden. Somit konnte auf eine Schichtung der Lektoren nach Strukturdaten der sie beschäftigenden Buchverlage verzichtet werden. Die Größe der Lektorate war hingegen ein zentrales Kriterium bei der Stichprobenziehung. Nur so konnte gewährleistet werden, dass die Vielfalt der Anstellungsverhältnisse und Tätigkeitsbereiche auf der Ebene der Lektoren und nicht auf der Ebene der Verlage abgebildet wird. Es wurde daher eine 10-Prozent-Zufallsauswahl getroffen.

Die Grundlage der Stichprobenziehung bildeten zwei Datenbanken. Die erste enthielt 201 Verlage mit vollständigen Angaben zu den beschäftigten Lektoren, die zweite enthielt 444 Verlage, bei denen entweder unsicher war, ob Lektoren beschäftigt werden, oder die Angaben zu den Lektoren unvollständig waren. Bei der Datenbank mit vollständigen Angaben („Direktsample") sah die konkrete Auswahl so aus, dass bei Verlagen bis zehn Lektoren die Zielperson aus der alphabetisch geordneten Namenliste über eine Zufallszahl zwischen eins und zehn gezogen wurde. (Bei weniger als zehn potentiellen Zielpersonen wurde die Liste erneut von oben durchgegangen.) Bei Verlagen über zehn Lektoren sollte für jede angefangene Gruppe von zehn Lektoren eine Zielperson ausgewählt werden (z. B. bei 25 Lektoren drei Zielpersonen). Auch hier wurde mit einer Zufallszahl zwischen eins und zehn begonnen und dann jede weitere zehnte Person ausgewählt, bis die angestrebte Zahl erreicht wurde (Ziehung ohne Zurücklegen). Das andere Teilsample, das sogenannte „Screeningsample", setzte sich aus Verlagen zusammen, bei denen die Zielperson(en) und/oder die Zahl der Lektoren unbekannt waren. Dem Erhebungsinstrument wurden daher Fragen zur Ermittlung der fehlenden Daten (Screening) vorangestellt. Die Auswahl der Zielperson erfolgte anschließend entsprechend der Vorgehensweise beim „Direktsample". Anhand der Informationen über die Zahl der Verlage mit Lektoren und die Zahl der Lektoren in diesen Verlagen wurde die Größe der Stichprobe errechnet. Brutto hätten sich auf der Grundlage dieser Schätzung maximal n = 770 Interviewpartner ergeben. Bei einer anvisierten Ausschöpfungsquote von 65 Prozent wären somit rund n = 500 Interviews realisiert worden.

Die Datenerhebung erfolgte in zwei Abschnitten. Die erste Phase fand zwischen dem 14. und dem 27. September 2005 im CATI-

Labor der Katholischen Universität Eichstätt-Ingolstadt statt.[10] Nach deren Abschluss wurde zur Erhöhung der Zahl der realisierten Interviews durch Nachziehung unter den noch verbliebenen, mit Name und Durchwahl bekannten Lektoren eine zweite Feldphase durchgeführt.[11] Dafür wurde der Auswahlsatz für alle Verlage ab mindestens sechs Lektoren auf etwa 30 bis 40 Prozent hoch gesetzt. Somit konnten insgesamt 311 von 614 Interviews realisiert werden. Die zweite Erhebungsphase (Nachziehung) wurde zwischen dem 27. Oktober und dem 2. November 2005 durchgeführt.

Im Laufe der Datenerhebung reduzierte sich die Zahl der in den Datenbanken enthaltenen Verlage durch zahlreiche Out-of-frame-Fälle. Von den zunächst angenommenen 645 Verlagen blieben nur noch 519 übrig. Insgesamt betrug die Ausschöpfungsquote rund 50 Prozent. Bezogen auf die telefonisch tatsächlich erreichten Lektoren bedeutet das: Gut drei Fünftel waren zur Mitarbeit bereit. Beim „Direktsample“ konnte insgesamt eine Ausschöpfungsquote von rund drei Fünfteln erreicht werden. Ausschließlich bezogen auf die erreichten Zielpersonen bedeutet das: 76,9 Prozent der Gesprächspartner, mit denen unmittelbar Kontakt bestand, waren zu einem Interview bereit. Beim „Screeningsample“ war die Quote deutlich schlechter. Die Ausschöpfungsquote beträgt rund zwei Fünftel. Knapp die Hälfte der erreichten Lektoren in dieser Teilstichprobe verweigerte. Insgesamt lag die Verweigerungsrate bei gut einem Viertel. Darüber hinaus konnte rund ein Fünftel entweder gar nicht erreicht werden oder aber es war in der Feldphase kein Interview möglich. Insgesamt wurde am häufigsten mit der Angabe verweigert, aus beruflichen Gründen keine Zeit zu haben. Dies konnte nur in geringem Maße durch Terminvereinbarungen außerhalb der Arbeitszeit kompensiert werden.

---

10 Angesiedelt beim Lehrstuhl für Soziologie und empirische Sozialforschung.

11 Einige der Verlage des „Screeningsamples“ mussten von der Befragung ausgeschlossen werden, da sie keine Lektoren beschäftigen. Dadurch wurde die Grundgesamtheit – und mit ihr zwangsläufig der Umfang der Stichprobe – deutlich geschmälert. Es konnten daher zunächst nur n = 261 Interviews realisiert werden.

Ausschöpfungsquoten der telefonischen Lektorenbefragung

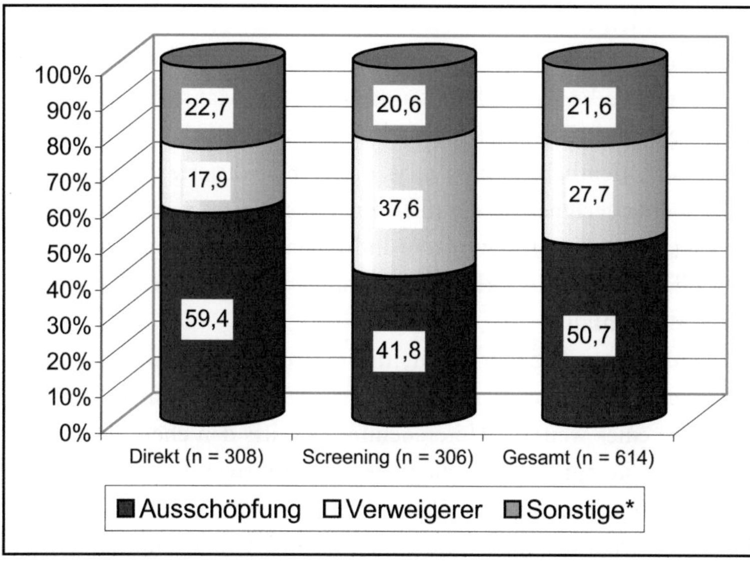

* Darunter fallen z.B. jene Fälle, bei denen im vorgegebenen Zeitrahmen der Feldphase kein telefonischer Kontakt zur Zielperson hergestellt werden konnte.

Die Intensivinterviews

Bereits die telefonische Befragung zeigte, dass die Lektoren hinsichtlich Ausbildung, Berufserfahrung, Tätigkeitsbereichen oder Selbstverständnis eine sehr heterogene Gruppe bilden. Das standardisierte Vorgehen in der Phase der empirischen Erhebung erlaubte jedoch nur in geringem Maße, auf die unterschiedlichen Arbeitsweisen und Aufgabenbereiche in den verschiedenen Verlagen einzugehen. So war es kaum möglich, Lektoren im Bereich Sachbücher, in der Belletristik oder im Kunstbuchbereich, die sich hinsichtlich ihres Arbeitsalltags und ihres beruflichen Selbstverständnisses teilweise deutlich unterscheiden, gezielt anzusprechen. Die Fragen in der telefonischen Erhebung mussten so formuliert werden, dass jeweils alle Gruppen berücksichtigt wurden. Zudem erlaubte das zeitliche Limit keine vertiefenden Gespräche. So blieb – beschränkt auf die Ergebnisse des empirischen Forschungsteils – zum Beispiel die Beschreibung des Arbeitsalltags bisweilen etwas holzschnittartig, da die Liste der Tätigkeiten auf ein überschaubares Maß zu reduzieren war. Zwar wurden die Lektoren telefonisch danach gefragt, ob sie Vorbilder haben, jedoch konnte nicht nachgehakt werden, welche Bedeutung diese Vorbilder haben und ob sie ein Maßstab für die eigene Arbeit sind. Bei der Untersuchung des beruflichen Werdegangs stellte sich deutlich heraus, dass die standardisierte Herangehensweise wenig geeignet ist, ein differenziertes Bild zu zeichnen. Gerade im Zugang zum Beruf wird die Individualität der Lebenswege mit verschlungenen Entwicklungen, Zufällen oder Quereinstiegen besonders augenfällig.

Vieles sprach daher dafür, die rein quantifizierende Methode durch ein qualitatives Verfahren zu ergänzen. Auch war es das Ziel, mit Hilfe eines weiteren Untersuchungsschritts den eher allgemeinen Aussagen, die auf der Grundlage der quantitativen Erhebung getroffen werden konnten, mehr Gewicht und Aussagekraft zu verleihen. Darum werden in dieser Studie die Ergebnisse der empirischen Befragung an passender Stelle durch kurze Ausschnitte aus den Intensivinterviews ergänzt, die mit 16 Lektorinnen und Lektoren aus unterschiedlichen Verlagsarten geführt wurden.

Die Sozialwissenschaften halten für derartige qualitative Erhebungen zahlreiche Methoden bereit. Hier seien nur Begriffe wie Intensivinterview, Tiefeninterview, problemzentriertes Interview, fokussiertes Interview oder narratives Interview genannt. Für die vorliegende Studie erschien die Methode des episodischen Interviews als am besten geeignet. Es ermöglicht durch eine Kombination von Methoden sowohl die Erfassung „narrativ-episodischen" Wissens des Befragten als auch „semantischen" Wissens, also einerseits die Schilderung von Situationsabläufen, andererseits die Klärung von Abstraktionen, Generalisierungen, Regeln und Zusammenhängen. Mit anderen Worten: Das Verfahren integriert narrative Schilderungen und zielgerichtete Fragen. „Im episodischen Interview lässt der Interviewer den Befragten erzählen, stellt aber auch zielgerichtet Fragen anhand eines Leitfadens. Die Kombination aus Narration und Befragung entspricht weitgehend der Alltagskommunikation"

(Lamnek 2005: 363). Dabei wächst die Chance, vom Gesprächspartner mehr Details zu erfahren als bei einer standardisierten Befragung. Außerdem kann der Forscher „durch die an den Gesprächsverlauf angepassten Fragen in Erfahrung bringen, wie gewichtig welche Aspekte für den Betroffenen sind“ (ebd.: 340).

Der qualitativen Befragung der Lektorinnen und Lektoren lag ein Gesprächsleitfaden zugrunde. Er enthielt offene Fragen, „die in jedem Interview beantwortet werden müssen. Allerdings sind weder die Frageformulierung noch die Reihenfolge der Fragen verbindlich. Um das Interview so weit wie möglich an einen natürlichen Gesprächsverlauf anzunähern, können Fragen aus dem Interviewleitfaden auch außer der Reihe gestellt werden, wenn es sich ergibt“ (Gläser/Laudel 2006: 39). Der Fragenkatalog (vgl. Anhang) ergab sich aus der Auswertung der ersten beiden Befragungsrunden und vertieft jene Themen, die im empirischen Forschungsteil nicht ausreichend berücksichtigt werden konnten:

- *Berufszugang:* Aus welcher Motivation heraus wird der Beruf des Lektors ergriffen? Gibt es typische Zugangswege? Ist es aus Sicht der Lektoren sinnvoll, einen geregelten Berufszugang zu etablieren? Wenn ja, wie sollte eine geregelte Qualifizierung für den Beruf organisiert sein? Wenn nein, warum ist dies nicht erforderlich oder wünschenswert?
- *Erfolgserlebnisse:* Was war der größte berufliche Erfolg, der größte Misserfolg?
- *Arbeitsalltag:* Welche Strukturierungen und Routinen gibt es bei den Tätigkeiten von Lektoren? Mit wem arbeiten Lektoren am häufigsten zusammen? Wer trifft Entscheidungen über Publikationen – und nach welchen Kriterien?
- *Zusammenarbeit mit freien Lektoren:* Wo werden Vorteile und wo werden Nachteile gesehen? Welche Aufgaben werden an externe Mitarbeiter vergeben, welche neue Aufgaben entstehen durch die Zusammenarbeit mit freien Lektoren?
- *Bedeutung literarischer Agenturen:* Haben literarische Agenten die Arbeit der Lektoren verändert? Wenn ja, in welcher Weise?

- *Kooperation mit anderen Verlagsabteilungen:* Wie eng ist die Zusammenarbeit zwischen Lektorat, Herstellung, Marketing und Vertrieb? Welche Kompetenzen haben die Vertreter der einzelnen Abteilungen bei gemeinsamen Besprechungen und Entscheidungen? Ist die Kooperation überwiegend reibungslos oder eher schwierig?

- *Zusammenarbeit mit Autoren:* Was ist das wichtigste, um ein vertrauensvolles Verhältnis aufzubauen. Wie eng sind die Kontakte zu den Autoren, wie groß ist der Freiraum, der seitens des Verlages eingeräumt wird? Was sind die häufigsten Reibungspunkte?

- *Berufliche Weiterbildung:* Welche Angebote wurden bereits wahrgenommen, wie werden die Angebote bewertet und welche Angebote fehlen? Warum wurden bisher keine Weiterbildungskurse besucht?

- *Prestige und Image:* Wie wird der Beruf des Lektors in der Öffentlichkeit wahrgenommen? Welches Bild wird von anderen mit dem Beruf „Lektor" verbunden? Wie würden Lektoren Vertreter ihres eigenen Berufes beschreiben?

- *Öffentliche Kritik am Lektorat:* Wird die Auffassung vom Qualitätsverlust der Lektoratsarbeit von den Lektoren geteilt? Wenn ja, worin werden möglich Ursachen gesehen? Wenn nein, warum nicht?

- *Digitalisierung von Texten:* Welche Rolle wird dem gedruckten Text in Zukunft zukommen? Wird sich der Lektorenberuf durch die Digitalisierung von Inhalten verändern? Wenn ja, in welcher Weise?

Der Leitfaden enthält Pflichtfragen sowie Zusatzfragen, die – je nach Gesprächssituation und -verlauf – gestellt werden konnten. Begonnen wurde mit einer sehr offen formulierten und allgemein gehaltenen Frage nach dem Zugang zum Beruf des Lektors, also „einer Aufforderung, zu dem behandelten Thema möglichst ausführlich, erzählend, also von sich aus frei gestaltend, Stellung zu nehmen“ (Lamnek 2005: 339). Nach dieser Erzählaufforderung wurden die weiteren Fragen entweder in der vorgegebenen Reihenfolge oder angepasst an den natürlichen Verlauf des Interviews gestellt.

Die Bereitschaft der Lektoren, im Rahmen von längeren Interviews mehr über ihren Werdegang, den Arbeitsalltag und ihre Einstellung zum Beruf zu erzählen, war bereits im Zuge der telefonischen Befragung abgeklärt worden. Dabei zeigten sich die Lektorinnen und Lektoren äußerst kooperativ: Mehr als jeder Dritte (115) bot an, in mündlichen Interviews vertieft zu den Problemzonen im Lektorat eines Buchverlags und zur Zukunft des Berufes Stellung zu nehmen. Die tatsächliche Bereitschaft sowie die zeitliche Realisierbarkeit mussten dann freilich unmittelbar zu Beginn des dritten Erhebungsschrittes erneut geklärt werden. Bereits in der frühen Phase der Kontaktaufnahme wurden die Interviewpartner darauf hingewiesen, dass die Gespräche zum Zweck der Auswertung auf Tonband aufgenommen und Passagen unter Nennung von Name und Verlag veröffentlicht würden.

Unter forschungsethischen Gesichtspunkten ist eine Anonymisierung der Ergebnisse dann unerlässlich, wenn die Interviewpartner einer Veröffentlichung nicht zustimmen. Generell werden für Intensivinterviews, in denen die Befragten weitgehend ihre Persönlichkeit offenlegen, Datenschutz und höchste Vertraulichkeit gefordert (vgl. Lamnek 2005: 385). Andererseits beraubt die Anonymisierung den Ergebnissen ihre „Anschaulichkeit und Lebendigkeit“ (Gläser/Laudel 2006: 273). Auch ist es für bestimmte Aussagen zum Beispiel über spezifische Arbeitsroutinen bedeutsam, den Verlagstyp (Sachbuch, Belletristik etc.) bzw. die genaue Position und Aufgabenbeschreibung des Lektors zu kennen. Darum war es im vorliegenden Fall sehr hilfreich, dass die in den Intensivinterviews Befragten alle mit einer namentlich gekennzeichneten Veröffentlichung einverstanden waren.

Aus der Datenbank potenzieller Interviewpartner wurden nach objektiven Gesichtspunkten einzelne Repräsentanten mit signifikanten Merkmalen ausgewählt und kontaktiert. Wichtig waren Typologien statt Repräsentativität (vgl. Lamnek 2005: 384). Auswahlleitend waren die Verlagsgrößenklassen, der Verlagszuschnitt und die Berufserfahrung der zu Befragenden. Unter den Interviewpartnern finden sich Berufseinsteiger und „alte Hasen", Lektoren mit und ohne Personalverantwortung, Gesprächspartner aus Sach- oder Fachbuchverlagen oder aus Häusern mit vornehmlich belletristischen Werken. Einige Lektoren arbeiteten größtenteils direkt an einzelnen Publikationen und mit deren Autoren, andere kümmerten sich weitgehend um die Planung des Verlagsprogramms und hatten somit vor allem dispositive und administrative Aufgaben.

Eine regionale Streuung wurde nicht angepeilt. Nicht zuletzt aus Gründen der Kostenersparnis wurden die Interviews auf vier Hochburgen des Verlagswesens konzentriert: Berlin, Frankfurt, München und Stuttgart. In diesen vier Städten befragte ein einziger Interviewer jeweils vier Lektorinnen bzw. Lektoren (vgl. Anhang). Die Interviews fanden zwischen Oktober 2006 und Januar 2007 statt, wobei darauf geachtet wurde, dass die einzelnen Gespräche zwecks der höheren Konzentration des Interviewers mit ausreichendem Abstand terminiert wurden (vgl. Gläser/Laudel 2006: 161). Die Treffen fanden alle in den Verlagsräumen, meist im Büro des Lektors bzw. der Lektorin statt, also in ihrer gewohnter Umgebung und mit „Heimvorteil", was als bedeutsam für eine vertrauliche und entspannte Erhebungssituation gilt (Gläser/Laudel 2006: 160; Lamnek 2005: 353). Die Gespräche dauerten zwischen 45 und knapp 120 Minuten, wurden mit einem Tonband aufgezeichnet und anschließend transkribiert, also „durch Abtippen in eine lesbare Form gebracht" (Lamnek 2005: 403). Bei der Überarbeitung der schriftlichen Fassung wurden lediglich leichte sprachliche Glättungen vorgenommen, indem Versprecher bzw. Verzögerungslaute entfernt wurden. Nonverbale Äußerungen wie Lachen oder Redepausen wurden, soweit von der Tonbandaufnahme rekonstruierbar, durch entsprechende Anmerkungen in der Transkription deutlich gemacht.

Ausgewählte Passagen aus den Intensivinterviews, die empirische Ergebnisse der vorliegenden Studie untermauern, konkretisieren oder ergänzen, finden sich am Beginn des ersten Kapitels und jeweils am Schluss der folgenden Kapitel.

2 Die Struktur des Verlagswesens und der Lektorate

Das Berufsbild der Lektoren wird stark von den allgemeinen Situation der Verlagsbranche und ihres direkten Arbeitsumfeldes bestimmt. Aus diesem Grund war es unerlässlich, die Struktur des Verlagswesens und die aktuellen Entwicklungen der Buchbranche mit in die Erhebung einzubeziehen. Der Markt für Bücher hat sich in den letzten Jahren deutlich verändert: Die Reihe der Medien wurde um technische Neuerungen wie Internet oder elektronische Speichermedien erweitert, die Digitalisierung hat das Medium Schrift unabhängig vom Trägermedium Papier gemacht und der Absatzmarkt für Bücher ist unübersehbar von tief greifenden Veränderungen erfasst.[12] Es vollzieht sich ein Strukturwandel von kleinen, unabhängigen Buchläden hin zu großen Bücherkaufhäusern und Buchhandelsketten (z.B. Hugendubel, Thalia oder Weltbild Plus). Immer wieder wird außerdem ein Rückgang der Lesekompetenz und eine allgemeine Veränderung des Lese-, Informations- und Freizeitverhaltens beklagt, doch geben die Ergebnisse diverser Verbraucher- und Marktanalysen keine Anhaltspunkte, die die These des Verlusts der Lesekultur stützen. Weder verlieren die Deutschen das Interesse an Büchern, noch brechen die Verkaufszahlen ein. Und auch bei der tatsächlichen Nutzung der Bücher sprechen die Daten überwiegend für eine langfristige Stabilität – auch was die jungen Leser betrifft. Allerdings berücksichtigen diese Analysen nicht, was tatsächlich gelesen wird. Über die Konstanz bzw. den Wandel des Lesestoffs können somit keine Aussagen getroffen werden.[13]

---

[12] Die ökonomischen Herausforderungen analysiert der Sammelband von Clement et al. (2009).

[13] Die Informationen zur Entwicklung des Leseverhaltens in Deutschland wurden der Verbraucheranalyse 2003 der Bauer Media AG, der Allensbacher Werbeträger-Analyse 2004, der ARD/ZDF-Langzeitstudie zur Mediennutzung und -bewertung 2005 sowie der Studie Leseverhalten in Deutschland im neuen Jahrtausend entnommen (Börsenverein 2004: 7ff.; Engel/Windgasse 2005, Engel/Ridder 2005 sowie Kochhan/Haddad/Dehm 2005).

2.1 Gegenwart und Zukunft der Buchbranche

Die veränderten Rahmenbedingungen der Buchproduktion und -distribution sind nicht ohne Einfluss auf die Verlage geblieben und werden in den einschlägigen Branchenmagazinen immer wieder thematisiert.[14] Daher war es von großem Interesse, wie die Situation der Verlage in den Unternehmensleitungen eingeschätzt wird. Die Beurteilung der Verlagsleiter wurde mit einer geschlossenen und einer offenen Frage erhoben. Die Befragten wurden zunächst um ihre Einschätzung gebeten, was ihrer Meinung nach den größeren Einfluss auf die Situation der Verlage hat: der Wandel des Buchhandels oder die Medienkonkurrenz. Das Leseverhalten wurde aufgrund der oben angeführten Argumente hier absichtlich ausgeklammert. Anschließend konnten die Befragten jedoch Stellung beziehen.

Die Antworten ergaben kein eindeutiges Ergebnis. 48 Prozent sind der Meinung, dass der Buchhandel den größeren Einfluss hat. Fast genau so viele gaben an, dass die Medienkonkurrenz den größeren Einfluss hat (40 Prozent). Nur ein geringer Anteil der Befragten war der Meinung, dass keiner der genannten Bereiche einen Einfluss ausübt. Bei der offenen Frage nahmen insgesamt 285 der 488 Befragten Stellung. Dabei äußerten sich die meisten zum Wandel des Buchhandels (176 Befragte). Insgesamt wird dieser als eher problematisch bewertet, wobei die meisten die zunehmende Konzentration in Handel und Zwischenhandel ansprachen. So beklagte einer der Befragten die „Aldisierung des Buchhandels“. Der Buchhandel, so die Einschätzung, „verkommt zunehmend zum Supermarkt ohne Fachberatung“ oder, wie ein anderer formulierte, zum „Diskountladen“. Das Ergebnis dieser Entwicklung sei schließlich der Verlust der Individualität: „Die Angebote in den Läden gleichen sich wie ein Ei dem anderen.“

---

[14] Zur aktuellen Situation des Buchmarkts und des Verlagswesens vgl. Langendorf 2006, Wittstock 2006, Kochhan 2005, Hamann 2004, Heinichen 2002, Gauer 1996.

Der Verlust der Individualität wird u. a. auf das „Aussterben des aktiven Buchhändlers“ zurückgeführt, auf eine „wachsende Inkompetenz im sachlichen Bereich“ und den „Rückzug des Buchhandels auf vorrangig betriebswirtschaftliche Kriterien“. So habe beispielsweise die Politik der Barsortimente („nur noch schnell verkäufliche Bücher zu listen und alle anderen zu remittieren“) zur Folge, dass Bücher nur noch ein halbes Jahr lang im Buchhandel erhältlich sind. Andererseits wird beklagt, dass der Wandel des Buchhandels dazu führe, „dass nur noch durch Medien verstärkte oder von ihnen erst hervorgebrachte Autoren und Bücher wahrgenommen werden“. Im Buchhandel grassiere, so ein Verleger, die „Bestselleritis“ – eine zunehmende inhaltliche Homogenisierung des Buchmarktes durch Bestsellerlisten und Prominentenbücher („Bohlen-Phänomen“), die vom Stapel verkauft werden. Die Lagerbestände werden klein gehalten, wodurch es zum „Tod der Midlist“ gekommen sei. Nur Top-Seller und Nischenbücher könnten in diesem Umfeld noch überleben.

Die Konzentration des Buchhandels und die in der Konsequenz sinkenden Gewinnmargen der Verlage haben besonders die wirtschaftlichen Bedingungen für kleine und mittlere Verlage schwierig gemacht. Es verwundert daher nicht, dass vor allem sie sich negativ zum Wandel des Buchhandels äußern. So beklagt ein Kleinverleger: „Die großen Buchhandelsketten verlangen immer höhere Rabatte, andernfalls präsentieren sie uns nicht.“ Hinzu kommen die Trends „zu Billigangeboten, zu Nebenmärkten und Verschiebungen in der Druckvorstufe ins Ausland“. Diese machen kleinere Verlage mehr denn je von einer eindeutigen Marktnische und einem klaren Profil abhängig: „Verlage müssen starke Marken sein oder werden, um überleben zu können.“ Doch ist selbst dann nur schwer gegen neue Konkurrenten wie die Bibliothek der „Süddeutschen Zeitung“ oder die „Bild“-Bibliothek anzukommen: „Dass Bücher pauschal für 4,90 Euro zu haben sind, ist sicherlich das falsche Signal.“ Qualität hat nicht nur ihren Preis, so der Tenor der Befragten, sondern braucht ihn auch. „Geiz ist geil – damit kann man keine guten Bücher produzieren.“

Einfluss auf die Situation der Verlage

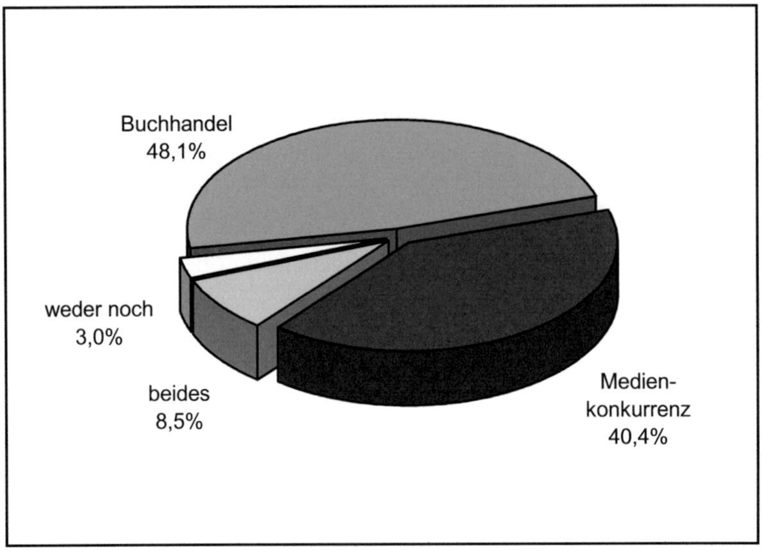

(n = 470)

Zur Medienkonkurrenz äußersten sich 137 Befragte. Die meisten von ihnen sehen vor allem in den neuen elektronischen Medien eine Gefahr für die Verlage. Die klassischen Massenmedien wie Zeitung, Zeitschrift, Radio und Fernsehen werden im Allgemeinen nicht als Bedrohung wahrgenommen. Im Gegenteil: „Möglicherweise regen Fernsehen und andere Medien zum Teil zum Buchkauf an." Andere halten jedoch dagegen, dass es durchaus eine Konkurrenz um das Zeitbudget gebe. Vor allem die Verleger von Kinderbüchern sehen die Entwicklung der Mediennutzung kritisch. „Vorlesen, sowie Bilder- und Hörbücher verlieren schnell an Attraktivität, weil visuelle Medien (Fernsehen, PC, Gameboy, Playstation) reizvoller sind." Der allgemeine Rückgang der Lesefähigkeit und die veränderten Lesegewohnheiten wurden dagegen nur selten angesprochen (48 Fälle) – und wenn, dann wurde meist auf die Möglichkeiten und die Erfolge der Leseförderung hingewiesen.

Vor den neuen elektronischen Speichermedien wie Internet, DVD und CD-ROM fürchten sich hingegen vor allem jene Verlage, die in der Wissens- und Informationsvermittlung tätig sind. So notierte einer der Befragten: „Immer breitere Onlineangebote werden ernst zu nehmende Konkurrenten des wissenschaftlichen Buches, auch weil die Bibliotheken auf die digitale Verfügbarkeit von Texten setzen.“ Ein anderer beschrieb die Situation wie folgt: „Zu Sachfragen kauft man kaum noch Bücher, weil fast alles im Internet nachlesbar ist: schneller, umfassender, einfacher.“ Der Vertreter eines Fachbuchverlages kommt daher zu dem Schluss: „Man muss sich also auf andere Kompetenzen besinnen und konzentrieren: Vermittlungsqualität (inklusive Didaktik), Seriosität der Informationen, Wegweiserfunktionen.“

Die Antworten und Problemeinschätzungen der Verlagsleiter machen deutlich, dass die Verlage durch die veränderten Rahmenbedingungen der Verlagsbranche unter Druck gesetzt werden – wobei nicht alle in gleicher Weise von den Veränderungen betroffen sind. Dennoch ist davon auszugehen, dass der externe Druck auf die Verlage auch nach innen in die Unternehmen hinein Auswirkungen zeigt. So wäre die angemessene Reaktion auf die erschwerten Absatzbedingungen eine Intensivierung der Marketingaktivitäten. Der Konkurrenz der neuen elektronischen Speichermedien könnte hingegen begegnet werden, indem die Verlage selbst auf diesem Gebiet aktiv werden. Inwiefern der Bestsellerdruck, der beschleunigte Lagerumsatz und der Einzug neuer Publikationsformen auch auf die Arbeit in den Lektoraten zurückwirkt, wird im Weiteren noch zu klären sein.

Die Einschätzung der Zukunft des Buches durch die Verlagsleiter ist eher verhalten. Die Beurteilung wurde anhand einer geschlossenen Frage und einer offenen Frage erhoben. Zunächst sollten die Befragten angeben, ob die Bedeutung des Mediums Buch ihrer Meinung nach zunehmen, gleich bleiben oder abnehmen wird. Anschließend sollten sie dazu Stellung nehmen und angeben, wo sie besondere Chancen und wo besondere Probleme sehen. Die Auswertung ergab folgendes Ergebnis:

Die Bedeutung des Mediums Buch wird …

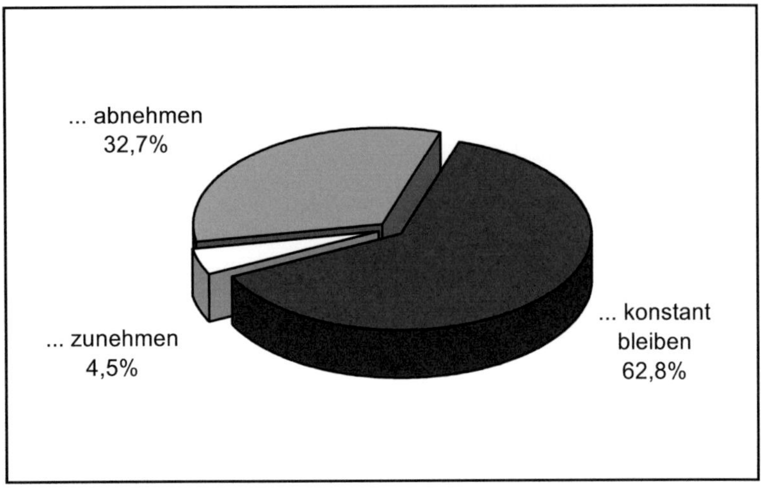

(n = 472)

Es zeigten sich dabei keinerlei signifikante Unterschiede bei der Einschätzung der großen und der kleinen Verlage. Auch das Programmprofil und die dominierende Editionsform der Verlage blieben ohne Einfluss. Durchweg waren rund zwei Drittel der Befragten der Meinung, dass die Bedeutung des Mediums Buch gleich bleiben wird. Nur ein kleiner Teil von rund fünf Prozent geht von einer Zunahme aus. Immerhin jeder Dritte glaubt an einen Bedeutungsverlust. Somit ergibt sich insgesamt ein leicht pessimistischer Tenor.

Bei der offenen Frage nahmen insgesamt 246 Befragte zu den Chancen und Problemen des Buches Stellung. Dabei äußerten sich rund vier Fünftel der Befragten pauschal zum Medium Buch, rund ein Fünftel bezog sich dabei explizit auf ein bestimmtes Buchsegment. Betrachtet man diese Aussagen, so kommt der Bereich der Unterhaltungsliteratur am besten weg. Der Belletristik wird überwiegend eine positive Entwicklung bescheinigt. Es bestehe kein Anlass zur Untergangsstimmung, notierte einer der Befragten. Ein anderer hielt fest: „Die Form des Buches wird sich wandeln, aber die Belletristik in Gestalt einer handwerklich gut gemachten Ausgabe wird meiner Meinung nach erhalten bleiben." Nicht zuletzt wegen des sinnlichen Erlebens, das für viele zum Lesen eines *guten* Buches hinzugehöre. Ähnlich positiv wird auch die Zukunft der Bildbände sowie der Schul- und Lehrbücher bewertet. „Das Buch bleibt in unserer Branche das Leitmedium", so die Antwort aus einem Schulbuchverlag. Bildbände jeglicher Art seien dagegen „schon wegen der Bildqualität nicht durch andere Medien zu ersetzen".

Die Prognosen für andere Buchsegmente sind weniger positiv. So sei es zum Beispiel um die Zukunft des wissenschaftlichen Buches und des Fachbuches eher schlecht bestellt – vor allem im Bereich der Ingenieurs- und Naturwissenschaften. „In allen nicht hauptsächlich textbasierten Wissenschaften wird Online wachsen, zu Lasten des Buches", so ein Befragter. Nur die Prognosen für den Bereich der Lexika, Nachschlagewerke und Loseblattsammlungen ist noch schlechter. Hier gehen die Befragten davon aus, dass sie fast vollständig durch elektronische Datenbanken und Online-Produkte ersetzt werden. Die Einschätzung für das geisteswissenschaftliche Buch ist etwas positiver: „Die Geisteswissenschaften, die von Sprache, Formulierung und vom Bild leben, werden relativ stabil bleiben." Das Fachbuch dagegen kämpft mit „dem sinkenden Bewusstsein des Informationssuchenden für die Qualität der Informationen". Ein Verlagsvertreter aus diesem Buchmarktsegment notierte: „Für Fachbuchverlage ist das Internet der Konkurrent der Zukunft", und zwar vor allem dann, „wenn es um Aktualität, große Informationsmengen und Spezialwissen für kleinere Zielgruppen geht". Daneben werden Zeitschriften oder CD-ROMs immer wichtiger. Ein weiteres Problem ist die „Zunahme von Raubkopien und Piraterie": Fachbücher und wissenschaftliche Bücher werden häufig nicht mehr legal erworben, sondern schlicht am Kopierapparat vervielfältigt. Dieser Entwicklung muss, so der Tenor der Befragten, dringend entgegen gesteuert werden, „damit kostendeckende Ladenpreise akzeptabel und Verlagsnormen als ‚Qualitätslabel' erhalten bleiben".

Die Zukunft der Sachbücher und der Ratgeberliteratur wird im Unterschied zu den Fachbüchern neutral bis positiv bewertet. Diese Bücher erreichen, so ein Befragter, schon immer eine Zielgruppe, „die sich noch länger als eine Fernsehstunde mit einem Thema auseinandersetzen will, weil es sie innerlich betrifft". Auch das Internet könne der Zielgruppe dieser Bücher keine Alternative bieten: „Das Buch hat in der Kombination Autor und kompetenter Verlag eine deutlich höhere Informationssicherheit als die Fülle ungeprüfter Informationen im Internet.“ Und so trifft auch für diesen Buchbereich zu, was einer der Befragten als Fazit für die Zukunft des Buches ganz allgemein formulierte: „Es werden die Buch-Typen bleiben, sie sich schwer durch andere Medien ersetzten lassen.“ Und ein anderer resümierte: „So banal wie schwierig: Bücher müssen originäre Inhalte liefern, bereits für möglichst junge Leser. Nur wenn diese merken, dass Lesen gar nicht weh tut, sondern viel freier und bunter sein kann als passives Konsumieren vorgefertigter Medien, hat das Buch eine Chance.“ Denn Probleme gebe es hinsichtlich der Zukunft des Buches, so ein weiterer Befragter, „zu viele, um sie aufzuzählen“.

Das Basismedium Buch wird nach Einschätzung der Verlagsleiter also als Wissens- und Informationsträger einen guten Teil seiner Bedeutung an elektronische Speichermedien und Datenbanken verlieren. Lediglich das Sachbuch, das Schul- und das Lehrbuch werden von dieser Prognose ausgenommen. Betrachtet man die Struktur der deutschen Verlage (Kapitel 2.2), so wird ersichtlich, welche Konsequenzen dies für das Verlagswesen – und damit auch für den Beruf des Lektors – haben kann, denn ein großer Teil der Verlage ist in einem der betroffenen Buchbereiche anzusiedeln. Nicht von ungefähr nimmt der Bereich der Non-Fiktion sowohl den größten Anteil am jährlichen Umsatz des Sortimentbuchhandels als auch an der jährlichen Zahl der produzierten Buchtitel ein. Das literarische Buch, dessen Zukunft von den Befragten mit am positivsten eingeschätzt wurde, erreicht hingegen in beiden Bereichen maximal 15 Prozent (vgl. Börsenverein 2005a).

2.2 Strukturmerkmale des Verlagswesens

Das deutsche Verlagswesen ist eine sehr inhomogene Wirtschaftsbranche. Es gibt eine enorme Vielfalt an Verlagen, die sich hinsichtlich ihrer Größe, ihrer Editionsform(en), ihrer Programmausrichtung, ihrer Organisationsform und ihrem Anteil an Lizenztiteln stark unterscheiden. Diese heterogene Verlagsstruktur und die vielfältigen Organisationsformen der Verlage prägen das Berufsbild des

Lektors. Es erklärt sich von selbst, dass sich der berufliche Alltag in einem kleinen Reisebuchverlag mit einem einzigen fest angestellten Lektor deutlich vom Arbeitsalltag im organisatorisch ausdifferenzierten Lektorat eines Taschenbuchverlags unterscheidet. Aus diesem Grund ist es unerlässlich, den Blick auf die Struktur und die Organisation der Verlage zu richten.

Da die Repräsentativität der Stichprobe durch Gewichtung der Werte gewährleistet wird, sind auf der Grundlage der erhobenen Daten Aussagen über die Struktur des deutschen Verlagswesens möglich, die alle Verlage ab einer gewissen kritischen Masse einschließen. Unberücksichtigt bleiben lediglich Miniverlage bzw. Verlage, bei welchen kein wirtschaftliches Interesse zu unterstellen ist. Damit geht die Studie deutlich über die rein ökonomischen bzw. betriebswirtschaftlichen Angaben hinaus, die jährlich vom Börsenverein in der Broschüre „Buch und Buchhandel in Zahlen“ veröffentlicht werden. Mit den Ergebnissen liegen erstmals empirisch gesicherte Daten vor, die die Vielfalt der Branche auf Verlagsebene differenzierter darstellen.

2.2.1 Die Größe der Verlage: Umsatz, Titelzahl, Mitarbeiter

Betrachtet man die Verlagsgröße, so sind laut Verlagsgrößenindex, der auf der Grundlage von drei Größenmerkmalen erstellt wurde[15], rund 80 Prozent aller deutscher Verlage zu den kleinen Unternehmen zu rechnen. Diese sind dadurch gekennzeichnet, dass sie im Schnitt zwölf Bücher in Erstauflage verlegen, drei fest angestellte Mitarbeiter beschäftigen und einen Umsatz von durchschnittlich 546 016 Euro vor Steuer erwirtschaften. Die mittleren Verlage haben einen Anteil von rund 15 Prozent. Sie verlegen im Schnitt 77 Bücher, haben durchschnittlich 23 fest angestellte Mitarbeiter

[15] Zu diesen Merkmalen gehören die Umsatzgrößenklasse, die Zahl der fest angestellten Mitarbeiter und die Zahl der 2004 verlegten Buchtitel in Erstauflage. In einigen Fällen wurde ergänzend die Selbsteinschätzung der Verlagsgröße durch den Verlagsleiter hinzugenommen. Die Erstellung der Indizes wird im Anhang ausführlich dargestellt.

und einen Umsatz vor Steuer von rund 5,1 Millionen Euro. Die großen Verlage sind selten. Sie machen nur rund fünf Prozent aller Verlage aus. Sie verlegen durchschnittlich 266 Buchtitel in Erstauflage, beschäftigen im Schnitt 138 fest angestellte Mitarbeiter und haben einen Umsatz vor Steuer von rund 37,4 Millionen Euro.

Größenstruktur deutscher Buchverlage

Größe	Anteil an Gesamt	Titel in Erstauflage		feste Mitarbeiter		Umsatz in Euro	
	Prozent	$\bar{x}$	Anteil	$\bar{x}$	Anteil	$\bar{x}$	Anteil
klein	79,35	12	27,9 %	3	18,8 %	546 016	8,9 %
mittel	15,80	77	33,5 %	23	27,1 %	5 106 554	26,7 %
groß	4,85	266	38,6 %	138	54,1 %	37 352 942	64,4 %
Summe	100,00	34,6	100,0%	12,75	100,0%	2 638 770	100,0%

(n = 488; $\bar{x}$ = arithmetisches Mittel)

Fünf Prozent der deutschen Verlage erwirtschaften folglich rund zwei Drittel des Gesamtumsatzes der Buchverlage – und das, obwohl sie nur rund ein Drittel aller Titel in Erstauflage verlegen. Diese Titel müssen folglich eine sehr große Auflage haben und durch Neuauflagen sowie Long- oder Steadyseller der Backlist ergänzt werden. Laut Berechnung des Börsenvereins, die auf den Umsatzgrößenklassen der Verlage basieren, entfallen sogar über 80 Prozent des Umsatzes auf die Verlage ab zehn Millionen Euro Jahresumsatz (sechs Prozent aller Verlage).

Insgesamt ist die Umsatzentwicklung laut Börsenverein relativ stabil, auch wenn der positive Trend der 1990er Jahre bei den Verlagsumsätze im Kerngeschäft mit Büchern nicht mehr fortgeführt werden konnte. Dennoch erwirtschaftete der deutsche Buchmarkt im Jahr 2004 ein geschätztes Gesamtvolumen von rund 9,1 Milliarden Euro zu Endverbraucherpreisen, was einem Umsatzanstieg um 0,1 Prozent gegenüber dem Vorjahr entspricht. Die gesamte Produktion von Gegenständen des Buchhandels der deutschen Buchverlage umfasst rund 960 Millionen Bücher und ähnliche Druckerzeugnisse. Die Zahl der Neuerscheinungen (Erstauflagen und Neuauflagen) stieg 2004 um 6,9 Prozent auf 86 543 Titel. Damit wurde die Titelproduktion von 2002 bis 2004 kontinuierlich gesteigert und Deutschland konnte seine Position unter den führenden Buchnationen festigen.[16] Die Expansion ist in den folgenden Jahren weitergegangen: 2007 wurden bereits 96 479 Neuerscheinungen registriert (Börsenverein 2008: 61f.).

Die Zahl der Mitarbeiter ist in den letzten Jahren relativ konstant geblieben, obgleich die Wirtschaftskrise zu Beginn des neuen Jahrtausends auch an der Verlagsbranche nicht spurlos vorbeigegangen ist. Anders als bei den großen Zeitungs- und Zeitschriftenverlagen waren die Folgen bei den Buchverlagen jedoch weniger stark zu spüren. Trotz Einsparungen bei den Personalkosten führte dies erst 2003 zu einer Reduktion der absoluten Zahlen der Ausgaben. Bei den Werbekosten hingegen waren bereits 2001 deutliche Einschnitte zu erkennen (Börsenverein 2004: 26f.). Dennoch steht, so die Einschätzung des Börsenvereins, hinter dem zögerlichen Rückgang der Personalkosten „ein zahlenmäßiger Abbau der Belegschaft, mit allen damit verbundenen qualitativen Risiken für die Verlagsarbeit“ (Börsenverein 2003: 27).

Die Zahl der in allen deutschen Verlagen (auch Zeitungsverlage, Zeitschriftenverlage oder sonstige Verlage) sozialversicherungspflichtig beschäftigten Personen ist laut Bundesagentur für Arbeit 2004 um fünf Prozent auf 143 568 zurückgegangen. 2001 war zuvor ein Höchststand von 165 028 Beschäftigten verzeichnet worden. Betrachtet man hingegen die Beschäftigungsstatistik des Statistischen Bundesamtes (Destatis), in welcher nur die Beschäftigten im Verlagsbuchhandel einschließlich der Musikverlage ausgewiesen werden, so zeigt sich, dass hier der Rückgang bei nur 0,5 Prozent

[16] Diese und die folgenden Angaben sind der Broschüre „Buch und Buchhandel in Zahlen“ des Börsenvereins des Deutschen Buchhandels zu entnehmen oder unter der Rubrik „Buchmarkt“ auf dessen Homepage (www.boersenverein.de) nachzulesen.

lag. Bei den in der Statistik erfassten Verlagen ab 20 Beschäftigten (das entspricht den mittleren und großen Verlagen) waren somit 2003 insgesamt 22 862 Beschäftigte angestellt. Zum Vergleich: 1995 waren dort nur 20 139 Mitarbeiter beschäftigt. Der Börsenverein kommt daher zu dem Schluss: „Speziell für die Buchverlage gilt deshalb mehr noch als für die Verlage insgesamt, dass sie [...] nur zurückhaltend mit Entlassungen auf die wirtschafltiche Krise reagieren, insgesamt also eine beschäftigungsfreundliche Branche sind“ (Börsenverein 2004: 92).

Schätzt man die Zahl der Mitarbeiter anhand des Datenmaterials der Studie, so sind in deutschen Buchverlagen zwischen 11 500 und 22 800 Beschäftigte fest angestellt, wobei eine exaktere Angabe aufgrund der großen Varianz der Stichprobe nicht möglich ist. Im Schnitt arbeiten in einem Buchverlag folglich zwischen neun und 17 fest angestellte Mitarbeiter. Obwohl die kleinen Verlage das Gros der Verlage bilden, ist dort nur ein Bruchteil der Arbeitsplätze anzutreffen. Der Anteil der Ein-Mann-Verlage (kein fest angestellter Mitarbeiter) beträgt beispielsweise 16,4 Prozent. Bedenkt man allerdings die Zahl der in dieser Studie nicht erfassten Miniverlage, so dürfte deren Anteil noch deutlich größer sein.

Insgesamt ist die Zahl der Beschäftigten in den Buchverlagen relativ konstant. Bei gut der Hälfte der Verlage hat sich die Zahl der fest angestellten Mitarbeiter zwischen 2000 und 2005 nicht verändert. Bei rund einem Viertel der Verlage nahm sie im betreffenden Zeitraum sogar zu. Bei rund 23 Prozent der Verlage hat sie abgenommen. Damit bestätigt die Studie die Angaben des Börsenvereins, wonach die Verlage trotz Medienkrise nur wenig bei den Personalkosten eingespart haben. Allerdings muss darauf hingewiesen werden, dass mit der Frage zur Entwicklung der Beschäftigtenzahlen nur die allgemeine Tendenz erhoben wurde. Über die absoluten Größen von Stellenzuwachs und Stellenabbau können daher keine Aussagen getroffen werden.

Aufgespaltet nach den verschiedenen Verlagstypen zeigte sich, dass weder die Größe noch die dominierende Editionsform oder die Programmausrichtung eines Verlages einen signifikanten Einfluss auf die Entwicklung der Zahl der Mitarbeiter hatte. Lediglich bei den Verlagen mit einem sehr breit gefächerten Programmangebot scheinen seltener Stellen abgebaut und häufiger Stellen geschaffen worden zu sein als bei anderen Verlagen: Während insgesamt bei rund 25 Prozent der Verlage die Zahl der fest angestellten Beschäftigten zwischen 2000 und 2005 zunahm, traf dies auf rund 40 Prozent der Gemischtwarenverlage zu. Allerdings ist dieses Ergebnis statistisch nicht signifikant. Dennoch kann dies als Hinweis gewertet werden, dass Gemischtwarenverlage die Medienkrise möglicherweise etwas besser kompensieren konnten als Verlage mit spezifischerer Programmausrichtung.

2.2.2 Editionsformen und Programmbereiche

Zur Erfassung der Editionsformen der Verlage wurden die Verlagsleiter gebeten, in einer vorgefertigten Liste einzutragen, welchen Anteil die einzelnen Formen am Umsatz ihres Unternehmens einnehmen. Somit konnte einerseits ein Profil der Verlage erstellt werden, andererseits geben die Angaben Aufschluss darüber, welchen Stellenwert die einzelnen Editionsformen auf Verlagsebene haben. Die größte Bedeutung kommt demzufolge den klassischen Hardcoverbüchern zu. Insgesamt 85 Prozent der Verlage gaben an, diese Editionsform zu publizieren. Nicht weit dahinter liegt das Taschenbuch bzw. das Softcoverbuch. Insgesamt 75 Prozent der Verlage sind in diesem Segment tätig. Eine nicht zu vernachlässigende Zahl der Verlage ist außerdem im Zeitungs- und Zeitschriftengewerbe oder im Bereich von Loseblattsammlungen und Katalogen aktiv (sonstige Publikationsformen). Elektronische Editionsformen werden von 34,5 Prozent der Verlage genannt. Das Publishing-on-Demand-Verfahren findet bisher nur in rund 16 Prozent der Verlage Anwendung. Die elektronischen Medien bleiben hinsichtlich ihrer Verbreitung folglich noch deutlich hinter dem klassischen Buch zurück. So verwundert es auch wenig, dass laut Kölner Betriebsvergleich der Anteil von elektronischen Editionsformen am Warenumsatz des Sortimentsbuchhandels weniger als fünf Prozent beträgt (vgl. Börsenverein 2005a).

Editionsformen der Verlage (Mehrfachantworten)

Editionsformen	Antworten		Prozent der Verlage
	absolut	Prozent	
klassisches Hardcoverbuch	399	36,1	85,4
Taschenbuch, Softcovertitel	350	31,6	74,9
elektronische Publikationen	161	14,6	34,5
Publishing-on-Demand	75	6,8	16,1
sonstige Publikationsformen	121	10,9	25,9
Summe	1106	100,0	

(n = 467)

Um einen Überblick zu erhalten, inwiefern sich die Verlage auf einzelne Editionsformen spezialisiert haben, wurde eine Verlagstypologie erstellt. Dazu wurden die Verlage anhand der dominierenden Editionsform(en) in Gruppen zusammengefasst. Die Bedingung war dabei, dass der Umsatzanteil der dominierenden Editionsform(en) über 50 Prozent beträgt und der Anteil jeder weiteren Editionsform deutlich unter 50 Prozent liegt.[17] Daraus ergaben sich sechs verschiedene Gruppen. In vier davon dominiert jeweils eine einzige Editionsform, in einer dominieren zwei Editionsformen und in der letzten werden all jene Fälle erfasst, bei denen entweder keine eindeutige Dominanz festgestellt werden konnte oder aber die Bildung einer eigenen Gruppe aufgrund der geringen Fallzahl nicht lohnte. Unter ihnen befinden sich zu einem großen Teil Verlage mit sehr breitem Angebotspektrum an Editionsformen, aber auch Unternehmen, deren Hauptgeschäft nicht im Verlegen von Büchern besteht (Regiebetriebe, Zeitungs- und Zeitschriftenverlage).

Betrachtet man das Resultat dieser Typologie, so dominieren eindeutig die klassischen Hardcover-Buchverlage sowie die Verlage mit Softcovertiteln und Taschenbüchern. Ihr gemeinsamer Anteil an

[17] Näheres hierzu im Anhang.

den deutschen Verlagen beträgt 84 Prozent. Die relativ jungen Verlagstypen des Publishing-on-Demand-Verlags (PoD-Verlag) und des Verlags elektronischer Editionsformen nehmen hingegen zusammen nur einen Anteil von weniger als fünf Prozent ein. Der restliche Anteil entfällt überwiegend auf Unternehmen, deren Kerngeschäft außerhalb des Verlegens von Büchern liegt, die den größten Teil ihrer Umsätze z. B. mit Zeitungen, Zeitschriften oder sonstigen Druckwerken erzielen. Die meisten Verlage weisen also ein deutliches Profil hinsichtlich der Editionsform auf.

Verlagsprofil nach Editionsformen

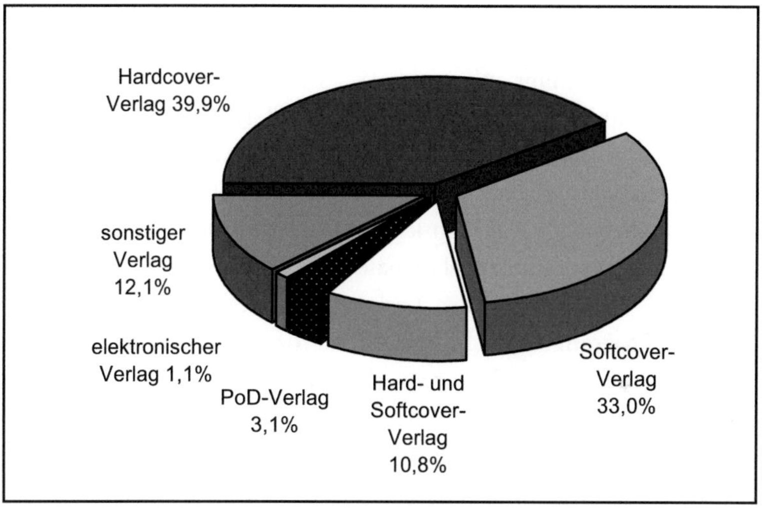

(n = 455)

Auch die elektronischen Medien und das Publishing-on-Demand-Verfahren haben bereits zur Herausbildung spezialisierter Verlage geführt, doch werden beide Bereiche noch überwiegend als Nebengeschäft der bestehenden Buchverlage betrieben. Während der Anteil der auf diese Bereiche spezialisierten Verlage bei knapp über vier Prozent liegt, beträgt der Anteil der Verlage, die in einem der beiden Bereiche tätig sind, rund 35 Prozent.

Hinsichtlich der Spezialisierung der unterschiedlichen Verlagsgrößenklassen auf einzelne Editionsformen ist kein signifikanter Zusammenhang erkennbar. Es fällt lediglich auf, dass die relativ jungen Verlagstypen des Publishing-on-Demand-Verlags und des Verlags elektronischer Editionsformen fast ausschließlich in der Gruppe der kleinen Verlage vertreten sind – was aufgrund des noch kleinen Marktes nachvollziehbar ist. Allerdings kann das Ergebnis auch auf die relativ geringen Fallzahlen zurückzuführen sein. Für die Arbeit der Lektoren bedeutet dies: Das Arbeitsumfeld wird nach wie vor deutlich vom klassischen Medium Buch geprägt, doch kommt den elektronischen Medien eine wachsende Bedeutung zu.

Betrachtet man die Struktur der Verlagsbranche anhand der Programmbereiche, so dominiert die Sachgruppe der Fach-, Sach- und Ratgeberbücher. Rund 76 Prozent der Verlage in Deutschland verlegen Fachbücher, Sachbuchtitel oder Ratgeberliteratur. Den zweiten Platz nimmt mit rund 38 Prozent das wissenschaftliche Buch ein. Dahinter folgen die Bereiche „Belletristik/Jugendliteratur“ und „Kinder-/Bild-/Kunst-/Geschenkbuch“ (jeweils rund 30 Prozent). Den vierten Platz teilen sich die Bereiche „Lexika“ sowie „Schul-/Lehrbuch“. Auf dem letzten Platz liegt der Bereich „Regionalia“. Die Programmangebotspalette ist generell nicht allzu breit gefächert. 30,4 Prozent der Verlage konzentrieren sich auf einen einzigen Programmbereich. Nur 15,8 Prozent der Verlage sind der Kategorie der Gemischtwarenverlage zuzurechnen und umfassen mehr als drei Programmbereiche.

Betrachtet man die Programmausrichtung hinsichtlich der Größe der Verlage, zeigt sich, dass in der Gruppe der kleinen Verlage leicht die Kategorie der Fach-, Sach- und Ratgeberbücher sowie die Kategorie der wissenschaftlichen Bücher dominieren. Allerdings ist der Zusammenhang statistisch nicht signifikant. Bei den großen Verlagen überwiegt hingegen der Gemischtwarenverlag mit einem Anteil von 34,8 Prozent. Der Zusammenhang zwischen den Editionsformen und den Programmbereichen der Verlage ist nur sehr schwach. So verlegen die Verlage, deren Kerngeschäft außerhalb des Buchsegments liegt, überwiegend Fach- und Sachbücher, Ratgebertitel und wissenschaftliche Bücher (über 60 Prozent dieser Verlage). Hier wird offensichtlich das Fach- und Expertenwissen der Mitarbeiter des Unternehmens für das Buchprogramm genutzt. Besonders deutlich ist dies bei Fachzeitschriftenverlagen. Hier scheinen die Themen der Special-Interest-Magazine die Themen des Buchprogramms vorzugeben. Die Publishing-on-Demand-Verlage zeichnen sich hingegen durch ihr sehr breites Programmangebot als Gemischtwarenverlage aus. Darüber hinaus sind sie in einem hohen Maß als Wissenschaftsverlage zu definieren (40 Prozent der Publishing-on-Demand-Verlage). Aufgrund der kostengünstigen Publikationsweise empfehlen sie sich besonders für die Veröffentlichung von Dissertationen. Über die Verlage mit elektronischen Editionsformen können keine Aussagen getroffen werden, da in dieser Gruppe die Fallzahl zu gering ist (sechs Fälle).

Programmbereiche der Verlage (Mehrfachantworten)

Programmbereiche	Antworten		Prozent der Verlage
	absolut	Prozent	
Belletristik/Jugendbuch	156	16,5	32,0
Fach-/Sachbuch, Ratgeber	368	38,9	75,6
Kinder-/Bild-/ Kunst-/Geschenkbuch	141	14,9	29,0
Lexika	40	4,2	8,2
Schul- und Lehrbuch	34	3,6	7,0
wissenschaftliches Buch	183	19,3	37,6
Regionalia	24	2,5	4,9
Summe	946	100,0	

(n = 487)

2.2.3 Lizenzen

Für die Arbeit in den Verlagslektoraten ist es von großer Bedeutung, ob der Entwicklungsprozess von der Idee über das Manuskript bis zum fertigen Buch betreut werden muss oder ob ein fertiger Titel eingekauft wird, der bereits in deutscher Sprache erschienen ist bzw.

erst ins Deutsche übersetzt werden muss. Es stellt sich also die Frage nach den Lizenzen. Der Anteil der Übersetzungen und der Lizenztitel an den in Deutschland erscheinenden Büchern beträgt laut Statistik des Börsenvereins im Schnitt rund zehn Prozent, wobei der Anteil immer wieder Schwankungen unterworfen ist und nicht zuletzt durch den Streit um die Vergütungsregeln für Übersetzer deutlich gesunken ist. Unter den Herkunftssprachen dominiert eindeutig das Englische (jede zweite Übersetzung), gefolgt vom Französischen (rund acht Prozent) und vom Russischen (rund drei Prozent). Deutschsprachige Lizenztitel werden von den Statistiken des Börsenvereins nicht erfasst.

Die Ergebnisse der Verlagsbefragung zeigen jedoch, dass immerhin fast ein Drittel aller Verlage deutschsprachige Lizenztitel im Programm hat. Bei einem Drittel von ihnen nehmen sie sogar einen Anteil am Gesamtprogramm von mindestens 30 Prozent ein. Hinsichtlich der Lizenztitel aus dem fremdsprachigen Ausland unterscheiden sich die Zahlen nur wenig. Etwas mehr als ein Drittel der Verlage publiziert Übersetzungen. Bei den meisten dieser Verlage beträgt ihr Anteil am Gesamtprogramm jedoch weniger als 30 Prozent. Nur bei rund einem Viertel besteht das Verlagsprogramm mindestens zu 30 Prozent aus fremdsprachigen Lizenztiteln bzw. Übersetzungen.

Das Verlegen von Lizenztiteln ist von der Größe der Verlage abhängig: Nur rund 20 Prozent der kleinen Verlage haben deutsche Lizenztitel im Programm, bei den mittleren Verlagen sind es immerhin fast 30 Prozent, bei den großen Verlagen sind es sogar 50 Prozent. Ähnlich verhält es sich auch bei den Lizenzen aus dem Ausland: Während nur rund ein Drittel der kleinen Verlage fremdsprachige Lizenztitel oder Übersetzungen im Programm führt, sind es bei den mittleren Verlagen rund zwei Drittel und bei den großen Verlagen fast 80 Prozent. Wie groß der Anteil der Lizenztitel am Gesamtprogramm eines Verlags ist, lässt sich hingegen nicht über die Verlagsgröße erklären. Hier besteht kein signifikanter Zusammenhang.

Verlage mit Lizenztiteln nach Verlagsgröße

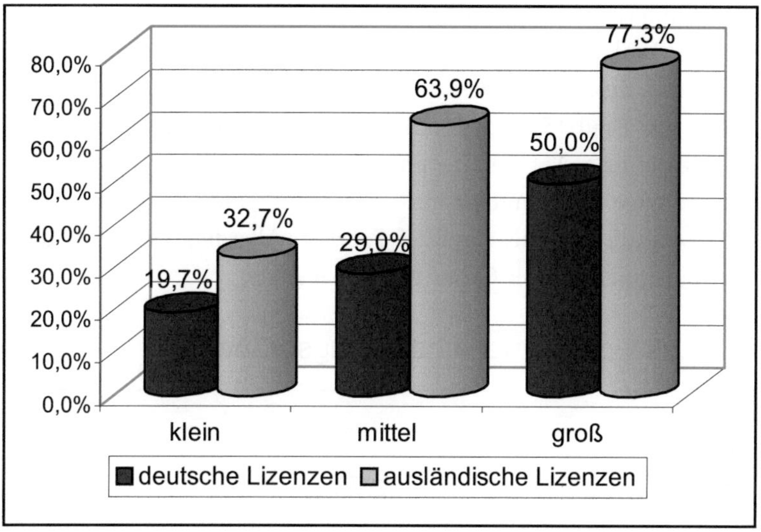

(n = 432-434)

Anders bei den dominierenden Editionsformen der Verlage: Hier ist auffällig, dass die Publishing-on-Demand-Verlage mit wenigen Ausnahmen weder deutsche Lizenztitel noch Lizenztitel aus dem Ausland in ihrem Programm führen. Die Verlage mit elektronischen Publikationsformen haben den höchsten Anteil deutschsprachiger Lizenzen (bei 80 Prozent dieser Verlage beträgt deren Anteil mindestens 30 Prozent). Und auch zwischen der programmatischen Ausrichtung der Buchverlage und ihrem Anteil fremdsprachiger Lizenzen besteht ein signifikanter Zusammenhang. So haben belletristische Verlage, Jugendbuchverlage und Verlage der Kategorie „Bild-, Kunst-, Kinder- und Geschenkbuch" nicht nur häufiger Lizenztitel aus dem Ausland im Programm als andere Verlage, sondern auch deutlich mehr. Umgekehrt weisen die Wissenschaftsverlage die kleinsten Lizenzquoten auf. Insgesamt decken sich diese Ergebnisse mit den Berechnungen des Börsenvereins auf der Grundlage der deutschen Nationalbibliographie, wonach Übersetzungen besonders für die Bereiche Belletristik, Kinder- und Jugendbuch sowie für die visuell geprägten Sachgruppen (Fotografie, Theater, Tanz, Film) bedeutsam sind.

2.2.4 Unternehmensformen

Die dominierende Unternehmensform ist der eigenständige, unabhängige Verlag. Rund 77,5 Prozent aller Verlage sind laut Verlagsbefragung dieser Kategorie zuzuordnen. Danach folgen mit einem Anteil von rund 15 Prozent „Tochterverlage mit unabhängiger Programmleitung". Auf Unternehmensformen wie „Tochterverlag ohne unabhängige Programmleitung", „Imprint" und „Mutterunternehmen" entfallen jeweils rund 2,5 Prozent. Allerdings variieren diese Werte deutlich mit der Größe der Verlage.

Organisationsformen und Verlagsgröße

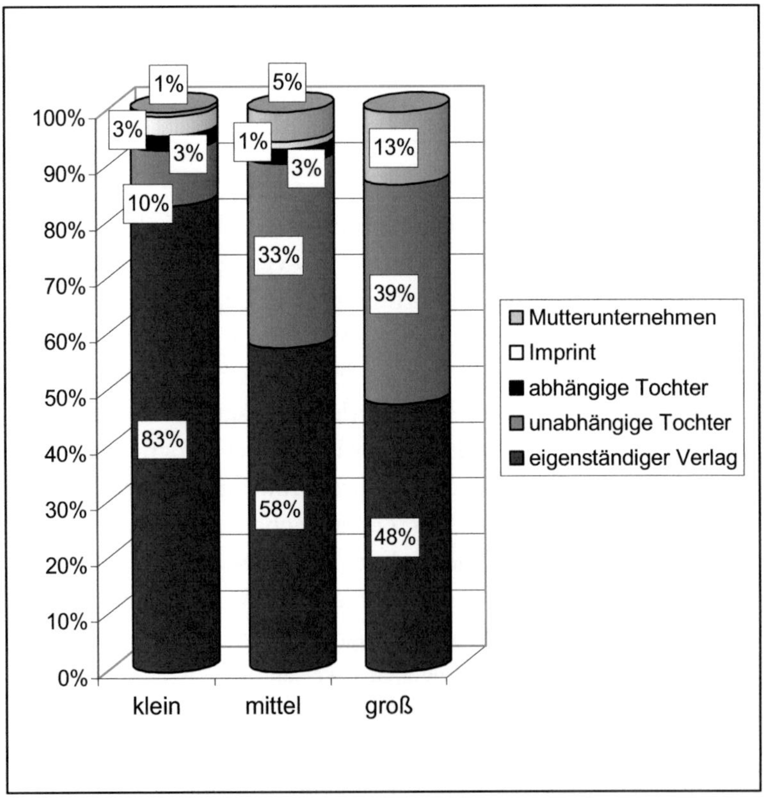

(n = 481)

So finden sich unter den kleinen Verlagen besonders viele eigenständige und unabhängige Unternehmen (83,2 Prozent). Bei den mittleren Verlagen beträgt ihr Anteil dagegen nur rund 58 Prozent und bei den großen sogar nur rund 48 Prozent. Dafür sind bei letzteren überdurchschnittlich viele Tochterverlage mit unabhängiger Programmleitung zu finden (39,1 Prozent), während diese bei den kleinen Verlagen relativ selten sind (9,9 Prozent). Das Gros der Imprints und der Tochterverlage ohne unabhängige Programmleitung findet sich bei den kleinen Verlagen, der Anteil der Mutterunternehmen ist hingegen bei den großen Verlagen am höchsten.

Zwischen der programmatischen und der wirtschaftlichen Leitung wird bei knapp 83 Prozent der Verlage keine Trennung vollzogen. Die Verfolgung wirtschaftlicher und verlegerischer Ziele liegt also bei der überwiegenden Zahl der Verlage in einer Hand. Dabei gibt es allerdings signifikante Unterschiede zwischen kleinen und großen Verlagen. Während bei den kleinen Verlage nur bei 13,5 Prozent in der Verlagsleitung eine Trennung zwischen dem ökonomischen und den inhaltlichen Bereich besteht, werden diese Bereiche bei 28,6 Prozent der mittleren und bei 45,5 Prozent der großen Verlage personell getrennt.

2.3 Die Organisation der Lektorate

2.3.1 Ausübung der Lektoratsarbeit

Neben der allgemeinen Struktur der Verlage war zu klären, von wem in den Verlagen die Lektoratsaufgaben wahrgenommen werden. Die Analyse der Verlagsbefragung zeigt, dass bei rund zwei Dritteln der Verlage unter anderen der Verleger diese Aufgaben übernimmt. Bei fast ebenso vielen Verlagen wird weder ein fest angestellter Lektor noch ein fester freier Lektor beschäftigt. Lektoratsassistenten sind nur bei rund zwölf Prozent der Verlage, Verlagsvolontäre nur bei rund vier Prozent zu finden. In einigen Verlagen wird die Arbeit der Lektoren auch von Mitarbeitern aus den Bereichen Herstellung, Vertrieb, Marketing und PR übernommen. Aber auch Geschäftsführer und deren Assistenten üben Lektoratstätigkeiten aus. Daneben finden sich gelegentlich beschäftigte freie Lektoren, Praktikanten und externe Experten, ebenso wie beim Verlag angestellte Zeitschriftenredakteure, Herausgeber von Reihen, Autoren und Familienmitglieder.

Ausübung der Lektoratsarbeit in den Verlagen

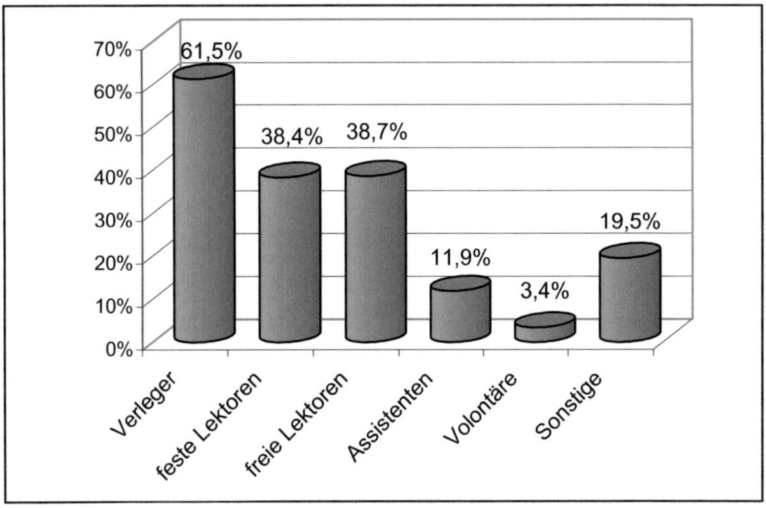

(n = 484)

Auffällig ist, dass bei der Organisation der Lektorate ein signifikanter Unterschied zwischen den kleinen und den großen Verlagen besteht. Während in den kleinen Verlagen bei rund zwei Dritteln die Verleger Teile der Lektoratsarbeit übernehmen, trifft dies in den großen Verlagen nur auf 20 Prozent zu. Hinsichtlich der Zahl der fest angestellten Lektoren verhält es sich umgekehrt: Während bei den kleinen Verlagen nur bei rund 30 Prozent Lektoren in Festanstellung zu finden sind, beträgt der Anteil bei den großen Verlagen quasi 100 Prozent. Die Wahrscheinlichkeit, dass Volontäre und Assistenten in einem Lektorat anzutreffen sind, steigt ebenfalls mit der Verlagsgröße, der Zusammenhang ist allerdings nur schwach. Hinsichtlich der regelmäßig frei beschäftigten Lektoren lässt sich kein signifikanter Zusammenhang feststellen. Dies gilt auch für den Zusammenhang zwischen den im Lektorat beschäftigten Mitarbeitern und den weiteren Verlagskennzeichen wie Programm, Editionsform, Lizenzanteil etc. Dies ist besonders aufschlussreich, da im Vorfeld der Studie vermutet worden war, dass bei Verlagen mit vielen deutschsprachigen Lizenztiteln weniger Lektoratsarbeit anfällt als beim Durchschnitt aller Verlage.

2.3.2 Feste und freie Lektoren

Schätzt man auf der Grundlage des erhobenen Datenmaterials die Grundgesamtheit der Verlagslektoren, so kommt man laut Verlagsbefragung auf eine Größenordung von rund 2300 Lektoren. Unter Berücksichtigung der großen Standardabweichung des Mittelwertes ist dies allerdings nur ein sehr grober Schätzwert ($\bar{x} = 4{,}49$; $\delta_{\bar{x}} = 0{,}953$). Einen sichereren Schätzwert erhält man, wenn man die Angaben aus dem Direktbefragungs- und dem Screeningsample der Lektorenbefragung kombiniert. Hier liegen für insgesamt 406 Verlage Angaben zur Zahl der fest angestellten Lektoren vor.[18] 37,9 Prozent (154) dieser Verlage haben danach nur einem Lektor, die Mehrheit von 54,4 Prozent (221) hat zwischen zwei und zehn Lektoren und nur eine relativ kleine Gruppe von (immerhin) 7,6 Prozent (31) hat mehr als zehn Lektoren beschäftigt. Macht man auf der Grundlage dieser Strukturmerkmale eine Hochrechnung auf alle Verlage mit Verlagslektoren (vermutlich 519 Verlage), so kommt man auf eine Gesamtzahl von schätzungsweise 2200 bis 2300 Lektoren. Beide Schätzwerte decken sich somit weitgehend und stimmen auch mit der in der einschlägigen Literatur immer wieder zu findenden Zahl von 2000 bis 3000 Lektoren überein.

Schätzt man das Verhältnis zwischen der Zahl der Verlagslektoren und der Zahl der regelmäßig beschäftigten freien Lektoren, so kommen auf drei fest angestellte Lektoren zwei freie. Insgesamt sind demnach rund 1500 freie Lektoren in den Verlagen beschäftigt. Allerdings dürfte diese Zahl zu hoch angesetzt sein, da freie Lektoren häufig für mehrere Verlage arbeiten und daher mehrfach in die

---

[18] Wenn die vermutete Zahl der Verlage mit fest angestellten Lektoren (519) stimmt, lägen damit zu 78,2 Prozent aller Verlage in Deutschland, die fest angestellte Lektoren haben, Angaben vor.

Schätzung eingegangen sind. Das Verzeichnis des Verbands der Freien Lektorinnen und Lektoren weist für das Jahr 2005 insgesamt 383 Einträge auf. Im Ganzen sind derzeit knapp über 500 Mitglieder im Verband vertreten. Wenn man davon ausgeht, dass die Zahl der Mitglieder der Zahl der freischaffenden Lektoren entspricht, die tatsächlich ihren Lebensunterhalt mit dieser Tätigkeit verdienen, so käme auf vier bis fünf Verlagslektoren etwa ein freier Lektor. Das Gros der Lektoratsarbeit scheint demzufolge nach wie vor von fest angestellten Lektoren bewältigt zu werden. Das vielfach zitierte Prinzip des Outsourcings ist in den Lektoraten offenbar noch nicht allzu weit fortgeschritten. Dies legt auch die Entwicklung der Beschäftigungszahlen nahe.

Entwicklung der Beschäftigtenzahlen*

Entwicklung	feste Mitarbeiter		feste Lektoren		freie Lektoren	
	absolut	Prozent	absolut	Prozent	absolut	Prozent
abgenommen	50	26,9	24	14,0	12	12,7
konstant	64	34,6	82	47,6	48	49,0
zugenommen	71	38,5	66	38,4	38	38,3
Summe	185	100,0	172	100,0	98	100,0

* Bezogen auf Verlage mit fest angestellten Lektoren.

Insgesamt verlief die Entwicklung in den Lektoraten positiv. Bei der personellen Ausstattung der Lektorate scheint weniger eingespart worden zu sein als bei der Personaldecke der Verlage insgesamt. Während in 27 Prozent der Verlage mit fest angestellten Lektoren Stellen abgebaut wurden, betraf dies laut Verlagsbefragung nur bei 14 Prozent der Verlage auch die Lektorate. Bei der Hälfte der Verlage blieb die Zahl der fest angestellten Lektoren konstant, bei rund 38 Prozent der Verlage nahm sie sogar zu. Dabei entwickelte sich die Zahl der fest angestellten Lektoren weitgehend parallel zur Zahl der freien Lektoren. Die Vermutung, dass im Zuge des Outsourcings die Arbeit der fest angestellten Lektoren zunehmend durch freie Lektoren übernommen wird, konnte nicht eindeutig bestätigt werden. Es konnte kein negativer Zusammenhang zwischen der Entwicklung der Zahl der fest angestellten und der freien Lektoren nachgewiesen werden. So führte sowohl die Zunahme als auch die Abnahme der fest angestellten Lektoren in den meisten Fällen zu einer Zunahme der freien Lektoren. Blieb die Personalstärke der Lektorate unverändert, so traf dies in den meisten Fällen auch auf die freien Lektoren zu. Es besteht folglich zwar ein Zusammenhang zwischen dem Stellenabbau im Lektorat und der Vergabe der Lektoratsarbeit an freie Lektoren, doch trifft diese Entwicklung nicht auf alle Verlage gleichermaßen zu. Statistisch ist der Zusammenhang nicht belegbar.

Ergänzend muss darauf verwiesen werden, dass die Auslagerung der „Kernkompetenzen Lektorat und Herstellung an günstige freie Mitarbeiter [...] zu zeitraubenden Qualitätskontrollen [führt]" (Bardola 2003: 24). Durch Outsourcing wird der Arbeitsaufwand im Haus nicht unbedingt verringert, sondern oftmals nur verschoben: vom eigentlichen Lektorieren zum Koordinieren und Organisieren der freien Mitarbeiter. Daher gehen einige Verlagsvertreter davon aus, dass sich der Prozess des Outsourcings in der Buchbranche nicht dauerhaft durchsetzen wird. „Der Programmplaner kann in einigen Jahren wieder zum Lektor, der Produzent wieder zum Hersteller werden – und das Trendthema könnte dann ‚Insourcing' heißen" (ebd.).

2.3.3 Hierarchische Strukturen und Arbeitsteilung

Hierarchische Lektoratsstrukturen sind nur bei knapp 57 Prozent der Verlage mit fest angestellten Lektoren zu finden. Die Hierarchien sind überwiegend flach und bestehen meist nur aus zwei oder drei Ebenen. Betrachtet man die personelle Ausstattung, so ist die mittlere Ebene der Verlagslektoren und Produktmanager am stärksten besetzt. Rund 65 Prozent aller Lektoratsmitarbeiter nehmen diese Position ein. Der Anteil der Lektoratsassistenten beträgt rund 14 Prozent. Den dritten Platz belegen mit rund zwölf Prozent die Cheflektoren und Programmleiter. Die unterste Ebene der „Lektoratszuarbeiter" belegt mit einem Anteil von rund neun Prozent den letzten Platz. Zu ihnen zählen Redakteure, Sekretariatsmitarbeiter, Volontäre, Praktikanten, Korrektoren und Mitarbeiter aus anderen Verlagsbereichen, die gelegentlich Lektoratsaufgaben übernehmen.

Die hierarchische Strukturen sind abhängig von der Größe eines Verlags. Während bei kleinen Verlagen nur jeder Dritte eine Lektoratshierarchie aufweist, sind bei vier von fünf der mittleren Verlage verschiedene Kompetenz- bzw. Verantwortungsbereiche zu finden. Bei großen Verlagen gibt es hingegen nicht ein einziges Lektorat, in welchem die Entscheidungs- und Befugnisbereiche nicht abgestuft sind. Noch stärker allerdings korreliert die Variable „Lektoratshierarchie" mit der Zahl der in einem Verlag fest angestellten Lektoren. Je mehr Lektoren beschäftigt sind, desto wahrscheinlicher ist es, dass unterschiedliche Kompetenz- und Verantwortungsebenen existieren. Dabei kann bereits ein einziger fest angestellter Lektor ausschlaggebend sein. In diesem Fall werden ihm zum Beispiel Assistenten oder eine Sekretärin zur Unterstützung bei der Lektoratsarbeit zugewiesen. Ab einer Größenklasse von über einem Dutzend fest angestellter Lektoren hingegen sind keine Lektorate ohne Hierarchie mehr zu finden. Die Lektorate mit und ohne Hierarchie unterscheiden sich daher auch signifikant hinsichtlich ihrer durchschnittlichen Lektorenzahl. Während in den Lektoraten ohne Hierarchie im Schnitt zwischen 1,2 und 1,9 Lektoren beschäftigt sind (Schätzung des Konfidenzintervalls bei $\alpha = 0{,}05$), arbeiten in einem hierarchisch strukturierten Lektorat im Schnitt zwischen 3,4 und 10,3 Lektoren.

Neben der vertikalen Gliederung in Kompetenzebenen findet sich in vielen Lektoraten auch eine horizontale Aufspaltung. Diese horizontale Arbeitsteilung steht dabei in einem Zusammenhang mit der Verlagsgröße und der Zahl der fest angestellten Lektoren. Doch nach welchen Kriterien wird in den Lektoraten die Arbeitsteilung vollzogen?

Insgesamt findet sich bei rund zwei Dritteln aller Verlage mit Lektorat (Voraussetzung ist ein fest angestellter Lektor) eine horizontale Aufteilung der Zuständigkeitsbereiche. Dies spricht deutlich für eine Spezialisierung der Lektoren auf bestimmte Arbeitsbereiche. Allerdings erfolgt die Teilung überwiegend nach Themengebieten wie z.B. Politik und Gesellschaft, deutsche Literatur oder Natur (74,6 Prozent aller Lektorate). Folglich ist die Fachkompetenz eines Lektors entscheidend für dessen Aufgabenbereiche. An zweiter Stelle steht die Warengruppe (z.B. Kinderbuch, Jugendbuch, Sachbuch, Belletristik etc.) als Kriterium für die Arbeitsteilung (30,2 Prozent), gefolgt von der Editionsform (Hardcover, Softcover, Taschenbuch, E-Book etc., 14,1 Prozent). In 20 Prozent der Fälle (sonstige Bereiche) wird die Lektoratsarbeit nach entsprechenden Fremdsprachenkenntnissen, nach Autorenkontakten oder nach Zielgruppen aufgeteilt. Nur selten bilden dagegen Vertriebswege, feste Reihen, die Unterscheidung in Ko- und Eigenproduktionen oder in Bild- und Textlektorat Kriterien für die Arbeitsteilung.

Horizontale Arbeitsteilung (Mehrfachantworten)

Trennung nach ...	Antworten		Prozent der Fälle
	absolut	Prozent	
Themengebieten	82	53,7	74,6
Gattungen	33	21,7	30,2
Publikationsarten	16	10,1	14,1
sonstigen Bereichen	22	14,5	20,1
Summe	153	100,0	139,0

(n = 110)

2.3.4 Verlagsprofil und Lektorat

Was sind nun die Kennzeichen eines Buchverlages mit fest angestellten Verlagslektoren? Gibt es typische Merkmale, die ihn auszeichnen? Vergleicht man die statistischen Kennzahlen der Verlage ohne Lektoren und der Verlage mit Lektoren, so zeichnen sich stark signifikante Unterschiede ab. So verlegen Verlage ohne Lektoren im Schnitt zwischen 10,5 und 17,3 Buchtitel in Erstauflage (Konfidenzintervall für α = 0,05), beschäftigen im Schnitt zwischen 2,3 und

5,0 Mitarbeiter und machen einen jährlichen Umsatz vor Steuer zwischen 370 000 und einer Million Euro. Verlage mit Lektoren verlegen hingegen im Schnitt zwischen 50,0 und 84,4 Buchtitel in Erstauflage, beschäftigen durchschnittlich zwischen 16,7 und 37,1 Mitarbeiter und machen einen jährlichen Umsatz zwischen 4,7 und 9,2 Millionen Euro. Außerdem gibt es bei den Verlagen mit Lektoren signifikant häufiger eine Trennung zwischen der wirtschaftlichen Leitung des Verlags und der programmatischen Leitung. Bei insgesamt zwei Dritteln der Verlage mit Lektoren ist eine solche Trennung vorzufinden. Bei den Verlagen ohne Lektoren trifft dies hingegen nur auf rund ein Drittel zu.

Ähnlich verhält es sich mit der Mitarbeit des Verlegers im Lektorat. Während bei über zwei Dritteln der Verlage ohne feste Lektoren der Verleger die Lektoratstätigkeit übernimmt, unterstützt er in den Verlagen mit festen Lektoren nur bei rund einem Drittel die Lektorate. Hinsichtlich der Unternehmensform sind die deutschen Verlage überwiegend eigenständige Unternehmen (77,6 Prozent aller Verlage). Doch sind die Verlage mit festen Lektoren im Vergleich zu den Verlagen ohne feste Lektoren signifikant häufiger auch Mutterunternehmen oder Tochterunternehmen mit unabhängiger Programmleitung. Verlage ohne feste Lektoren sind hingegen häufiger Tochterunternehmen ohne eigene Programmleitung oder werden nur noch als Imprint geführt.

Betrachtet man die Daten näher, stellt man fest, dass sich – auch wenn sich die Mittelwerte statistisch signifikant voneinander unterscheiden – keine klaren Grenzen zwischen beiden Gruppen ziehen lassen. So finden sich sowohl bei den Verlagen mit als auch bei den Verlagen ohne Lektoren Unternehmen, die 2004 keinen Buchtitel in Erstauflage verlegt haben (0,6 Prozent/7,8 Prozent) oder die Umsatzgrenze von 100 000 Euro unterschreiten (7,4 Prozent/40,3 Prozent). In beiden Gruppen finden sich aber auch Verlage, die 100 oder mehr Buchtitel in Erstauflage 2004 herausgegeben haben (19,1 Prozent/2,4 Prozent), 100 oder mehr fest angestellte Mitarbeiter beschäftigen (8,0 Prozent/1,0 Prozent) oder einen Umsatz von 25 Millionen Euro vor Steuer und mehr erwirtschaften (5,8 Prozent/0,3 Prozent).

Kennwerte der Verlage mit und ohne fest angestellte Lektoren

Kennwerte	Verlage	
	mit festen Lektoren	ohne feste Lektoren
Buchtitel in Erstauflage	50,0 - 84,4	10,5 - 17,3
fest angestellte Mitarbeiter	16,7 - 37,1	2,3 - 5,0
Jahresumsatz	4,7 Mio. - 9,2 Mio.	370 000 - 1 Mio.
Trennung der Verlagsleitung	2/3	1/5
Verleger im Lektorat	1/3	2/3

Die Tatsache, dass keine klare Grenze zwischen beiden Verlagstypen zu ziehen ist, kann u. a. darin begründet sein, dass bei bestimmten Unternehmensformen (z. B. Imprint, Tochterunternehmen ohne eigene Programmplanung, Regiebetrieb, Zeitschriftenverlag etc.) kein eigenes Lektorat unterhalten wird. Andere Verlage wiederum scheinen kaum Buchtitel in Erstauflage zu veröffentlichen, sondern von Neuauflagen und überarbeiteten Auflagen von Standardwerken oder Steadysellern zu leben. Eine Überprüfung der Extremfälle der Verlage ohne Lektoren[19] zeigte, dass hierunter häufig Verlage fallen, die ihre Umsätze zu einem großen Teil nicht im Buchsegment erwirtschaften und/oder zu einem großen Anteil Lizenztitel verlegen und/oder überwiegend im Segment der Taschenbücher tätig sind. Die Extremfälle der Verlage mit Lektoren[20] sind hingegen im Bereich des Sach- oder Fachbuchs sowie des wissenschaftlichen Buchs anzu-

[19] Hierunter werden jene Verlage verstanden, die entweder hohe Umsätze erzielen, viele Mitarbeiter beschäftigen oder 2004 viele Titel publiziert haben, jedoch kein eigenes Lektorat unterhalten.

[20] Hierunter werden jene Verlage verstanden, die viele Lektoren beschäftigen, aber nur geringe Umsätze erzielen, wenig Mitarbeiter beschäftigen oder aber 2004 nur wenige Titel publiziert haben.

treffen. Oder aber sie verlegen überwiegend klassische Hardcover-Titel, wobei der Anteil deutschsprachiger Lizenzen sehr gering ist. Mit anderen Worten: Sie sind überwiegend in Branchensegmenten tätig, in denen besonders viel Arbeit in den Lektoraten anfällt.

3 Die Verlagslektoren

Bisher hat der Verlag als organisatorischer Rahmen der Lektoratsarbeit im Mittelpunkt gestanden. Nun ist es an der Zeit, den Blick auf die Lektoren selbst zu lenken. In älteren, aber auch in neueren Essays und Lehrbüchern wurden sie immer wieder als graue Eminenzen, Verlagsmitarbeiter ohne Eigenschaften oder als die unsichtbaren Zweiten bezeichnet (vgl. Schädlich 1991: 44f.; Schneider 2005: 24f.). Die weitgehende Anonymität führt zu diffusen Charakterisierungen und klischeehaften Vorstellungen (wie etwa dem Image des Bücherwurms). Doch auch in den Verlagen selbst hat sich das Bild des Lektors immer wieder stark gewandelt: „Erst machten ihn Presse und Marketing zum Werbefuzzi. Dann wurde er Vertretertrainer. Zwischendurch Wellness-Agent für den Verleger. Außerdem Entertainer vor und nach Lesungen, Weihnachtsfeiern. Schließlich wurde er auf hellseherische Qualitäten geeicht“ (Jung 2006: 11). Solche unscharfen Bilder provozieren die Frage nach der Person und der Rolle des Lektors im Buchverlag. Ein Blick auf die demographischen Merkmale und die soziale Lage der Lektoren soll erste Antworten geben.

3.1 Lektor – ein Frauenberuf?

Der Lektor in einem deutschen Buchverlag ist im Schnitt 42 Jahre alt, kinderlos, lebt in einer festen Partnerschaft und ist weiblich. Rund 64 Prozent der Mitarbeiter im Lektorat sind Lektorinnen. Damit zeichnet sich der Beruf als eine ausgesprochene Frauendomäne aus – auch hinsichtlich anderer Medienberufe. So liegt der Frauenanteil in der Berufsgruppe der Publizisten[21] bei knapp 42 Prozent. Die Tendenz ist allerdings steigend. So zeigt ein Vergleich der entsprechenden Daten für die Berufsgruppe der Journalisten im Jahr 2005, dass hier die Frauenquote inzwischen 37 Prozent beträgt. 1993 lag der Wert noch bei 31 Prozent (vgl. Weischenberg et al.

[21] Die Untergruppe 821 in der Statistik des Statistischen Bundesamtes umfasst Schriftsteller, Dramaturgen, Lektoren, Redakteure, Journalisten, Rundfunk- und Fernsehsprecher.

2006a: 45, 259). Bei der Berufsgruppe der Pressesprecher betrug der Anteil der Frauen 2005 rund 40 Prozent. Da die weiblichen Vertreter des Berufs vor allem in den jüngeren Altersklassen vorzufinden sind, ist aber in den nächsten Jahren eine deutliche Verschiebung in der Geschlechterverteilung zu erwarten (Bentele et al. 2005: 25). Der Anteil der Frauen in den Pressestellen der deutschen Buchverlage beträgt laut einer Studie des Börsenvereins des Deutschen Buchhandels und des Arbeitskreises der Verlags-Pressesprecherinnen und -Pressesprecher (AVP) sogar 75 Prozent (vgl. Börsenverein 2005b). Damit wird deutlich, dass die Verlags- und Buchbranche für Frauen besonders attraktiv ist. Und das nicht erst in den letzten Jahren.

Bereits Coser et al. (1982) kamen zu der Einschätzung, dass sich die Profession der Lektoren zu einem Frauenberuf entwickelt. In ihrer Studie zur Buchbranche der Vereinigten Staaten stellten sie fest, dass die Lektoratsarbeit in den Verlagen zu einem nicht unerheblichen Teil von Frauen erledigt wird. Allerdings zeigte sich auch, dass der Frauenanteil in Wissenschaftsverlagen deutlich geringer war (im Schnitt 20 Prozent) als in Publikumsverlagen (50 Prozent). Die vorliegende Studie konnte den Zusammenhang zwischen Geschlecht und Verlagstyp jedoch nicht bestätigen. Es zeigte sich kein signifikanter Unterschied – auch wenn im Bereich der elektronischen Medien der Anteil der Männer etwa gleichauf liegt mit dem Anteil der Frauen und im Segment der Jugend- und Kinderbücher auf zwei Lektoren fünf Lektorinnen kommen. Im Allgemeinen gibt es jedoch keine geschlechterspezifische Trennung nach bestimmten Buchsparten oder Editionsformen.

Die Altersstruktur der Lektoren in Deutschland lässt vermuten, dass der Anteil der Frauen in den Verlagslektoraten in den nächsten Jahren noch steigen wird. So sind die Lektorinnen im Schnitt vier Jahre jünger als ihre männlichen Kollegen. Das Durchschnittsalter liegt mit 41,7 Jahren etwas über dem Schnitt anderer Medienberufe. Journalisten sind beispielsweise im Schnitt knapp 41 Jahre (Weischenberg et al. 2006a: 57) und Pressesprecher 40 Jahre alt (Bentele et al. 2005: 25). Im direkten Vergleich dieser Daten zueinander fällt besonders auf, dass die Lektoren im mittleren Alterssegment am stärksten vertreten sind. Dafür ist ihr Anteil in der Altersgruppe der

25- bis unter 35-Jährigen am geringsten – was vermutlich unter anderem auf das sehr hohe Bildungsniveau zurückzuführen ist (vgl. Kapitel 3.2).

Altersstruktur von Medienberufen im Vergleich

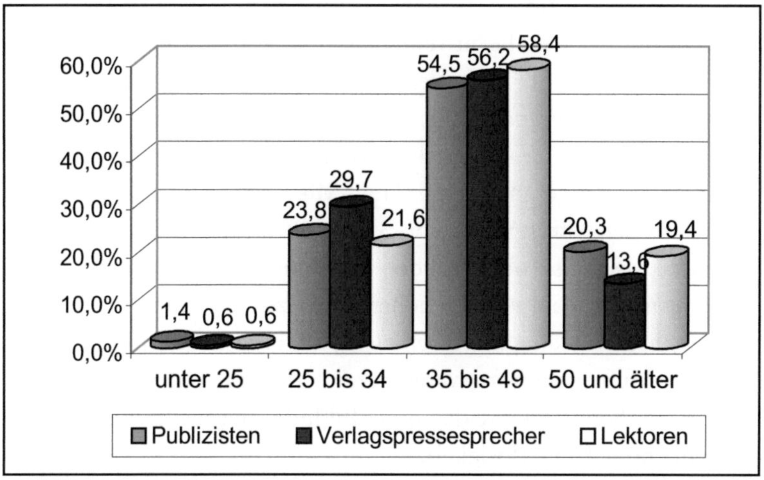

Die Daten zu den Publizisten entstammen den Angaben zur Berufsgruppe 821 des Statistischen Bundesamtes für das Jahr 2004. Die Daten zu den Verlagspressesprechern sind der Gemeinschaftsstudie des Börsenvereins und des AVP entnommen.

Weitere aufschlussreiche Einblicke geben die Daten zum Familienstand. Auch hier zeigt sich ein deutlicher Unterschied zwischen den Geschlechtern. Während von den Lektorinnen nur 35,6 Prozent angaben, verheiratet zu sein, ist der Anteil verheirateter Lektoren mit 64,6 Prozent fast doppelt so groß. Nimmt man die Zahl der nichtehelichen Lebensgemeinschaften hinzu, so leben Lektoren etwas häufiger in festen Beziehungen als ihre Kolleginnen. Insgesamt sind 49 Prozent aller Lektoren ledig, 46 Prozent verheiratet, 1 Prozent getrennt lebend und 4 Prozent geschieden. Die Zahl der Eheschließungen liegt damit deutlich unter dem Bundesdurchschnitt. Dies lässt sich aber zum Teil durch den hohen Bildungsstand der Lektoren erklären. Besonders junge Akademikerinnen heiraten heute selten und spät und weisen die höchste Quote der Ledigen auf (vgl. Konrad-Adenauer-Stiftung 2006: 6).

Betrachtet man die Zahl der Lektoren ohne Kinder, zeigen sich weitere Unterschiede. Während 73 Prozent der Lektorinnen kinderlos sind, liegt der Wert bei ihren männlichen Kollegen nur bei 42 Prozent (gesamt 61 Prozent). Damit haben Lektorinnen im Schnitt 0,43 Kinder, Lektoren hingegen 1,16 (gesamt 0,7). Dies ist ein Hinweis darauf, dass der Lektorenberuf für Frauen relativ schlecht mit der Familie zu vereinbaren ist – trotz hohem Frauenanteil in diesem Beruf. Zum Vergleich: Insgesamt bleibt in Deutschland laut Familienreport 2005 ein Drittel eines Jahrgangs kinderlos – wobei Akademikerinnen sich besonders häufig gegen eine Familie entscheiden. Insgesamt leben laut Mikrozensus 38 Prozent der Frauen in der Altersgruppe von 35 bis 39 Jahren mit einem akademischen Abschluss ohne Kinder im Haushalt. Als Ursache dafür wird vermutet, dass es „für höher qualifizierte Frauen im Rahmen der gegebenen Bedingungen schwierig ist, berufliche Anforderungen mit der Mutterschaft zu vereinbaren“ (Konrad-Adenauer-Stiftung 2005: 23). Somit erklärt das hohe Bildungsniveau der Lektorinnen auch die hohe Kinderlosigkeit.

Zum Verzicht auf Kinder kommt hinzu, dass aufgrund der Unvereinbarkeit von Beruf und Familie zwei Drittel aller Frauen mit der Familiengründung vorübergehend den Beruf aufgeben[22] – und nur 75 Prozent von ihnen kehren mit zunehmendem Alter der Kinder wieder in den Beruf zurück. Somit ist bei Frauen mit Kindern in der Familienphase (im Alter zwischen 25 und 45 Jahren) die Erwerbsbeteiligung erheblich niedriger als bei Frauen ohne Kinder.[23] Bei Männern zeigen sich hingegen praktisch keine Auswirkungen

[22] Die Population Policy Acceptance Studie DIALOG (1999 bis 2003) kommt zu dem Ergebnis, dass in Deutschland nur eine Minderheit von 5 Prozent der Frauen den Beruf aufgeben möchte, wenn Kinder da sind. Rund 20 Prozent wollen nur zu Hause bleiben, solange die Kinder klein sind (Bundesinstitut für Bevölkerungsforschung/Robert Bosch Stiftung 2005: 16).

[23] Von allen 28-jährigen Frauen mit Kindern sind laut Mikrozensus 38 Prozent erwerbstätig. Der Anteil der Erwerbstätigen bei den 28-jährigen Frauen ohne Kinder beträgt hingegen 83 Prozent (Mikrozensus 2004).

der Vaterschaft auf die Erwerbsbeteiligung (vgl. Konrad-Adenauer-Stiftung 2005: 35).

Dies betrifft besonders die Teilzeitarbeit. Nur drei Prozent aller Väter nutzen diese Form der Anstellung. Für Frauenberufe hingegen ist die Teilzeitarbeit charakteristisch. So arbeiten viele Frauen (42 Prozent) jahrelang nach der Geburt eines Kindes nur im Umfang einer halben Stelle oder weniger (vgl. Konrad-Adenauer-Stiftung 2005: 37). Verglichen mit diesen Angaben ist der Anteil der Teilzeitbeschäftigten bei den Lektoren mit 13,2 Prozent relativ gering (vgl. Kapitel 4.1). Es sind besonders die Frauen mit Kindern, die diese Form der Anstellung nutzen (40 Prozent). Kinderlose Lektorinnen hingegen sind relativ selten in Teilzeit beschäftigt (7,7 Prozent).

Nettoeinkommen nach Geschlecht und Position

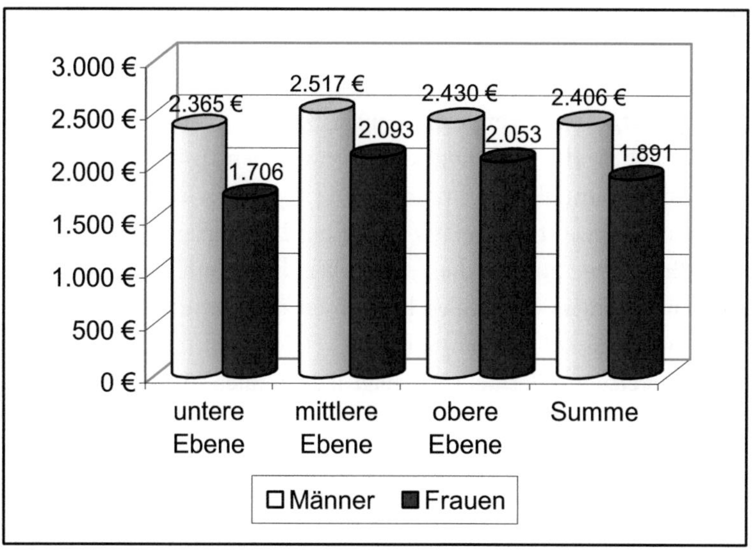

Nur Lektoren in Vollzeitbeschäftigung (n = 192).

Trotz des fast gleich großen Anteils von Lektorinnen und Lektoren in Festanstellung zeigen sich deutliche Unterschiede beim Einkommen. So erhält eine vollzeitbeschäftigte Lektorin im Schnitt nur 79 Prozent des monatlichen Nettoverdienstes eines Lektors. Die Differenz von 21 Prozent ist zwar geringer als die Differenz im Bundesschnitt (24,2 Prozent), doch erhalten die Lektorinnen damit jeden Monat rund 500 Euro weniger als ihre männlichen Kollegen – und das, obwohl die Differenz sich nicht durch persönliche oder berufliche Merkmale erklären lässt. Damit bestätigt die Studie, was Coser et al. (1982: 111) bereits für das amerikanische Lektoratswesen der 1970er Jahre festgestellt haben: „Women earn substantially less than men." Damals waren unter den Geringverdienern im Lektorat 40 Prozent der Frauen und nur 10 Prozent der Männer zu finden. Die oberen Gehaltsklassen waren hingegen ausschließlich Männern vorbehalten. Die Ergebnisse der Lektorenstudie zeigen aber auch deutliche Parallelen zu den Resultaten der Berufsfeldstudie zum Pressesprecher (vgl. Bentele et al. 2005: 67). Auch hier wurde deutlich, dass Frauen auf allen Hierarchieebenen erheblich weniger verdienen als ihre Kollegen.

Dafür sind Frauen in den Lektoraten der Verlage deutlich öfter in Führungspositionen vertreten als in anderen Berufsfeldern. Insgesamt 57 Prozent der Stellen mit Leitungskompetenz sind von Lektorinnen besetzt. Zum Vergleich: Laut Mikrozensus stellten Frauen im März 2004 an den Führungskräften nur einen Anteil von 33 Prozent. Zum Zeitpunkt der Untersuchung von Coser et al. waren Lektorinnen hingegen noch relativ selten mit Leitungsaufgaben betraut. Sie stellten daher zurecht die Frage: „Will book publishing became a ‚women's business' controlled by women and not just dominated by them in terms of sheer numbers?" (Coser et al. 1982: 168). Eine differenzierte Betrachtung zeigt jedoch auch für das Jahr 2005, dass die Frauen in den Lektoraten heute nur bedingt besser gestellt sind. Denn trotz ihrer Übermacht in leitenden Positionen, nehmen nur 36 Prozent aller Lektorinnen eine Führungsposition ein. Bei ihren Kollegen beträgt der Anteil hingegen 50 Prozent. Nur jede dritte Lektorin, aber jeder zweite Lektor hat eine (Teil-)Leitungsposition inne.

Somit bleibt als Fazit: Der Anteil der Frauen legt nahe, dass der Lektorenberuf inzwischen ein Frauenberuf ist. Auch die Kennzeichen des Arbeitsfeldes (vgl. hierzu auch Kapitel 2.3.3 und Kapitel 3.2) wie z.B. flache Hierarchie und – damit verbunden – eher geringe Aufstiegschancen, aber auch die zum Teil eher schlechte Bezahlung, die geringe soziale bzw. öffentliche Anerkennung und der fehlende geregelte Berufszugang sprechen dafür. Dessen ungeachtet stellt der Beruf jedoch hohe Ansprüche an die Lektoren. So scheint ein abgeschlossenes Studium inzwischen eine Voraussetzung für den Berufszugang zu sein (vgl. Kapitel 3.2 und Kapitel 8.3). Trotz vergleichbarem Bildungsniveau ist die Chance einer Frau, eine Führungsposition zu übernehmen, nach wie vor kleiner als die eines Mannes. Darüber hinaus scheint die hohe Frauenquote nichts an den generellen Problemen der Vereinbarkeit von Arbeit und Familie für Frauen zu ändern. Darauf lässt die große Zahl der kinderlosen Lektorinnen schließen. Doch zeigt die Studie auch, dass das Lektorat dennoch ein attraktives berufliches Arbeitsfeld für Frauen ist.

3.2 Sozialer Status: Einkommen und Bildung

Der soziale Status kann bezüglich verschiedener relevanter Merkmale unterschieden werden – wie etwa Abstammung, Beruf, Einkommen oder Bildung. In der Schichtungstheorie spricht man von Statuskonsistenz, wenn diese Merkmale miteinander hoch korrelieren (wenn also z.B. mit einer hohen Bildung auch ein hohes Einkommen verknüpft ist), von Statusinkonsistenz, wenn dies nicht zutrifft. Der soziale Status einer Person oder Gruppe ist von besonderer Bedeutung, da er deren Möglichkeiten und Lebenschancen wesentlich mitbestimmt. So gehen beispielsweise mit einem höheren sozialen Status bessere Bildung, Gesundheit und höheres Einkommen einher (vgl. Lampert/Ziese 2005). Anhand der Variablen Einkommen und Bildung sollten daher Status und Statuskonsistenz der Verlagslektoren überprüft werden.

Die Ergebnisse der Befragung zeigen, dass das formale Bildungsniveau der Lektoren ausgesprochen hoch ist. So liegt der Anteil derer, die ein abgeschlossenes Studium nachweisen können, bei rund 90 Prozent. Bei den Verlagspressesprechern beträgt der Anteil beispielsweise 78 Prozent, bei den Journalisten 69 Prozent (vgl. Börsenverein 2005b: 8; Weischenberg et al. 2005: 3). Der Anteil der Lektoren ohne Hochschulreife ist nur marginal (knapp 2 Prozent). Und auch die Zahl der Studienabbrecher ist gering (4,5 Prozent). So verwundert es wenig, dass Jung (2005: 11) von den Lektoren als den „Hausintellektuellen" der Verlage spricht. Zwischen dem formalen Bildungsniveau der Lektorinnen und Lektoren sind nur wenige Unterschiede zu erkennen. Wie die Tabelle zeigt, stehen die Lektorinnen ihren Kollegen in fast nichts nach. Nur der Anteil der Personen mit Promotion unterscheidet sich signifikant: Während jeder dritte männliche Lektoratsmitarbeiter den Doktorgrad erworben hat, trifft dies nur auf etwa jede achte Lektorin zu.

Höchster formaler Bildungsabschluss

Abschlussart	Gesamt	Frauen	Männer
Haupt-/Volksschule	0,3 %	0,0 %	0,9 %
Mittlere Reife/Realschule	1,6 %	2,0 %	0,9 %
Abitur/Fachhochschulreife	2,9 %	3,1 %	2,7 %
Studium ohne Abschluss	4,5 %	5,6 %	2,7 %
Studium mit Abschluss	70,1 %	76,0 %	60,1 %
Promotion	20,6 %	13,3 %	32,7 %
Summe	100,0 %	100,0 %	100,0 %

(n = 309)

Ein Vergleich jüngerer und älterer Lektoren zeigt, dass der Anteil der Hochschulabsolventen bei den unter 45-Jährigen etwas höher ist (93,5 Prozent) als bei den Lektoren mit mindestens 45 Jahren (86 Prozent) – und das, obwohl in letztgenannter Gruppe mehr Männer enthalten sind. Dies lässt einen leichten Anstieg der Bildungsanforderungen beim Berufszugang vermuten. So ist in der Gruppe der unter 45-Jährigen beispielsweise kein einziger Lektor zu finden, der nicht mindestens die Hochschulreife oder die Fachhochschulreife erworben hat. Bei den älteren Lektoren beträgt deren Anteil immerhin 5 Prozent. Die Größe, die Editionsform und die Programmausrichtung der Verlage zeigen hingegen keinen signifikanten Einfluss auf die Anforderungen an das Bildungsniveau der Lektoren.

Dafür zeigt das Bildungsniveau jedoch deutliche Auswirkungen auf die Höhe des monatlichen Nettoeinkommens. Ein höherer formaler Bildungsabschluss kann sich für einen Lektor durchaus finanziell lohnen. So verdienen Lektoren mit Promotion im Monat rund 400 Euro mehr als Lektoren, die kein abgeschlossenes Studium haben. Außerdem sind sie neben den Lektoren mit abgeschlossenem Studium die einzigen, die in der Gehaltsgruppe ab 4000 Euro netto vertreten sind. Allerdings lässt sich dieser Zusammenhang meist auch durch die mit dem höheren Bildungsabschluss verbundene höhere berufliche Position erklären.

Im Schnitt verdient ein Lektor netto 2000 Euro, wobei Frauen weniger verdienen als Männer (vgl. Kapitel 3.1). Darüber hinaus ist das Gehalt abhängig von der beruflichen Position der Lektoren und von der Größe des Verlags. Den größten Einfluss hat die Zahl der Berufsjahre. Junge Lektoren mit wenig Berufserfahrung verdienen beispielsweise im Schnitt 1620 Euro. Das Nettogehalt der Lektoren im mittleren Alter (35 bis 44 Jahre) beträgt im Schnitt 2030 Euro, und die berufserfahrenen Lektoren mit mindestens 45 Jahren haben ein Einkommen von durchschnittlich 2500 Euro. Allerdings ist zu berücksichtigen, dass mit zunehmender Erfahrung und steigendem Alter auch andere Faktoren korrelieren wie etwa die berufliche Position.

Bleibt zu klären, inwieweit die Arbeit der Lektoren angemessen entlohnt wird – vor allem gemessen an ihrem überdurchschnittlich hohen Bildungsniveau. Daher stellt sich zunächst die Frage, wieviel ein Lektor im Vergleich zu anderen Akademikern verdient. Ein Arzt zum Beispiel, dessen Berufsstand allgemein einen sehr hohen Status besitzt, verdient im öffentlichen Dienst durchschnittlich 3090 Euro netto im Monat. Dafür muss er allerdings eine reale Wochenarbeitszeit von 46,3 Stunden erbringen.[24] Der Rest der Akademiker im Öffentlichen Dienst wird mit 2552 Euro im Monat nicht ganz so gut

[24] Quelle: Deutsches Institut für Wirtschaftsforschung/Statistisches Bundesamt. Sofern keine weiteren Angaben gemacht werden, beziehen sich auch die nachfolgenden Daten auf diese Quellen. Die im Text angegebene Wochenarbeitszeit eines Arztes umfasst nicht die Arbeit, die er zusätzlich im Bereitschaftsdienst erbringt.

bezahlt, muss dafür im Schnitt aber auch nur 40,7 Stunden arbeiten. Ein Lektor, dessen reale Wochenarbeitszeit bei 43 Stunden liegt, verdient hingegen lediglich rund 2000 Euro netto. Das ist deutlich weniger. Von der „aufregenden" Welt der Bücher und des Kulturbetriebs bleibt also auf dem Gehaltszettel der Lektoren nicht viel übrig. So verwundert es auch nicht, dass nur wenige Lektoren angaben, mit ihrem Beruf vorwiegend das Ziel zu verfolgen, viel Geld zu verdienen. Und die Zahl derer, denen die Verwirklichung diese Ziels gelingt, ist noch um ein Vielfaches geringer (vgl. Kapitel 5.3).

Vergleicht man das Nettoeinkommen der Lektoren mit den Durchschnittsgehältern anderer Medienberufe, so zeigt sich erneut ein wenig positives Bild. Ein Zeitungsjournalist mit zehn Jahren Berufserfahrung verdient laut Tarifvertrag 3900 Euro brutto.[25] Davon bleiben ihm je nach Familienstand und Kinderzahl ca. 2200 Euro netto. Das Einkommen der Journalisten ist sehr unterschiedlich. Durchschnittlich liegt es bei knapp 2300 Euro netto pro Monat (Weischenberg et al. 2006a: 61). Das Nettoeinkommen der Pressesprecher liegt auch etwa in diesem Bereich (vgl. Bentele et al. 2005). Lektoren sind im Vergleich zu diesen beiden Berufsgruppen also finanziell schlechter gestellt. Die Pressesprecher in Verlagen bleiben mit durchschnittlich 1700 Euro netto allerdings noch weiter hinter diesen Gehaltniveaus zurück. Dabei lässt die Differenz ihres Einkommens zu den Gehältern aller Pressesprecher interessante Schlüsse zu. Sie kann als ein Hinweis dafür gewertet werden, dass die Löhne und Gehälter in der Verlagsbranche merklich niedriger sind als in anderen Wirtschaftsbereichen. Dies zeigt auch ein Vergleich der Nettolöhne und -gehälter der Arbeitnehmer insgesamt mit den vom Statistischen Bundesamt angegebenen Löhnen und Gehältern des Wirtschaftsbereichs „Papier, Verlag, Druck". Während allen Arbeitnehmern in Deutschland 2004 nach Abzug von Lohnsteuer und Sozialversicherungsbeiträgen im Schnitt 1559 Euro blieben, waren es im Papier-, Verlags- und Druckgewerbe nur 1447 Euro.

---

[25] Da die durchschnittliche Zahl der Berufsjahre der Lektoren bei zehn Jahren liegt, wurde zum Vergleich der Tariflohn der Redakteure mit zehn Berufsjahren herangezogen.

Der Beruf des Lektors gehört – absolut betrachtet – mit einem durchschnittlichen Nettolohn von 2000 Euro nicht zu den schlecht bezahlten Erwerbstätigkeiten, doch tut sich hinsichtlich anderer Berufe mit hohem Akademikeranteil eine deutliche Diskrepanz auf. Schichtungstheoretisch gesprochen besteht folglich eine Statusinkonsistenz. Im Fall der Lektoren korreliert die hohe formale Bildung nicht mit einer entsprechend hohen Bezahlung der Arbeit. Auch Siblewski (2005: 22f.) kommt zu dem Schluss, dass mit der Arbeitsaufnahme im Lektorat kein Wechsel in eine höhere soziale Schicht verbunden ist: „Wer als literarischer Lektor eine Anstellung gefunden hat, kann darüber nur in dem Sinne zufrieden sein, dass es diese Lektoratsstelle tatsächlich erobern konnte: Er hat sich in einem Verdrängungswettbewerb um wenige Stellen durchzusetzen verstanden."

Allerdings scheinen die geringeren Löhne wesentlich auf die Verlagsbranche und ihre Strukturmerkmale zurückzuführen zu sein, die, wie eben angeführt, generell zu einer geringeren Entlohnung der geleisteten Arbeit der beschäftigten Arbeitnehmer führen. Dass der monatliche Durchschnittslohn eines Lektors über dem Durchschnittslohn eines Verlags-Pressesprechers liegt, deutet jedenfalls darauf hin, dass der Beruf branchenimmanent durchaus seine Wertschätzung erfährt und einen hohen Status hat.

4 Berufsalltag: Position, Aufgaben, Tätigkeiten

4.1 Anstellungsverhältnis und berufliche Position

Die Mehrzahl der befragten Lektoren arbeitet in Vollzeit in einem unbefristeten Arbeitsverhältnis (80,7 Prozent). Die Teilzeitquote liegt hier bei 13,2 Prozent. Nur rund 8 Prozent haben einen befristeten Arbeitsvertrag. Im Schnitt hat ein Lektor zehn Jahre einschlägige Berufserfahrung, wobei er die meiste Zeit seines Berufslebens in Festanstellung verbracht hat (neun von zehn Jahren). Der Beruf des Lektor scheint also eine relativ hohe Arbeitsplatzsicherheit zu bieten. Der Anteil der Lektoren mit maximal einem Jahr Berufserfahrung beträgt 8,4 Prozent. Die Mehrzahl der Lektoren (55,3 Prozent) hat zwischen 1,5 und 10 Jahren Berufserfahrung, eine Berufserfahrung von 11 bis 20 Jahren können immerhin noch 26,7 Prozent der Lektoren nachweisen, 8,4 Prozent sind zwischen 21 und 30 Jahren als Lektor tätig und ein paar wenige (1,2 Prozent) bringen es sogar auf bis zu 41 Berufsjahren.

Die reale Arbeitszeit der Lektoren liegt mit 43 Stunden deutlich über der 40-Stunden-Woche. Betrachtet man nur die in Vollzeit beschäftigten Lektoren, so kommt man im Schnitt auf 44,7 bis 46,5 Stunden, wobei einzelne Lektoren durchaus bis zu 90 Wochenstunden leisten. Die in Teilzeit beschäftigten Lektoren arbeiten durchschnittlich zwischen 22,5 und 28,2 Stunden in der Woche. Im Vergleich etwa zu den Journalisten arbeiten demnach die Lektoren pro Woche rund zwei Stunden weniger (Weischenberg et al. 2005: 3) und im Vergleich zu einem im Krankenhaus tätigen Arzt sogar über drei Stunden weniger (Mikrozensus 2004). Dabei werden von den Lektoren im Schnitt 21,14 Manuskripte im Jahr zur Druckreife gebracht.

Berufsjahre der Lektoren

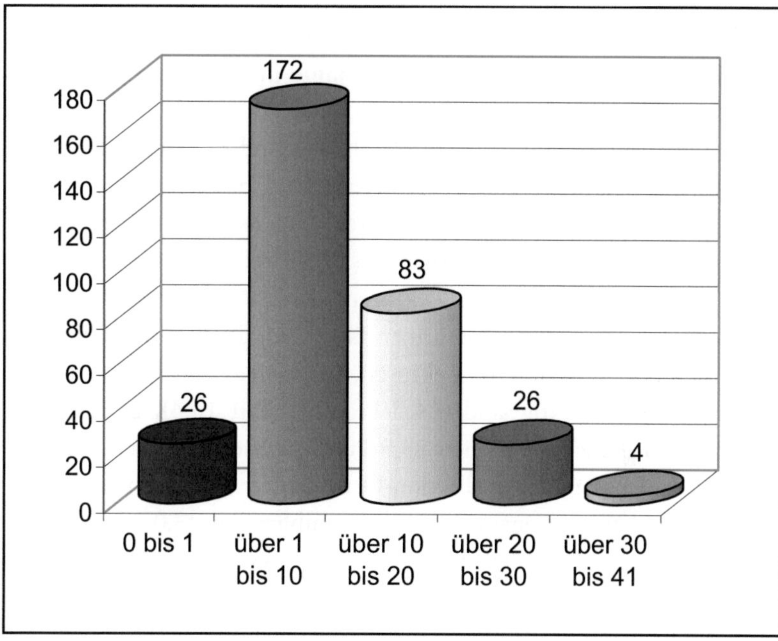

(n = 311)

Dies ist in etwa die gleiche Größenordnung, von der Coser et al. (1982: 125) für die siebziger Jahre in den USA ausgingen. Demnach brachte damals rund ein Drittel der Lektoren maximal 12 Titel innerhalb eines Jahres zur Druckreife, ein weiteres Drittel brachte zwischen 13 und 25 Bücher heraus und das letzte Drittel publizierte mehr als 25 Bücher.[26] Dabei variierte die Zahl mit der Programmausrichtung und der Größe der Verlage. Die Position eines Lektors war hingegen nicht relevant. Die aktuelle Studie konnte diese Zusammenhänge weitgehend bestätigen. So ist beispielsweise die Zahl der betreuten Buchtitel bei Lektoren in leitenden Positionen im

[26] In der vorliegenden Studie bringen zwar nur ein Viertel der Lektoren zwischen 13 und 25 Titel und nur ein weiteres Viertel über 25 Bücher innerhalb eines Jahres zu Druckreife, doch gab es bei Coser nur wenige Fälle, die 50 Bücher und mehr betreuten. Im aktuellen Sample trifft dies hingegen auf jeden achten Lektor zu, wobei die maximale Zahl bei 200 Titeln liegt.

Schnitt nur um 3 Titel höher als bei anderen Lektoren. Der Unterschied ist damit statistisch nicht signifikant. Vielmehr ist die Zahl der Berufsjahre der Lektoren ein relevantes Unterscheidungsmerkmal: Berufsanfänger (bis maximal 4 Jahre im Beruf) erreichen demnach im Schnitt eine Größenordnung von 16,7 Titeln, bei Lektoren mit fünf bis neun Jahren Berufserfahrung sind es bereits 18,7 Titel, erfahrene Lektoren (10 bis 19 Berufsjahre) publizieren im Schnitt 27,9 Titel und erst bei den Senioren (mindestens 20 Berufsjahre) nimmt die Zahl der Titel wieder ab (20,5 Titel).

Andererseits betreuen Lektoren, die überwiegend im Bereich elektronischer Publikationsformen tätig sind, deutlich mehr Titel bis zu Publikationsreife als Lektoren, die in einem Publishing-on-Demand-Verlag tätig sind (24,7 Projekte statt 16,4). Lektoren im fiktionalen Bereich erreichen 18,9 Publikationen im Jahr, die Gruppe der sogenannten Non-Fiktion-Generalisten[27] hingegen 25,5. Lektoren, die keine Lizenztitel betreuen, publizieren 23,0 Titel. Lektoren, die viele Lizenztitel betreuen (mindestens 30 Prozent der von ihnen betreuten Titel) erreichen nur eine Größenordnung von 18,1 Titeln. Die maximale Titelzahl, die ein Lektor im Lauf eines Jahres bis zur Imprimatur bringt, kann aber deutlich vom Schnitt abweichen.

In der Literatur zum Beruf des Lektors gibt es unzählige Schätzungen, wie viele Manuskripte, Exposés und Buchvorschläge von literarischen Agenten, Autoren oder Hobbyschriftstellern einem Verlag zugesandt werden. Die Ergebnisse der Studie zeigen, dass im Monat zwei Dutzend Manuskripte per E-Mail oder per Post, auf Diskette oder mit der Schreibmaschine geschrieben einen Lektor erreichen. Das sind im Jahr circa 290 Stück. Unter ihnen finden sich jedoch viele, die es nie bis zur Veröffentlichung bringen werden. Die Zahl dieser Beinahe-Bücher übersteigt jene der veröffentlichten Bücher um ein Vielfaches. Rund jedes sechste Buch, das publiziert

[27] Hierunter werden jene Lektoren subsumiert, welche in mehreren nonfiktionalen Buchbereichen gleichermaßen häufig tätig sind, also sowohl im Sachbuch- oder Fachbuchbereich als auch im Bereich des wissenschaftlichen Buches oder der Ratgeberliteratur, nicht jedoch im Bereich der Schul- und Lehrbücher.

wird, geht zwar laut Lektorenbefragung auf ein unverlangt eingesandtes Manuskript zurück, doch steht diesen durchschnittlich 3,33 Titeln, die tatsächlich bis zur Imprimatur gebracht werden, ein Heer von fast 290 Titeln gegenüber, die es nicht so weit gebracht haben. Nur der Bruchteil von einem Prozent der unaufgefordert eingesandten Manuskripte wird also tatsächlich publiziert. Die Befragung bestätigt somit tendenziell die Angaben in der Literatur, wonach nur rund 10 Prozent der Manuskripte näher geprüft werden und nur rund 1 Prozent tatsächlich veröffentlicht wird (vgl. Breyer-Mayländer et al. 2001: 50; Moritz 1997: 71).

Die Hierarchie in den Lektoraten ist – unabhängig von der Größe und der Ausrichtung des Verlags – meist flach. Es gibt zwar verschiedene Aufgabenbereiche, Arbeitsteilung und Unterschiede in Status und Rang (vgl. Kapitel 2.3.3), aber nur wenige Lektoren überwachen die Arbeit anderer Lektoren. Die Ergebnisse unserer Studie zeigen, dass 41 Prozent der Lektoren eine Führungsposition einnehmen. Bereits Coser et al. (1982: 191f.) kamen zu dem Ergebnis, dass ein Lektor typischerweise die Arbeit eines Sekretärs oder Assistenten überwacht, jedoch nur selten einen anderen Lektor kontrolliert, der ihm Rechenschaft schuldet. 50 Prozent der Lektoren hatten maximal eine Person im Verlag, die ihnen zuarbeitet. Daran hat sich bis heute also nicht viel geändert. Die Lektoren in Führungspositionen zeichnen sich im Vergleich zu anderen Lektoren dadurch aus, dass sie im Schnitt über etwas mehr Berufserfahrung verfügen (12 Jahre statt 8,6 Jahre), mehr Stunden pro Woche arbeiten (46,4 statt 41,3) und deutlich mehr verdienen (2389 Euro netto statt 1831 Euro). Zwischen dem formalen Bildungsniveau eines Lektoratsleiters bzw. Cheflektors und dem Bildungsniveau eines Lektor ohne leitender Funktion besteht hingegen keine signifikante Differenz. Die Auswirkungen der Führungsposition auf die tägliche Arbeit und das berufliche Selbstverständnis werden später dargestellt (vgl. Kapitel 4.2 und Kapitel 5.2).

Hinsichtlich der Berufsbezeichnung der Lektoren gibt es wenig Einigkeit. Es dominieren zahlenmäßig aber deutlich jene Bezeichnungen, die den Wortteil „Lektor“ enthalten, also Verlagslektor, Sachbuchlektor, Textlektor, Lektor für Theologie, Cheflektor, Lektoratsleiter, Juniorlektor etc. Diese Namensgebungen werden von über 50 Prozent der Lektoren angegeben. Einige Lektoren spezifizieren ihre Berufsbezeichnung explizit auf einen Teilaspekt der Lektoratsarbeit und nennen sich entsprechend Programmakquisitor, Projektassistent, Junior-Produktmanager oder Redakteur.

Daneben haben Anglizismen Einzug gehalten, so dass auch vom copy editor, development editor, editorial manager, junior editor oder vom acquisition editor gesprochen wird. Die Palette der Berufsbezeichnungen reicht von allgemeinen Begriffen wie „Verlagskoordinator“ bis hin zu exakt präzisierten Namengebungen wie „stellvertretender Lektoratsleiter mit dem Verantwortungbereich ‚strategische Programmplanung‘“. Die diffusen Benennungen spiegeln somit die Realität des vielgestaltigen, heterogenen Berufsbildes der Lektoren wider.

* * *

Ein Dilettantismus, der rührend ist

Es ist die Haupttätigkeit eines Lektors, Projekte zu verhindern, also Absagen zu schreiben und die zu begründen. Damit einher geht auch täglich das Prüfen von wenigstens ein, zwei Manuskripten, manchmal auch mehr – in weniger oder in intensiverer Art und Weise.

Christoph Selzer, Klett-Cotta (Stuttgart)

Es kommt eine ganze Menge an. Aber wir müssen das immer sofort wegschicken. Es hat keinen Sinn. Die meisten Leute machen sich nicht Gedanken darüber, dass Reclam kein belletristischer Verlag ist, und schicken eigene Schubladengedichte und solche Sachen. Das ist ein bisschen blöde Arbeit, die man sich machen muss. Den Leuten muss man immer sagen: Ihr habt euch vertan, wir sind gar nicht der richtige Adressat, ihr müsst erst mal Klassiker werden, bevor Reclam sich überhaupt für euch interessiert.

Christine Ruhrberg, Reclam (Stuttgart)

Ich sage das nicht in der Öffentlichkeit, was ich bin, weil dann jeder ankommt und sagt: „Sie sind Lektorin! Darf ich Ihnen mal was schicken? Die Tante meiner Freundin schreibt nämlich gerne nette Geschichten!“ Ohne Witz: Man bekommt unwahrscheinlich viele

Manuskripte angeboten. Gerade so auf Feiern, wenn ich nicht in beruflicher Funktion irgendwo bin, stehe ich dann stundenlang in irgendeiner Ecke und muss mich darüber unterhalten, ob ich jetzt die Liebeslyrik von Tante Lenchen sehen will. Es wird in Deutschland sehr viel geschrieben, weil jeder glaubt, er muss veröffentlicht sein. Das ist mein Geschenk an die Menschheit, dass ich nicht schreiben möchte. Ich habe auch festgestellt, dass sehr wenige Lektoren tatsächlich schreiben wollen.

Maria Dürig, Limes (München)

Bei den vielleicht zehn Prozent, bei denen es sich lohnt genauer hinzukucken, ist der Zeitaufwand mitunter erheblich, wenn auch aus den unverlangt eingesandten Manuskripten in den vier Jahren, seit ich hier bin, erst einmal ein konkretes Buch für uns geworden ist. Ich nehme mir trotzdem für manche Manuskripte viel Zeit, weil ich es auch als meine Aufgabe betrachte, den Autoren, die auf Verlagssuche sind, eine möglichst sinnvolle Rückantwort zu geben. Auf formale Gründe ziehe ich mich nur selten zurück, es sei denn, etwas geht mir derart gegen den Strich, dass ich eben diesen Weg wähle. Ansonsten versuche ich immer, auch eine inhaltliche Rückmeldung zu geben und mögliche Verbesserungsvorschläge oder auf Verlage zu verweisen, wo ein Manuskript vielleicht besser aufgehoben ist.

Dietrich Voorgang, Claudius (München)

Alle Manuskripte wurden angekuckt, manchmal nur ein paar Sekunden lang. Am schlimmsten waren die mittelguten Manuskripte, weil man am längsten brauchte, um rauszufinden, dass es eben doch nichts war. Die richtig schlechten, das ist gar kein Problem, und die richtig ganz tollen, das ist auch kein Problem. Die schwierigsten sind die mittelguten, die machen die meiste Arbeit.

Hans-Ulrich Müller-Schwefe, Suhrkamp (Frankfurt)

Es genügt oft wirklich eine halbe Seite, um festzustellen, dass der Mensch absolut überhaupt gar nicht schreiben kann. Und wenn das nicht so schnell festzustellen ist, dann fünf Seiten, vielleicht auch zehn, zwanzig Seiten. Das reicht in den meisten Fällen auch aus, um sich ein Urteil zu bilden. Aber seit ich hier bin, gab es, glaube ich, zwei oder drei unverlangt eingesandte Manuskripte, die wirklich ein Buch wurden.

Carlos Westerkamp, Ullstein (Berlin)

Was wir unaufgefordert kriegen, das ist meistens der Dilettantismus, der rührend ist.

Tobias Heyl, Hanser (München)

Es gibt ja verschiedene Arten von unverlangt eingesandten Manuskripten. Es gibt diesen ganzen Wust von literarischen Ergüssen, und da ist halt leider im Moment fast nie was drunter. Und dann gibt es gerade im Sachbuchbereich oder auch aus Universitäten, von Professoren, Vorschläge – da ist schon häufig irgendwas drunter.

Susanne Schüssler, Klaus Wagenbach (Berlin)

Ich glaube, dieser Strom hört nicht auf. Wenn man lang genug Lektor ist, denkt man, dass jeder Mensch schreibt. Und es hört nicht auf. Aber der Verlag geht heute anders damit um. Kann ich auch gut verstehen. Dafür gibt es seit einigen Jahren Praktikanten und Praktikantinnen, und ein Großteil der Arbeit wird von denen geleistet. Die gucken das an und schreien wahrscheinlich auf, wenn es was ganz Tolles ist.

Hans-Ulrich Müller-Schwefe, Suhrkamp (Frankfurt)

Ich verstehe jeden Lektor, dem Perlen durch die Hände schlüpfen. Es gibt ja dann immer wieder diese Geschichten von Umberto Eco, „Der Name der Rose“. Der hat das, glaube ich, an acht namhafte Verlage eingereicht, und die wollten das alle nicht. Der neunte, so ein ganz kleiner, hat dann gesagt, wir finden das toll, wir machen das. Und hinterher hat man sich gefragt: Wie kann man da nicht erkennen, was da für ein Potential dahinter steckt? Jeder hat auch seine Tagesform, um sich in jedes Manuskript einzuarbeiten. Meistens ist das, was man als einführendes Essay bekommt, auch nicht unbedingt von Qualität gesegnet. Büchern entwickeln sich erst im Laufe der ersten 50 Seiten. Und so weit kommen, das ist schwer.

Stefanie Aulbach, J. D. Sauerländer's (Frankfurt)

Was einmal im Jahr ankommt, das sind Bücher von Autoren, die die Weltformel entdeckt haben.

Ute Hechtfischer, J. B. Metzler (Stuttgart)

Religiöse Abhandlungen, oder der Mauerfall im Zeichen des Dramas von Lieschen Müller ... Das schicken wir dann natürlich zurück. Wir haben so einen Standardbrief: „Tut uns leid ...“. Wir schicken auch das Manuskript zurück, weil ich denke: Wenn die das noch mal kopieren müssen, das ist ja schrecklich. Manchmal ist etwas dabei, was ich persönlich ganz spannend finde. Dann sage ich auch: Das ist toll, wir sind leider nicht der Verlag, aber da und da würde ich es mal versuchen. Dann müssen die halt gucken, ob das klappt.

Rita von der Grün, Beuth (Berlin)

* * *

Zur Hierarchie

Ich würde sagen, dass das Lektorat an der Spitze des Verlages steht. Eine Kollegin aus der Herstellung sagt immer so schön: Wenn der Lektor nichts bringt, dann können wir nichts produzieren, und dann können wir auch nichts verkaufen. In meinem Gefühl ist schon sehr oft der Druck der Verantwortung, dass von mir das Wohl und Wehe des Verlages abhängt. Selbst wenn der Verlagsleiter sich meine Entscheidungen dann irgendwann zu eigen macht und mitträgt, habe ich doch das Gefühl, dass das Programm und die Richtung, in die es mit dem Verlag gehen soll, allein von mir abhängt. Der Verlagsleiter wählt eigentlich auch nur aus dem aus, was ich ihm vorlege. Ich lege ihm nur vor, was ich mir auch vorstellen kann.

Dietrich Voorgang, Claudius (München)

Nach außen, auf der Autorenseite, da sind wir natürlich ziemlich weit oben, da sind wir gleich direkt beim Verleger. Wenn es um den Buchhandel geht, dann ist der Vertrieb präsenter. Früher war es schon so, dass das Lektorat eine stärkere Stellung hatte. Die letzten zehn, fünfzehn Jahre hat der Vertrieb enorm aufgeholt an Prestige. Und auch die Presse, weil sich der Buchmarkt halt stark verändert hat und es eben nicht mehr so automatisch oder so schlicht läuft, wie das vielleicht in den siebziger und achtziger Jahren noch war. Durch die ganzen Ketten und neuen Vertriebswege braucht man ein viel professionelleres Vertriebswesen, als das früher war.

Tobias Heyl, Hanser (München)

Egal in welchen Verlag man kuckt: Bis auf ein paar Ausnahmen, ist es hierarchisch so, dass der Vertrieb immer sehr hoch steht und dass diejenigen auch das meiste Geld verdienen und das meiste Prestige haben. Ein Vertriebsleiter ist etwas anderes als ein Lektoratsleiter.

Rita von der Grün, Beuth (Berlin)

4.2 Aufgabenbereiche und Tätigkeitsfelder

4.2.1 Aufgaben

Analog zu den Ergebnissen der Verlagsbefragung, wonach die Verlagsbranche von Sach- und Fachbuchverlagen sowie wissenschaftlichen Buchverlagen dominiert wird, herrschen auch bei den Tätigkeitsgebieten der Lektoren diese Bereiche vor. Der weit überwiegende Teil der Befragten ist vor allem in einem der nonfiktionalen Bereiche tätig. Für die Belletristik sind nur rund 20 Prozent der Lektoren häufig oder sehr häufig zuständig. Etwa jeder Fünfte arbeitet vorwiegend im Bereich der Schul- und Lehrbücher, etwa jeder Zehnte im Kinder- und Jugendbuchbereich, und nur jeder Zwanzigste betreut Bildbände, Geschenk- oder Kunstbücher.

Zuständigkeit für Programmbereiche

Programmbereich	sehr häufig	häufig	selten	nie	$\bar{x}$	s
Belletristik	15 %	7 %	10 %	68 %	3,32	1,110
Fach- und Wissenschaftsbuch	45 %	12 %	14 %	29 %	2,27	1,294
Sachbuch	35 %	22 %	18 %	25 %	2,32	1,197
Kinder- und Jugendbuch	5 %	4 %	15 %	76 %	3,61	0,799
Schul- und Lehrbuch	9 %	12 %	14 %	65 %	3,34	1,010
Bild-, Kunst-, Geschenkbuch	3 %	2 %	1 %	94 %	3,86	0,597

(n = 311; s = Standardabweichung)

Gruppiert man die Lektoren nach Programmsegmenten, wird deutlich, dass sich ein großer Teil der Lektoren auf wenige Bereiche spezialisiert hat. Die Grenzlinie verläuft dabei zwischen dem fiktionalen und dem nonfiktionalen Bereich. Nur weniger als 10 Prozent der Lektoren arbeiten sowohl häufig im einen als auch im anderen Segment. Bei 43 Prozent der Lektoren wird die Arbeit hingegen von einem einzigen Buchbereich dominiert. Fast ebenso viele arbeiten vorwiegend für zwei Bereiche, nur 15 Prozent fast gleichermaßen häufig für drei oder mehr Programmbereiche.

Lektorengruppen nach Zuständigkeit für Programmbereiche

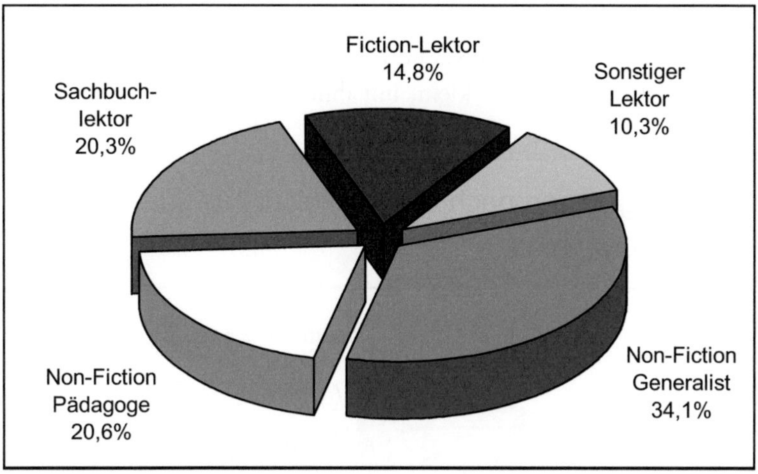

(n = 311)

Teilt man die Lektoren anhand ihrer Tätigkeitsbereiche in Gruppen, so erhält man fünf Cluster. Das relativ kleine Cluster der Fiction-Lektoren (14,8 Prozent) umfasst all jene Lektoren, die überwiegend im Bereich der Belletristik tätig sind, aber auch im Bereich der Kinder- und Jugendliteratur.[28] Die überwiegende Zahl der Lektoren ist folglich im Bereich der nonfiktionalen Bücher tätig. Bei 34 Prozent der Lektoren dominiert eine Mischung aus Sachbüchern, Fachpublikationen und wissenschaftlichen Titeln. Dieser Bereich der Non-Fiction-Generalisten bildet die größte Gruppe der Lektoren. Mit 20,6 Prozent folgen die Non-Fiction-Pädagogen. Sie betreuten neben diversen nonfiktionalen Segmenten auch häufig bis sehr häufig Schul- und Lehrbücher. Weitere 20,3 Prozent der Lektoren gehören

[28] Ausschlaggebend für die Zuordnung war jeweils, dass ein Lektor mindestens häufig für diesen Bereich zuständig ist, sich darüber hinaus jedoch in keinem der nonfiktionalen Bereiche gleich häufig betätigt. Bei den Non-Fiction-Lektoren galt das Gleiche – nur umgekehrt.

zur Gruppe der Sachbuchlektoren. Sie konzentrieren sich bei ihrer Arbeit fast ausschließlich auf Sachtitel oder Ratgeberliteratur. Die restlichen 10,3 Prozent der Lektoren sind keinem der Bereiche eindeutig zuzuordnen. Entweder lassen sie sich aufgrund der großen Streuung ihrer Tätigkeitsbereiche nicht eindeutig abgrenzen oder aber sie sind ausschließlich im Segment der Kinder- und Jugendbücher bzw. der Bild-, Kunst- und Geschenkbände zuständig. Diese Gruppen sind jedoch zu klein, um ihnen ein eigenes Cluster zuzuweisen.

Lektorengruppen nach Zuständigkeit für Editionsformen

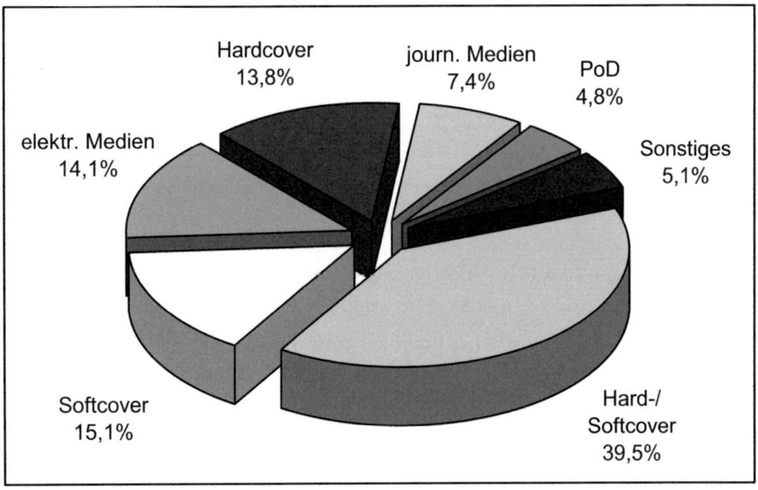

(n = 311)

Bei den Editionsformen, für die die Lektoren zuständig sind, ergibt sich ein ähnliches Bild. Die Verlagsbefragung hatte bereits gezeigt, dass die noch jungen publizistischen Bereiche des Publishing-on-Demands und der elektronischen Speichermedien bisher nur einen geringen Anteil am gesamten Verlagswesen einnehmen. Daher verwundert es wenig, dass 43,7 Prozent der Befragten angaben, nie Produkte im Bereich der elektronischen Medien, und 76,5 Prozent angaben, nie Publishing-on-Demand-Projekte zu betreuen. Die Ergebnisse lassen eindeutig darauf schließen, dass die überwiegende

Arbeit der Lektoren nach wie vor im klassischen Buchbereich geleistet wird. Immerhin sind 71 Prozent aller Lektoren häufig bis sehr häufig für Hardcovertitel und 79 Prozent häufig bis sehr häufig für Softcovertitel zuständig. Nur 10 bzw. 6 Prozent der Lektoren gaben an, nie in einem dieser Bereiche tätig zu sein.

Gruppiert man die Lektoren anhand der von ihnen insgesamt betreuten Editionsformen, wird erneut deutlich, dass sich ein nicht unerheblicher Teil der Lektoren auf wenige Bereiche spezialisiert hat. Es verläuft eine klare Grenzlinie zwischen den Generalisten, die mehrere Editionsformen annähernd in gleichem Maße betreuen (70 Prozent der Lektoren), und den Spezialisten, die überwiegend für eine einzige Editionsform verantwortlich sind, Projekte mit anderen medialen Formen hingegen nur selten umsetzen (30 Prozent der Lektoren). Teilt man die Lektoren anhand der Zahl und der Art der Editionsformen, für die sie überwiegend zuständig sind, in Gruppen, so erhält man sieben Cluster. Das größte davon bildet die Gruppe der Lektoren, die sowohl häufig bis sehr häufig für Hardcover- als auch für Softcovertitel zuständig sind. Der Anteil dieses Clusters beträgt rund 40 Prozent.

Mit deutlichem Abstand folgt die Gruppe der Lektoren, die die überwiegende Zeit ihrer Arbeit auf Softcovertitel verwendet (15,1 Prozent). Knapp dahinter folgen mit 14,1 Prozent überraschend die Lektoren, die überwiegend elektronische Medien betreuen. Die Gruppe der Hardcover-Lektoren ist mit 13,8 Prozent jedoch nur geringfügig kleiner. Auf Platz fünf liegt die Gruppe der Lektoren, deren Arbeit sich überwiegend auf journalistische Medien wie etwa Fachzeitschriften oder sonstige Periodika konzentriert (7,4 Prozent). Auf das Publishing-on-Demand-Verfahren haben sich bisher nur wenige Lektoren spezialisiert (4,8 Prozent). Rund fünf Prozent der Lektoren sind keinem der genannten Bereiche zuzuordnen. Entweder stehen im Fokus ihrer Arbeit Loseblattsammlungen, Kataloge, Datenbanken, Nachschlagewerke und Verzeichnisse, oder sie zählen zur Gruppe der Generalisten, die eine große Anzahl verschiedener Medien- und Editionsformen gleichermaßen häufig betreut.

Lizenztitel sind für die Arbeit der Lektoren von sehr unterschiedlicher Bedeutung. So erfordern Lizenztitel aus dem deutschsprachigen Raum im Prinzip weniger Aufwand, da die Manuskripte bereits für eine frühere Ausgabe lektoriert wurden. Die Inhalte müssen im Fall von Sachtexten höchstens aktualisiert und überarbeitet werden. Fremdsprachige Lizenzen erfordern hingegen zusätzlich die Arbeit an der Übersetzung, die entweder vom Lektor selbst übernommen wird oder aber an einen externen Übersetzer vergeben wird. In beiden Fällen entfällt jedoch meist die direkte Zusammenarbeit mit den Autoren. Betrachtet man die Lektoren, so sind nur wenige von ihnen überwiegend mit der Betreuung von Übersetzungen und Lizenzen beauftragt. Dies spiegelt deutlich den eher geringen Anteil von Lizenzen an der in Deutschland jährlich publizierten Gesamttitelzahl wieder (durchschnittlich rund 10 Prozent; vgl. Kapitel 2.2.3). Nur bei rund 15 Prozent der Lektoren ist mindestens jedes zweite Projekt, das sie betreuen, ein Lizenztitel. Ein Drittel der Lektoren hingegen ist überhaupt nicht für Lizenzen zuständig, und bei rund der Hälfte der Lektoren beträgt der Anteil der Lizenztitel maximal 40 Prozent.

Betrachtet man abschließend, inwiefern die Zuständigkeiten von spezifischen Merkmalen der Lektoren abhängen, so zeigen sich nur wenige Tendenzen, jedoch keine signifikanten Zusammenhänge. Lektoren sind im Vergleich zu Lektorinnen etwas häufiger im Sachbuchbereich tätig, betreuen etwas häufiger Schul- und Lehrbücher und konzentrieren sich stärker auf Bücher mit einem großen Grafikanteil wie etwa Bild- oder Kunstbände. Lektorinnen sind hingegen häufiger im Bereich der Kinder- und Jugendbücher tätig. Bei den Editionsformen zeigen sich nur in den stark technisierten Bereichen der elektronischen Medien und des Publishing-on-Demands Unterschiede zwischen den Geschlechtern. So sind hier Männer etwas häufiger vertreten als Frauen. Lektoren, die neben Büchern in einem großen Umfang auch journalistische Medien betreuen, sind hingegen häufiger Frauen.

Hinsichtlich der Zahl der Berufsjahre fällt auf, dass die neuen Medien zwar ein sehr junger Bereich der Verlagsbranche sind, dies aber auf die dort überwiegend engagierten Mitarbeiter nicht zutrifft.

Besonders im Bereich des Publishing-on-Demands sind die sogenannten „alten Hasen“ mit mehr als zwanzig Berufsjahren überproportional vertreten (10,9 Prozent statt durchschnittlich 4,8 Prozent). Gleiches gilt auch für den Bereich der elektronischen Publikationsformen. In den Softcoververlagen finden sich hingegen auffällig viele junge Lektoren (22,2 Prozent statt durchschnittlich 15,1 Prozent). Sie dominieren außerdem leicht in der Kategorie der Fiction-Lektoren. Rund 20 Prozent der Lektoren mit maximal 4 Berufsjahren sind hier anzutreffen, jedoch nur 4,3 Prozent der Lektoren mit mindestens 20 Berufsjahren. Dafür sind die Letztgenannten überproportional bei den Non-Fiction-Generalisten vertreten (43,5 Prozent statt durchschnittlich 34,1 Prozent). Bei den Lizenzen zeichnen sich keine Unterschiede ab.

* * *

Den Standardlektor gibt es nicht

In der Berufspraxis spielen immer wieder auch persönliche Erfahrungen rein, und die sind natürlich immer sehr stark davon geprägt, bei welchem Verlag oder in welchem Bereich sie arbeiten. Der Lektor im Belletristik-Verlag, der sieht die Welt anders, der hat ganz andere Schwerpunkte. Mit dem könnte ich mich zwar unterhalten, aber das, was ich tue, interessiert den überhaupt nicht. Wobei wir alle dieselben Vorgaben haben: Wir müssen sehen, dass wir Projekte und Produkte machen, ob das Bücher sind oder sonstige Publikationsformen, die sich wirtschaftlich rechnen, die eine Zielgruppe erreichen und mit denen sie dann den Umsatz des Verlags sicherstellen. Diesen Druck haben alle. Aber die tägliche Arbeit ist so unterschiedlich. Wenn der hören würde, wie wir hier mit den Autoren sprechen, der würde sagen: „Das geht gar nicht.“

Rita von der Grün, Beuth (Berlin)

Das ist ja die Schwierigkeit: Das ist kein geschützter Beruf, jeder kann sich Lektor nennen. Es geht von ... bis. Das was ich mache, ist in vielerlei Hinsicht Lichtjahre von dem entfernt, was jemand bei „Langenscheidt“ macht oder bei „Gräfe und Unzer“. Man kann über *den* Lektor eigentlich auch ganz wenig reden, weil das sich eben so sehr unterscheidet.

Tobias Heyl, Hanser (München)

4.2.2 Tätigkeiten

Lektor heißt zu Deutsch Leser. Doch benötigt es weit mehr als zu lesen, um eine Idee in ein Buch zu verwandeln und auf den Markt zu bringen. Der Lektor ist an allen Arbeitsschritten der Buchproduktion beteiligt, und bei ihm laufen alle Fäden zusammen, von der Idee bis zur Vermarktung. Stand früher vor allem das Prüfen und Redigieren von Manuskripten im Mittelpunkt der Lektorentätigkeit, ist der Aufgabenbereich in den letzten Jahrzehnten erheblich größer geworden. „Man kommt weg vom Spitzweglektor und hin zum Produktmanager" (Joachim Unseld, zitiert nach Kals 1999: 65). Dies bleibt nicht ohne Auswirkungen auf die Anforderungen, die an einen Lektor gestellt werden (vgl. Kapitel 8.3). Ein Lektor, so heißt es, dürfe heute weniger denn je dem Klischee des Bücherwurms entsprechen: „Sein Platz im Elfenbeinturm, wo er, umgeben von Manuskriptbergen, stunden- und tagelang [...] um einzelne Wörter und Sätze feilscht, mußte er längst eintauschen gegen den Designersessel in täglichen Marketingsitzungen oder Agentenbüros" (Graf 1998: 146). Es stellt sich also die Frage, welche Tätigkeiten heute den Kernbereich der Lektoratsarbeit bilden.

Eine zentrale Rolle im Prozess der Buchproduktion kommt dem Autor zu. Ohne ihn, das ist sicher, könnten Verlage keine Bücher publizieren. Eine Kernaufgabe des Lektors besteht daher darin, den Autor bei der Erstellung von Manuskripten zu begleiten und ihm beratend zur Seite zu stehen. Folgt man den Schilderungen in einschlägigen Fachtexten, hat sich das Autorenmanagement in den letzten Jahren allerdings deutlich gewandelt. So konstatiert Evers: „Der Traum von dem Lektor, der sich viel Zeit für jeden einzelnen Exposéeingang nimmt und ‚seine' Autoren hernach eng [...] in ihrem Schreibprozess begleiten kann, ist leider vielerorts ausgeträumt" (Evers 2003: 16). Die Ergebnisse der Studie zeichnen jedoch ein anderes Bild. Die Betreuung der Autoren (vgl. auch Kapitel 7) ist nach wie vor die zentrale Tätigkeit der Lektoren. 95,5 Prozent der Befragten gaben an, häufig mit ihren Lektoren zusammen zu arbeiten. Nur 1,3 Prozent gaben an, dies nie zu tun.

Der Lektor betreut jedoch nicht nur den Autor, sondern auch dessen Manuskript. Seine Aufgabe besteht laut Siblewski (2005: 145) darin, durch gezieltes, „‚immanentes' Schreiben" die Intention des Autors herauszuarbeiten. Dazu prüft er beispielsweise das Thema, die Stoff- und die Motivwahl, die Schreib- und die Erzähltechnik, den Witz und die Originalität. Bei einem Sach- oder Fachbuch müssen außerdem Fakten und Daten auf ihre Richtigkeit geprüft werden (vgl. Kerlen 2003: 51). Diese Arbeit am Manuskript nimmt nach dem Autorenmanagement den zweiten Platz ein. Auch wenn Literaturkritiker in den Feuilletons der Tageszeitungen immer wieder beklagen, dass diese Arbeit nur nachlässig und unzureichend von den Lektoren erfüllt wird: Über 90 Prozent der Lektoren gaben an, häufig ihre Zeit damit zu verbringen. Die restlichen tun dies immerhin selten. Die Überprüfung der Grammatik und der Rechtschreibung ist hingegen nur für knapp zwei Drittel der Lektoren eine zentrale Aufgabe, während 10 Prozent der Lektoren nie den Rotstift in die Hand nehmen. Allerdings wird die formale Überprüfung der Manuskripte, Satzspiegel und Korrekturfahnen zum Teil von Korrektoren übernommen: „Das Nachtragen fehlender Kommas und das Monieren von Wortwiederholungen ist zwar noch nicht ganz Computersache geworden, war aber auch noch nie das Zentrum der Lektoratsarbeit. Das war vielmehr immer die Arbeit am Text, und das hieß, man musste schauen, ob die – bisweilen vom Autor selbst nicht erkannte – Absicht des Textes, sein Ziel, erreicht war in allen Details" (Jung 2006: 11).

Aufgrund der engen Mitarbeit am Entstehungsprozess der Manuskripte wurde der Lektor immer wieder als ein „Autor, der nicht schreibt" (Habermas/Pehle 1989) bezeichnet. Dies ist jedoch irreführend. Ein Lektor muss bei seiner Arbeit eine Unzahl an Texten produzieren: In den Büchern selbst etwa stammen viele Bildunterschriften aus der Feder des Lektors. Darüber hinaus fertigt er eine Reihe von Texten an, die sich auf die Werke beziehen, also Rückseiten- und Klappentexte, Waschzettel und Slogans für Einstecker, Aufkleber und Container, Texte für die Vertreterkonferenz und für die Programmvorschau, für Verlagsverzeichnisse und Presseinformationen. Entscheidend ist, „daß ein Buch schon ein wenig ‚spricht', noch bevor es gelesen und besprochen wird, daß es nicht nur seinen Gegenstand nennt, sondern auch sein Temperament verrät, sein Klima, die Richtung seiner Botschaft“ (Fritzsche 1978: 129). Es verwundet daher wenig, dass die befragten Lektoren zu 86 Prozent angaben, häufig mit dieser Aufgabe beschäftigt zu sein. Nur eine verschwindend kleine Minderheit gab an, nie Informations- oder Klappentexte zu verfassen.

Damit ein Verlag erfolgreich ist, ist es jedoch nicht nur wichtig, dass seine Bücher gut lektoriert und präsentiert werden. Die eigentliche Entscheidung fällt viel früher: bei der Programmplanung. Auch hier übernimmt der Lektor eine zentrale Rolle: Als „Ideenmaschine“ (Göbel 1981: 2978) entwickelt er neue Buchreihen, spürt aktuelle Trends und Themen auf und sucht für diese Projekte den passenden Autor oder Herausgeber. Als „Trüffelschwein“ (Breyer-Mayländer et al. 2001: 46) prüft er hingegen eingereichte Manuskripte auf ihre Erfolgschancen und auf ihre Tauglichkeit für das Verlagsprogramm. Es ist nicht schwer zu erkennen, dass diese Arbeit sehr viel Zeit in Anspruch nehmen kann. Von den Befragten gaben insgesamt 85,5 Prozent an, häufig Manuskripte auf ihre Brauchbarkeit hin zu prüfen. 12,5 Prozent tun dies nur selten, 2 Prozent nie. An der Entwicklung neuer Konzepte und Ideen für einzelne Titel oder ganze Reihen sind 71 Prozent der Lektoren häufig beteiligt, 25 Prozent selten und knapp 4 Prozent nie.

Als zentrale Schaltstelle im Verlag begleitet ein Lektor häufig den Werdegang eines Buches von der Idee über die Produktion bis über die Publikation hinaus in den Handel. Im Berufsalltag nehmen daher auch Zeit-, Kosten- und Personalmanagement einen nicht unerheblichen Teil ein. Der Lektor muss als Produktmanager Terminpläne erstellen und Außenmitarbeiter (Gutachter, freie Lektoren, Übersetzer, Illustratoren etc.) koordinieren. Er übernimmt die Aufstellung und Kontrolle von Budgets, Kostenkalkulationen und Erlösschätzungen. Er vertritt das Projekt nach innen und nach außen und muss es allen verkaufen. Insgesamt 80 Prozent der Lektoren erstellen und überwachen während ihrer Arbeit häufig Zeitpläne. Nur 2 Prozent sind nicht mit dieser Tätigkeit betraut. Kostenpläne werden hingegen nur von 61 Prozent der Lektoren erstellt und überwacht, 24 Prozent tun dies selten, 15 Prozent nie.

An der Platzierung eines Buches am Markt sind Lektoren trotz aller Verweise in der einschlägigen Literatur noch seltener beteiligt – auch wenn sich ein „gutes" Buch immer schlechter von allein verkaufen lässt. Das Vermarkten, Verkaufen und Bekanntmachen eines Titels hat enorm an Bedeutung gewonnen. Bücher sind zu Produkten geworden, für die es umfassende Marketingkonzeptionen zu entwickeln gilt, doch nur gut 42 Prozent der Lektoren sind daran häufig beteiligt, 48 Prozent nur selten, 9 Prozent nie. Dies lässt darauf schließen, dass PR-Texte überwiegend von den Pressesprechern der Verlage verfasst werden und auch Marketingkonzepte und sonstige werbewirksame Aktionen von anderen Verlagsmitarbeitern geplant und umgesetzt werden. Gleiches gilt für die Arbeit am Layout: Nur 53 Prozent der Lektoren sind häufig mit der bild-/textlichen Gestaltung einzelner Projekte oder ganzer Reihen betraut. 13 Prozent werden nie in diesen Vorgang einbezogen. Und auch die Fragen der Herstellung werden in den Verlagen weitgehend nicht den Lektoren übertragen, sondern von den Herstellern gelöst. Daran ändert auch die Tatsache nichts, dass durch Desktop-Publishing-Programme eine „Verlagerung der Arbeit am Satz bzw. eines Teils der Setzerarbeit auf den Schreibtisch des Autors und des Lektors" ermöglicht wurde (Kerlen 2003: 85). Nur knapp ein Viertel der Lektoren ist häufig mit herstellerischen Aufgaben betraut. Die restlichen Befragten tun dies zu gleichen Teilen entweder selten oder nie.

Trotz aller Unkenrufe, der Verlagslektor werde immer mehr zum Produktmanager: Die Ergebnisse der Studie zeigen, dass die klassischen Lektoratstätigkeiten auf einer Rangliste der am häufigsten ausgeübten Tätigkeiten noch immer ganz vorn zu finden sind. Die am häufigsten ausgeübte Tätigkeit ist die Betreuung der Autoren, Platz zwei belegt die Arbeit am Manuskript (Prüfen von Textaufbau und Stil) und auf den Plätzen drei und vier folgen fast gleichauf das Verfassen von Informationstexten und die Prüfung von Manuskripten auf ihre Tauglichkeit für das Verlagsprogramm. Während man sich bezüglich des Verfassens von Informationstexten noch streiten kann, ob dies zu den klassischen Lektoratsaufgaben zählt, bringt man das Erstellen und Überwachen von Zeitplänen, das den fünften Platz der Rangliste einnimmt, eher weniger mit der Spitzweg-Figur des Lektors in Verbindung: Es herrscht bei der Lektoratsarbeit also ein Nebeneinander von der Erfüllung klassischer Aufgaben und (arbeits-)ökonomischem Handeln. So nimmt beispielsweise die Kostenkalkulation einen mittleren Platz auf der Rangliste ein. Auf den hinteren Plätzen liegen Arbeitsbereiche, die bei größeren Verlagen eigenen Abteilungen zugeordnet werden (Layout, Marketing und Herstellung). Die folgende Tabelle gibt einen Überblick über die Verteilung der Mittelwerte der einzelnen Tätigkeiten.

Ausgeübte Tätigkeiten der Lektoren

Tätigkeit	häufig*	selten	nie	$\bar{x}$**	s	Rang
Autorenbetreuung	95,5	3,2	1,3	1,05	0,263	1
Prüfen von Aufbau und Stil	90,7	9,3	0,0	1,09	0,293	2
Schreiben von Infotexten	86,1	13,2	0,6	1,15	0,372	3
Prüfen von Manuskripten	85,5	12,5	1,9	1,16	0,419	4
Erstellen von Zeitplänen	80,6	17,4	1,9	1,21	0,454	5
Entwicklung neuer Buchideen	71,1	25,4	3,5	1,33	0,541	6
(Rechtschreib-) Korrektur	62,4	27,3	10,3	1,47	0,672	7
Kostenkalkulation	61,1	23,5	15,4	1,54	0,745	8
(Mitarbeit am) Layout	52,9	34,5	12,6	1,59	0,704	9
(Mitarbeit bei) PR/Marketing	42,4	48,2	9,3	1,67	0,641	10
(Mitarbeit bei) Herstellung	24,1	38,3	37,6	2,13	0,774	11

* Alle Angaben in Prozent (n = 311).

** Der Mittelwert errechnet sich aus der Skala von 1 (häufig) bis 3 (nie).

Vergleicht man unsere Ergebnisse mit den Befunden von Coser et al. (1982: 122ff.), so zeigt sich, dass das Autorenmanagement heute wesentlich höher bewertet wird als noch vor 30 Jahren in den USA.

Damals rangierte die Zeit, die für Treffen und Kontakte mit Autoren aufgewendet wird, deutlich hinter der Zeit, die die Lektoren dem Lesen von Manuskripten, dem Korrekturlesen und dem Lesen zur allgemeinen Information zuwenden. Das Berufsbild, das sich damals abzeichnete, war also in der Tat noch vom lesenden Lektor geprägt. Dabei ließen sich die Lektoren in der US-Studie in drei Gruppen gliedern: Die erste Gruppe nannten Coser et al. das „exploration cluster". In dieser Gruppe dominierten die planerischen, entdeckerischen und konzeptionellen Tätigkeiten. Lektoren dieses Typs waren folglich hauptsächlich im Bereich der Ideenfindung, der Programmplanung und der Themenentwicklung tätig. Das „working-with-authors cluster" war hingegen durch die Zusammenarbeit mit Autoren und durch die Arbeit am Manuskript bestimmt. Das dritte Cluster wiederum war durch die häufige Teilnahme der Lektoren an Konferenzen und Besprechungen gekennzeichnet (vgl. Coser et al. 1982: 122).

Fasst man anhand der aktuellen Ergebnisse die Lektoren in Cluster zusammen, so lassen sich heute wiederum drei Lektorentypen unterscheiden, deren Tätigkeitsprofile etwas von den bei Coser et al. beschriebenen abweichen. Die zahlenmäßig stärkste Gruppe sind die „klassischen Allrounder" (62 Prozent). Sie arbeiten ausnahmslos häufig mit Autoren zusammen, leisten deutlich häufiger Konzeptions- und Entwicklungsarbeit (Tauglichkeitsprüfung von Manuskripten, Entwickeln neuer Reihen und Einzeltitel) und arbeiten häufiger am Manuskript (Überprüfen von Inhalt, Aufbau und Stil sowie Rechtschreibkorrektur) als die Gruppe der „Projektmanager". Diese ist wesentlich kleiner (24 Prozent der Lektoren), betreut ebenfalls ausnahmslos häufig Autoren, leistet jedoch signifikant weniger Manuskriptarbeit und verfasst seltener Klappen- und Informationstexte. Dafür nehmen Kostenkalkulation und Zeitmanagement einen großen Anteil der Arbeit ein. Ihr Mitwirken an konzeptionellen Prozessen ist hingegen durchschnittlich. Die kleinste Gruppe stellen die „Textarbeiter" (14 Prozent). Sie verbringen überdurchschnittlich viel Zeit mit der Arbeit an Manuskripten – sowohl bezüglich der Überprüfung von Inhalt, Aufbau und Stil als auch hinsichtlich der Grammatik und der Orthographie. Ihr Kontakt zu den Autoren ist zwar häufig, doch seltener als die Arbeit am Manuskript. Darin unterscheiden sie sich deutlich von den anderen Lektoren. Erstellung von Kostenkalkulationen und Mitarbeit an der Planung von Marketingkonzepten sind nur selten ihre Aufgaben. Und auch für das Aufspüren, Bewerten und Entwickeln neuer Titel und Programmideen verwenden sie weniger Zeit.

Untersucht man diese drei Cluster nach weiteren typischen Merkmalen, ergeben sich keine signifikanten Zusammenhänge, aber es sind deutliche Tendenzen zu erkennen. So sind die klassischen Allrounder eher seltener Non-Fiction-Generalisten (27 Prozent statt 45 Prozent); hinsichtlich der Höhe ihres Einkommens, ihrer Arbeitszeit, ihrer Berufserfahrung und der Zahl der von ihnen bis zur Imprimatur betreuten Titel weisen sie mittlere Werte auf. Die Projektmanager sind hingegen fast zur Hälfte Non-Fiction-Generalisten und zählen überwiegend zu den erfahrenen Lektoren mit 10 bis 19 Berufsjahren (40 Prozent von ihnen). Sie verdienen mit 2152 Euro netto am meisten, arbeiten jedoch auch im Schnitt 45 Stunden in der Woche. Die Zahl der von ihnen bis zur Imprimatur betreuten Manuskripte liegt dagegen im Durchschnitt. Die Textarbeiter sind ebenfalls zu einem großen Teil Non-Fiction-Generalisten (47 Prozent von ihnen), doch haben sie im Unterschied zu den Projektmanagern nur wenig Berufserfahrung. Rund die Hälfte von ihnen arbeitet erst seit maximal vier Jahren im Lektorat eines Verlages. Im Schnitt bringen sie ihm Jahr mehr Bücher bis zur Druckreife als die anderen, arbeiten etwas weniger und erhalten deutlich weniger Gehalt (1549 Euro netto). Dies ist jedoch unter anderem durch ihr relativ junges Alter und den hohen Anteil von Frauen (80 Prozent) zu erklären. Beide Faktoren dürften auch dafür verantwortlich sein, dass Textarbeiter seltener in Führungspositionen zu finden sind (nur 30 Prozent statt durchschnittlich 41 Prozent).

Merkmale der Lektorencluster

Tätigkeiten	Klassische Allrounder		Projekt-manager		Text-arbeiter		Gesamt	
	$\bar{x}$	s	$\bar{x}$	s	$\bar{x}$	s	$\bar{x}$	s
Autoren-betreuung	1,00	0,000	1,00	0,000	1,36	0,613	1,05	0,263
Manuskript-prüfung	1,00	0,000	1,12	0,368	1,93	0,545	1,16	0,419
Konzepte und Ideen	1,22	0,425	1,31	0,495	1,84	0,745	1,33	0,541
Inhalt, Aufbau, Stil	1,00	0,000	1,38	0,488	1,02	0,151	1,09	0,293
Korrektur-lesen	1,26	0,442	2,20	0,758	1,16	0,428	1,47	0,672
Klappen-, Infotexte	1,00	0,000	1,43	0,551	1,30	0,462	1,15	0,372
Zeitpläne	1,19	0,406	1,16	0,406	1,39	0,655	1,21	0,454
Kosten-kalkulation	1,60	0,747	1,18	0,449	1,89	0,895	1,54	0,745
PR/Marketing	1,59	0,600	1,68	0,643	2,00	0,715	1,67	0,641
Layout	1,43	0,620	1,99	0,721	1,64	0,780	1,59	0,704
Herstellung	2,05	0,761	2,28	0,785	2,18	0,786	2,13	0,774

(n = 308)

Die Tatsache, dass junge Lektoren mehr Manuskriptarbeit und weniger Entdeckungs- und Entwicklungsarbeit leisten, geht auch aus einem direkten Vergleich mit den erfahrenen Lektoren hervor. Sie beurteilen signifikant seltener die Tauglichkeit von Manuskripten ($\bar{x}_{jung}$ = 1,28; $\bar{x}_{erf.}$ = 1,06) und entwickeln seltener neue Ideen und Konzepte für einzelne Titel oder ganze Programmreihen ($\bar{x}_{jung}$ = 1,46; $\bar{x}_{erf.}$ = 1,20).[29] Ältere und erfahrene Lektoren erstellen hingegen signifikant häufiger Kostenkalkulationen und Marketingkonzepte. Die Grenzlinie zwischen den jungen und den erfahrenen Lektoren ist folglich dadurch gekennzeichnet, dass sich die Tätigkeit der

[29] Der T-Test für die Mittelwertgleichheit wurde bei einem Signifikanzniveau von α = 0,05 (zweiseitig) durchgeführt.

jungen deutlich stärker auf die Arbeit am Manuskript konzentriert und die Erfahrenen neben dieser Kerntätigkeit in größerem Maße weitere Aufgaben übernehmen. Mit diesen Tätigkeiten (wie etwa Kostenkalkulation und Programmarbeit) übernehmen sie gleichzeitig auch mehr Verantwortung.

Die Stellenbeschreibungen eines Publikumsverlags, die für die Studie zur Verfügung gestellt wurden, geben ein plastisches Bild der Zunahme von Verantwortungsbereichen mit der beruflichen Erfahrung bzw. der damit verbundenen beruflichen Position im Lektorat: Während in der Liste der Aufgaben der Volontäre nur Tätigkeiten beschrieben werden, sind die Assistenten bereits voll verantwortlich für die ihnen übertragenen Projekte. Lektoren sind darüber hinaus gehalten, die Programmleitung bei der Ideenfindung und Konzeptentwicklung zu unterstützen. Verantwortliche Lektoren sind nicht nur zuständig für die Produkte von der Entwicklung bis zur Fertigstellung, sie haben auch dafür Sorge zu tragen, dass die Umsatzvorgaben erreicht werden. Außerdem sind sie voll verantwortlich für die Entwicklung mindestens einer kreativen neuen Produktlinie oder eigenständiger Schwerpunkttitel und deren Umsetzung in Neuerscheinungen.

Diese hierarchische Ordnung der Verantwortlichkeiten spiegelt sich auch in den Tätigkeitsprofilen wider: So arbeiten alle Lektoratsmitarbeiter zwar an der Entwicklung von markt- und zielgruppenorientierten Buch- und Buchreihenkonzepten mit, doch verändert sich mit steigender Position die Tätigkeit innerhalb dieses Bereichs. Volontäre übernehmen vorwiegend nur beobachtende Funktionen und die Ermittlung nachgefragter Themen und Darstellungsformen. Assistenten unterstützen bereits die verantwortlichen Lektoren bei der Planung und Konzeption neuer Titel und Reihen; Lektoren sind zum Teil gleichwertig an diesem Prozess beteiligt.

Generell zeichnen sich jedoch auch Unterschiede zwischen den einzelnen Programmbereichen der Verlage ab. Ein literarischer Lektor arbeitet signifikant häufiger an der Erstellung von Marketingaktionen und PR-Konzepten als sein Kollege für den nonfiktionalen Bereich ($\bar{x}_{fikt.} = 1{,}46$; $\bar{x}_{nonf.} = 1{,}73$). Dies ist sicherlich unter anderem auf die nur wenig spezifizierbare und schlecht erreichbare Zielgruppe zurückzuführen. Anders als Sach- und Fachtexte zielen Romane meist nicht auf eine vorher genau abgrenzbare Leserschaft, die beispielsweise in Fachmedien gezielt beworben oder per Direktmarketing angesprochen werden kann. Literarische Verlage sind vielmehr auf das Handelsmarketing und auf Rezensionen angewiesen, um auf ihre Produkte aufmerksam zu machen. Meist entscheidet sich der Kunde heute ja erst an den Präsentiertischen der Buchhandlungen dafür, welchen Titel er kauft (vgl. Heinold 2001: 38ff.). Wissenschaftliche Fachpublikationen müssen hingegen nur wenig beworben werden. Ihre Zielgruppe ist die jeweilige Scientific Community und damit ein klar abgrenzbarer und erreichbarer Personenkreis, der ein hohes Eigeninteresse an der Rezeption der Neuerscheinungen innerhalb seines Forschungsgebiets hat.

Sachbücher stellen an die Lektoren wiederum eine völlig andere Anforderung: Sie müssen auf eine ganz bestimmte Zielgruppe hin entwickelt werden. Anders als literarische Werke sind sie weniger vom Geschmack der Leser oder Käufer abhängig, sondern von deren Informationsbedürfnis, von Trends und zentralen Fragen der Zeit. Sie müssen folglich auf der Grundlage von Marktanalysen und Gesellschaftsbeobachtungen entwickelt und konzipiert werden. Die genaue Kenntnis der Zielgruppe ist bereits in der Planungsphase unabdingbar (vgl. Heinold 2001: 38ff.). So verwundert es wenig, dass Sachbuchlektoren wesentlich häufiger Ideen entwickeln und Konzepte erstellten als andere Lektoren ($\bar{x}_{sach.} = 1{,}17$; $\bar{x}_{sonst.} = 1{,}41$).

Die Analyse sonstiger Lektoratstätigkeiten zeigte, dass Lektoren außerdem repräsentative Aufgaben übernehmen (z.B. die Präsentation von Büchern in der Öffentlichkeit), dass sie eine zentrale Schnittstelle zwischen den einzelnen Verlagsabteilungen bzw. -mitarbeitern bilden (z.B. durch „Optimierung des internen Workflows“) oder aber als Bindeglied zwischen dem Verlag und externen Mitarbeitern wie Illustratoren, Übersetzern oder freien Lektoren fungieren. Daneben knüpfen und pflegen sie Kontakte zu potenziellen Autoren, werben um die Gunst neuer und altbekannter literarischer Talente, analysieren den Markt, beobachten die Konkurrenz, beraten Kunden, kaufen und verkaufen Lizenzen, handeln mit Rechten und wickeln Verträge und Honorarabrechnungen ab. Als Fazit kann man also feststellen, dass es aufgrund der heterogenen Verlagsbranche und der unterschiedlichen Marktausrichtungen kein einheitliches Berufsbild des Lektors im modernen Buchverlag gibt. Dennoch sind die Variationen nur gering und die jeweils ausgeübten Tätigkeiten weisen weit mehr Gemeinsamkeiten als Unterschiede auf.

Fragt man die Lektoren, welche die wichtigsten Aufgaben und Tätigkeiten ihres Metiers sind, erhält man eine relativ klare Antwort: Über drei Viertel der Befragten gaben die Zusammenarbeit mit den Autoren an. Im Rahmen dieser Zusammenarbeit sind die Lektoren einerseits die „Seelsorger" der Autoren, die diese motivieren, ermutigen, unterstützen und bestätigen, andererseits haben Lektoren aber auch eine beratende und steuernde Funktion, sie greifen als „geistige Hebammen" aktiv in den Entstehungsprozess eines Werkes ein. Nicht zuletzt aber sind die Lektoren auch „Dompteure", die ihre Autoren bei Laune halten, an den Verlag binden und gleichzeitig die Interessen des Verlages gegen die Interessen ihrer Autoren abwägen müssen. Lektoren, so zeigen die Antworten der Befragten, erfüllen eine wichtige Schnittstellenfunktion – nicht nur zwischen Autor und Verlag. Als „Mädchen für alles", so ein Befragter, sind Lektoren für die Betreuung und Koordination einzelner Projekte von der Idee bis zum fertigen Buch verantwortlich. Immerhin rund ein Drittel der Befragten nannte das Projektmanagement als eine der wichtigsten Aufgaben. Im Rahmen ihrer Tätigkeit müssen Lektoren jedoch nicht nur einzelne Arbeitsprozesse betreuen, sondern auch interne oder externe Mitarbeiter koordinieren. Sie sind die Schaltzentrale, die mit den einzelnen Mitarbeitern kommuniziert, deren Arbeit koordiniert und schließlich die verschiedenen Interessen moderiert. Dieses Personalmanagement wird von rund einem Viertel der Befragten als eine der wichtigsten Aufgaben genannt. Von eher untergeordneter Bedeutung hingegen sind das Zeitmanagement, das Kostenmanagement und die Qualitätssicherung. Sie wurden nur von jeweils rund zehn Prozent explizit genannt.

Eine weitere zentrale Aufgabe der Lektoren ist die Arbeit am Text. Immerhin 40 Prozent der Lektoren sind dieser Meinung. Dies umfasst die Kontrolle des Inhalts auf sachliche Richtigkeit, aber auch auf Stil, Aufbau und Rechtschreibung. Oftmals beginnt die Arbeit am Manuskript schon vor dessen Fertigstellung, sodass der Lektor bereits während des Entstehungsprozesses Probekapitel überprüft und mit dem Autor an der Dramaturgie oder der Verständlichkeit des Textes arbeitet. Nach Abschluss der Schreibphase ist die Arbeit am Manuskript aber noch nicht beendet. Der Lektor korrigiert und betreut das Manuskript bis zur Satzreife – manchmal sogar bis hin zum Layout des Textes und zur Aufbereitung der Druckdaten für die Herstellung. Herstellerische und gestalterische Aufgaben werden aber nur von jeweils rund fünf Prozent der Lektoren als wichtig eingestuft.

Ganz anders die Arbeit am Verlagsprogramm. Sie zählt neben der Betreuung der Autoren, der Arbeit am Manuskript und dem Projektmanagement zu den wichtigsten Aufgaben der Lektoren. Jeweils rund ein Viertel der Lektoren gab an, dass die strategische Gestaltung des Verlagsprogramms, die Entwicklung neuer Ideen und Konzepte sowie die Prüfung und die Auswahl der Manuskripte zentrale Aufgaben sind. Wobei es hierfür von großer Bedeutung ist, einen guten Überblick über den Markt, die Zielgruppe und die Konkurrenz zu haben. Daneben ist es im Rahmen der Programmarbeit wichtig, dass der Lektor das Verlagsprofil berücksichtigt und die Absatzchancen auslotet. Aber auch die Gewinnung geeigneter Autoren und das Aufspüren von interessanten Projekten sind für die Programmarbeit nicht unbedeutend. Immerhin ein Viertel der Lektoren sieht in der Akquisition von Buchtiteln oder Autoren eine ihrer wichtigsten Aufgaben.

Das Schreiben von Informations- oder Klappentexten, das bei der Frage nach der Häufigkeit, mit welcher Lektoren diese Tätigkeit ausüben, Platz drei belegt, wird bei der Frage nach den wichtigsten Aufgaben nur sehr selten genannt. Nur vier der 311 Lektoren gaben diese Aufgabe an. Damit wird sie der Unterstützung des Vertriebs und der Arbeit mit Verträgen und Urheberrechten gleichgesetzt. Die Unterstützung des Marketings wird hingegen entsprechend der eher seltenen Zuständigkeit der Lektoren auch eher selten als wichtige Aufgabe bewertet. Rund zehn Prozent gaben die Zuarbeit für die PR- oder Marketingabteilung an. Rund fünf Prozent nannten darüber hinaus das verlagsinterne Marketing als eine der wichtigsten Aufgaben. Dies bedeutet, dass Lektoren im Haus für die von ihnen entwickelten oder vorgeschlagenen Projekte werben und andere Verlagsmitarbeiter von ihnen überzeugen müssen. Dies spielt besonders bei der Vergabe des Werbebudgets eine Rolle, da hier darüber entschieden wird, welche Projekte des aktuellen Programms in der Öffentlichkeit besonders gepuscht werden und welche Projekte sich ohne eine solche Starthilfe auf dem Markt behaupten müssen.

Die Antworten der Befragten zeigen neben der Bewertung der Wichtigkeit einzelner Aufgabenbereich und Tätigkeiten auch, dass bei den Lektoren ein Nebeneinander von inhaltlichen und ökonomischen Sichtweisen existiert – wobei die letztgenannte Perspektive überwiegt. So wurde immer wieder genannt, dass es zu den wichtigsten Aufgaben der Lektoren gehört, „Bücher auszuwählen, mit denen Umsatz und Gewinn gemacht werden kann“ bzw. „aus einem guten Buch ein erfolgreiches zu machen.“ Einer der Befragten sieht die wichtigste Aufgabe sogar darin, „möglichst viele Titel zu produzieren“. Aber es gibt auch Lektoren, deren Beschreibung weniger nüchtern, sondern vielmehr leidenschaftlich und emphatisch ist. Für sie ist es das wichtigste, „Büchern auf die Welt zu helfen“, „schlechte Bücher zu verhindern“ und „Rohdiamanten den richtigen Schliff zu geben“. Somit spiegeln die Antworten auf die Frage nach den wichtigsten Lektoratsaufgaben die breite Palette des Berufsbildes wieder, die vom schöngeistigen Lektor eines literarischen Verlags bis hin zum Produktmanager eines technisch-naturwissenschaftlichen Fachverlags reicht.

* * *

Nur die halbe Wahrheit

Ich sondiere die Szene, informiere mich und suche neue Themen bzw. Lücken auf dem Buchmarkt, spreche mit potenziellen Autorinnen und Autoren – ja das klingt paradiesisch und ist nur die halbe Wahrheit. Ich kalkuliere auch, verhandle über Verträge und Konditionen, diskutiere Exposés mit den Autoren. Und dann lese ich ja auch noch jedes akquirierte oder bestellte Buch; ich schicke immer wieder durchgesehene Texte zurück und begründe meine Anmerkungen dazu, diskutiere mit den Autoren etc., das kostet auch recht viel Zeit.

Ute Hechtfischer, J. B. Metzler (Stuttgart)

Dass der Lektor den ganzen Tag gemütlich bei einer Tasse Tee sitzt und Bücher liest – das ist das, was er am allerwenigsten tut, eigentlich überhaupt nicht. Bücher lesen tut er gar nicht, wir lesen mittlerweile nur noch lose Blätter und Exposés und halbe Bücher und viertel Bücher, also viertel Manuskripte und so was.

Susanne Schüssler, Klaus Wagenbach (Berlin)

Die Vorstellung, dass die Manuskriptarbeit einen so zentralen Stellenwert einnimmt, hatte ich auch, als ich hier begonnen habe. Und ich habe festgestellt, die Tätigkeit hier ist komplett anders. Auf die Woche umgerechnet beschäftige ich mich mit Manuskriptarbeit vielleicht noch zwei Stunden. Natürlich ballt es sich irgendwann. Also wenn ein Programm fertig werden muss, dann bin ich auch mal eine ganze Woche damit beschäftigt, nur Manuskripte zu redigieren. Alles andere ist Planung, Autorengewinnung, Themenfindung, Entwicklung von Produktlinien, Orientierung an der Konkurrenz, Konkurrenzbeobachtung, Suchen nach Inspiration und die Organisation der verschiedenen Abläufe.

Dietrich Voorgang, Claudius (München)

Wenn man so ein Manuskript durcharbeiten muss, dann stellt man vielleicht andere Arbeiten – Briefe schreiben, Kontakt halten, diskutieren mit Autoren und Herausgebern – für eine Weile etwas zurück. Das sind sehr gleichgewichtige Aufgabengebiete: Man arbeitet vielleicht ungefähr zu einem Drittel an den konkreten Manuskripten in irgendeiner Weise, also entweder Lektüre, richtig Durchgehen des Textes oder an den Formalia oder an der Gestaltung des Buches nachher, Bildersuche – ein großes Thema. Und zu einem Drittel etwa ist es reine Beziehungsarbeit: Anknüpfen von Beziehungen, Beziehungspflege mit Autoren und Herausgebern. Und zu einem Drittel oder vielleicht etwas weniger ist es Arbeit innerhalb des Verlages, also für die Belange anderer Abteilungen. Ich kann es nur ganz grob schätzen und würde sagen: so knapp ein Drittel für das Interne, ein Drittel Manuskriptarbeit und ein Drittel Beziehungspflege.

Christine Ruhrberg, Reclam (Stuttgart)

Zweimal im Jahre werden die neuen Programme vorgestellt. Da kommen die Vorschau und der Verlag in die Buchhandlung. Und das ist der Rhythmus, nach dem das verlegerische Jahr läuft. Sprich: Man sucht kontinuierlich neue Bücher und prüft und macht und tut. In diesem Rhythmus laufen Programmplanung, Titelfindung, Gestaltung. Man muss mit den Designern und Umschlaggestaltern reden, wie man das Buch sich vorstellt, Absegnung dieser ganzen Sachen, Vorbereitung der großen Vertreterkonferenz, wo dann der Außendienst von uns gebrieft wird, was man tun möchte, was wichtig ist, welches unsere Spitzentitel sind, damit sie dann auf ihrer Reise das den Buchhändlern präsentieren können. Wenn die neue Vorschau rauskommt, bin ich meistens schon wieder in einem neuen Planungsstadium. Da die Hardcover in Deutschland hauptsächlich zu zwei Terminen rauskommen, das ist der Start im Februar und im August, ist das natürlich auch so ein gewisser Rhythmus. Die Messen sind ein bisschen dazwischen gestreut, wichtig ist vor allem natürlich Frankfurt und London, das sind die beiden, zu denen ich auch fahre. Dieser Planungs-, Gestaltungs-, Veröffentlichungsrhythmus ist das eine. Darüber gelegt ist der Einkaufsrhythmus, der davon abhängt, ob es gerade viele gute, interessante Manuskripte gibt oder nicht.

Maria Dürig, Limes (München)

5 Selbstverständnis und Zufriedenheit im Beruf

Die empirische Analyse des Berufsbilds der Lektoren verdeutlicht, dass Lektoren nicht mehr nur für die Manuskriptauswahl und -bearbeitung sowie die Autorenbetreuung und die Akquisition zuständig sind. Marktwirtschaftliche Aspekte und ökonomisch-strategische Überlegungen spielen inzwischen eine wachsende Rolle. Lektoren bestimmen heute – oft in Zusammenarbeit mit anderen Verlagsabteilungen – zum Teil die Gestaltung der Bücher, entscheiden über das Design von Schutzumschlägen, verfassen PR-Texte, schreiben Waschzettel, erstellen Marketingkonzepte oder führen Vertragsverhandlungen mit literarischen Agenten. Sie sind, so kann man mit wenigen Worten zusammenfassen, von überwiegend schöngeistigen Textarbeitern zu marktorientierten Produktmanagern geworden.

Groll drückt die Janusköpfigkeit des Lektors so aus: „Ein Lektor soll ein wenig Kritiker sein und ein wenig Autor, ein wenig Wünschelrutengänger und ein wenig Manuskript-Arzt (Literatherapeut) und – selbstverständlich – ein Hellseher“ (Groll 1963: 241). Für Jung (2006: 11) ist ein Lektor gleichzeitig Entertainer, Vertretertrainer und Werbeprofi. Göbel (1981: 2978) nennt ihn eine „geistige Hebamme“, andere sprechen von literarischen Entdeckern, Aufklärern und Dienern der Autoren. Die Ansprüche an die Lektoren wechseln jedoch nicht nur von Verlag zu Verlag: „Es unterscheiden sich auch die Selbstanforderungen von Lektorat zu Lektorat, ja von Lektor zu Lektor“ (Busch 1994: 37). Worum geht es den Lektoren also bei ihrer Arbeit? Lassen sich diese Ziele im beruflichen Alltag verwirklichen? Wie zufrieden sind die Lektoren mit ihren Arbeitsbedingungen im Verlag? Und gibt es Vorbilder, die ihr berufliches Handeln beeinflussen?

5.1 Berufliche Vorbilder

Das Berufsfeld der Lektoren hat keinen geregelten Berufszugang. Somit fehlt dieser Profession eine allgemeingültige Ausbildung, die verbindliche Normen und Standards für das berufliche Handeln vermittelt. Die fehlenden Rollenmuster können jedoch auch von anderen Orientierungsgrößen gegeben werden – wie etwa von Vorbildern, die für ihre berufliche Leistung, ihre Einstellung und ihr Engagement bewundert werden. Auf die Frage, ob es einen Lektor oder eine Lektorin gibt, den die Befragten als berufliches Vorbild betrachten, antworteten jedoch nur 27 Prozent mit „Ja". Und nur drei Viertel von ihnen konnten bei weiterer Nachfrage auch einen Namen nennen.

Die Analyse der Antworten zeigt, dass bei den Nennungen deutlich die Angaben von Kollegen aus dem eigenen Haus sowie von solchen Lektoren überwiegen, die man im Laufe seines beruflichen Werdegangs kennengelernt hat. Die Vorbilder stammen also meist aus dem direkten Arbeitsumfeld der Lektoren, so dass deren Handlungsweisen vermutlich einen unmittelbaren Einfluss auf das eigene Berufsverständnis und die eigene Arbeitsweise haben. Dies entspricht auch zu einem großen Teil der Vielfältigkeit dieses Berufsfeldes, das von Verlag zu Verlag und von Lektorat zu Lektorat zum Teil sehr unterschiedliche Arbeitsbedingungen und Aufgabenfelder mit sich bringt. Es erklärt sich von selbst, dass ein Fachbuchlektor anderen Ansprüchen zu genügen hat als ein literarischer Lektor, da beide an völlig verschiedenen Buchtypen arbeiten, die über die gleiche Medialität hinaus inhaltlich kaum Gemeinsamkeiten haben. Somit ist es nicht verwunderlich, dass auch die jeweiligen Vorbilder aus dem jeweiligen Arbeitsumfeld stammen.

Literarische Lektoren konnten insgesamt etwas häufiger den Namen eines Vorbildes benennen (41 Prozent statt durchschnittlich 27 Prozent). Darüber hinaus nannten sie mit Abstand am häufigsten die Namen bekannter Lektorenpersönlichkeiten oder Verleger. Unter ihnen war etwa Dieter Wellershoff zu finden, der im Lektorat des Verlages Kiepenheuer & Witsch in Köln tätig war, oder Kurt Wolff, der sich als Teilhaber des Ernst-Rowohlt-Verlags in Leipzig (später Kurt-Wolff-Verlag) und Mitbegründer von Pantheon Books in New York einen Namen machte. Aber auch Moritz Heimann, der „erste fest angestellte Verlagslektor moderner Prägung" (Göbel 1986: 277), wurde genannt. Er war bereits Ende des 19. Jahrhunderts für den S. Fischer Verlag tätig. Gleich zweimal wurde Klaus

Wagenbach angeführt. Vor der Gründung seines eigenen Verlages war auch er Lektor bei S. Fischer. Ebenfalls zweimal wurde Siegfried Unseld angegeben, der bei Suhrkamp zunächst lektorierte und später die Verlagsleitung übernahm. Günther Busch, der unter Unselds Regie in den sechziger und siebziger Jahren die „edition suhrkamp" betreute, brachte es als einziger auf immerhin drei Nennungen.

Auf Lektorengrößen aus dem fremdsprachigen Ausland wurde insgesamt zweimal verwiesen. Hier wurden Sol Stein und Maxwell Perkins genannt. Stein machte sich unter anderem als Dozent für kreatives Schreiben einen Namen; Perkins lektorierte in den zwanziger Jahren des letzten Jahrhunderts berühmte Autoren wie F. Scott Fitzgerald, Ernest Hemingway und Thomas Wolfe. Die Tatsache, dass zahlreiche deutsche Lektoratsgrößen wie etwa Korfiz Holm, Christian Morgenstern, Reinhard Buchwald, Efraim Frisch und Alfred Neumann oder aber Franz Werfel, Oskar Loerke, Hermann Kesten, Max Tau und Hermann Kasack nicht ein einziges Mal als Vorbilder genannt wurden, lässt einerseits vermuten, dass die Lektoren nur wenig über die eigene Berufsgeschichte und über die historisch relevanten Vertreter ihres Berufsstandes wissen, und zeigt andererseits, dass es über die Verlagsgrenzen hinweg nur wenige allgemeine Vorbilder gibt. Dies trifft besonders auf die Lektoren in Wissenschafts-, Fach- oder Sachbuchverlagen zu, welche überhaupt nur sehr selten ein Vorbild nennen konnten. Das Handeln der Lektoren wird folglich stark von der Gegenwart bestimmt und lebt davon, dass ältere Kollegen ihr Wissen und ihre Erfahrungen direkt an die jüngeren Lektoratsmitarbeiter weitergeben.

5.2 Selbstverständnis der Lektoren

Die Tatsache, dass Lektoren kaum berufliche Vorbilder haben, verstärkt die Dringlichkeit der Frage nach dem beruflichen Selbstverständnis. Warum geht es den Lektoren bei ihrer Arbeit in den Verlagen? Welche Ziele verfolgen sie? Die Angaben zu den wichtigsten Aufgaben der Lektoren ließen bereits vermuten, dass sowohl die Autoren als auch die Interessen der Verlage von zentraler Bedeutung sind. So hatten die Lektoren angegeben, dass die Zusammenarbeit mit den Autoren von ihnen als sehr wichtiger Bestandteil ihrer Arbeit gesehen wird. Darüber hinaus kam dem Profil des Verlages, der strategischen Programmentwicklung und dem ökonomisch ausgerichteten Handeln eine nicht unbedeutende Rolle zu (vgl. Kapitel 4.2.1).

Eine erste Analyse des Selbstverständnisses der Lektoren zeigte dann auch, dass sie sich überwiegend als Diener der Interessen ihres Verlages sehen. 94,5 Prozent stimmten dieser Aussage „überwiegend“ bis „voll und ganz“ zu. Daneben wollen Lektoren den Interessen ihrer Autoren dienen. Dieser Aussage stimmten 76 Prozent „überwiegend“ bis „voll und ganz“ zu. An dritter Stelle steht mit einer Zustimmungsquote von 73 Prozent die Förderung von Bildung und Aufklärung. Damit wird das vielfach beschriebene janusköpfige Wesen des Lektors deutlich: Er hat den Anspruch, als Diener zweier Herren den oft gegensätzlichen Interessen von Verlag und Autoren zu entsprechen und beiden fast gleichermaßen gerecht zu werden. Darüber hinaus ist er sich aber auch der allgemeinen, gesellschaftlich relevanten Dimension seiner Arbeit bewusst. So gab denn auch einer der Lektoren an, dass die Bewältigung der Parallelität dieser unterschiedlichsten Aufgaben und Anforderungen die eigentlich wichtigste Aufgabe eines Lektors sei.

Auf den mittleren Plätzen folgen wiederum sehr verschiedene Ziele. Rang vier belegt beispielsweise das Streben nach hohen Auflage- und Verkaufszahlen. Immerhin zwei Drittel aller Lektoren gaben an, mit ihrer Arbeit dieses klar definierbare Ziel zu verfolgen, das gleichzeitig ein messbarer Ausdruck ökonomischen Erfolgs ist. Zum Teil werden von den Verlagen in diesem Bereich sogar Vorgaben gemacht, die von den Lektoren erfüllt werden müssen. Rang fünf nimmt hingegen ein eher ideelles Ziel ein: Rund 60 Prozent der Lektoren geht es bei ihrer Arbeit „überwiegend“ bis „voll und ganz“ darum, neue Trends aufzuzeigen und Ideen zu vermitteln. Und auch auf dem sechsten Platz ist ein Ziel zu finden, das eine rein immaterielle Gratifikation verspricht: die Selbstverwirklichung. Jeder zweite Lektor stimmt der Aussage, dass es ihm in seinem Beruf vor allem darum geht, sich selbst zu verwirklichen, „überwiegend“ bis „voll und ganz“ zu.

Die hinteren Plätze teilen sich fast gleichwertig die Ziele, die Leser zu unterhalten und für Entspannung zu sorgen, das literarische Leben zu fördern sowie den Lesern Lebenshilfe und Orientierung zu geben. Jeweils rund ein Drittel der Lektoren stimmte den Aussagen „überwiegend“ bis „voll und ganz“ zu. Gerade einmal halb so viele Lektoren gaben hingegen an, überwiegend eigene materielle Ziele in ihrem Beruf zu verfolgen. Nur 16 Prozent stimmten der Aussage zu, dass es ihnen bei ihrer Arbeit darum geht, viel Geld zu verdienen. Damit nimmt dieses Ziel den letzten Platz ein – angesichts der relativ geringen Einkommen der meisten Lektoren ein kaum verwunderliches Resultat (vgl. Kapitel 3.2). Lektoren sehen sich im Allgemeinen also am ehesten als Dienstleister, die die Interessen ihres Verlages im Blick haben und dabei ihre Autoren bei deren Arbeit unterstützen. Danach folgt die Verantwortung gegenüber ihrer gesellschaftlichen Funktion hinsichtlich der Wissens- und Ideenvermittlung. Und erst an letzter Stelle steht die Verwirklichung eigener immaterieller sowie materieller Ziele.

Welche Lektoren verfolgen welche Ziele? Gibt es einen Unterschied, der auf den Tätigkeitsbereich der Lektoren zurückzuführen ist? Die Antwort lautet eindeutig „Ja“. So bedarf es keiner Erklärung, dass literarische Lektoren wesentlich häufiger versuchen, das literarische Leben zu fördern, als beispielsweise ihre Kollegen im nonfiktionalen Bereich. Der T-Test auf Mittelwertverteilung lässt keinen Zweifel an der Signifikanz des Unterschieds ($\bar{x}_{fikt.} = 2{,}40$ statt $\bar{x}_{ges.} = 3{,}16$; Skala: 1-6). Gleiches gilt auch für das Ziel, den Interessen der Autoren zu dienen. Auch ihm messen literarische Lektoren einen wesentlich höheren Wert bei ($\bar{x}_{fikt.} = 1{,}74$ statt $\bar{x}_{ges.} = 1{,}98$). Darüber hinaus verfolgen sie signifikant häufiger das Ziel, die Leser zu unterhalten und ihnen Entspannung zu bieten ($\bar{x}_{fikt.} = 1{,}91$ statt $\bar{x}_{ges.} = 3{,}25$). Die Lektoren von Schul- und Lehrbüchern können sich mit diesem Ziel hingegen am wenigsten identifizieren ($\bar{x}_{päd.} = 4{,}19$). Sie sind – ebenso wie die Sachbuchlektoren – vielmehr an hohen Auflage- und Verkaufszahlen interessiert ($\bar{x}_{päd.} = 1{,}90$ statt $\bar{x}_{ges.} = 2{,}08$). Gleiches gilt auch für die Förderung von Bildung und Aufklärung ($\bar{x}_{päd.} = 1{,}45$ statt $\bar{x}_{ges.} = 1{,}98$).

Aber auch anhand der Tätigkeitsprofile der Lektoren lassen sich Unterschiede bei der Bewertung ausmachen. Den klassischen Allroundern ist es beispielsweise signifikant wichtiger, den Interessen ihres Verlages zu dienen, als den reinen Textarbeitern ($\bar{x}_{allr.}$ = 1,48 statt $\bar{x}_{text.}$ = 1,77). Außerdem bewerten sie den Dienst am Autor höher ($\bar{x}_{allr.}$ = 1,9 statt $\bar{x}_{text.}$ = 2,20). Die typischen Projektmanager streben hingegen deutlich seltener danach, das literarische Leben zu fördern ($\bar{x}_{proj.}$ = 3,51 statt $\bar{x}_{ges.}$ = 3,16) und verfolgen häufiger das Ziel, viel Geld mit ihrer Arbeit zu verdienen ($\bar{x}_{proj.}$ = 3,08 statt $\bar{x}_{ges.}$ = 3,50). Die Textarbeiter hingegen versuchen weniger, hohe Auflage- und Verkaufszahlen zu erreichen ($\bar{x}_{text.}$ = 2,41 statt $\bar{x}_{ges.}$ = 2,08) – allerdings tragen sie auch, wie bereits bei der Klassifizierung der Lektoren anhand ihrer Tätigkeitsprofile erwähnt, deutlich weniger Programmverantwortung. Mit zunehmender Berufserfahrung verfolgen Lektoren im Übrigen verstärkt das Ziel, die Bildung und die Aufklärung zu fördern ($\bar{x}_{alt}$ = 1,41 statt $\bar{x}_{ges.}$ = 1,98). Junge Lektoren mit relativ wenigen Berufsjahren empfinden es hingegen noch etwas weniger wichtig, die Interessen des Verlags zu vertreten ($\bar{x}_{jung}$ = 1,60 statt $\bar{x}_{alt}$ = 1,43).

* * *

Ein bisschen Hebamme spielen

Meine Aufgabe ist es hier, Bücher zu akquirieren, zu konzipieren, zu produzieren, die sich nachher im Markt gut verkaufen – so ganz grob und knapp auf den Punkt gebracht.

Stefan Brückner, Konrad Theiss (Stuttgart)

Die Zeit zu haben, die Entwicklung eines Buchprojekts zu begleiten und ein bisschen Hebamme zu spielen, das finde ich sehr schön. Das ist für mich so die klassische Definition, der Vermittler zu sein zwischen Autor und Leser und sich darum zu kümmern, dass das Wissen von einem zum anderen transportiert wird. Ansonsten könnte man den Beruf eigentlich abschaffen, alles als PDF-Datei ins Internet stellen und damit hätte sich die Sache. Technisch wäre es möglich. [...] Wir werden wieder eher zu der Vermittlerrolle zurückkommen, wie es vielleicht um die Jahrhundertwende oder in den zwanziger Jahren war – viel auch mit persönlichem Kontakt, gerade um eine Gegenwelt zu schaffen zum Medium Internet. Es ist einfach so, dass gerade Lektoren oder Verleger eine gewisse Kanalisationswirkung haben sollten, das ist auch ihre Stärke, das ist genau der Bereich, wo sie ansetzen können, ansonsten sind sie überflüssig.

Stefanie Aulbach, J. D. Sauerländer's (Frankfurt)

Die Zahl der Stellen für Lektoren in den Verlagen, die hat meiner Meinung nach schon abgenommen, weil in den letzten Jahren eine Tendenz dagewesen ist, bestimmte Arbeiten nach außen zu verlagern. Die gibt es dann halt auf anderer Ebene – das sind freie Lektoren und freie Redaktionsbüros, die ihre Arbeit anbieten. Aber was die Arbeit in Verlagen angeht, da sind viele Verlage eingegangen oder zusammengelegt worden. Da gab es dann einfach schon auch weniger Stellen. Und die Arbeit wird immer organisatorischer. Man ist Projektmanager, mehr als ein Lektor, der bei Kerzenlicht redigiert, wie es ein Lektor von Beck mal so schön genannt hat. Der hat uns schon vor zehn, 15 Jahren gesagt, dass das Quatsch ist. Und es *ist* Quatsch: Wir müssen so viel unterschiedliche Arbeiten machen. Projektmanager ist schon die richtige Beschreibung.

Julia Hoffmann, Deutsche Verlags-Anstalt (München)

Ich würde sagen, weit über 90 Prozent der unverlangt eingesandten Manuskripte bei mir werden abgelehnt. Das hat mit dem Selbstverständnis zu tun. Wir versuchen eine Programmlinie zu fahren, wir entwickeln Themen und wir setzen die Standards und die Kriterien fest. Die meisten Angebote passen einfach nicht in das Schema rein. Wir wollen selber das Programm gestalten, Autoren entdecken, Themen entdecken. Manchmal haben wir Themen, dazu muss man einen Autor finden. Manchmal haben wir einen begabten Autor, mit dem man in langen Gesprächsprozessen, die sich teilweise über Jahre hinstrecken können, ein Thema findet.

Christoph Selzer, Klett-Cotta (Stuttgart)

Mein Beitrag ist bei jedem Buch, dass ich der erste kritische Leser bin bis hin zu dem Punkt, dass ich innerhalb der Verlagsgruppe und auch aushäusig versuche, die Koordination von Marketing-Kampagnen, von Cover-Gestaltung und so weiter auf den Punkt zu bringen. Sprich, ich schiebe und drücke und pfusche und mache und rede an allen Ecken und Enden: mit der Herstellung, wie das Satzbild aussieht; mit dem Designer, wie das Cover aussehen soll; mit dem Autor, warum man das Buch so nennt und nicht anders, warum man den Text so schreiben sollte und nicht so, ob man dann einen Kompromiss findet, alles, überall, an jeder Ecke. Das ist nichts Ungewöhnliches, das mache ich bei jedem Buch.

Maria Dürig, Limes (München)

Das ist das besonders Reizvolle diesen Berufes: Jedes Buch ist ein Wagnis, ein Risiko. Das muss man wissen. Man kann da nichts vorhersagen. Es spielt sicherlich das Bauchgefühl eine Rolle, das berühmte – das hat man oder hat es nicht. Dann ist jedes Buch, angefangen vom Thema, vom Autor, auch von der Sprache bis hin zur Gestaltung ein ganz individuelles Geschehen. In jeder Saison suchen wir das Glück neu.

Christoph Selzer, Klett-Cotta (Stuttgart)

* * *

5.3 Selbstanspruch und Realität

Um die Relevanz des Rollenbildes für das berufliche Handeln zu überprüfen, wurden die Lektoren, die einer der Aussagen zum beruflichen Selbstverständnis „überwiegend" bis „voll und ganz" zugestimmt hatten, gefragt, inwieweit es ihnen gelingt, das von ihnen angestrebte Ziel zu verwirklichen. Die Möglichkeit, die eigenen Ansprüche im Alltag umsetzten zu können, kann ein Gradmesser für die Handlungsrelevanz des Rollenselbstverständnisses sein (vgl. Scholl/Weischenberg 1998: 157). Denn auf der Grundlage des Rollenbildes allein sollte nur sehr vorsichtig auf das Handeln von Personen geschlossen werden. So weist Prott (1976: 151) beispielsweise darauf hin, dass die Versicherung einer Personengruppe, dass sie weitgehend die Möglichkeit der Selbstverwirklichung habe, nicht nur eine Wirkung der tatsächlichen Arbeitsplatzverhältnisse, sondern vielmehr auch Ausdruck einer schrittweisen Reduktion des eigenen Anspruchs im Prozess der beruflichen Sozialisation sein kann.

Zu berücksichtigen ist außerdem, dass das Rollenverständnis nur ein Einstellungskonstrukt ist und somit nur einen allgemeinen Rahmen bildet: „Es bezeichnet den Bereich der *Potentialität* und nicht der Aktualität" (Scholl/Weischenberg 1998: 161). Dennoch ist dieses Einstellungskonstrukt nicht nur ein „Ausdruck ‚freischwebender' individueller Berufsvorstellung, sondern [auch] Produkt beruflicher Sozialisation". So ist beispielsweise die Einstellung der Lektoren, in erster Linie den Interessen ihres Verlages zu dienen, sicherlich auf diesen Sozialisationsprozess zurückzuführen, weshalb junge Lektoren diese Einstellung auch signifikant seltener vertreten.

Betrachtet man die wichtigsten Ziele, die von der Mehrzahl der Lektoren verfolgt werden, so sind sie überwiegend leicht im Rahmen der täglichen Arbeit zu verwirklichen. Die größte Handlungsrelevanz besitzt demnach der Wunsch, den Interessen des Verlages zu dienen. Rund 92 Prozent der Lektoren gelingt es, dieses Ziel bei ihrer täglichen Arbeit „überwiegend" bis „voll und ganz" zu verwirklichen. Doch auch der Wunsch, den Interessen und der Arbeit der Autoren zu dienen, kann von der überwiegenden Mehrheit der Lektoren (86,4 Prozent) erfüllt werden. Das Spannungsverhältnis zwischen diesen Zielen und der potentiell daraus resultierende Interessenkonflikt scheint die Handlungsrelevanz nicht zu beeinträchtigen. Allerdings ist festzuhalten, dass die Interessen des Verlages etwas besser gewahrt werden können als die Interessen der Autoren. Diese stehen im Konfliktfall wohl hinter der Erfüllung der Verlagsinteressen zurück.

Die auf die Bedürfnisse der Leser und auf die Gesellschaft bezogenen Funktionen können von den Lektoren in sehr unterschiedlichem Maße umgesetzt werden. Am besten gelingt es, die Leser zu unterhalten und ihnen Entspannung zu bieten. Immerhin 80 Prozent der Lektoren, die dieses Ziel bei ihrer Arbeit verfolgen, gaben an, dass ihnen dies „überwiegend" bis „voll und ganz" gelingt. Die Förderung von Bildung und Aufklärung kann von knapp 67 Prozent umgesetzt werden. Den Lesern Orientierung und Lebenshilfe zu geben, gelingt rund 64 Prozent der Lektoren. Deutlich schlechter lässt sich das Ziel verwirklichen, Trends aufzuzeigen und neue Ideen zu vermitteln. Nur 40 Prozent der Befragten, die dieses Ziel verfolgen, gelingt es auch, es in die Tat umzusetzen. Die Förderung des literarischen Lebens und der Literatur gelingt hingegen nur rund 37 Prozent der Lektoren „überwiegend" oder „voll und ganz".

Selbstverständnis und Handlungsrelevanz

In meinem Beruf geht es mir darum …	Anspruch			Realisierung**		
	$\bar{x}$*	s	Rang	$\bar{x}$	s	Rang
den Interessen des Verlags zu dienen	1,54	0,646	1	1,91	0,499	1
den Interessen der Autoren zu dienen	1,98	0,874	2	2,03	0,505	2
die Literatur / das literarische Leben zu fördern	3,16	1,427	7	2,79	0,905	8
hohe Auflagen- und Verkaufszahlen zu erreichen	2,08	1,037	4	2,82	0,668	9
den Lesern Unterhaltung / Entspannung zu bieten	3,25	1,474	8	2,03	0,667	3
Trends aufzuzeigen und Ideen zu vermitteln	2,36	1,105	5	2,59	0,710	7
Orientierung und Lebenshilfe zu geben	3,33	1,411	9	2,26	0,805	6
Bildung und Aufklärung zu fördern	1,98	1,069	3	2,17	0,828	5
viel Geld zu verdienen	3,50	1,074	10	3,18	0,897	10
mich selbst zu verwirklichen	2,52	1,083	6	2,16	0,705	4

* Der Mittelwert ergibt sich aus den Werten 1 (voll und ganz) bis 5 (überhaupt nicht).

** Die Personen, die der jeweiligen Aussage „überwiegend" oder „voll und ganz" zustimmten, wurden danach gefragt, inwiefern es ihnen gelingt, dies im beruflichen Alltag umzusetzen. Die Zahl der zur erfolgreichen Umsetzung ihrer Ziele befragten Journalisten hängt also davon ab, wie viele Befragte das betreffende Ziel anstreben und variiert folglich von Item zu Item.

Auch die materiellen Ziele wie hohe Auflage- und Verkaufszahlen sind schwer zu erreichen. Weniger als ein Drittel der Lektoren gab an, dieses Ziel zumindest überwiegend umsetzen zu können. Und das, obwohl dieses Ziel in der Rangskala der wichtigsten Ziele mit Position vier einen der vorderen Plätze einnimmt. Noch schlechter ist es allerdings um die Realisierung der eigenen materiellen Ziele bestellt. Zwar sind nur rund 16 Prozent der Lektoren darum bemüht, viel Geld zu verdienen, doch gelingt es nur weniger als 20 Prozent von ihnen, dies zu verwirklichen. Die immateriellen Gratifikationen, die die Selbstverwirklichung bietet, werden hingegen von knapp 70 Prozent erreicht. Die Selbstverwirklichung im Beruf zählt damit zu den eher leicht erreichbaren Zielen – doch ist hier, wie bereits erwähnt, besondere Vorsicht bei der Interpretation angesagt.

Bleibt zu klären, inwiefern die Möglichkeit zur Umsetzung der Ziele von äußeren Faktoren beeinflusst wird. Der T-Test auf Mittelwertverteilung zeigt, dass Projektmanager signifikant häufiger hohe Auflage- und Verkaufszahlen erreichen als klassische Allrounder ($\bar{x}_{proj.} = 2{,}61$ statt $\bar{x}_{ges.} = 2{,}82$). Dies mag u. a. darin begründet sein, dass sie sich deutlich mehr mit der Kostenkalkulation befassen als andere Lektoren. Daneben haben die Berufsjahre einen signifikanten Einfluss – besonders auf das Maß, mit welchem persönliche Ziele wie „viel Geld zu verdienen“ und „sich selbst zu verwirklichen“ erreicht werden können. Während Berufsanfängern beides zum Teil noch relativ selten gelingt, sind die erfahrenen Lektoren deutlich erfolgreicher. Viel Geld zu verdienen gelingt demnach nur rund 10 Prozent der Lektoren mit wenig Berufserfahrung, aber rund 25 Prozent der Erfahrenen. Die Selbstverwirklichung kann zwar von 58 Prozent der jungen Lektoren im Rahmen ihrer Arbeit umgesetzt werden, von den erfahrenen Lektoren gelingt dies jedoch 83 Prozent.

Da zwischen der Höhe der Bezahlung und dem Alter ein statistischer Zusammenhang besteht (vgl. Kapitel 3.2), kann der subjektive Eindruck erfahrener Lektoren, die eigenen Gehaltserwartungen erfüllen zu können, auf die tatsächlich vorliegenden Fakten zurückzuführen sein. Dennoch ist es denkbar, dass sich mit zunehmender beruflicher Sozialisation die Gehaltsvorstellungen den realen Gegebenheiten anpassen. Gleiches kann auch als Erklärung für die Möglichkeit der Selbstverwirklichung dienen. Der Umstand, dass ältere Lektoren häufiger der Meinung sind, sich in ihrem Beruf selbst verwirklichen zu können, kann durchaus darin begründet sein, dass sie ihre Erwartungen im Laufe ihres Berufslebens den gegebenen Möglichkeiten angepasst haben. Andererseits übernehmen Lektoren mit längerer Berufserfahrung eine größere Verantwortung für die Programmplanung und die Entwicklung neuer Titel. Die unterschiedliche Akzentuierung der Verantwortungs- und Tätigkeitsbereiche kann daher ebenso die unterschiedliche Einschätzung der Möglichkeit der Selbstverwirklichung erklären.

* * *

Mein Traum hat sich erfüllt

Irgendwie hat sich da eben doch mein ursprünglicher Traum erfüllt. Ich finde es faszinierend, wie Gedanken und Phantasien und Weltbilder einen konkreten, anfassbaren Ausdruck finden können zwischen zwei Buchdeckeln. Da reizt mich eigentlich auch wieder die gesamte Bandbreite.

Dietrich Voorgang, Claudius (München)

Die Arbeit des Lektors? Ich denke oder würde mir wünschen, dass der Kern immer derselbe bleibt: intensiver Kontakt zu Autoren und genaue und leidenschaftliche Arbeit mit dem Text.

Hans-Ulrich Müller-Schwefe, Suhrkamp (Frankfurt)

Ich sehe mich in zehn Jahren als freier Schriftsteller, ich sehe mich in zehn Jahren immer noch hier im Lektorat – da gibt es verschiedene Fantasien. Ich merke, dass mir im Lektorat wieder etwas fehlt, was mir im freiberuflichen Sein gefehlt hat: Das war dort die zu geringe Möglichkeit darüber zu entscheiden, welche Bücher gemacht werden. Jetzt im Lektorat fehlt mir, dass ich zu wenig darüber bestimmen kann, was in den Büchern drinsteht.

Dietrich Voorgang, Claudius (München)

Siegfried Unseld, unser Verleger, hat damals ganz pointiert gesagt: „Um den Verkauf kümmert sich der Verlag. Sorgen Sie dafür, dass sie spannende Texte anschleppen, spannende Autoren." Dem Verlag ging es gut und man wollte und konnte sich das leisten. Die neue deutsche Literatur ist so die Art Speerspitze des Verlags. Das war das Selbstverständnis, dass man entscheidende Impulse genau auf dem Gebiet gibt. Da sollte was passieren. Das war natürlich gut, dass man da sozusagen eine Art Freibrief kriegte und sagte, da wollen wir brillieren – und nun mal ran. Im Laufe der Zeit musste man dann doch auch ein bisschen gucken darauf, ob man sich vorstellen könnte, dass man Titel verkauft. Also nicht nur an sich gute Literatur, sondern, dass der Titel auch einigermaßen verkäuflich ist. Diese Erwägungen waren stärker zu berücksichtigen. Und das andere ist, dass jetzt von einem erwartet wird, auch den richtigen Werbespruch anzubringen, sozusagen die zwei, drei Sätze über das Buch, die dann auch mehr oder weniger so verwendet werden können in Anzeigen oder in irgendwelchen öffentlichen Darstellungen des Verlages. [...] Das ist die Ausweitung hin zum Marketing, Pressearbeit oder Public Relations. Man guckt: Welche Leute kann man ansprechen, welche Leute kann man vielleicht noch irgendwie heiß machen auf ein Buch. [...] In meinen ersten zehn Jahren als Lektor war es so, dass ich in einem Zimmer saß umgeben von Stapeln unverlangt eingesandter Manuskripte, die ich abgearbeitet habe. [...] Darüber hinaus habe ich wenig getan. Das war eben eine Sichtung von hunderten von Manuskripten, davon wurden ein, zwei, drei Promille vielleicht akzeptiert. [...] Da war der Arbeitsalltag sehr stark von diesem Durchackern von Manuskripten bestimmt. Auch der Kontakt mit den Autoren war natürlich sehr wichtig, auch arbeits- und zeitaufwendig. Die Organisationsarbeit oder die Arbeit drum herum war, glaube ich, eher nicht so prominent. Und heute ist es so: Lesen tu ich viel zu Hause, hier ziemlich wenig eigentlich. Das war früher anders und hat viel zu tun mit den E-Mails des laufenden Tages und mit irgendwelchen Texten, die zu Büchern dazugeschrieben werden sollen, Überlegungen oder irgendwelche Verkaufsaktionen, die bedacht werden sollen und so weiter – also lauter Sachen drum herum, die aber sein müssen. Die organisatorische Arbeit hat heftig zugenommen.

Hans-Ulrich Müller-Schwefe, Suhrkamp (Frankfurt)

Man hat als Lektor zwei Möglichkeiten, Karriere zu machen. Das eine ist hierarchisch gesehen, indem man irgendwann Programmleiter wird und dann vielleicht Verlagsleiter und am Ende vielleicht noch Verleger. Und das andere ist die Möglichkeit, sich Kompetenzen zu erarbeiten und irgendwann bekannt zu sein als der Lektor, der Experte für irgendwas ist oder in einem bestimmten Bereich einfach sich wahnsinnig gut auskennt.

Carlos Westerkamp, Ullstein (Berlin)

5.4 Zufriedenheit im Beruf

Glaubt man der einschlägigen Literatur, dann ist ein Lektor ein „furchtbar überlasteter Mensch" (Davies 1995: 18), dessen Pflicht es ist, alle beim Entstehungsprozess eines Buches anfallenden Arbeiten im Blick zu behalten und zu bewältigen. Die Parallelität der vielfältigen Aufgaben ist dabei, wie einer der Befragten angab, die größte Herausforderung, die von einem Lektor gemeistert werden muss. Dabei sitzt der Lektor unterdessen als Vermittler und kommunikative Schnittstelle nicht mehr nur *zwischen* allen Stühlen, „sondern hockt auch gelegentlich *auf* Stühlen, namentlich solchen, auf die er eigentlich nicht gehört" (Fritzsche 1978: 129). Der Lektor ist, so ein Befragter, zum „Mädchen für alles" geworden. Und auch Mendlewitsch (2001: 24) kommt zu diesem Schluss: „Auf die Frage, was ein Lektor tut, wird dieser stolz und resigniert zugleich antworten: ‚Fast alles'."

Angesichts dieser Aussagen stellt sich die Frage, wie zufrieden die Lektoren mit ihren beruflichen Rahmenbedingungen sind. Zur empirischen Überprüfung wurden elf Items zur Erfassung der allgemeinen Arbeitszufriedenheit abgefragt. Dabei wurde versucht, verschiedene Dimensionen wie Arbeitsklima, Arbeitsleistung und berufliche Bedingungen einzubeziehen. Gleichzeitig sollte aber auch eine Vergleichbarkeit zu anderen Berufsgruppen gewährleistet werden. Aus diesem Grund wurde bei der Befragung der Lektoren auf die Items der Studie „Journalismus in Deutschland" von 2005 zurückgegriffen, wobei nur vereinzelt Dimensionen leicht modifiziert werden mussten (vgl. Weischenberg 1995: 431f. sowie Weischenberg et al. 2006a: 90ff., 275ff.).[30]

[30] Beim Vergleich der Ergebnisse mit der Erhebung von 1993 zeigt sich, dass die Zufriedenheit der Journalisten bei den meisten Antwortvorgaben gestiegen ist (Weischenberg et al. 2006a: 91).

Die Ergebnisse der Befragung zeigen, dass Lektoren generell recht zufrieden sind mit den Bedingungen ihrer Arbeit. Ein genauerer Blick lässt jedoch erkennen, dass sie durchaus einige Kritikpunkte anzumerken haben. Die weitaus meisten Lektoren sind nur hinsichtlich des Arbeitsklimas „sehr“ oder „eher zufrieden“. Bei den anderen Dimensionen hingegen steigt das Unzufriedenheitspotential – vor allem wenn es um die materielle Bewertungen und Perspektiven geht. Diesbezüglich zeigen sich somit deutliche Parallelen zwischen der Berufsgruppe der Lektoren und der Berufsgruppe der Journalisten.

Arbeitszufriedenheit von Lektoren und Journalisten

Zufriedenheit mit ...	Lektoren		Journalisten	
	$\bar{x}$	Rang	$\bar{x}$	Rang
Verhältnis zu Kollegen	1,36	1	1,65	2
Verhältnis zu Mitarbeitern	1,42	2	1,57	1
Verhältnis zu Vorgesetzten	1,83	3	2,02	4
Selbstbestimmung der Arbeitszeit	1,54	4	1,96	3
Berufsausbildung	1,93	5	2,04	5
beruflicher Sicherheit	2,39	6	2,60	6
Weiterbildung	2,65	7	2,78	10
Arbeitsbelastung	2,72	8	2,63	8
Zeit für Recherche/Kernaufgaben	2,83	9	2,61	7
Bezahlung	2,87	10	2,64	9
Aufstiegsmöglichkeiten	2,87	11	3,04	11

Die Zahl der jeweiligen Antworten schwankt bei den Lektoren zwischen n = 194 und n = 310. Bei den Journalisten, die 2005 im Rahmen der Studie „Journalismus in Deutschland II“ befragt wurden, schwankt sie zwischen 1477 und 1533. Die Mittelwerte wurden jeweils aus einer Skala von 1 (sehr zufrieden) bis 5 (sehr unzufrieden) berechnet.

Das Verhältnis zu den Arbeitskollegen wird von den Lektoren fast durchweg positiv eingeschätzt. 95 Prozent der Befragten gaben an, damit „eher“ bis „sehr zufrieden“ zu sein. Auch das Verhältnis zwischen den Hierarchieebenen wird positiv bewertet. Rund 95 Prozent der Vorgesetzten sind mit dem Verhältnis zu ihren Mitarbeitern „eher“ bis „sehr zufrieden“. Umgekehrt wird das Verhältnis von immerhin 78 Prozent der Mitarbeiter als gut empfunden. Damit ist das Arbeitsklima im Urteil der Lektoren deutlich positiver als im Urteil der Journalisten. Zwar zeigten sie sich in der Studie „Journalismus in Deutschland“ ebenfalls sehr zufrieden, doch bleiben die Durchschnittswerte hinter denen der Lektoren zurück.

Hinsichtlich ihrer Ausbildung haben die Lektoren ebenfalls wenig zu klagen. Fast 80 Prozent sind damit „eher“ bis „sehr zufrieden“. Damit bewerten sie diesen Aspekt wiederum positiver als die Journalisten. Die Weiterbildungsmöglichkeiten könnten hingegen verbessert werden. Mit ihnen ist nur jeder zweite Lektor zufrieden – und damit liegen die Lektoren gleichauf mit den Journalisten. Der Arbeitsumfang und die Arbeitsbelastung werden von den Lektoren dagegen etwas schlechter bewertet als von den Journalisten. Zwar zeigen sich die Lektoren zufriedener mit der Möglichkeit, sich die Arbeit selbst einteilen zu können (90 Prozent sind damit „eher“ bis „sehr zufrieden“), doch die tägliche Arbeitsbelastung und die Zeit, die für die eigentlichen Kernaufgaben verbleibt, sind für sie unbefriedigend. Weniger als die Hälfte der Lektoren fällte hier ein positives Urteil. Dafür war jeweils jeder vierte Lektor sogar der Meinung, mit diesen Rahmenbedingungen „eher“ bis „sehr unzufrieden“ zu sein. Hinsichtlich der Zeit, die für die zentralen Aufgaben verbleibt, sind Lektoren außerdem deutlich unzufriedener als Journalisten.

Auch die materiellen und sozialen Aspekte der Arbeit wie berufliche Sicherheit, Aufstiegschancen und Einkommenshöhe werden eher verhalten bewertet. So sind zwar 60 Prozent der Lektoren mit ihrer beruflichen Sicherheit überwiegend zufrieden, doch die Aufstiegschancen und die Höhe der Bezahlung wurden von jeweils einem Drittel der Lektoren als ungenügend eingeschätzt. Damit bergen die materielle Sicherheit und die Anerkennung das größte Unzufriedenheitspotential. Ein Vergleich mit den Journalisten zeigt, dass diese die Höhe ihres Gehalts positiver bewerten, die Arbeitsplatzsicherheit und die Aufstiegsmöglichkeiten hingegen deutlich schlechter einschätzen. Die Resultate der Lektorenstudie bestätigen somit nur zu einem gewissen Teil die Studie von Coser et al., die in den 1970er Jahren zu dem Ergebnis kam, dass in den USA der Beruf des Lektors durch geringes Lohnniveau, geringe Karriere- und Aufstiegschancen sowie eher geringe Arbeitsplatzsicherheit gekennzeichnet sei. Diese Umstände führten damals zu einer relative großen Fluktuation in diesem Beruf: „Frustration with the hard work, long hours, and the lack of concrete career possibilities in publishing leads many [...] to try for greener pastures in other jobs in other industries" (Coser et al. 1982: 156). Für die gegenwärtige Situation in Deutschland besitzt dies nur begrenzt Gültigkeit.

Betrachtet man, welche Faktoren die Zufriedenheit beeinflussen, so zeigt sich, dass sowohl dem Tätigkeitsprofil der Lektoren und der Position im Lektorat als auch der Berufserfahrung und dem Zuständigkeitsfeld (Programmbereich und Editionsform) eine signifikante Bedeutung zukommt. Hinsichtlich des Arbeitsklimas sind vor allem die Position des Lektors und die von ihm überwiegend betreute Editionsform relevant. So wird beispielsweise das Verhältnis der Vorgesetzten zu ihren Mitarbeitern je nach Editionsform sehr unterschiedlich bewertet. Am positivsten ist es im Bereich des Publishing-on-Demand ($\bar{x}$ = 1,10) und im Bereich der elektronischen Medien ($\bar{x}$ = 1,30), am schlechtesten wird es von leitenden Lektoren im Hardcoverbereich bewertet ($\bar{x}$ = 1,71). Das Verhältnis zwischen den Arbeitskollegen wird außerdem von Lektoren in Führungspositionen deutlich besser eingeschätzt ($\bar{x}$ = 1,28) als von Lektoren ohne leitende Funktion ($\bar{x}$ = 1,43).

Die eigene Ausbildung empfinden besonders Lektoren, die noch keine berufliche Routine und nur wenig einschlägige Erfahrungen haben, als unbefriedigend ($\bar{x}$ = 2,11). Vermutlich wird aufgrund der akademischen Ausbildung meist eine berufsbezogene, praktische Vorbereitung auf das Arbeitsleben vermisst. Daher genügen wohl auch bereits wenige Berufsjahre, um diesen Eindruck von der Unzulänglichkeit der eigenen Ausbildung zu revidieren. So kommen Lektoren, die zwischen fünf und neun Jahre im Beruf sind, bereits auf einen Mittelwert von 1,79. Die Möglichkeit, sich beruflich weiterzubilden, wird hingegen unabhängig von der Berufserfahrung eher negativ bewertet. Besonders Lektoren, die hauptsächlich am Manuskript arbeiten und Texte lektorieren, zeigen sich unzufrieden ($\bar{x}$ = 3,02).

Ein Blick in die Fortbildungsangebote für die Verlagsbranche liefert hierfür einen Erklärungsansatz: So bietet der bayerische Landesverband des Börsenvereins des Deutschen Buchhandels zwar zahlreiche Seminare für die Verlagspraxis an, doch beziehen sich diese überwiegend auf Marketing und Marktforschung, Sortimentgestaltung, Vertrieb, Management und Herstellung, Arbeitsorganisation und Produktmanagement. Unter den einschlägigen Lektorenkursen war 2008 kein einziger Kurs zum Thema „Arbeit am Text" zu finden. Die anderen befassen sich mit Themen wie „Der steinige Weg zum Kunden – Marketing und Vertrieb für kleinere Verlage" oder sie vermitteln Grundlagenwissen zu Autorenmanagement oder Herstellung. Die Kurse, die von der Akademie des Deutschen Buchhandels oder von den Schulen des Deutschen Buchhandels angeboten werden, konzentrieren sich ebenfalls auf Bereiche wie Projektmanagement und Marketing, Autorenakquisition und Programmplanung, Betriebswirtschaft und Verhandlungsführung oder Vertragsrecht. Einschlägige Kurse oder Workshops zur Textbearbeitung (zum Beispiel das Seminar „Manuskriptarbeit für Belletristik-Lektoren" der Akademie des Deutschen Buchhandels) sind auch hier eher die Ausnahme.[31]

Daneben zeigt sich, dass auch Lektoren, die eine große Anzahl an Manuskripten im Jahr bis zur Imprimatur betreuen (über 50 Titel) die Weiterbildungsmöglichkeit signifikant schlechter bewerten ($\bar{x}$ = 3,31).

---

[31] Die Fortbildungsangebote der buchhändlerischen Landesverbände sowie der Schulen des Deutschen Buchhandels sind online unter www.fortbildung-verlag.com abzufragen. Das Seminarprogramm des bayerischen Landesverbandes des Börsenvereins des Deutschen Buchhandels ist außerdem unter www.buchhandel-bayern.de/fortbildung/index.shtml nachzulesen. Die Angebote der Akademie des Deutschen Buchhandels finden sich unter www.buchakademie.de im Internet.

Vergleichsweise unzufrieden sind auch Lektoren, die überwiegend im Hardcoverbereich tätig sind ($\bar{x}$ = 3,19), und Lektoren, die keine leitende Position innehaben ($\bar{x}$ = 2,89). Im Unterschied zu jenen, die überwiegend am Manuskript arbeiten, lassen sich für diese Fälle jedoch keine einfachen Erklärungen finden. Möglicherweise bestehen für Lektoren in leitenden Positionen aufgrund ihres größeren Verantwortungsbereichs bessere Möglichkeiten, im Verlag die Teilnahme an einem Fortbildungsseminar durchzusetzen. Und Lektoren, die mehr als 50 Titel im Jahr zur Druckreife bringen, bleiben wohl weniger Freiräume, um an Seminaren teilnehmen zu können. Weshalb im Bereich der Hardcoverbücher die Weiterbildungsmöglichkeiten so schlecht bewertet werden, kann anhand dieser Faktoren nicht erklärt werden. Auch ein genauerer Blick auf die anderen Angaben zur Arbeitszufriedenheit dieser Lektoren gibt keinen Aufschluss über mögliche Gründe.

Die Arbeitsbedingungen selbst werden ebenfalls sehr unterschiedlich eingeschätzt. So steigt mit der Zahl der Berufsjahre deutlich die Zufriedenheit mit der Flexibilität der Arbeits(zeit)einteilung. Zwar bemängeln auch die Berufsanfänger eher selten ihre diesbezüglichen Möglichkeiten ($\bar{x}$ = 1,66), Lektoren, die länger im Beruf sind, bewerten die Bedingungen jedoch signifikant besser. Am zufriedensten sind die „alten Hasen" (mindestens 20 Berufsjahre) mit ihren Möglichkeiten der Arbeitszeiteinteilung ($\bar{x}$ = 1,38). Der Zusammenhang lässt vermuten, dass erfahrene Lektoren – im Unterschied zu ihren jungen Kollegen, die sich erst noch im Verlag beweisen müssen – mehr Routine bei der Bewältigung ihres Arbeitspensums besitzen und daher ihre Arbeitszeit besser einteilen können. Außerdem haben sie sich im Lauf der Jahre vermutlich stärker an die vorgegebenen Arbeitszeitregelungen angepasst.

Die Zeit, die bei der täglichen Lektoratsarbeit für die eigentlichen Kernaufgaben bleibt, wird von den „Textarbeitern" am positivsten bewertet ($\bar{x}$ = 2,45). Mehr als die Hälfte von ihnen ist damit eher bis sehr zufrieden. Bei den „klassischen Allroundern" und den „Projektmanagern" trifft dies jeweils nur auf etwa ein Drittel zu, wobei die Letztgenannten den schlechtesten Durchschnittswert aufweisen ($\bar{x}$ = 3,05). Betrachtet man die verschiedenen Tätigkeitsprofile der Lektoren, sind die unterschiedlichen Einschätzungen leicht zu erklären: Während der „Textarbeiter“ sich deutlich auf die Arbeit am Manuskript konzentriert, kommen beim „klassischen Allrounder“ zusätzlich Konzeptions- und Entwicklungsarbeit sowie Autorenmanagement hinzu. Beim „Projektmanager“ stehen neben diesen Aufgaben verstärkt Termin- und Kostenplanung im Vordergrund. Er hat das breiteste Tätigkeitsfeld und daher am wenigsten Zeit, um sich auf die Kernaufgaben des Lektorats zu konzentrieren.

Dass der Arbeitsumfang eines Lektors und die Größe seines Verantwortungsbereichs einen signifikanten Einfluss auf die Ausübung der Kernaufgaben haben, zeigt auch, dass die Zufriedenheit tendenziell mit steigender Zahl der betreuten Manuskripte, der wöchentlichen Arbeitsstunden sowie zunehmender Höhe des Gehalts deutlich sinkt.[32] Gleiches gilt auch für die tägliche Arbeitsbelastung. Wiederum sind es die „Textarbeiter“, die am wenigsten klagen ($\bar{x}$ = 2,35 statt $\bar{x}_{Rest}$ = 2,78). Und wiederum sinkt die Zufriedenheit mit steigender Zahl der Manuskripte und der Arbeitsstunden sowie mit zunehmender Höhe des Gehalts.[33] Erst ab einem monatlichen Nettoeinkommen von über 4000 Euro wird die Korrelation außer Kraft gesetzt. Hier scheint das weit überdurchschnittliche Einkommen die tägliche Arbeitsbelastung und die Unzufriedenheit mit der Zeit für Kernaufgaben aufzuwiegen.

---

[32] Lektoren mit maximal fünf Manuskripten erreichen einen Mittelwert von $\bar{x}_{min.}$ = 2,63. Lektoren mit über 50 Manuskripten erreichen hingegen einen Mittelwert von $\bar{x}_{max.}$ = 3,0. Lektoren, die maximal 19 Stunden in der Woche arbeiten, kommen im Schnitt auf einen Wert von $\bar{x}_{min.}$ = 2,13. Lektoren mit über 45 Arbeitsstunden in der Woche kommen hingegen auf einen Wert von $\bar{x}_{max.}$ = 3,0. In der Gehaltsgruppe bis 1000 Euro netto liegt der Wert bei $\bar{x}_{min.}$ = 2,14. Bei der Gehaltsgruppe zwischen 3001 und 4000 Euro liegt er bei $\bar{x}_{max.}$ = 3,17.

[33] Lektoren mit maximal fünf Manuskripten erreichen einen Mittelwert von $\bar{x}_{min.}$ = 2,33. Lektoren mit über 50 Manuskripten erreichen hingegen einen Mittelwert von $\bar{x}_{max.}$ = 3,19. Lektoren, die maximal 29 Stunden in der Woche arbeiten, kommen im Schnitt auf einen Wert von $\bar{x}_{min.}$ = 2,08. Lektoren mit über 51 Arbeitsstunden in der Woche kommen hingegen auf einen Wert von $\bar{x}_{max.}$ = 3,13. In der Gehaltsgruppe bis 1000 Euro netto liegt der Wert bei $\bar{x}_{min.}$ = 1,91. Bei der Gehaltsgruppe zwischen 3001 und 4000 Euro liegt er bei $\bar{x}_{max.}$ = 2,93.

Die materiellen und sozialen Gegebenheiten und Perspektiven werden ebenfalls unterschiedlich bewertet. Je nach Programmbereich, für den ein Lektor zuständig ist, ist er mehr oder weniger mit der Arbeitsplatzsicherheit zufrieden. Der T-Test auf Mittelwertverteilung zeigt, dass literarische Lektoren ($\bar{x}$ = 2,05) und Lektoren von Schul- und Lehrbüchern ($\bar{x}$ = 2,25) signifikant weniger befürchten, ihren Arbeitsplatz zu verlieren. Am unsichersten fühlen sich hingegen Sachbuchlektoren ($\bar{x}$ = 2,65). Außerdem fühlen sich Lektoren, die es in die oberen Gehaltsklassen geschafft haben ($\bar{x}$ = 1,90), sicherer als Lektoren, die nur wenig Geld verdienen ($\bar{x}$ = 2,95). Die Aufstiegsmöglichkeiten werden mit zunehmender Berufserfahrung, höherer Stellung im Lektorat sowie mit steigendem Gehalt signifikant positiver bewertet – ein Ergebnis, das keiner weiteren Erklärung bedarf.

Andererseits ist aber auch die dominierende Editionsform eine entscheidende Variable. So sind Lektoren, die insbesondere für journalistische Medien verantwortlich sind, signifikant zufriedener ($\bar{x}$ = 2,40) als Hard- oder Softcoverlektoren ($\bar{x}$ = 2,93 bzw. $\bar{x}$ = 3,20). Und auch mit der Höhe der Bezahlung sind sie am zufriedensten ($\bar{x}$ = 2,87). Nicht angemessen bezahlt zu werden, wird hingegen vor allem von den Softcoverlektoren beklagt ($\bar{x}$ = 3,28). Darüber hinaus steigt das Zufriedenheitspotential jedoch signifikant mit der beruflichen Position, der Zahl der Berufsjahre und der Höhe des Gehalts. Die Auszeichnung, einem Autor zum beruflichen Durchbruch verholfen zu haben, nimmt gut ein Drittel der Lektoren für sich in Anspruch. Diese immaterielle Gratifikation kann ein Faktor für die Berufszufriedenheit sein. Die statistische Analyse der Ergebnisse zeigt jedoch, dass nur hinsichtlich der Bewertung der Weiterbildungsmöglichkeiten ein signifikanter Unterschied nachweisbar ist – auch wenn Lektoren, die bereits einem Autor zum Erfolg verholfen haben, insgesamt etwas bessere Durchschnittswerte erzielen.

* * *

Rund-um-die-Uhr-Job

Insgesamt muss man sagen, dass nicht die Lektoren schlechter geworden sind. Aber viele Verlage leisten sich keine mehr, und die Arbeitsbelastung der Lektoren durch andere Tätigkeiten hat so zugenommen, dass tendenziell schon die Gefahr besteht, dass sich Fehler einschleichen. Das gilt nicht für jeden Verlag, aber insgesamt hat die Qualitätssicherung abgenommen in den letzten Jahren.

Christoph Selzer, Klett-Cotta (Stuttgart)

Gerade die klassischen Lektoren, die ich von den klassischen Publikumsverlagen kenne, die das auch schon länger sind – das sind für mich oft sehr spannende und belesene Menschen, die sehr schön erzählen können. Die sind natürlich auch alle ein bisschen wahnsinnig oder haben eine große Bereitschaft zur Selbstausbeutung, weil klar ist, dass es mit einer 40-Stunden-Woche nicht getan ist. Man ist eigentlich immer im Dienst und muss immer ganz viel noch nebenher lesen. Und wenn ich jetzt von mir ausgehe: da gibt es auch eine gewisse Hassliebe zum Lesen, weil man ja nie fertig ist. Auf der einen Seite macht es total viel Spaß, und auf der anderen Seite gibt es ständig diesen drohenden Stapel der ungelesenen Bücher.

Claudia Stein, Büchergilde Gutenberg (Frankfurt)

Es gibt eine Definition für selbständig: Man arbeitet selbst und das ständig. Wenn die Arbeit gemacht werden muss, dann muss ich sie einfach machen. Es gibt da kein Reglement, dass nach acht Stunden der Tag beendet ist oder ich um 17:30 Uhr den Stift beiseite lege. Ich muss einfach schauen, wie ich es unterbringe.

Stefanie Aulbach, J. D. Sauerländer's (Frankfurt)

Lektoren haben chronisch zu wenig Zeit, um die Texte zu lesen, oder arbeiten unter Zeitdruck und nachts.

Ute Hechtfischer, J. B. Metzler (Stuttgart)

Tagsüber sitzt man an verschiedenen Dingen, und abends, wenn man nach Hause kommt und die Nachrichten durch sind, dann setzt man sich eben hin und liest. Dazu kommt man tagsüber ja nicht. So vergehen die Abende, dass man lose Blätter liest. Die Arbeit des Lektors ist ja weniger Bücher lesen, sondern hauptsächlich lose Blätter, solche Papierstapel.

Susanne Schüssler, Klaus Wagenbach (Berlin)

Da man in der Freizeit die Manuskripte liest, was man dann natürlich abends sehr viel im Bett tut, bin ich morgens nicht so früh im Büro, logischerweise, weil ich irgendwann auch mal ein bisschen Schlaf brauche.

Maria Dürig, Limes (München)

Freizeit und Arbeitszeit - das geht ineinander über. Manche machen das noch extremer: Die lesen nur zu Hause. Das finde ich so nicht richtig. [...] Zu bestimmten Sachen kommt man erst am Wochenende in Ruhe. Oder wenn etwas fürchterlich eilig ist, da setzt man sich auch mal einen Abend dran. [...] Was ich als Gewerkschaftsmitglied ganz falsch finde: Ich habe auch schon im Urlaub teilweise ... Das ist das Reizvolle und Gemeine am Lektorat: diese Eigenverantwortlichkeit. Man hat diese Projekte, man hat diese Titel. Da muss man sehen, wie man damit klarkommt. Man hat sie ja selber angeschleppt. Und dann hat man zum Teil eben Pech gehabt, wenn es umfangreichere Projekte sind oder wenn der Autor grässlich schwierig ist oder wenn man eben das Manuskript nicht nur einmal, sondern zweimal, dreimal durchackern muss [...]. Es ist dann sozusagen Pech, was man sich eingebrockt hat.

Hans-Ulrich Müller-Schwefe, Suhrkamp (Frankfurt)

Meine Erfahrung ist: Man kann privat und beruflich nicht trennen. Man liest im Grunde auch weiter, wenn man zu Hause ist und nimmt sich sehr viel Arbeit mit. In der Ruhe des heimischen Schreibtisches arbeitet man dann ungestört an den Manuskripten. Das beendet den Tagesablauf. Und das empfinde ich aber nicht irgendwie als ungewöhnliche Zumutung, sondern als normal. [...] Ich gehe meistens nicht vor zwölf, halb eins ins Bett, wo ich sicherlich noch zwei, drei Stunden zu Hause am Manuskript arbeite. Das ist für mich fast ein Rund-um-die-Uhr-Job.

Christoph Selzer, Klett-Cotta (Stuttgart)

Ich rechne, dass drei Abende in der Woche, manchmal auch vier, für den Verlag weggehen. Und am Wochenende noch mal vier oder fünf Stunden. [...] Die Arbeitsbelastung ist sehr groß. Wenn man nicht bereit ist, sich da darauf einzulassen, dann kann man diesen Beruf nicht ausüben.

Tobias Heyl, Hanser (München)

* * *

Fehlende Anerkennung

Negative Erfahrungen sind u. a., dass mir sehr häufig die Anerkennung fehlt für meine Arbeit. Das liegt sicher auch mit am Berufsbild – zumindest so, wie ich es verstehe: dass der Lektor auch eine dienende Funktion hat und hinter dem eigentlichen Projekt zurücktritt, ihm nur auf die Welt hilft. Und den eigentlichen Ruhm, wenn es denn einen gibt, den bekommt der Autor. Selbst wohlwollende Erwähnung im Vorwort – das ist ganz nett, aber nicht das, was mich wirklich befriedigen würde. [...] Mir fehlt manchmal auch die Anerkennung hier im Verlag. Schwierig finde ich, wenn ich mit meiner Vorstellung von Qualität eines Manuskripts oder Buches ganz alleine stehe. Im vergangenen Jahr ist bei uns ein Buch erschienen, von dem ich nach wie vor überzeugt bin. Das ist ein wirklich gutes Buch. Doch es verkauft sich miserabel, und ich habe das Gefühl, dass von Verlagsseite für das Buch nicht genug getan worden ist. Eine Ursache dafür ist, dass ich mit meiner Auffassung, dass es ein gutes Buch ist, im Kollegenkreis ganz alleine dastehe. Alle anderen meinen, es ist mittelmäßig bis wirklich schlecht, und es hat schon seinen guten Grund, warum es sich so schlecht verkauft.

Dietrich Voorgang, Claudius (München)

* * *

Immer wieder neue Herausforderungen

Es ist ein toller Beruf, und hier habe ich es ziemlich gut gehabt. Das gute an dem Beruf allgemein, aber speziell an so einer Stelle, wie ich eine habe, ist: Die Arbeit ändert sich andauernd, mit den Projekten nämlich. Und da ich so unterschiedliche Projekte habe, was die Weltregionen betrifft und auch teilweise ein bisschen ins Sachbuch hinein: das sind immer wieder neue Herausforderungen. Ich habe zum Beispiel die Standard-Beckett-Biographie betreut, das war eine Herausforderung, schrecklich viel Arbeit, ist aber ein tolles Ding geworden. Von daher bin ich insgesamt ziemlich zufrieden.

Hans-Ulrich Müller-Schwefe, Suhrkamp (Frankfurt)

6 Einflussfaktoren auf die Lektoratsarbeit

Die tägliche Arbeit in den Lektoraten wird von verschiedenen Faktoren beeinflusst. Einige davon wurden bereits behandelt – so zum Beispiel die berufsspezifischen Merkmale, die internen Strukturen und das berufliche Rollenselbstbild. Daneben kann die Arbeit ganz konkret von einzelnen Personen oder Personengruppen beeinflusst werden – wie etwa von der potenziellen Zielgruppe, von Verlagsmitarbeitern und von Rezensenten. Aber auch interne Produktionszwänge wie etwa die Möglichkeiten der Mehrfachverwertung können eine Rolle spielen. Um die subjektive Wahrnehmung dieser Einflussgrößen zu messen, wurden insgesamt zwölf Items abgefragt. Darüber hinaus wurde untersucht, inwiefern die Lektoren bei ihrer Arbeit auf sich selbst bzw. auf die Verlagsbranche bezogen sind, und inwiefern sie sich an „verlagsfremden" Referenzen orientieren.

Ein erster Überblick zeigt, dass insgesamt die verlagsinternen Größen dominieren. So gab die Mehrzahl der Lektoren an, überwiegend von der Führungsebene der Verlage und der Lektorate beeinflusst zu werden. Darüber hinaus wurde immer wieder auf den großen Einfluss des privaten und persönlichen Bekanntenkreises hingewiesen, aber auch auf das Bildungssystem, auf Organisationen, Verbände und Fachexperten. Insgesamt betrachtet gehören Verleger und Geschäftsführer, Programmleiter und Cheflektoren sowie Autoren zu der Gruppe mit dem größten Einfluss. Einen deutlichen Einfluss haben auch die Leser und Kunden der Verlage, die potenzielle Zielgruppe sowie Mitarbeiter anderer Verlagsbereiche. Nur mäßig ist hingegen der Einfluss von anderen Lektoren, von Vertriebs- und Außendienstmitarbeitern sowie von Buchhändlern. Praktisch ohne Einfluss sind Literaturkritiker, Rezensenten und literarische Agenten.

Einflussfaktoren auf die Lektoratsarbeit

Einflussfaktoren	$\bar{x}$*	s	n**
Verleger, Geschäftsführer	2,07	1,042	294
Programmleiter, Cheflektor	2,15	1,356	132
Autoren	2,19	0,789	309
andere Verlagsmitarbeiter	2,60	0,993	307
Leser, Kunden, Zielgruppe	2,69	1,019	307
andere Lektoren	3,08	1,014	228
Vertrieb, Außendienst	3,13	1,180	308
Buchhändler	3,14	1,031	310
Literaturkritiker, Rezensenten	3,50	1,016	310
literarische Agenten	4,26	1,088	309
Sonstige***	1,99	0,741	73

* Der Mittelwert wurde aus einer Skala von 1 (sehr groß) bis 5 (nicht vorhanden) berechnet.

** Die Zahl der Fälle variiert aufgrund von Filtern. Der Einfluss anderer Lektoren setzt voraus, dass im Verlag mindestens zwei Lektoren beschäftigt sind. Der Einfluss von Programmleitung bzw. Cheflektorat ist nur gegeben, wenn der Befragte nicht selbst eine dieser Positionen inne hat.

*** Die Frage nach sonstigen Einflussfaktoren wurde insgesamt nur von 73 Lektoren beantwortet. Es wurde daher darauf verzichtet, diese Kategorie mit in das Ranking einzubeziehen.

Ein Vergleich der Einschätzungen zeigt, dass Lektoren sich insgesamt einer deutlich stärkeren Beeinflussung ausgesetzt fühlen als Journalisten. Beide Berufsgruppen sprechen den Führungsebenen in Lektorat bzw. Redaktion aber großes Gewicht zu (Rang 2 bzw. Rang 1). Doch liegt der Mittelwert des Einflusses von Cheflektoren und Programmleitern bei 2,15. Von den Journalisten wird der Einfluss der Redaktionsleiter im Schnitt mit 2,98 bewertet. Die Bedeutung der Verlagsleitung bzw. der Intendanz wird hingegen sehr unterschiedlich eingeschätzt. Bei den Lektoren beträgt der Mittelwert 2,07 und nimmt somit den oberen Rang ein. Journalisten sehen ihn hingegen eher im Mittelfeld (Rang 6). Dem Publikum sprechen sie dagegen eine vergleichsweise große Rolle zu (Rang 3). Und auch der Einfluss von Kollegen wird im Journalismus höher bewertet als in den Lektoraten. Trotz dieser Differenzen haben beide Berufsgruppen jedoch etwas gemeinsam: Sie werden beide, wenn auch in völlig verschiedener Weise, von Pressesprechern und Öffentlichkeitsarbeitern beeinflusst. Welche Rolle der PR in den Verlagen zukommt, wird daher im folgenden Kapitel zu den internen Einflussfaktoren näher erläutert.

Vergleich der Einflussfaktoren: Lektoren und Journalisten

Einflussfaktoren	Lektoren			Journalisten*		
	$\bar{x}$	s	Rang	$\bar{x}$	s	Rang
Verleger, Geschäftsführung, Intendanz	2,07	1,04	1	3,94	1,11	6
Leitung von Lektorat und Redaktion	2,15	1,36	2	2,98	1,19	1
Leser, Zielgruppe, Publikum	2,69	1,02	5	3,33	1,07	3
Lektoren / Redakteure	3,08	1,01	6	3,29	1,05	2

* Quelle: Weischenberg et al. 2006a: 292; eigene Berechnungen.

6.1 Interne Einflussfaktoren

Betrachtet man genauer, welche internen Größen einen Einfluss auf die Arbeit der Lektoren haben, so wird deutlich, dass hier, wie zu erwarten, vor allem den oberen hierarchischen Führungsebenen in Verlag und Lektorat eine markante Rolle zukommt. Dies war – angesichts der bisherigen Ergebnisse zur Struktur der Verlage und der Organisation der Lektorate – nicht anders zu erwarten. So hat die Analyse der Verlagsbefragung gezeigt, dass bei rund zwei Dritteln der Verlage der Verleger im Lektorat tätig ist. Und auch Geschäftsführer und deren Assistenten üben Lektoratstätigkeiten aus. Programmleiter und Cheflektoren hingegen tragen die Gesamtverantwortung für Programm und Lektorat und nehmen aus diesem Grund Einfluss auf die ihnen zuarbeitenden Lektoren, Assistenten und Volontäre.

Doch auch Mitarbeiter aus anderen Verlagsbereichen oder -abteilungen üben einen deutlichen Einfluss aus – namentlich die Öffentlichkeitsarbeiter, Hersteller, Vertriebsmitarbeiter und Marketingexperten. Dies verwundert insofern wenig, als in vielen Verlagen die Arbeit der Lektoren auch von diesen Verlagsmitarbeitern ausgeübt wird (vgl. Kapitel 2.3.1). Doch stimmen nur 49 Prozent der Lektoren der Aussage zu, dass der Einfluss anderer Verlagsmitarbeiter „eher“ bis „sehr groß“ ist. Nur 7,5 Prozent gaben hingegen an, er sei „nicht vorhanden“. Vergleicht man diese Zahl mit den Ergebnissen der Befragung von Verlagspressesprechern (Börsenverein 2005b: 29ff.), ergibt sich eine deutliche Diskrepanz. So war rund die Hälfte der Verlagspressesprecher der Meinung, keinen Einfluss auf die Lektoratsarbeit bzw. auf Programm und Schwerpunkttitel zu haben. Und nur 58 Prozent der Pressesprecher mit Einfluss gaben an, dass dieser „sehr stark“ sei. Insbesondere Pressesprecher in kleinen Verlagen gehen davon aus, sehr einflussreich zu sein – was mit Sicherheit zu einem großen Teil auf die Personalunion von Lektor und Pressesprecher zurückzuführen ist. Der große Einfluss der Pressesprecher in kleinen Verlagen lasse vermuten, so das Fazit der Pressesprecherstudie, „dass Verlage sich auf die Kenntnisse der Pressesprecher über das Mediensystem, die Medienwirksamkeit und den Markt verlassen. Sie werden als kompetente Entscheider wahrgenommen“ (Börsenverein 2005b: 31). Die Lektorenstudie zeichnet dagegen ein anderes Bild: Ihre Ergebnisse zeigen, dass Lektoren, die maximal einen Lektoratskollegen haben, sogar seltener von anderen Verlagsmitarbeitern beeinflusst werden ($\bar{x}$ = 2,77) als Lektoren in großen Lektoraten mit über 20 Mitarbeitern ($\bar{x}$ = 2,41). Dies kann einerseits dadurch erklärt werden, dass in kleinen Verlagen oft viele Tätigkeiten in Personalunion ausgeübt werden, also keine entsprechenden Mitarbeiter bzw. Abteilungen vorhanden sind, andererseits kann es damit erklärt werden, dass größere Verlage wesentlich stärker gewinnorientiert handeln und daher die internen Arbeitsabläufe vernetzen und optimieren.

Die Größe der Lektorate ist jedoch nicht nur ausschlaggebend für den Einfluss anderer Verlagsmitarbeiter. Auch der Einfluss, den andere Lektoren des Verlags ausüben, steigt mit der Zahl der beschäftigten Lektoren. Der T-Test auf Mittelwertverteilung zeigt, dass Lektoren in großen Verlagen mit über 20 Lektoren signifikant stärker von ihren Kollegen beeinflusst werden als Lektoren in kleinen Verlagen – was jedoch stark darauf zurückzuführen ist, dass in größeren Lektoraten mehr hierarchische Strukturen zu finden sind. So steigt denn auch der Einfluss der mittleren Führungsebene (Programmleiter, Cheflektoren) mit der Zahl der Lektoren. In Verlagen mit über 20 Lektoren ist ihr Einfluss am stärksten ($\bar{x}$ = 1,93). In kleinen Verlagen mit zwei Lektoren ist diese Ebene hingegen in den meisten Fällen gar nicht anzutreffen und folglich ihr Einfluss auch nicht vorhanden (30 Prozent, $\bar{x}$ = 2,63).

Verlagsvertreter und Außendienstmitarbeiter haben bei kleinen Verlagen signifikant weniger Einfluss ($\bar{x}$ = 3,30) als bei großen Verlagen ($\bar{x}$ = 2,79). Besonders groß ist ihr Einfluss jedoch auf die Arbeit der literarischen Lektoren ($\bar{x}$ = 2,56) und der Sachbuchlektoren ($\bar{x}$ = 2,69). Dies lässt sich dadurch erklären, dass Romane und Sachbücher, wie bereits erwähnt, in besonderem Maße erst im Buchhandel ihre Käufer finden und diese daher nur schwer im Voraus zu definieren sind. Umso wichtiger sind daher die Informationen der Verlagsvertreter, die im Außendienst zahlreiche Kontakte zu Buchhändlern pflegen und eine Art Feedback erhalten, was gerade bei den Lesern ankommt, welche Bücher sich gut verkaufen lassen und was von den Lesern nachgefragt wird. Noch deutlicher wird dies bei der Analyse der externen Einflussfaktoren (vgl. nächstes Kapitel). Bei den Generalisten unter den Lektoren im nonfiktionalen Buchsegment ist der Einfluss der Außendienstmitarbeiter signifikant schwächer ($\bar{x}$ = 3,53). Am geringsten ist er jedoch im Bereich des Publishing-on-Demand ($\bar{x}$ = 3,79). Dieser Bereich zählt überwiegend noch zu den eher kleinen Verlagen und ist gleichzeitig durch die besondere Form der Publikation flexibler und weniger auf die Informationen der Außendienstmitarbeiter eingewiesen.

Ein weiterer wichtiger Faktor ist die Möglichkeit der Mehrfachverwertung. Im Vergleich zu den anderen internen Einflussgrößen kommt ihr inzwischen sogar eine relativ große Bedeutung zu, auch wenn sie nur Rang vier einnimmt. Die Befragung zeigt, dass immerhin ein Drittel aller Lektoren ihr einen starken Einfluss auf ihre Arbeit zusprechen. Es ist bei der Akquisition eines Manuskripts folglich von nicht unerheblicher Bedeutung, ob dessen Nebenrechte für Film und Fernsehen, für Audiobooks, für digitale Medien und dergleichen verwertet werden können. Dieses Potential eines Stoffes – egal ob literarisch oder nicht – hat einen deutlichen Einfluss auf die Entscheidungen der Lektoren über Publikation oder Nicht-Publikation. Besonders literarische Lektoren und Sachbuchlektoren gaben an, dass die Möglichkeit der Mehrfachverwertung häufig mit über die Aufnahme eines Titels ins Programm entscheidet ($\bar{x}$ = 1,87 bzw. 1,85).[34]

Der T-Test auf Mittelwertverteilung zeigte außerdem, dass Lektoren, die viele Lizenztitel betreuen, die Bedeutung der Mehrfachverwertung signifikant höher bewerten ($\bar{x}$ = 1,78) als Lektoren, die keine Lizenztitel betreuen ($\bar{x}$ = 2,28). Umgekehrt schätzen Lektoren, die überwiegend am Manuskript arbeiten, die Bedeutung signifikant geringer ein ($\bar{x}$ = 2,27) als klassische Allrounder und Projektmanager ($\bar{x}$ = 2,01 bzw. 1,95). Dies entspricht der Tatsache, dass sie signifikant seltener für das Programm ihrer Verlage zuständig sind. Darüber hinaus spielen die Größe des Verlags und die dominierende Editionsform eine bedeutende Rolle. So liegt bei den Lektoren mit über 20 Lektoratskollegen der Mittelwert bei 1,71. Bei Lektoren, die im Hardcoversegment oder im Bereich der elektronischen Medien tätig sind, liegt er bei 1,86. Dies lässt sich einerseits damit erklären, dass in größeren Verlagen straffer ökonomisch kalkuliert wird, andererseits werden nach wie vor viele Titel zunächst als Hardcovertitel publiziert, bevor sie durch Lizenzvergabe als Taschenbuch oder Hörbuch erscheinen. Da elektronische Medien häufig als Nebengeschäft der Printverlage publiziert werden, ist auch bei der Akquisition in diesem Bereich die Mehrfachverwertung von großer Bedeutung. Als Beispiel sei der Autor Wladimir Kaminer

[34] Der Mittelwert errechnet sich in diesem Fall abweichend nur aus einer Skala von 1 (stark) bis 3 (gar nicht). Er ist also nicht direkt mit den anderen Werten vergleichbar.

genannt. Seine Bücher erscheinen bei Manhattan als Hardcovertitel, bei Goldmann als Taschenbuch, bei Random House Audio als Hörbuch und beim PeP Verlag als E-Book – wobei alle Verlage zu 100 Prozent zur Verlagsgruppe Random House (Bertelsmann) gehören. Somit schließt sich die Verwertungskette.

* * *

Teamarbeit

Kein Lektor hier im Hause ist ein Alleinherrscher. Man stimmt sich ab, man will sich aber auch abstimmen. Ein Buch groß zu machen ist immer Teamarbeit.

Maria Dürig, Limes (München)

Projektleiter ist ein bisschen wie ein Fußballtrainer. Meine Wahrnehmung ist immer: Du trägst die ganze Verantwortung, aber ob alles klappt? Du kannst nicht alles beeinflussen, du kannst nicht, wie ein Fußballtrainer auch, selbst raus auf den Platz gehen und Tore schießen. Die Mannschaft hat gewonnen. Klar, die Leistung wird schon erkannt, ich kann mich da nicht beklagen, dass meine Rolle überhaupt nicht wahrgenommen würde. Aber es ist eine Gesamtleistung. Autoren sind manchmal Diven. Die sagen: „Ohne uns hättet ihr kein Buch und könntet nichts machen." Dann sage ich: Das könnte jeder einzelne sagen: „Ohne mich wärt ihr nichts gewesen." Das stimmt auch, aber ohne die anderen wäre da eben auch nichts gewesen – ein Projektleiter ohne Team, was sollte ich machen? Es ist höchstens die Kunst, die richtigen Leute zum richtigen Zeitpunkt am richtigen Ort zusammenzubringen mit der richtigen Idee. Also wenn ich als Projektleiter auf etwas stolz sein darf, und da bin ich schon ein bisschen stolz darauf: dass es mir gelungen ist, das richtige Team zu finden. Aber es gehört auch, wie beim Fußball, viel Glück dazu. Da gehört verdammt viel Glück dazu.

Cedric Sherrat, Cornelsen (Berlin)

Es gibt keine durchschnittlichen Tage – immer passiert irgendwas anderes. Wenn nichts Außergewöhnliches passiert, bin ich 40 Prozent der Zeit am Telefon, 40 Prozent am PC, und in der restlichen Zeit im Gespräch mit Kolleginnen. [...] Nun, was gehört zum Arbeitsalltag? Neue Projekte anstoßen natürlich, aber auch alte Projekte in allen möglichen Stadien zu bearbeiten oder auf

Anfragen von Autoren und Herausgeberinnen einzugehen. Ich kalkuliere, ich entwerfe Rückentexte, ich kommuniziere mit den Abteilungen im Haus immer wieder über neue Projekte oder schon lieferbare, wo Nachdrucke oder andere Dinge anzustoßen sind. Vor allem ist es ein Kommunizieren mit Leuten im Haus und außerhalb.

Ute Hechtfischer, J. B. Metzler (Stuttgart)

Es gibt eine große Programmkonferenz mit der Verlegerin, wo sich alle Lektoren treffen und sagen, was sie gelesen haben. Wo wir dann neue Bücher besprechen, einkaufen, Pläne machen und so weiter. Das ist im wöchentlichen Rhythmus. Und es gibt eine große Verlagsteamkonferenz, auch im wöchentlichen Rhythmus, wo sich die verschiedenen Abteilungen zusammensetzen – sprich das Verlagsteam. Da kommen dann zusammen die Verkaufsleitung Hardcover, die Verkaufsleitung Taschenbuch, die Werbeleitung und so weiter. Mal dauert es eine Stunde, mal dauert es zwei Stunden – je nachdem, was gerade ansteht. Ganz viel der Arbeit bei uns geht auch zwischen Tür und Angel. Wenn ich abends ein schönes Buch gelesen habe, erzähle ich das morgens meiner Verlegerin und mache im Laufe des Vormittags vielleicht schon das erste Angebot. Es ist nicht sehr ritualisiert bei uns, wie die Entscheidungsfindung ist.

Maria Dürig, Limes (München)

Die Kernentscheidung, ob ein Buch kommt, wird zwischen dem einzelnen Lektor und dem Verleger getroffen. Da lege ich auch großen Wert darauf, weil ich derjenige bin, der am nächsten dran ist an dem Buch oder an dem Projekt, und der Verleger muss das Ganze verantworten. Man muss mit dem irgendwie klären, wie man das im Programm einbaut. Man redet auch mit den Kollegen darüber – man wäre dumm, wenn man das nicht machen würde. Aber es ist z.B. bei uns nicht so, dass Presse und Vertrieb da groß Mitspracherecht haben. Das ist ja bei anderen Verlagen so.

Tobias Heyl, Hanser (München)

6.2 Externe Einflussfaktoren

Der größte externe Einfluss auf die Arbeit der Lektoren wird von den Autoren ausgeübt ($\bar{x}$ = 2,19). Angesichts des Stellenwerts, den sie haben, ist dies nicht verwunderlich. Eine neue Idee kann nur in Absprache mit dem Autor verwirklicht und ein Manuskript nur in Kooperation mit ihm überarbeitet werden. Autoren sind die geistigen Zulieferer, die das Entstehen eines Buches erst ermöglichen. Als Urheber von Werken sind ihre Rechte gesetzlich geschützt. Daher sind die Lektoren darauf angewiesen, ihr Vorgehen mit den Autoren abzustimmen, wobei sie die Interessen des Verlags und die Interessen der Autoren gegeneinander abwägen und einen für beide Parteien zufriedenstellenden Konsens erzielen müssen (vgl. Kapitel 5.2 und Kapitel 7). Dabei ist es unerheblich, ob es sich beim Autor um einen begnadeten Lyriker, um einen renommierten Erzähler oder um einen erfahrenen Fachexperten handelt. Jeder von ihnen hat die gleichen Rechte, die er gegenüber dem Verlag geltend machen kann. Der T-Test auf Mittelwertverteilung zeigt denn auch keine Unterschiede hinsichtlich verschiedener unabhängiger Variablen an. Lediglich das Tätigkeitsprofil der Lektoren hat einen signifikanten Einfluss: So nimmt die Gruppe der Textarbeiter den Einfluss der Autoren deutlich schwächer wahr ($\bar{x}$ = 2,45) als beispielsweise die Gruppe der klassischen Allrounder ($\bar{x}$ = 2,12). Allerdings umfasst ihr Tätigkeitsprofil auch etwas seltener die Betreuung der Autoren und mehr die direkte (Korrektur-)Arbeit am Manuskript.

Doch genügt es nicht, nur den Interessen der Autoren zu genügen. Damit ein Buch auf den Markt erfolgreich ist, darf auch die Zielgruppe nicht aus den Augen verloren werden. Der Einfluss von (potenziellen) Lesern und Kunden ist daher ebenfalls von großer Bedeutung ($\bar{x}$ = 2,69). Ihre Bedürfnisse, Interessen und Neigungen diktieren zu einem nicht unerheblichen Teil, was den Verlagen als publikationswürdig erscheint. Aber sie bestimmen auch die Form, in welche Inhalte gefasst werden, die Sprache der Texte, die Gestaltung der Seiten, die Ausstattung des Werkes, das Layout des Schutzumschlags und den Preis. Eine Sonderausgabe für Buchliebhaber wird zwangsläufig ein anderes Erscheinungsbild haben als ein

Kochbuch für den täglichen Gebrauch. Die Bedeutung der Zielgruppe ist jedoch nicht für jeden Bereich der Buchbranche gleich. Lektoren im literarischen Bereich werden vergleichsweise weniger vom Geschmack der Leser beeinflusst ($\bar{x}$ = 2,93). Dies ist darin begründet, dass ihre Zielgruppe wesentlich schwerer bestimmbar ist als die Zielgruppen anderer Buchsegmente. Dagegen spielt der Einfluss der Zielgruppe bei den Schul- und Lehrbuchlektoren die größte Rolle ($\bar{x}$ = 2,50). Hier werden ganz gezielt Altersgruppen und Schultypen anvisiert, deren Vorwissen genau bekannt ist. Eine genauere Bestimmung der Leserschaft ist fast nicht möglich.

Wenn die Zielgruppe relativ schwer zu definieren ist, kommt anderen Einflussgrößen wie etwa den Außendienstmitarbeitern, den Kritikern und Rezensenten sowie den Buchhändlern eine signifikant größere Bedeutung zu. Dies trifft vor allem auf die literarischen Lektoren und die Sachbuchlektoren zu. Sie sind in verstärktem Maße auf die Informationen und Anregungen anderer Berufsgruppen der Buchbranche angewiesen, um ihre Produkte marktfähig zu machen. So können Außendienstmitarbeiter ein Feedback geben, wie einzelne Titel an den Handel und Zwischenhandel zu verkaufen sind. Buchhändler sind eine wichtige Informationsquelle hinsichtlich der Kundenwünsche. Kritiker und Rezensenten geben Anhaltspunkte, wie einzelne Werke in der Öffentlichkeit wahrgenommen werden. Der T-Test auf Mittelwertverteilung zeigt, dass bei den literarischen Lektoren der Einfluss der Kritiker ($\bar{x}$ = 3,26) und der Buchhändler ($\bar{x}$ = 2,91) am größten ist. Bei den Lektoren im nonfiktionalen Bereich ist deren Bedeutung entsprechend geringer, wobei die Schul- und Lehrbuchlektoren am unabhängigsten vom Buchhandel ($\bar{x}$ = 3,47) und die nonfiktionalen Generalisten am unabhängigsten von Kritikern und Rezensenten sind ($\bar{x}$ = 3,70).

Sachbuchlektoren sind, ähnlich wie die literarischen Lektoren, auf die Vermarktung im Buchhandel angewiesen. Entsprechend groß ist daher dessen Einfluss ($\bar{x}$ = 2,97). Außerdem spielen literarische Agenten bei ihnen eine größere Rolle als bei anderen nonfiktionalen Lektoren ($\bar{x}$ = 4,06 statt 4,72). Noch größer ist deren Einfluss jedoch auf die literarische Lektoren ($\bar{x}$ = 3,33). Dies ist sicherlich darin begründet, dass sich Schriftsteller im Vergleich zu anderen Autoren weniger durch ihr Fachwissen oder ihr wissenschaftliches Renommee empfehlen. Um entdeckt zu werden, ist daher ein gezieltes Selbstmarketing nötig – wobei literarische Agenturen behilflich sein können. Sie unterstützen den Autor bei der Suche nach einem geeigneten Verlag, kennen die Branche, die möglichen Vertragskonditionen und verhandeln über das Autorenhonorar. In diesen Fällen wird die Lektor-Autor-Beziehung also durch eine Lektor-Agenten-Beziehung erweitert, wobei der Einfluss des Agenten auf die Arbeit des Lektors an die Stelle des Einflusses des Autors treten kann. Außerdem steigt die Bedeutung der Agenten mit der Zahl der Lizenztitel, die ein Lektor betreut. Die Lektoren sind hier beim Aufspüren und beim Akquirieren der Titel auf ihre Kontakte zu Agenten von Autoren oder anderen Verlagen angewiesen. Je besser ein Lektor informiert ist, desto besser kann er beim Poker auf internationalen Lizenzauktionen mitspielen (vgl. Kerlen 2003: 35ff.).

Neben den verschiedenen Brancheninsidern (wie Buchhändler, Agenten oder Kritiker) kommt auch branchenfremden Gruppen ein zum Teil nicht unerheblicher Einfluss zu. Vor allem das Bildungswesen und die Wissenschaft sind von großer Bedeutung. So geben die Kultusministerien den Rahmen für Schulbücher und Lehrwerke vor. Hochschullehrer betreuen wissenschaftliche Buchreihen und bewerten die Relevanz von Texten. Akademien entwickeln Standartwerke für spezielle Fachgebiete und Berufsgruppen. Daneben üben auch Institutionen, Verbände und Organisationen einen Einfluss auf die Arbeit der Lektoren aus. Im Bereich der konfessionellen Literatur sind dies beispielsweise die Kirchen, in anderen Bereichen beeinflussen Gewerkschaften und Berufsverbände die Publikation einschlägiger Titel. Außerdem werden Lektoren von externen Experten beraten, die beispielsweise die fachliche Qualität von Manuskripten bewerten und sie auf sachliche Richtigkeit prüfen. Die Medien nehmen dagegen durch ihre Agenda-Setting-Funktion einen Einfluss auf die Auswahl der Themen.

Zuletzt sei noch auf die Rolle des Familien- und Freundeskreises verwiesen. Immerhin elf von 73 Lektoren gaben im Rahmen einer offenen Frage an, dass dieser einen starken Einfluss auf ihre Arbeit hat. Betrachtet man näher, wem sich Lektoren in ihrer Freizeit verpflichtet fühlen, so sind unter ihren engsten Freunden auffällig viele Vertreter der Buch- und Medienbranche zu finden. Rund 56 Prozent der Befragten zählt zu seinen drei engsten Freunden Verlagsmitarbeiter, Journalisten, TV-Produzenten, Buchhändler oder Autoren. Immerhin jeder vierte Lektor unterhält privat Kontakte zu anderen Lektoren. Jeder zwanzigste ist mit einem Autor eng befreundet. Etwas seltener finden sich Buchhändler und Verleger unter den besten Freunden. Mit Herstellern, Verlagspressesprechern oder Mitarbeitern des Vertriebs verbringt hingegen fast jeder fünfte Lektor seine Freizeit.

Somit ist die Selbstreferenz bzw. die branchenimmanente Referenz bei den Lektoren zwar recht groß, doch wesentlich geringer als bei anderen Gatekeepern der öffentlichen Kommunikation. Journalisten beispielsweise gelten als eine im besonderen Maße auf sich selbst bezogene Berufsgruppe. „Diese Selbstreferenz wird verstärkt durch die berufliche Nutzung anderer Medien sowie ein privates Umfeld der Journalisten, in dem Freunde und Bekannte aus der eigenen Berufsgruppe dominieren“ (Weischenberg et al. 2006b: 360). Der Vorwurf der „entfremdeten Elite“ (Kepplinger 1979: 12), der etwa den Journalisten gemacht wurde, trifft auf die Lektoren mit Sicherheit nicht zu. Dies zeigt sich neben der geringeren Anzahl von Lektoren, die Lektoren als engste Freunde nennen, vor allem darin, dass Lektoren ihren Kollegen einen deutlich geringeren Einfluss auf ihre Arbeit attestieren, dagegen aber externen Faktoren (Leser, Autoren) und anderen Verlagsmitarbeitern einen wesentlich höheren Rang unter den Einflussgrößen zuweisen. Außerdem verweisen Coser et al. darauf, dass die guten Kontakte und Beziehungen der Lektoren zur eigenen Branche sehr wichtig sind: „Insiders in publishing have no doubt that networks help in job finding“ (Coser et al. 1982: 85). Die Mischung von „business“ und „socialising“ sei aber auch notwendig, um frühzeitig von geplanten Buchprojekten der Konkurrenz, viel versprechenden Autoren oder dem neuen Manuskript eines renommierten Schriftstellers zu erfahren.

* * *

Beobachtung des Marktes

Die Spezies von Lektor, die nur im Studierstübchen sitzt und ohne Blick auf den Markt Bücher machten will, gibt es sicherlich nicht mehr.

Ute Hechtfischer, J. B. Metzler (Stuttgart)

Ich bin in der Woche schätzungsweise mindestens dreimal in einer Buchhandlung, auch längere Zeit. Ich kucke mir nicht nur die Sachen an, die unsere unmittelbare Konkurrenz produziert, sondern ganz allgemein den Buchmarkt. Ich schaue den Leuten beim Kaufen zu: Wonach sie greifen? Wo gehen sie vorbei? Ich versuche, ein Gespür dafür zu kriegen, wie im Moment die Umschlaggestaltung ist. Ich lese viele Klappentexte, um zu sehen: Was wird da hervorgehoben? Wie macht man so was überhaupt? Was finde ich gut, was finde ich weniger gelungen? Auch um davon für die eigene Tätigkeit zu profitieren. Weitere Konkurrenzbeobachtung ist: Ich kucke mir Halbjahr für Halbjahr die Vorschauen von sicher 150 verschiedenen Verlagen an, mehr oder weniger gründlich. Ich bin ziemlich oft im Internet bei „Amazon“, schaue mir an, was dort im Ranking weit vorne steht, um auch da ein Gespür zu kriegen, was im Moment aktuell ist.

Dietrich Voorgang, Claudius (München)

* * *

Orientierung an ökonomischen Vorgaben

Wichtig sind zum einen natürlich finanzielle Kriterien, sprich: Rechnet sich das? Sollte es tun, in den meisten Fällen. Allerdings kann man auch Ausnahmen machen, wenn man sagt: Es gibt einen bestimmten Bereich im Programm, den wir noch stärken möchten und dazu ist dieser Titel ideal. Dann würde man den auch aus solchen Gründen einkaufen. Es geht natürlich um das Finanzielle, aber auch um die Frage: Wie präsentieren sich die Programme? Wie ist das Programm, die Programmstruktur? Und vielleicht auch: Welche Wirkung hat dieser Titel auf das Bild des Verlages?

Carlos Westerkamp, Ullstein (Berlin)

Ein Wunschbuch? So ein Denken ist so fern der täglichen Praxis, dass mir spontan kein Wunschprojekt einfällt. Ich denke immer nur in den Gleisen des Möglichen – vielleicht ein Armutszeugnis.

Ute Hechtfischer, J. B. Metzler (Stuttgart)

Nein, es gibt bei uns überhaupt keine ökonomischen Vorgaben. Das entscheidet auch der Vertrieb und das Marketing nicht mit. Das ist sozusagen meine Aufgabe, aus den Entscheidungen, die wir getroffen haben, ein Programm so zusammenzustellen, dass es ökonomisch trotzdem sinnvoll ist. Klar, wir diskutieren schon manchmal auch darüber, dass das zwar ein wunderbares Buch ist, dass wir aber dafür nicht mehr als 500 Leser bekommen würden. Dann geht es eigentlich nicht so sehr darum, dass wir uns das nicht leisten können, sondern dass wir darüber nachdenken, dass es andere schöne Bücher auch noch gibt, für die wir mehr Leser haben, und dass dies Buch vielleicht einen Programmplatz wegnimmt und wir mit dem Geld etwas Sinnvolleres machen können, auch wenn das ein schönes Buch ist. Manchmal gibt es aber auch Entscheidungen, wo wir sagen: „Das ist uns wurscht, wir machen es trotzdem." Ökonomische Entscheidungen spielen in erster Linie keine Rolle. Die erste Entscheidung ist die qualitative und inhaltliche Entscheidung.

Susanne Schüssler, Klaus Wagenbach (Berlin)

* * *

Orientierung am Programm

Das erste Kriterium ist nicht die Wirtschaftlichkeit, das erste Kriterium ist mein Programm. Ich weiß ja, was ich tun möchte. Wenn ich gerade sehr viele Krimis habe, dann weiß ich, dass ich noch ein paar historische Romane oder Frauenromane brauche. Manchmal werden auch gute Sachen abgelehnt, weil ich sage: Ich habe fünf historische Romanautoren, ich brauche keinen sechsten historischen Romanautor.

Maria Dürig, Limes (München)

Wir haben ständig unsere Programmplanungslisten und schauen schon: Wie weit ist das Programm gediehen? Und wie passt der Titel da rein? Ist der sprachlich und inhaltlich gut? Und rechnet er sich auch? Das sind so die Kriterien, die absolut erfüllt sein müssen. Und wenn wir nicht auf einen Termin angewiesen sind, dann zögern wir die Sachen ein bisschen raus, sodass wir auch sagen können: Aus diesem Pool suchen wir jetzt aus. Und dann schauen wir: Wie passen die Sachen zusammen? Gibt es ein Übermaß an deutschen Autoren? Oder sind es plötzlich nur internationale? Dann kucken wir schon auch, wie es preislich verteilt ist. [...] Wir versuchen eine vielfältige Mischung hinzukriegen, dass nicht alles in dieselbe Richtung geht. Deswegen hat man bei jedem einzelnen Titel eigentlich ständig das gesamte Programm, die Backlist und auch die Planung im Kopf.

Claudia Stein, Büchergilde Gutenberg (Frankfurt)

Jeder Lektor fühlt sich für seinen Programmbereich verantwortlich, fühlt sich auch dafür verantwortlich, da tatsächlich Kreativität zu entwickeln, sich Neues auszudenken. Er muss das dann allerdings gründlich im Lektorat und auch noch in einer größeren Runde, in der alle Verlagsabteilungen beteiligt sind, diskutieren. Das sind oft Feuerproben für solche Ideen und Konzepte. Das geht dann letztlich in zwei Schritten, egal, ob das jetzt eigene Entwicklungen aus dem Haus sind oder Vorschläge, die von außen kommen. Einmal diskutiert das Lektorat darüber, versucht sich eine Lektoratsmeinung zu bilden. Und dann gibt es ein Gremium, was wir als zweite Instanz eingesetzt haben. Da sitzen alle Abteilungen drin, also auch der Verkauf – ganz wichtig –, die Werbung, auch die Herstellungsabteilung, um solche Ideen unter technischen und Realisierbarkeitskriterien zu prüfen. Letztlich hat diese große Konferenz, in der auch alle Lektoren noch mal vertreten sind, und ganz am Schluss auch der Verleger, der verlegerische Geschäftsführer, das letzte Wort und die letzte Entscheidung.

Christine Ruhrberg, Reclam (Stuttgart)

* * *

6.3 Notwendigkeit eines Berufsverbandes

Die tägliche Arbeit der Lektoren wird von den oben genannten internen und externen Faktoren und der heterogenen Verlagsstruktur geprägt. Die Situation dieses Berufs ist auch durch einen schwachen Organisationsgrad gekennzeichnet. Es existiert derzeit (noch) keine gemeinschaftliche Interessenvertretung für fest angestellte Lektoren.[35] Nur einige Verlagslektorinnen sowie freie Lektorinnen und

[35] Anfang 2006 traf sich rund ein Dutzend Belletristik-Lektoren in Hildesheim, um sich über aktuelle Themen und das Berufsbild des Lektors auszutauschen. Initiatoren der Lektorenkonferenz waren der Fachbereich Kulturwissenschaft an der Universität Hildesheim und Klaus Siblewski, Lektor bei Luchterhand. Das vierte Treffen dieser „Deutschen Lektorenkonferenz" fand im Januar 2009 in Hildesheim statt.

Lektoren haben sich bisher organisiert.[36] Dabei sprachen sich die befragten Lektoren überwiegend für die Gründung eines Berufsverbandes aus. Zwei Drittel der Lektoren erachten einen allgemeinen Berufsverband für fest angestellte Lektoren für sinnvoll.

Besonders Lektoren in sehr großen Verlagen, aber auch Lektoren, die in sehr kleinen Verlagen arbeiten, sind der Ansicht, dass ein Berufsverband für ihre Arbeit positive Effekte haben kann (jeweils über 70 Prozent). Außerdem gaben Berufsanfänger signifikant häufiger an, dass eine solche Interessenvertretung sinnvoll wäre (83 Prozent). Erfahrene Lektoren mit über 20 Berufsjahren hingegen stimmen der Aussage nur zu 49 Prozent zu. Neben der Größe des Verlags und der Berufserfahrung spielt auch das monatliche Nettoeinkommen eine bedeutende Rolle. So sprechen sich besonders jene Lektoren für einen Berufsverband aus, deren Gehalt maximal 2000 Euro beträgt (über 70 Prozent). Lektoren, die monatlich über 4000 Euro verdienen, erachten einen solchen Verband hingegen überwiegend als nicht erforderlich (70 Prozent). Ähnlich verhält es sich zwischen den Lektorinnen und Lektoren. Während die Lektorinnen zu 73 Prozent einen Berufsverband befürworten, sind dies bei ihren männlichen Kollegen nur 55 Prozent.

Was sind die Gründe, die jeweils für bzw. gegen die Gründung eines Berufsverbands angeführt werden? Die Analyse der Antworten zeigt, dass sich die Befürworter vor allem den Austausch von Wissen, Erfahrungen und Tipps versprechen (107 Nennungen). Hierzu, so einige Stimmen, gebe es viel zu wenig Gelegenheit – besonders für Lektoren in kleinen Verlagen. Aber auch über die Probleme, die Arbeitsbedingungen und die Arbeitsweisen in anderen Verlagen wollen sich die Lektoren austauschen. Daneben versprechen sie sich von einem gemeinsamen Berufsverband eine gebündelte Interessenvertretung und eine Stärkung des eigenen Berufsstandes (98 Nennungen): „Lektoren sind Einzelkämpfer und sollten sich zusammentun.“ Durch einen Verband könnte jedoch nicht nur Lobbyarbeit

---

[36] Bisher gibt es zwei Zusammenschlüsse, den Verband der Freien Lektorinnen und Lektoren (VFLL) und die BücherFrauen, ein Netzwerk für Frauen aus Buchhandel, Verlagen, Agenturen und angrenzenden Buchbereichen.

betrieben werden, auch die Position der Lektoren gegenüber Arbeitgebern und Autoren könnte gestärkt werden. Da es für Lektoren keine Tarifverträge gibt, haben die Befragten die Hoffnung, dass ein Berufsverband einheitliche Normen für Gehälter, Arbeitszeiten und Arbeitsbedingungen durchsetzen könnte (31 Nennungen), denn, so bringt es einer der Befragten auf den Punkt: „Wir sind alle unterbezahlt." Ein anderer spricht sich direkt für die Gründung einer Gewerkschaft aus, in welcher sich die Verlagslektoren als eigene Gruppe organisieren könnten, um die „beruflichen Rahmenbedingungen vergleichbar zu machen".

Daneben besteht auch die Hoffnung, dass ein Berufsverband hilft, Kontakte zu knüpfen und Netzwerke aufzubauen (30 Nennungen). So gab einer der Befragten an, sich im beruflichen Alltag oft alleine zu fühlen. Viele Lektoren sehnen sich nach Unterstützung und Bestärkung sowie nach Ansprechpartnern. Andere erwarten sich ein Netzwerk für Branchennews, suchen nach Kontakten zu Kollegen aus anderen Verlagen und wünschen sich einen Stellenpool. Durch einen Berufsverband erhoffen sich die Lektoren aber auch eine Präzisierung des vagen Berufsbildes (27 Nennungen). So beklagt einer der Befragten: „Nirgends ist festgeschrieben, was ein Lektor wirklich zu tun hat." Dies führt nicht nur zur Verunsicherung der Lektoren selbst, sondern auch zu einem verzerrten und unklaren Bild in der Öffentlichkeit. Da der Beruf des Lektors kein Ausbildungsberuf ist, wird die Unsicherheit noch verstärkt. Hier werden Richtlinien für nötig erachtet, und einige Lektoren hoffen, dass ein Berufsverband Standards für die Aus- und Weiterbildung setzt (19 Nennungen). Er könne durch einen besseren Informationsfluss die Organisation von Schulungen und Seminaren vorantreiben, einen Beitrag zur berufsbegleitenden Qualifizierung leisten und die „Ausbildung zum Lektor möglich machen". Nicht zuletzt trüge ein Berufsverband dadurch zur Qualitätssicherung bei: Er könne klarstellen, was ein Lektor ist und was er können muss.

Die Gegner eines Berufsverbandes zweifeln hingegen an der Wirksamkeit einer solchen Institution. Entweder ist ihnen nicht klar, welche Aufgaben ein Berufsverband erfüllen könnte (20 Nennungen), oder aber sie lehnen Verbände generell ab (18 Nennungen). So gab einer der Befragten an: „Ich wüßte nicht, was ich damit anfangen sollte.“ Für einen anderen sind Verbände schlicht „ineffektiv“. Einige befürchten außerdem, dass ein Berufsverband „nur ein klobiger Verwaltungsapparat“ wäre, der Bürokratie und unnötige Regularien mit sich bringe (6 Nennungen). Wieder andere glauben, dass mit dem Börsenverein des Deutschen Buchhandels, den BücherFrauen und dem Verband der Freien Lektorinnen und Lektoren genügend Interessenvertretungen existieren und informelle Netzwerke wesentlich wirksamer sind (17 Nennungen).

Die Gegner eines Berufsverbands führen außerdem an, dass „jeder seinen eigenen Weg finden“ müsse und dass ein Lektor seine Interessen am besten selbst vertreten könne (6 Nennungen). Auch auf die geringe Zahl der fest angestellten Lektoren wird mehrfach verwiesen (7 Nennungen). So handle es sich bei den Lektoren um eine zu kleine Berufsgruppe, die daher zu wenig politisches Gewicht habe. Am häufigsten wird als Argument gegen einen Berufsverband aber die Heterogenität des Arbeitsfeldes angeführt. Es gebe zu vielfältige Interessen, die nicht in einem Verband zusammengefasst werden könnten (51 Nennungen). Daneben gibt es die Ansicht, dass Lektoren im Hintergrund zu stehen haben: „Sobald es einen Verband gibt, würden sich die Lektoren zu wichtig nehmen – zumal fest angestellte Lektoren in der Branche eh privilegiert sind.“

So kontrovers und vielfältig die Meinungen über den Sinn eines Berufsverbands für Lektoren auch sind – eines ist deutlich geworden: Die große Mehrheit der Befragten befürwortet eine solche Institution und knüpft zahlreiche Hoffnungen daran.

7 Die Zusammenarbeit mit den Autoren

Die Betreuung der Autoren ist, wie die Analyse der Tätigkeitsprofile gezeigt hat, nach wie vor eine zentrale Aufgabe der Lektoren (vgl. Kapitel 4.2.2). 95 Prozent der Befragten gaben an, häufig mit ihren Autoren zusammen zu arbeiten. Nur 1,3 Prozent erklärten, dies nie zu tun. Doch nicht nur quantitativ gemessen kommt dem Autorenmanagement eine große Bedeutung zu. Auch in der subjektiven Einschätzung der Lektoren nimmt die Zusammenarbeit mit den Autoren eine hohe Stellung ein. Für mehr als drei Viertel aller Lektoren zählt sie zu den drei wichtigsten Tätigkeiten. Dabei reicht der Umfang der Zusammenarbeit von Ermutigung und Motivation über Anleitung und Anweisung bis hin zu Beratung und Krisenmanagement. Es ist daher sinnvoll, einen genaueren Blick auf die Lektor-Autor-Beziehung zu werfen.

7.1 Intensität der Zusammenarbeit

Lektoren sind, wie bereits geschildert, im Verlag nicht nur für die Manuskriptarbeit zuständig, sondern sie sind auch verantwortlich für die Programmentwicklung. Ihre Zusammenarbeit mit den Autoren geht daher oft über die Arbeit am Text hinaus. Um literarische Schätze zu heben, genügt es nicht, sich auf die unaufgefordert eingesandten Manuskripte zu verlassen. Und auch die Themen für neue Sach- und Fachbücher „fliegen den Verlagen nicht wie gebratene Tauben auf den Lektorentisch" (Göbel 1981: 2978). Ein erfolgreicher Akquisiteur muss handeln. Dies heißt, dass er zu den Autoren seines Verlages ständigen Kontakt pflegt, mit ihnen Optionsverträge aushandelt und gemeinsam mit ihnen neue Projekte entwickelt. Aber auch neue Autoren müssen aufgespürt und an den Verlag gebunden werden.

Viele Autoren schätzen *ihren* Lektor vor allem für die enge und vertrauensvolle Zusammenarbeit: „Für den Autor ist der Lektor Vertrauensperson, Partner und – nachdem er den literarischen Schaffungsprozess begleitet hat – kritischer Erstleser" (Kerlen 2003: 87). Dazwischen und danach liegen Phasen, die oft den Kernbereich des Persönlichen berühren und damit Leistungen des Lektors umfassen, die über beruflich zu definierende Kriterien hinausgehen. Es gibt unzählige Anekdoten über das Verhältnis von Lektoren und ihren Autoren (vgl. Epstein 2003: 5; Kettenbach 2001: 19; Wellershoff 1972: 60; Commins 1978: XI). Diane Athill, eine der bekanntesten Lektorinnen Großbritanniens, bringt es in ihren Memoiren auf den Punkt: „All editors have, to some extend, to play the role of Nanny" (Athill 2000: 170).

„Die Gewissheit, dass er den Lektor nicht nur jederzeit ansprechen, sondern sich auch jederzeit auf ihn verlassen kann, versorgt den Autor mit einer Basis, auf der sich in Ruhe arbeiten lässt" (Kettenbach 2001: 19). So verwundert es nicht, dass Autoren oftmals mit ihrem Lektor von einem Verlag zum andern ziehen, wenn dieser seinen Arbeitgeber wechselt (vgl. Arold 2001: 25f.; Wittstock 2006). Der Lektor ist der zentrale Ansprechpartner, das Scharnier zwischen Autor und Verlag. Er ist es, der einen Autor an den Verlag bindet. Von allen Verlagsmitarbeitern hat er das engste Verhältnis und die intensivsten Kontakte zu ihm.

So verwundert es nicht, dass die enge berufliche Zusammenarbeit immer wieder auch zu persönlichen Freundschaften führt. Daher wurden die Lektoren im Rahmen der telefonischen Befragung gebeten, die Berufe ihrer drei besten Freunde anzugeben. Die Analyse zeigte, dass immerhin fünf Prozent der befragten Lektoren einen Autor zu ihren besten Freunden zählen (vgl. Kapitel 6.2). Konkret danach gefragt, wie eng das Verhältnis zu ihren Autoren ist, stimmten sogar 24 Prozent der Lektoren der Aussage „überwiegend" bis „voll und ganz zu", dass sie mit ihren Autoren zum Teil eine enge Freundschaft verbindet ($\bar{x}$ = 3,29).[37] Dabei sind es besonders die Hardcover-Lektoren und die Belletristik-Lektoren, die der Aussage zustimmen ($\bar{x}$ = 3,07 bzw. $\bar{x}$ = 3,02). Und auch Lektoren in leitender Position zeichnen sich dadurch aus, dass sie signifikant häufiger ein freundschaftliches Verhältnis zu ihren Autoren unterhalten als andere Lektoren ($\bar{x}$ = 3,05). Die Textarbeiter sind mit einem Mittelwert von 3,80 deutlich distanzierter. Selbst Berufsanfänger mit

[37] Gemessen wurde die Zustimmung mit einer 5er-Skala von 1 (voll und ganz) bis 5 (überhaupt nicht).

maximal vier Jahren Berufserfahrung bewerten das Verhältnis zu ihren Autoren besser ($\bar{x}$ = 3,72).

Am engsten ist die Beziehung zu den Autoren jedoch bei jenen Lektoren, die angaben, schon einmal einem Autor zum beruflichen Durchbruch verholfen zu haben. Bei dieser Gruppe beträgt der Mittelwert 2,92. Und auch sonst wird von ihnen das Verhältnis zu ihren Autoren am positivsten bewertet (vgl. Kapitel 7.2). Dabei zeigte die Analyse aber auch, dass die Bewertung der Lektor-Autor-Beziehung mit der Intensität der Freundschaft korreliert. So sind Lektoren, die überwiegend ein enges Verhältnis zu ihren Autoren haben, signifikant häufiger der Meinung, dass die Zusammenarbeit mit den Autoren den eigentlichen Reiz ihrer Arbeit ausmacht. Darüber hinaus gaben sie etwas häufiger an, dass die Zusammenarbeit meist reibungslos verläuft. Auf das Rollenselbstbild, die Einschätzung der Erwartung der Autoren und auf das Maß der Anerkennung der Arbeit hat die Intensität der Lektor-Autore-Beziehung hingegen keinen Einfluss.

Die Analyse der Zufriedenheit der Lektoren mit der Zeit, die für ihre Kernaufgaben bleibt (und dazu zählt auch das Autorenmanagement), lässt darauf schließen, dass Lektoren im Arbeitsalltag häufig zu wenig Zeit für die Autorenbetreuung bleibt (vgl. Kapitel 5.4). Dies kann unter anderem eine Ursache dafür sein, dass die Beziehung heute oftmals eher distanziert ist und auf eine reine Arbeitsbeziehung beschränkt bleibt. Nur rund jeder zweite Lektor gab an, mit der Zeit für die Erledigung seiner Kernaufgaben „eher" bis „sehr zufrieden" zu sein. Jeder vierte Lektor war sogar „eher" bis „sehr unzufrieden". Allerdings konnte statistisch kein direkter Zusammenhang zwischen der Zufriedenheit und der Intensität der Beziehung nachgewiesen werden. Doch zeigte sich, dass Lektoren, die mit dem Zeitbudget für die Kernaufgaben eher unzufrieden sind, eher der Aussage zustimmten, dass Autoren erwarten, dass man permanent für sie da ist. Außerdem gaben sie häufiger an, dass Autoren zu wenig Anerkennung für ihre Arbeit zeigten. Daneben korreliert – wenn auch schwach – die Zufriedenheit bzw. Unzufriedenheit der Lektoren mit dem Maß, in welchem die Zusammenarbeit als reibungslos empfunden wird.

Coser et al. kamen bei ihrer Lektorenstudie in den 1970er Jahren zu dem Fazit, dass die Lektor-Autor-Beziehung vor allem darunter leide, dass die gemeinsamen intellektuellen Kreise, denen beide Berufsgruppen in den ersten drei Jahrzehnten des letzten Jahrhunderts noch angehörten, zunehmend wegbrechen und nur selten durch stabile und effiziente Netzwerke ersetzt würden (vgl. Coser et al. 1982: 89f.). Gefragt nach der Intensität der Beziehung zu ihren Autoren, gaben die Lektoren in der genannten Studie sehr unterschiedliche Antworten, deren Spektrum vom Trauzeugen bei der eigenen Hochzeit bis hin zum reinen Geschäftspartner reichte. Besonders die Lektoren in wissenschaftlichen Buchverlagen, die überwiegend mit Professoren und Wissenschaftlern zusammenarbeiten, pflegen rein berufliche Beziehungen zu ihren Autoren. Auch bei unserer Befragung lag der Mittelwert der Wissenschaftslektoren mit 3,37 unter dem Durchschnitt aller Lektoren ($\bar{x}$ = 3,29). Doch zeigte sich – im Gegensatz zu den Schul- und Lehrbuchlektoren – keine signifikante Abweichung. Letztere liegen hingegen mit einem Mittelwert von 3,56 deutlich unter dem Durchschnitt und signifikant unter dem Mittelwert der Belletristik-Lektoren ($\bar{x}$ = 3,02). Dennoch legen die Ergebnisse nahe, dass es vor allem eine Frage des persönlichen Stils und der gegenseitigen Sympathie ist, ob zwischen einem Lektor und seinem Autor eine Freundschaft entsteht – ein Fazit zu welchem auch Coser et al. aufgrund ihrer Intensivinterviews gekommen sind: „Many of the factors that account for the kind of relationship an editor maintains with an author seem to be a matter not so much of social structure as of individual personality" (Coser et al. 1982: 91).

7.2 Bewertung der Zusammenarbeit

Eine der zentralen Aufgaben der Lektoren besteht darin, die Manuskripte ihrer Autoren zunächst für den Satz, später die Fahnen für den Druck vorzubereiten. Der Lektor redigiert und korrigiert die Manuskripte, wobei er „aus dem als *Rohmanuskript* ins Haus kommenden Buch erst die druckfähige Fassung herauspräparieren" (Göbel 1981: 2978) muss. Ein guter Lektor steuert zum Text einen möglichst objektiven Blick bei, den der Autor längst verloren hat. „Die Hand des Lektors muss jedoch unsichtbar bleiben" (Zinsser

2002: 174). Die Eingriffe der Lektoren sind geheim und werden vertraulich behandelt. Kein Leser wird jemals davon erfahren, welcher Umfang dem „gezielten Mitschreiben“ (Siblewski 2005: 144) des Lektors zukommt.

Als Textarbeiter feilt der Lektor an Formulierungen, modelliert den Satzbau und schleift die Übergänge. Er unterzieht das Manuskript einer formalen, stilistischen, inhaltlichen und rechtlichen Inspektion. Doch sieht die Realität nicht immer so aus: „Nicht jedem Werk wird so viel Aufmerksamkeit zuteil“ (Evers 2003: 18). Schuld daran ist einerseits der Zeitdruck, unter welchem die Lektoren stehen (nur jeder zweite Lektor ist mit der Zeit, die ihm für seine Kernaufgaben bleibt, zumindest eher zufrieden); andererseits trägt aber auch so mancher Autor seinen Teil dazu bei: Dem besten Lektor sind die Hände gebunden, wenn der Autor mit seinen Korrekturvorschlägen nicht einverstanden ist und sich uneinsichtig zeigt. So ist Kritik zwar meist Balsam für einen Text, nicht immer aber auch für die Seele des Autors. Dem Autor, der oft viele Jahre an seinem Werk gearbeitet hat, leuchtet die Notwendigkeit der Überarbeitung seines Textes nicht immer ein.

Doch nicht nur die berufsbedingte Anonymität der Lektoren, die fehlende öffentliche Anerkennung und die gemeinsame Arbeit am Manuskript bieten einen Nährboden für Konflikte. Der Lektor, der oft als einziger im Verlag einen persönlichen Kontakt zum Autor hat, muss auch zwischen dessen Interessen und jenen des Verlages vermitteln sowie – je nach Verlagspolitik – eine Einigung zwischen dem Autor und den Verlagsmitarbeitern wie Hersteller, Werbeleiter oder Pressechef erzielen. Dadurch wird der Lektor zum janusköpfigen Mittler zwischen Parteien, die oftmals in einem spannungsgeladenen Verhältnis zueinander stehen und nur von einem einzigen gemeinsamen Ziel verbunden werden: möglichst gute Bücher zu machen, viele Leser zu finden und viele Bücher zu verkaufen. Die Analyse des Selbstverständnisses der Lektoren hat gezeigt, dass sich Lektoren tatsächlich in fast gleicher Weise sowohl den Interessen ihres Verlags als auch ihrer Autoren verpflichtet fühlen – wobei es ihnen in beiden Fällen relativ gut gelingt, im beruflichen Alltag den Ansprüchen gerecht zu werden (vgl. Kapitel 5.2 und 5.3).

Dieses Spannungsfeld scheint daher eher wenig Konfliktpotential zu haben. Wie aber lässt sich die Zusammenarbeit zwischen Lektoren und ihren Autoren anhand der empirischen Befunde genauer beschreiben?

Um die bereits erwähnten Aspekte der Lektor-Autor-Beziehung quantitativ zu überprüfen, wurden den Lektoren sechs Aussagen vorgegeben, die sie anhand einer Skala von 1 (stimme voll und ganz zu) bis 5 (stimme überhaupt nicht zu) bewerten konnten. Die erste Aussage bezog sich dabei auf die Intensität der Beziehung (vgl. Kapitel 7.1), die anderen Aussagen betrafen verschiedenste Aspekte der Zusammenarbeit – das eigene Rollenverständnis, die Erwartung der Autoren, die Gratifikation der Lektoren und das Konfliktpotential. Die Auswertung der Antworten zeigt, dass zwei Drittel der Lektoren der Meinung sind, dass die Zusammenarbeit mit den Autoren den eigentlichen Reiz ihrer Arbeit ausmacht (nur 6 Prozent stimmen dem „weniger“ oder „überhaupt nicht“ zu). Gut die Hälfte der Lektoren (58 Prozent) ist außerdem der Ansicht, dass die Zusammenarbeit meist reibungslos verläuft. Im Allgemeinen gilt, dass die Lektor-Autor-Beziehung von den Lektoren überwiegend positiv bewertet wird – auch wenn nur selten eine enge freundschaftliche Beziehung daraus entsteht.

Dem „Ethos der Unsichtbarkeit“ (Hielscher 1996: 13) fühlen sich nur 55 Prozent der Lektoren verpflichtet. Angesichts der geringen Bekanntheit einzelner Lektoren in der Öffentlichkeit ist dies durchaus erstaunlich. Nur wenige Verlage wie etwa der Luchterhand Verlag nennen die Namen ihrer Lektoren im Impressum ihrer Bücher. Und die Lektoren selbst waren bei der Frage nach beruflichen Vorbildern nur selten in der Lage, einen konkreten Namen anzugeben (vgl. Kapitel 5.1). Die mangelnde Wahrnehmung ihrer Arbeit in der Öffentlichkeit scheint jedoch durch die Wertschätzung der Autoren ausgeglichen zu werden. So stimmten nur sechs Prozent der Lektoren der Aussage „überwiegend“ oder „voll und ganz“ zu, dass Autoren wenig Anerkennung für ihre Arbeit zeigen. Zwei Drittel der Lektoren sind hingegen der Meinung, dass dies nicht zutreffend ist.

Verhältnis zwischen Lektoren und ihren Autoren

Aussage	$\bar{x}$*	s	n
Die Zusammenarbeit mit den Autoren macht den eigentlichen Reiz meiner Arbeit aus.	2,17	0,942	308
Autoren erwarten, dass man permanent für sie da ist.	2,41	1,144	307
Die Zusammenarbeit mit Autoren verläuft meist reibungslos.	2,44	0,913	308
Der Lektor hat neben dem Autor unsichtbar zu bleiben.	2,58	1,302	307
Mit meinen Autoren verbindet mich zum Teil eine enge Freundschaft.	3,29	1,232	308
Autoren zeigen wenig Anerkennung für die Arbeit der Lektoren.	3,86	0,908	308

* Der Mittelwert ergibt sich jeweils aus einer Skala von 1 (stimme voll und ganz zu) bis 5 (stimme überhaupt nicht zu).

Dieses hohe Maß der Zufriedenheit mit der Anerkennung ihrer Arbeit führt denn wohl auch dazu, dass die Zusammenarbeit trotz permanent erwarteter Zuwendung seitens der Autoren positiv bewertet wird und meist reibungslos verläuft. Immerhin 53 Prozent der Lektoren stimmten „überwiegend“ oder „voll und ganz“ der Aussage zu, dass die Autoren erwarten, dass die Lektoren permanent für sie da sind. Trotz der distanzierten Formulierung zeigt dieses hohe Maß an Zustimmung, dass die Autoren Vertrauen zu ihren Lektoren haben und eine enge Zusammenarbeit mit ihnen suchen. Nur 18 Prozent der Lektoren stimmen dieser Aussage „weniger“ oder „überhaupt nicht“ zu.

Doch bewerten nicht alle Lektoren das Verhältnis zu ihren Autoren gleich. Es gibt signifikante Unterschiede – so zum Beispiel zwischen Männern und Frauen. Lektorinnen fühlen sich weniger dem Ethos der Unsichtbarkeit verpflichtet ($\bar{x}$ = 2,69) als ihre männlichen Kollegen ($\bar{x}$ = 2,38). Diese empfinden dagegen einen geringeren Erwartungsdruck von Seiten ihrer Autoren, permanent für diese da sein zu müssen ($\bar{x}$ = 2,59) als ihre Kolleginnen ($\bar{x}$ = 2,31). Der T-Test auf Mittelwertverteilung zeigt außerdem, dass Lektoren, die überwiegend am Manuskript arbeiten, nicht nur signifikant seltener eine enge Freundschaft zu ihren Lektoren pflegen, sondern dass die Zusammenarbeit mit den Autoren auch wesentlich seltener den eigentlichen Reiz der Arbeit ausmacht ($\bar{x}$ = 2,68). Das distanziertere Verhältnis zeigt sich auch darin, dass sie weniger den Eindruck haben, dass ihre Autoren von ihnen erwarten, permanent für die da zu sein ($\bar{x}$ = 2,73). Projektmanager, die eine große Vielfalt an Aufgaben zu bewältigen haben, schreiben ihren Autoren hingegen am häufigsten diese Erwartungshaltung zu ($\bar{x}$ = 2,18).

Aber auch die Berufserfahrung spielt eine entscheidende Rolle. So scheint es für Lektoren mit über 20 Jahren im Beruf am selbstverständlichsten zu sein, im Schatten ihrer Autoren zu bleiben ($\bar{x}$ = 2,17). Vor allem aber der reibungslose Ablauf der gemeinsamen Arbeit ist von der Routine der Lektoren abhängig. So korrelieren beide Variablen signifikant miteinander. Daneben ist der Einfluss der Programmbereiche zu berücksichtigen. Der T-Test auf Mittelwertverteilung ergibt, dass Belletristik-Lektoren dem Ethos der Unsichtbarkeit signifikant häufiger zustimmen ($\bar{x}$ = 2,11), während Lektoren im Schul- und Lehrbuchbereich dieser Berufsnorm am wenigsten folgen ($\bar{x}$ = 2,91). Dafür ist beiden gemeinsam, dass sie in überdurchschnittlichem Maße davon ausgehen, dass ihre Autoren erwarten, dass sie permanent für sie da sind ($\bar{x}$ = 2,09).

Signifikante Unterschiede in der Bewertung der Lektor-Autor-Beziehung werden vor allem aber dann sichtbar, wenn man die Lektoren, die bereits einem Autor zum beruflichen Durchbruch verholfen haben, mit den Lektoren vergleicht, denen dies bisher noch nicht gelungen ist. Erstere verbindet nicht nur häufiger eine freundschaftliche Beziehung mit ihren Autoren (vgl. Kapitel 7.1), sondern sie stimmen auch häufiger der Aussage zu, dass die Zusammenarbeit mit den Autoren den eigentlichen Reiz ihrer Arbeit ausmacht ($\bar{x}$ = 2,92). Dem Ethos der Unsichtbarkeit fühlen sie sich ebenfalls in höherem Maße verpflichtet ($\bar{x}$ = 2,24). Daneben zeigte sich, dass sie deutlich häufiger der Meinung sind, dass ihre Autoren von ihnen erwarten, permanent für sie da zu sein ($\bar{x}$ = 2,15).

Vergleich zwischen den Lektoren

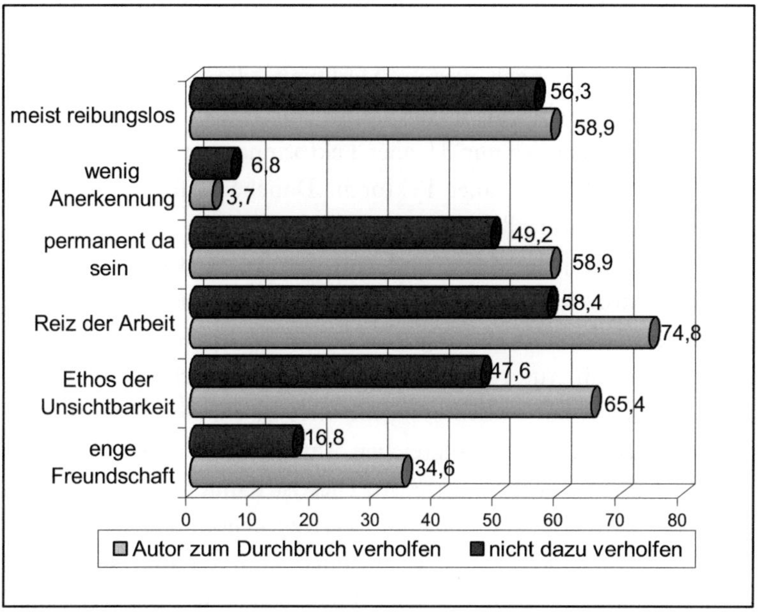

Angaben in Prozent der Lektoren, die der jeweiligen Aussage „überwiegend" und „voll und ganz" zustimmen (n_1 = 107 und n_2 = 190).

Stellt sich also die Frage, wer diese Lektoren sind. Die Analyse der Daten zeigt, dass sie zwar in gleichem Maße mit der Betreuung von Autoren betraut sind wie andere Lektoren, doch stimmen sie wesentlich häufiger zu, dass es ihnen in ihrem Beruf darum geht, die Interessen ihrer Autoren zu vertreten ($\bar{x}$ = 1,68 statt $\bar{x}$ = 2,18). Auch die Förderung des literarischen Lebens liegt ihnen mehr am Herzen als jenen Lektoren, die noch keinem Autor zum Durchbruch verholfen haben ($\bar{x}$ = 2,83 statt $\bar{x}$ = 3,34) – allerdings sind unter Ersteren die Belletristik-Lektoren überproportional vertreten.[38] Die Realisation der angestrebten Ziele gelingt ihnen jedoch nicht besser als anderen Lektoren. Dafür aber scheint die enge Zusammenarbeit

[38] Der Anteil der Belletristik-Lektoren an allen Lektoren beträgt 15 Prozent. In der Gruppe der Lektoren, die bereits einem Autor zum Durchbruch verholfen haben, liegt ihr Anteil hingegen bei 22 Prozent. In der Gruppe der Lektoren, die noch keinen Lektor zum Durchbruch verholfen haben, nehmen sie 11 Prozent ein.

mit den Autoren dazu zu führen, dass diese einen wesentlich stärkeren Einfluss auf die Arbeit der Lektoren ausüben können ($\bar{x}$ = 1,99 statt 2,33).

Aber es gibt noch weitere Merkmale, die die Lektoren auszeichnen, die bereits einem Autor zum Durchbruch verholfen habe. So sind beispielsweise nur 31 aller Lektorinnen unter ihnen zu finden, aber 47 Prozent aller Lektoren. Daneben zählt jeder zweite klassische Lektoratsallrounder zu ihnen. Von den Produktmanagern ist es nur jeder dritte und von den Textarbeitern nur jeder sechste Lektor. Auch die Berufserfahrung spielt eine wichtige Rolle: Je älter ein Lektor ist, desto größer ist die Wahrscheinlichkeit, dass er bereits einem Autor zum beruflichen Durchbruch verholfen hat. Darüber hinaus haben Lektoren, die viele Lizenztitel betreuen, eine größere Chance, einen erfolgreichen Autor zu entdecken als Lektoren, die keine Lizenztitel betreuen. Dies ist damit zu erklären, dass bei Lizenzen meist Autoren unter Vertrag genommen werden, die bereits im Ausland Erfolge verzeichnen konnten und sich daher „nur noch“ auf dem deutschen Markt behaupten müssen. Allerdings ist nicht jeder internationale Bestseller auch automatisch in Deutschland ein Selbstläufer. Es gibt durchaus nationale Unterschiede bei den Leserbedürfnissen und beim Lesergeschmack.[39]

In der Zukunft, darin sind sich die Befragten bei ihrer Einschätzung im Übrigen weitgehend einig, wird die Autorenbetreuung eine zentrale Aufgabe der Lektoren bleiben. Nur 21 Prozent der Befragten stimmte der Aussage „überwiegend“ bis „voll und ganz“ zu, dass die Betreuung der Autoren von literarischen Agenten übernommen wird. Doch bedeutet dies nicht, dass das Autorenmanage-

[39] Ein Beispiel für einen Bestseller, der in Deutschland zum Ladenhüter wurde, ist die Autobiographie Monica Lewinskys, die 1999 unter dem Titel „Monica Lewinsky. Ihre wahre Geschichte“ erschien und von Star-Biograph Andrew Morton geschrieben wurde. Während in den USA eine Startauflage von 600 000 Exemplaren gedruckt wurde und die Öffentlichkeit großes Interesse zeigte, konnte die Enthüllungsgeschichte der Ex-Praktikantin, die mit Bill Clinton eine außereheliche Beziehung hatte und ihn damit fast zu Fall brachte, in Deutschland wenig Aufmerksamkeit erregen.

ment eine Aufgabe der fest angestellten Verlagslektoren bleibt. Hier sei nur kurz auf die Tendenz des Outsourcings in den Verlagen hingewiesen. Schon heute haben sich die Arbeit am Manuskript und das Autorenmanagement deutlich gewandelt und manchem Lektor bleibt bei seinem täglichen Arbeitspensum nur wenig Zeit für die Prüfung der Exposés und die Betreuung der Autoren.[40] Die Arbeit an den Manuskripten wird daher in Zukunft weniger die Aufgabe der Verlagslektoren als vielmehr der freien Lektoren sein. Fast 70 Prozent der Lektoren sind davon überzeugt, dass dieser Bereich ihrer Arbeit der Ausgliederung von Verlagsbereichen an externe Mitarbeiter zum Opfer fallen wird. Und damit geben die Verlage möglicherweise auch einen großen Teil der direkten Zusammenarbeit mit ihren Autoren auf.

* * *

Das Lustvollste am Beruf

Die Zusammenarbeit mit den Autoren ist sicher das, was an dem Beruf das Interessanteste und Lustvollste ist. Weil man interessante Leute kennenlernt. Ich würde sagen, 98 Prozent der Autoren sind einfach sehr nett und sehr interessant. Da freut man sich, wenn sie wieder kommen oder wenn das zweite oder dritte Buch kommt, dass man wieder etwas zusammen macht. Gerade bei einem Sachbuchprogramm sind es sehr verschiedene Leute: Soziologen, Historiker, Leute von der Kunst. Das ist eine sehr bunte und interessante Gruppe. Das ist schon sehr angenehm, mit denen die Zeit zu verbringen.

Tobias Heyl, Hanser (München)

Die Autorenbetreuung ist grundsätzlich wichtig, sie sind unser Kapital. Und da geben wir uns dann auch Mühe, dass sie sich im Verlag heimisch fühlen, dass sie nicht nur mit dem Lektor Kontakt

[40] Die knappen Zeit- und Finanzressourcen in den Lektoraten führen nicht selten dazu, dass mangelhaft lektorierte Manuskripte in den Druck gehen. Der Wandel des Medienangebots, das veränderte Leseverhalten und die Beschleunigung des Buchmarktes haben dazu beigetragen, dass ein schlechtes Lektorat vom Leser bzw. vom Handel nicht sanktioniert wird (vgl. Nickel 2005: 10ff.).

haben oder der Lektorin, sondern auch mit den anderen wichtigen Stellen, sprich mit der Pressestelle, mit der Veranstaltungsstelle. Wir haben eine Kollegin, die sich nur darum kümmert, Veranstaltungen mit den Autoren zu organisieren. Da bin ich häufig auch diejenige, die dann die Schnittstelle ist. Ich knüpfe dann die Kontakte in das Haus.

Julia Hoffmann, Deutsche Verlags-Anstalt (München)

Man verbringt auch einen Teil der Woche immer auf Reisen, nicht jeden Tag am Schreibtisch. Man lädt Leute ein, aber man besucht auch Leute. Das ist zwar nicht täglich so. Es kommt aber mindestens einmal in der Woche vor, dass man auf Dienstreise geht, um Leute zu sprechen, Autoren kennenzulernen. Das ist eigentlich die Haupttätigkeit. Die Arbeit am Manuskript spielt sich nur in einem Bruchteil der eigentlichen Arbeitszeit ab.

Christoph Selzer, Klett-Cotta (Stuttgart)

* * *

Intensive und heikle Freundschaften

Schriftsteller ist schon ein sehr einsamer Beruf, wenn man so will. Da ist jemand, der künstlerisch arbeitet – am Schreibtisch, in isolierter Form. In nicht wenigen Fällen ist der Lektor sozusagen ein erster Schritt in die Öffentlichkeit. Das ist auch ein intimer Vorgang, der da stattfindet. Und in diesem ganz regelmäßigen und detailreichen Gespräch über diesen Text gibt man natürlich auch unheimlich viel preis – von beiden Seiten: über persönliche Einstellungen, über Empfindungen gegenüber dieser Figur. Da kommen einfach persönliche Facetten sehr schnell zum Tragen. Und dass sich daraus wirklich auch ein Vertrauensverhältnis bildet und entwickelt, das ist eine der Voraussetzungen, die zum Gelingen dieses Berufs unabdingbar sind. Es ist natürlich dann wichtig, sich zu überlegen: Wie weit will man freundschaftlich gehen? Das kann man ja nicht immer bestimmen. Freundschaften entwickeln eigene Dynamiken, und die haben wir nicht – Gott sei Dank – im Griff. Trotzdem muss man sich schon die Frage stellen, wo will man Grenzen ziehen. Das wird ganz unterschiedlich gemacht. Es gibt Kollegen, die intensive, enge Freundschaften haben, die auch Autoren bei jedem privaten festlichen Anlass mit einladen, und andere Kollegen tun das nicht.

Roland Spahr, Fischer Taschenbuch Verlag (Frankfurt)

Das sind oftmals heikle Freundschaften. Es ist oft so, dass Autoren, gerade wenn es das erste Projekt ist, unheimlich begeistert sind von der Tatsache, dass jetzt jemand da ist, der sich so intensiv mit den Texten, mit ihm beschäftigt. Die sind dann unheimlich zugänglich und angenehm. Und wenn dann irgendwann später, beim dritten Buch oder so, mal irgendwas anders läuft, wenn es wirklich zu Reibereien kommt, zu Auseinandersetzungen was den Text angeht, dann kann es mit der Freundschaft wieder schnell vorbei sein oder man hat es dann schwer, sich von dieser freundschaftlichen Ebene zu lösen und professionell miteinander umzugehen.

Carlos Westerkamp, Ullstein (Berlin)

Es ist ein enormes psychologisches Geschick gefragt. Es gibt auch in der Autorenbeziehung immer, mit jedem Autor, irgendwann den Punkt einer Krise. Da man mehrere Autoren hat, kann es sein, dass ich an den Schreibtisch komme und ein Autor ruft mich an: „Sie sind der beste Lektor aller Zeiten, sie sind mein Engel, sie haben das gerettet!“ Eine halbe Stunde später kriege ich einen Anruf: „Sie sind der unfähigste Kerl, den ich je getroffen habe.“ Ich habe mich gar nicht verändert, nur ist man mit dem gerade in so einer Krise. Das psychologische Feingefühl, die Fähigkeit, sich auf unterschiedliche Menschentypen einzustellen, kommunikativ zu sein – dieses Gespür zu haben, das ist für das Autorenmanagement extrem wichtig.

Christoph Selzer, Klett-Cotta (Stuttgart)

Ein großes Problem ist die Termintreue der Autoren. Niemand ist wirklich termintreu. Wir machen ja Verträge mit den Autoren und Herausgebern, das hat alles seine gute Ordnung. Wenn es hochkommt, geben zehn Prozent wirklich zu dem Zeitpunkt ab. Allen anderen kommt irgendwas dazwischen. Dann muss man zusehen, dass man das überhaupt mitbekommt. Viele melden sich überhaupt nicht, man muss nachfragen und versuchen, mit denen Kontakt zu halten, auf irgendeine Weise: brieflich, per E-Mail. E-Mail hat die Büroarbeit revolutioniert und sehr vereinfacht.

Christine Ruhrberg, Reclam (Stuttgart)

Ich kann als Lektor natürlich mit dem Autor immer wieder besprechen: „Hören sie mal her, ich finde, das kann man so nicht machen, das ist penetrant, da nötigen sie den Leser“ und so weiter. Wenn aber der Autor findet, nein, das ist genau mein Stilmittel, ich will den Leser damit provozieren, und der Autor kann mich überzeugen […], dann kann ich es nicht verhindern. Klar, ich kann natürlich versuchen, so stark einzugreifen, dass man sagt: „Dann machen wir das Buch nicht." Dann muss man den Vertrag auflösen. Die Einflussnahme auf die konkrete Textgestalt, die ist vorhanden, aber sie ist begrenzt.

Roland Spahr, Fischer Taschenbuch Verlag (Frankfurt)

* * *

Anwalt des Autors

Charakteristisch ist auch, dass der Lektor traditionell zwischen Verlag und Autor steht. Man hat tatsächlich eine etwas seltsame Stellung immer wieder. Auch in Konflikten gibt es die schwierigsten Situationen: Wenn z.B. der Vertrieb von einem Autor sagt: „Um den können wir uns nicht groß kümmern, weil wir uns von dem nicht so viel versprechen", dann muss man hausintern versuchen, für diesen Titel zu kämpfen. Dann muss man auch mal den Autor gegen den Verlag unterstützen, dass man sich dann sozusagen als Anwalt des Autors gegenüber dem Verlag betätigt.

Tobias Heyl, Hanser (München)

8 Ausbildung und Berufszugang

Die Analyse der Struktur des Verlagswesens und der Lektorate hat gezeigt, dass das Arbeitsumfeld und das Berufsbild der Lektoren sehr heterogen und vielfältig sind. Wie bereits erwähnt, unterscheiden sich die Aufgaben und Tätigkeiten von Verlag zu Verlag, von Lektorat zu Lektorat und von Lektor zu Lektor. Entsprechend mannigfaltig sind auch die Persönlichkeiten und ihre Wege in die Lektorate – aber auch die Einstellungskriterien und die Anforderungen, die an Berufsanfänger gestellt werden. Lektor ist kein staatlich anerkannter Beruf. Das bedeutet, dass es weder gesetzlich geregelte Zugangsvoraussetzungen noch Prüfungen oder eine festgelegte Gehaltsstruktur gibt. Selbst die Berufsbezeichnung darf theoretisch von jedem verwendet werden (vgl. Salaws 2001: 133).

Diese fehlende Professionalisierung des Berufs bedeutet jedoch nicht, dass es noch keine Bemühungen gegeben hat, dem Lektorenberuf ein verbindliches Ausbildungsprofil zu geben. Erste Versuche dazu wurden in den 1980er Jahren unternommen. Um Richtlinien aufzustellen, gründete der Verleger-Ausschuss des Börsenvereins des Deutschen Buchhandels 1985 die „Kommission Lektoren-Volontariat“, die entsprechende Empfehlungen erarbeiten sollte. Die Verlagsbranche reagierte jedoch kaum auf die Bemühungen der Kommission, so dass diese bald wieder aufgelöst wurde. Die Ausbildung und die Zugangsvoraussetzungen blieben folglich weiterhin ohne Regelung (vgl. Schneider 2005: 345). Doch ist für viele Lektoren die Forderung nach einem Berufsverband für Verlagslektoren mit der Erwartung verbunden, dass dieser Standards für die Aus- und Weiterbildung setzt. Sie hoffen, dass ein Interessenverband einen Beitrag zur berufsbegleitenden Qualifizierung leisten und die Ausbildung zum Lektor ermöglichen wird (vgl. Kapitel 6.3).

Es lohnt sich daher, einen Blick darauf zu werfen, welche Wege in die Lektorate führen, welche Anforderungen an die Bildung, die Erfahrung, die Kenntnisse und die Persönlichkeit der Lektoren gestellt werden, was die wichtigsten Einstellungskriterien sind und welche Motive zur Berufswahl führen. Auf dieser Grundlage können dann in einem zweiten Schritt Aussagen über die allgemeinen Anforderungen einer Lektorenausbildung getroffen werden.

8.1 Wege ins Lektorat

In einem ersten Schritt erschien es sinnvoll, sich der Frage nach den Ausbildungsanforderungen über die beruflichen Werdegänge der gegenwärtigen Lektoren zu nähern. Dazu wurden die Befragten gebeten, Auskünfte über ihre formale Bildung, ihre Studienfächer, ihre verlagsspezifische Vorbildung und über eventuell früher erlernte und ausgeübte Berufe zu geben. Die Auswertung zeigt, dass Lektoren ein sehr hohes formales Bildungsniveau besitzen (vgl. Kapitel 3.2). Insgesamt 90,7 Prozent der Lektoren haben einen Hochschulabschluss – 20,6 Prozent sogar mit Promotion. Der Nachweis eines abgeschlossenen Studiums scheint folglich in den meisten Fällen eine wichtige Zugangsvoraussetzung zu sein. Die Aussage, dass sich unter den Lektoren „promovierte Akademiker mit Pädikatsexamen ebenso wie ‚höhere Töchter' mit ausgeprägtem Drang zum Schöngeistigen, aber ohne abgeschlossene Berufs- oder Universitätsausbildung" (Röhring 1992: 24) befinden, ist somit heute nur noch eingeschränkt gültig.

Betrachtet man die Studienfächer, so ergibt sich ein heterogenes Bild – auch wenn die geistes- und sozialwissenschaftlichen Fächer deutlich dominieren (65 Prozent). Dies wird besonders deutlich, wenn man die Studienfächer der Lektoren mit den Studienfächern der Pressesprecher vergleicht: Von ihnen haben nur 56 Prozent einen solchen geistes- oder sozialwissenschaftlichen Hintergrund (vgl. Bentele et al. 2005: 27f.).

Auffällig ist außerdem, dass relativ viele Lektoren Sprachen studiert haben. Die technischen und naturwissenschaftlichen Fächer wie auch die Wirtschafts- und Rechtswissenschaften sind hingegen eher selten vertreten. Darin spiegeln sich nicht zuletzt die große Zahl der Frauen in diesem Beruf und deren Präferenzen bei der Studienwahl wieder. Aber die Dominanz der Geistes- und Sozialwissenschaften beruht, wie in Kapitel 8.3 zu sehen ist, sicherlich auch auf den großen Anforderungen an die sprachlichen Fähigkeiten der Lektoren.

Studienfächer von Lektoren und Pressesprechern

Hauptfach/ Studienschwerpunkt	Lektoren	Pressesprecher*
Publizistik, Journalistik u.Ä.**	5 %	16 %
sonstige Geistes-/Sozialwissenschaften	60 %	40 %
Sprachen	16 %	5 %
Technik, Naturwissenschaften	6 %	10 %
Wirtschaft	4 %	21 %
Jura	2 %	4 %
Sonstiges	7 %	4 %
Gesamt	100 %	100 %

* Quelle: Bentele et al. 2005; eigene Berechnungen.

** Bei den Lektoren kommen in dieser Kategorie a ußerdem folgende Fachbezeichnungen hinzu: Buchwissenschaft, Medienwissenschaft, Kommunikationswissenschaft, Verlagswesen, Bibliothekswesen.

Ein einschlägiges Studium mit Bezug zum Berufsfeld Medien und Verlagswesen hat nur ein sehr kleiner Teil der Lektoren (5 Prozent) absolviert. Der Anteil der Lektoren mit einem Studienabschluss in Buchwissenschaft beträgt bloß 1,7 Prozent. Noch seltener aber wurden Bibliothekswissenschaft (0,7 Prozent) und Verlagswirtschaft (0,3 Prozent) studiert. Betrachtet man die verlags- und lektoratsspezifische Ausbildung der Lektoren, so führte die meisten der Weg ins Lektorat über ein Praktikum oder ein Volontariat. Insgesamt 45,3 Prozent der Lektoren haben vor Beginn ihrer beruflichen Tätigkeit in einem Verlag hospitiert. 34,7 Prozent haben in einem Buchverlag volontiert. Daneben haben zahlreiche Lektoren ihr Handwerk in einschlägigen Seminaren und Kursen erworben (37,3 Prozent). Eine Berufsausbildung in den Bereichen Buchhandel, Verlag und Bibliothekswesen kann jeder Fünfte vorweisen.

Spezifische Berufsausbildungen im Vergleich (Mehrfachnennungen)

Spezifische Ausbildung	Lektoren	Journalisten*	Pressesprecher**
Praktikum	45,3 %	68,7 %	k. A.
Volontariat	34,7 %	62,4 %	46 %
Studienschwerpunkt	5,0 %	30,6 %	22 %
Seminare, Kurse etc.	37,3 %	13,8 %	43 %
Ausbildung/Schule	19,2 %	13,7 %	k. A.

* Quelle: Weischenberg et al. 2006b.

** Quelle: Bentele et al. 2005.

Der Vergleich mit anderen Medienberufen zeigt, dass Lektoren im Verhältnis zu Journalisten eher selten den Zugang zum Beruf über ein Praktikum gefunden haben. Entweder wird dies von Lektoren weniger angestrebt oder aber dieser Weg ist im Buchwesen noch nicht so weit verbreitet wie im Journalismus, wo Praktikanten heute oftmals fest einkalkuliert werden (vgl. Flott 2005). Vergleicht man Lektoren mit maximal neun Berufsjahren mit ihren älteren Kollegen (zehn Berufsjahre und mehr), sieht man jedoch, dass auch im Verlagswesen dem Praktikum eine steigende Bedeutung zukommt. So haben 57 Prozent der jüngeren Lektoren und nur 31 Prozent der älteren Lektoren ein Praktikum absolviert. Ähnlich verhält es sich bei den Volontariaten. Auch hier bleiben Lektoren deutlich hinter Journalisten und Pressesprechern zurück. Der Vergleich zwischen den jüngeren und den älteren Lektoren zeigt jedoch, dass es hier ebenfalls eine Tendenz hin zum Verlagsvolontariat gibt. Immerhin 44 Prozent der Lektoren mit maximal neun Jahren Berufserfahrung haben volontiert. Bei den Lektoren mit mindestens zehn Jahren Berufserfahrung beträgt der Anteil nur 24 Prozent.

Bezüglich der beruflichen Ausbildung, der Teilnahme an Lektorenkursen und des Studiums einschlägiger Studienfächer zeigt sich zwischen den Altersgruppen dagegen kein signifikanter Unterschied.

Auffällig ist jedoch, dass sowohl Journalisten als auch Pressesprecher wesentlich häufiger ein Studium wählen, dass ihr Arbeitsfeld tangiert. Lektoren bleiben in diesem Bereich mit 5 Prozent weit hinter den anderen zurück. Dafür versuchen sie, die Vor- und Ausbildungsdefizite durch Fortbildungen, Seminare und Kurse zu kompensieren. Journalisten, die neben berufspraktischen Erfahrungen auch über entsprechende Studiengänge den Weg in den Journalismus finden, nutzen die Möglichkeit solcher Angebote wesentlich seltener (13,8 Prozent). Dennoch gilt für Lektoren, Journalisten und Pressesprecher gleichermaßen, dass für den Berufszugang ein Studium allein nicht reicht. „Bedeutsam ist – neben einer Hochschulausbildung – auch eine praktische Weiterentwicklung der erworbenen Kenntnisse und Fähigkeiten“ (Börsenverein 2005b: 9).

Eine grundständige Ausbildung im Buch- oder Verlagswesen ist daher nicht von Nachteil, wenn man eine Tätigkeit in einem Verlagslektorat anstrebt – auch wenn sie in der Regel keine Voraussetzung darstellt. Immerhin hat rund jeder fünfte Lektor eine einschlägige Berufsausbildung. Dabei dominiert deutlich die Ausbildung zum Sortiments- oder Verlagsbuchhändler (45,5 Prozent). Weitaus seltener geht der Tätigkeit als Lektor eine Ausbildung zur Verlagskauffrau oder zum Verlagskaufmann voraus (17 Prozent). Der Rest findet den Einstieg über eine Ausbildung in Herstellung, Vertrieb, Marketing oder Journalismus (jeweils circa 9 Prozent). Anders als von Coser et al. (1982: 100) festgestellt, gibt es hier jedoch keine deutliche Geschlechterspezifik.

Dies wird bestätigt, wenn man betrachtet, welchen beruflichen Background die Lektoren mitbringen. Coser et al. (1982: 98) sprachen vom Lektorenberuf noch als einer „accidental profession“, da 90 Prozent der von ihnen befragten Lektoren vor ihrer Arbeit im Lektorat einen anderen Beruf ausgeübt hatten – zumeist im Verlagssekretariat, im Vertrieb oder im Marketingbereich eines Verlags, wobei ein deutlicher Unterschied zwischen Frauen und Männern erkennbar war: „To oversimplify, men in non-trade publishing first learn to sell and only then edit or acquire books. [...] Women type, learn to please everyone, and become expert in line editing“ (Coser et al. 1982: 116). Dies kann hinsichtlich der Lektoren in Deutschland nicht behauptet werden. Doch hat bei unserer Erhebung noch immer über die Hälfte der Befragten vor ihrer Anstellung im Lektorat mindestens ein Jahr lang in einem anderen Beruf gearbeitet. Entsprechend der großen Zahl der Lektoren mit Promotion war der größte Teil der Lektoren zuvor im Bereich von Wissenschaft und Forschung tätig (18 Prozent). Der zweitgrößte Anteil entfällt auf den Bereich „Publizistik und Journalismus" (14 Prozent), gefolgt von den Bereichen „Marketing, Werbung und Öffentlichkeitsarbeit" sowie „Bildung und Schule" (jeweils 12 Prozent). Die einschlägigen Arbeitsfelder im Bereich „Buch- und Verlagswesen" liegen weit dahinter. So haben nur 7 Prozent zuvor im Buchhandel gearbeitet, 5 Prozent in der Verlagsherstellung und jeweils 1 Prozent war im Bibliothekswesen oder im Vertrieb tätig. Weitere 2 Prozent nahmen andere Tätigkeiten im Buch- und Verlagswesen wahr.

Vergleicht man die beruflichen Erfahrungen der Lektorinnen und der Lektoren, so ergeben sich zwar deutliche Unterschiede, doch widerlegen diese die These von Coser et al. Während 15 Prozent der Frauen vor ihrer Arbeit im Lektorat in Marketing, Werbung und Öffentlichkeitsarbeit tätig gewesen sind, trifft dies nur auf 7 Prozent der Männer zu. Diese waren – entsprechend der höheren Promotionsquote – wesentlich häufiger im Bereich von Wissenschaft und Forschung tätig. Außerdem dominieren bei ihnen im Vergleich zu den Lektorinnen deutlich die Bereiche der Publizistik und des Journalismus, der Bildung und der Schule sowie der Herstellung. Frauen zeigen neben einem stärker medizinisch geprägten Background vor allem ein wesentlich breiteres Spektrum an Berufserfahrungen im Buch- und Verlagsbereich: 11 Prozent waren zuvor im Buchhandel tätig, 3 Prozent in der Herstellung, 2 Prozent im Bibliothekswesen und 2 Prozent im Vertrieb.

Die Zufriedenheit mit der eigenen Ausbildung ist unter den Lektoren relativ groß. Fast 80 Prozent sind mit ihr eher bis sehr zufrieden ($\bar{x}$ = 1,93). Allerdings zeigt sich, dass Lektoren, die erst wenige Jahre im Verlag arbeiten und noch wenig berufliche Routine haben, signifikant unzufriedener sind ($\bar{x}$ = 2,11). Vermutlich wird aufgrund der akademischen Ausbildung meist eine praktische Vorbereitung auf die berufliche Tätigkeit vermisst. Gleichzeitig zeichnen sich junge Lektoren heute jedoch dadurch aus, dass sie vor ihrem Berufseinstieg in Praktikum und Volontariat Berufserfahrung gesammelt und quasi on the job das notwendige Handwerkszeug erlernt haben. Dieses widersprüchliche Ergebnis deutet darauf hin, dass darüber hinaus ein Bedarf an Aus- und Weiterbildung besteht.

Beruflicher Hintergrund der Lektoren

Berufsfeld	Gesamt		Männer		Frauen	
	absolut	Prozent	absolut	Prozent	absolut	Prozent
Universität / Forschung	33	18	19	27	14	13
Publizistik / Journalismus	26	14	14	20	12	11
Marketing / Werbung / PR	22	12	5	7	17	15
Schule/Bildung	21	12	12	17	9	8
Medizin/ Gesundheit	14	8	1	1	13	12
Buchhandel	13	7	1	1	12	11
Herstellung / Foto / Druck	8	5	5	7	3	3
Bibliothekswesen	2	1	-	-	2	2
Vertrieb	2	1	-	-	2	2
Sonstiges Buch / Verlag	4	2	-	-	4	3
Sonstiges	37	20	14	20	23	20
Summe	182	100	71	100	111	100

Die Weiterbildungsmöglichkeiten empfinden viele Lektoren jedoch als eher unbefriedigend. Nur jeder zweite Lektor ist mit ihnen zufrieden – unabhängig von der eigenen Berufserfahrung. Es stellt sich also die Frage, „ob die Veranstalter von Fortbildungen thematisch unattraktive Seminare anbieten, die nicht den Bedürfnissen der Zielgruppe entsprechen, oder auch keine neuen Themen erschließen" (Börsenverein 2005b: 24). Die Befragung der Lektoren zeigt, dass es zahlreiche Institutionen gibt, deren einschlägige Kurse genutzt werden. Besonders die Angebote der Akademie des Deutschen Buchhandels werden häufig besucht. 38 Prozent der befragten Lektoren gaben an, hier schon einen Kurs belegt zu haben. An zweiter Stelle steht das Bildungsangebot des Börsenvereins und seiner Landesverbände (23 Prozent). Den dritten Platz nimmt das Seckbacher Kolleg in Frankfurt mit den Schulen des Deutschen Buchhandels ein (13 Prozent). Daneben werden die Angebote der „Bücherfrauen", des Verbands der Freien Lektorinnen und Lektoren, der Akademie der Bayerischen Presse und des „mibeg-Instituts" genutzt (jeweils zwischen 1 und 2 Prozent). An verlagsinternen Seminaren haben 3 Prozent der befragten Lektoren teilgenommen.

Die Angebote dieser Institutionen für Lektoren sind sehr vielseitig. Die Akademie des Deutschen Buchhandels (Bertelsmann-Stiftung, Börsenverein) bietet als einzige jedoch eine Kombination von Einzelkursen an, durch die ein Zertifikat erworben werden kann. Im Rahmen der Seminarreihe können die Teilnehmer sich in ein bis zwei Jahren zum „Lektor/Produktmanager ADB" schulen lassen. Das Angebot richtet sich speziell an junge Lektoren und vermittelt grundlegende Kompetenzen: Projekt- und Autorenmanagement, Arbeit am Manuskript, Betriebswirtschaft, Urheber- und Vertragsrecht sowie Arbeitsorganisation und Zusammenarbeit mit anderen Abteilungen (Herstellung, Vertrieb und Marketing). Im weiteren Angebot der Akademie finden sich spezielle Seminare zu Themen wie Programmarbeit, Steuerung von Autorenteams, Mehrfachverwertung von Verlagsinhalten, Kundenorientierung und Nutzwert, Bestseller, Werbetexte, Schreiben fürs Internet, Typografie und Grafikdesign, Herstellung und Verhandlungsführung.[41]

Das Angebot der Schulen des Deutschen Buchhandels umfasst im Jahr 2006 Kurse zur plattformneutralen Datenstrukturierung, zur Manuskriptbearbeitung, zur Verlags-PR, zur Herstellung und zur Funktionsweise von Buchverlagen. Daneben gibt es ein einwöchiges Seminar für Lektoren, in welchem sämtliche Aufgaben und

[41] Quelle: www.buchakademie.de, Programm für 2006.

Bereiche im Verlag thematisiert werden – von der Buchgestaltung, der Buchkalkulation und der Programmplanung über elektronisches Publizieren, Urheber- und Vertragsrecht und Zeitmanagement bis hin zu Marketing, Verkauf und Vertrieb.[42] Die Seminare des bayerischen Landesverbandes des Börsenvereins konzentrieren sich überwiegend auf Autorenmanagement, Vertrieb und Herstellung, Arbeitsorganisation und Produktmanagement. Darüber hinaus wird 2006 ein Kurs zur Textarbeit angeboten.[43] Der Verband der Freien Lektorinnen und Lektoren bietet neben einer Reihe von Vorträgen zu diversen Themen vor allem Kurse zur Organisation der freiberuflichen Arbeit: Networking, Steuerrecht und Versicherung, Selbstmotivation und Selbstmarketing. Andere Angebote befassen sich mit Themen wie Manuskriptbearbeitung, Rechtschreibregeln, Stil, Typografie und Registererstellung.[44] Die „Bücherfrauen" bieten Kurse zur Erstellung von Websites an, zu Vertriebsthemen, zum Wissenschaftslektorat und zur Textarbeit.[45] Im Angebot des „mibeg-Instituts" finden sich Kurse zu Medienrecht, Marketing und PR sowie zur Wissenschaftsredaktion.[46]

Es wird deutlich, dass es ein großes und vielseitiges Angebot an Weiterbildungsmöglichkeiten gibt, das praktisch alle Bereiche der Lektoratsarbeit abdeckt – wenn auch in unterschiedlichem Maße. Dass Lektoren mit der Möglichkeit zur Weiterbildung dennoch relativ unzufrieden sind, lässt daher darauf schließen, dass dies weniger auf das Angebot als auf Zeitmangel und Budgetgründe zurückzuführen ist. Dies waren im Übrigen auch die Gründe, die von Verlagspressesprechern am häufigsten als Ursache angeführt wurden, weshalb sie nur selten oder nie an Fortbildungsveranstaltungen teilnehmen (vgl. Börsenverein 2005b: 23f.).

---

[42] Quelle: www.buchhaendlerschule.de, Programm für 2006.

[43] Quelle: www.buchhandel-bayern.de/fortbildung/seminare.shtml, Programm für 2006.

[44] Quelle: www.vfll.de, Programm für 2006.

[45] Quelle: www.buecherfrauen.de, Programm für 2006.

[46] Quelle: www.mibeg.de, Programm für 2006.

8.2 Motive für die Berufswahl

In den 1970er Jahren waren die Lektoren in den USA noch überwiegend durch Glück und Zufall in den Beruf gekommen. Einer inoffiziellen Studie des amerikanischen Verlegerverbands (Association of American Publishers) zufolge hatten nur wenige diesen Berufsweg geplant (vgl. Coser et al. 1982: 98). In Deutschland ist der Weg ins Lektorat hingegen wenig vom Zufall geprägt: 95 Prozent aller Lektoren gaben an, dass für die Berufswahl das Interesse an einem vielseitigen Beruf entscheidend war. 71 Prozent der Lektoren wurden sogar Lektor aus Leidenschaft. Fehlende Alternativen führten nur 14 Prozent der Befragten ins Lektorat.

Auffällig ist dabei, dass sich die Motive von Männer und Frauen signifikant unterscheiden. So führt bei Frauen häufiger die Leidenschaft für das Medium Buch und für die Arbeit im Lektorat zur Ergreifung des Berufs ($\bar{x}$ = 1,94 zu $\bar{x}$ = 2,16). Männern fehlt es dagegen öfter an Alternativen ($\bar{x}$ = 3,52 zu $\bar{x}$ = 3,29). Diese Unterschiede erklären zum Teil, weshalb der Lektorenberuf heute zahlenmäßig von Frauen dominiert wird. Doch auch die Arbeit mit Lizenztiteln hat einen entscheidenden Einfluss. Je mehr Lizenztitel ein Lektor betreut, desto leidenschaftlicher ist er seinem Beruf verbunden. So kommen Lektoren, die für viele Lizenztitel verantwortlich sind, auf einen Mittelwert von 1,74. Lektoren, die nicht mit Lizenztiteln arbeiten, kommen dagegen nur auf einen Wert von 2,06. Gleiches gilt auch für das Motiv, bei der Arbeit Kontakt zu interessanten Personen zu haben. Auch hier stimmen Lektoren, die viele Lizenzen betreuen, signifikant häufiger zu ($\bar{x}$ = 2,11) als Lektoren, die wenig oder keine Lizenztitel bearbeiten ($\bar{x}$ = 2,40). Dies lässt sich damit erklären, dass Lizentitel einerseits aus dem Ausland eingekauft und zum Teil auf internationalen Auktionen versteigert werden, andererseits handelt es sich meist um Werke von renommierten Schriftstellern oder Bestsellerautoren. Die Chance, auf dem internationalen Parkett der Literaturbranche interessante und außergewöhnliche Personen kennenzulernen, dürfte entsprechend größer sein als bei anderen Lektoren.

Motive für die Berufswahl (Mehrfachantworten)

Motive	$\bar{x}$*	s	%**
Interesse an einem vielseitigen Beruf	1,46	0,672	95
Leidenschaft	2,02	0,985	71
Kontakte zu interessanten Menschen	2,33	0,970	57
Ansehen des Berufs	3,33	0,669	9
fehlende Alternativen	3,43	0,822	14

* Ergibt sich aus einer Skala von 1 (stimme voll zu) bis 4 (stimme gar nicht zu).

** Anteil der Lektoren, die der Aussage eher bis voll zustimmen.

Entsprechend dieser Vermutung stimmen denn auch Belletristik-Lektoren beiden Motiven signifikant häufiger zu als Lektoren anderer Buchbereiche. Die Leidenschaft erreicht bei ihnen einen Mittelwert von 1,60. Bei Lektoren, die im Schul- und Lehrbuchbereich tätig sind, erreicht sie hingegen nur einen Wert von 2,20. Der Mittelwert bei den Kontakten zu interessanten und außergewöhnlichen Menschen liegt bei den Belletristik-Lektoren bei 1,98. Fehlende Alternativen sind hingegen so gut wie nie entscheidend bei der Berufswahl ($\bar{x}$ = 3,63). Damit zeichnet sich die Belletristik als besonders attraktiver Bereich für Lektoren aus. Das Ansehen des Berufs ist hingegen besonders im Schul- und Lehrbuchbereich ein Motiv für die Berufswahl ($\bar{x}$ = 3,13). In diesem Bereich haben viele Lektoren eine pädagogische Bildung beziehungsweise einen beruflichen Background als Lehrer. Kontakte zu interessanten Menschen werden von den Lektoren in diesem Bereich – wie auch von den Non-Fiction-Generalisten – dagegen weniger erwarten ($\bar{x}$ = 2,42).

Die Motive der Berufswahl zeigen, dass Lektoren eine deutliche Affinität zu ihrem Beruf auszeichnet, eine große Liebe zum Buch und zum Buchwesen. Dabei erhoffen sie sich eine vielseitige Arbeit, in deren Rahmen sie sich entfalten können – unabhängig von den Inhalten und der Art der Bücher. Sie entscheiden sich größtenteils ganz bewusst für ihre Arbeit – nur wenige führt der bloße Zufall oder der Mangel an alternativen beruflichen Perspektiven ins Lektorat. Eine besondere Rolle kommt jedoch auch den Menschen zu, die am Entstehungsprozess eines Buches beteiligt sind – besonders den Autoren. Dies spiegelt nochmals die große Bedeutung wieder, die Lektoren der Zusammenarbeit mit ihren Autoren beimessen. Für zwei Drittel der Lektoren macht denn auch die Arbeit mit den Autoren den eigentlichen Reiz ihrer Arbeit aus (vgl. Kapitel 7.2). Umso wünschenswerter erscheint es, dass Lektoren, die mit so viel Engagement und Leidenschaft in den Beruf gehen, gut vorbereitet werden und ihnen durch eine vorausgehende oder begleitende Ausbildung das Handwerkszeug eines Lektors mit auf den Weg gegeben wird. Nur so kann das Potential der Begeisterung für den Beruf ausgeschöpft und gleichzeitig vermieden werden, dass dieses am Ende in Frustration und enttäuschter Ernüchterung mündet.

* * *

Ich habe schon immer gerne gelesen

Wer noch nie in einem Verlag war, hat natürlich nur sehr spärlich Vorstellungen davon, wie es dort zugeht. Aber für Studierende der Germanistik ist auch klar: Wenn Verlag, dann natürlich Lektorat – das ist ja für alle erst mal das große Ziel der Wünsche. Bei Vertrieb, Werbung und Herstellung gibt es ja auch ganz andere Ausbildungswege, die dahin führen. Deswegen war Lektorat das Entscheidende für mich.

Ute Hechtfischer, J. B. Metzler (Stuttgart)

Also ganz bescheiden gesagt: Ich habe schon immer gerne gelesen. Ich hab schon zu Schulzeiten gemerkt, dass Lesen und Literatur etwas ist, was mir eigentlich am meisten liegt – und Sprachen. Der ganze geisteswissenschaftliche Bereich war mir immer lieber als Naturwissenschaft. Ich wusste immer, dass meine Neigung in die Richtung geht und hab mich dann für die Literatur entschieden, weil das der Bereich war, zu dem ich am meisten Zugang hatte. Mir hat es immer Spaß gemacht, Klappentexte zu lesen und mit dem Inhalt zu vergleichen, um zu sehen, wie falsch die das oft wiedergeben. Aber so konkrete Vorstellungen gab es da noch nicht. Ich fand das immer interessant, Verlag und Lektor hörte sich ja so unheimlich, ein bisschen ehrfurchtsgebietend an. Ich fand das immer faszinierend, diese Welt oder was ich mir damals drunter vorgestellt habe.

Carlos Westerkamp, Ullstein (Berlin)

Ich gehöre zu diesen Leuten, die sogar die Beipackzettel bei Medikamenten durchlesen. Wenn irgendwas Gedrucktes rumliegt, fang ich an, es zu lesen.

Stefanie Aulbach, J. D. Sauerländer's (Frankfurt)

* * *

8.3 Einstellungskriterien und Anforderungen

Bis heute ist immer wieder zu hören, dass man die Fertigkeiten eines wirklich guten Lektors nicht lernen kann. Der Beruf ist, ähnlich wie der des Schriftstellers, mit dem „Nimbus des Geheimnisvollen" (Davies 1995: 13) und einem Hauch des Genialen umgeben. Diese Haltung drückt sich auch darin aus, dass in Deutschland, anders als in anderen Ländern, an Hochschulen kaum Seminare für kreatives Schreiben angeboten werden. Daher verwundert es auch nicht, dass der kreative Aspekt der Lektoratsarbeit weiterhin als Argument gegen Standardisierungsbemühungen angeführt wird (vgl. Schneider 2005: 350).

Entsprechend der Vielfalt des Verlagswesens sind auch die Anforderungen, die an Lektoren und Berufseinsteiger gestellt werden, mannigfaltig. So verwunderte es wenig, dass die Lektoren – gefragt nach den wichtigsten Einstellungskriterien in ihrem Verlag – sehr unterschiedliche Antworten gaben (944 Nennungen). Dabei kann man nach Jaeger (1978: 56f.) folgende Kategorien unterscheiden:

- Anforderungen an die Ausbildung
- Anforderungen an die bisherige Berufserfahrung
- Anforderungen an die Intelligenz
- Anforderungen an die Aufmerksamkeit
- Anforderungen an die Persönlichkeits- und Sozialstruktur

Da die Unterscheidung zwischen Anforderungen an die Intelligenz, die Aufmerksamkeit und die Persönlichkeits- und Sozialstruktur jedoch nur schwer trennscharf zu definieren ist, wurde die Einteilung für die vorliegende Studie leicht modifiziert, wobei die zuletzt angeführten Bereiche durch drei neue Kategorien ersetzt wurden. Somit ergeben sich folgende Anforderungskategorien:

- Anforderungen an die (Aus-)Bildung
- Anforderungen an die (Berufs-)Erfahrung
- Erforderliche Kenntnisse
- Erforderliche Fertigkeiten
- Erforderliche Eigenschaften

Die Anforderungen an die (Aus-)Bildung entsprechen einerseits den Kriterien der formalen Bildung, andererseits enthalten sie auch Fachwissen und Allgemeinbildung. Die Kategorie der (Berufs-)Erfahrung umfasst neben allgemeinen Erfahrungen auch spezielle Erfahrungen in Verlag und Lektorat. Unter Kenntnissen werden all jene Anforderungen verstanden, welche eine bestimmte Art von Wissen erfordern, sofern dies nicht auf die Anforderungen an die Bildung bezogen ist. Als Fertigkeiten werden hingegen bestimmte Kompetenzen, Handlungsweisen und Verhaltensweisen definiert. Sie entsprechen überwiegend den sogenannten Soft Skills. Eigenschaften sind hingegen besondere Attribute einer Person, anhand derer sich deren Charakter beschreiben lässt. Auf der Grundlage dieser fünf Kategorien wurden die Antworten der befragten Lektoren analysiert.

Das Ergebnis zeigt, dass heute eine breite Mischung aus Wissen, Kenntnissen, Fertigkeiten und persönlichen Eigenschaften gefordert wird. Berufliche Erfahrungen sind hingegen eher selten notwendig. Nur 8 Prozent der Nennungen beziehen sich auf diese Anforderungskategorie. Die größte Bedeutung kommt den Soft Skills zu, den speziellen Fertigkeiten der Aspiranten (27 Prozent der Nennungen). Die Kategorien „(Aus-)Bildung“ und „Eigenschaften“ kommen jeweils auf einen Anteil von 22 Prozent. Spezielle Kenntnisse nehmen einen Anteil von 20 Prozent aller Einstellungskriterien ein.

Einstellungskriterien im Vergleich

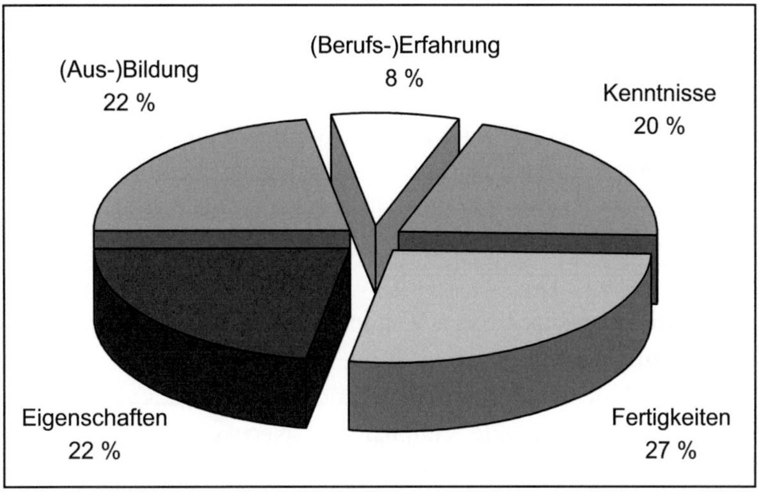

(n = 944)

Eine genauere Betrachtung der Kriterien bestätigt, dass hinsichtlich der Ausbildung heute ein abgeschlossenes Hochschulstudium vorausgesetzt wird. Die Fachrichtung ist zum Teil von eher untergeordneter Bedeutung. Für die Arbeit in einem Fach- oder Sachbuchverlag ist ein Studium im entsprechenden Bereich jedoch sinnvoll. Wichtig sind außerdem eine breite Allgemeinbildung und – je nach Programmbereich und Ausrichtung des Verlages – ein fundiertes Fachwissen. Eine berufliche Ausbildung wird nur selten als Bedingung gefordert. Nur 16-mal wurde angegeben, dass eine verlagsspezifische oder eine sonstige Ausbildung vorausgesetzt wird.

Bezüglich der geforderten beruflichen Erfahrung scheint es empfehlenswert, schon während des Studiums den Kontakt zur Branche zu suchen und durch mehrwöchige Praktika Einblicke in die Verlagsarbeit zu gewinnen – auch wenn dies eher selten explizit von den Verlagen gefordert wird. Dabei gilt für den Praktikanten nach Schädlich (1991: 47): „Je kleiner der Verlag [...], umso besser, weil er hier wie alle alles machen muß und demnach alles lernen kann.“ Die ersten Erfahrungen müssen also nicht unbedingt gleich bei Branchenriesen wie Random House, Klett oder Cornelsen gesammelt werden. Eine engagierte Mitarbeit im Praktikum ist außerdem die beste Selbstempfehlung für einen Volontariatsplatz. Praktikum und/oder Volontariat werden jedoch nur von insgesamt zehn der befragten Lektoren als eines der wichtigsten Einstellungskriterien genannt. 53 Befragte gaben hingegen an, dass einschlägige Erfahrungen im Lektorat oder im Verlags-, Buch- und Medienbereich vorhanden sein sollten. Darin zeigt sich, dass das Lektorat nach wie vor auch eine Chance für Quereinsteiger aus Buchhandel, Journalismus und verwandten Gebieten darstellt – „wenngleich das abzunehmen scheint“ (Mendlewitsch 2001: 166). Es empfiehlt sich daher, möglichst frühzeitig den Weg in Richtung Buchverlag und Lektorat einzuschlagen.

Im Rahmen der praktischen Tätigkeit im Verlagswesen lassen sich außerdem Kontakte knüpfen und Netzwerke aufbauen, die beim Berufseinstieg sehr wichtig sein können. So nannten einige Lektoren explizit, dass Beziehungen ein entscheidendes Kriterium bei der Einstellung sein können (8 Nennungen). Dabei ist es nicht nur von Bedeutung, dass man selbst die richtigen Leute in den Verlagen kennt. Manche Arbeitgeber erwarten auch, dass ein Lektor nützliche Kontakte für den Verlag zu Autoren, externen Dienstleistern oder Fachexperten mitbringt.

Die Anforderungen an die Kenntnisse der Lektoren sind umfangreich. Am wichtigsten ist es jedoch, dass sie die deutsche Sprache perfekt beherrschen (85 Nennungen). Neben perfekter Grammatik, Orthographie und Idiomatik der Muttersprache sind aber auch Fremdsprachenkenntnisse von Vorteil (25 Nennungen). Die Kenntnis betriebswirtschaftlicher Methoden, des (Buch-)Marktes und der Zielgruppen sind hingegen weniger wichtige Kriterien – ebenso wie Belesenheit oder die Kenntnis der Verlagsbranche (jeweils zwischen 10 und 17 Nennungen). Noch seltener zählt bei der Einstellung, ob der Bewerber sich mit den neuen Medien und elektronischer Datenverarbeitung auskennt, eine Ahnung von der Buchherstellung oder von Didaktik hat (jeweils zwischen 5 und 7 Nennungen). Marketingkenntnisse werden hier allerdings nicht ein einziges Mal genannt – und das, obwohl gerade in kleinen Verlagen häufig beide Bereiche in Personalunion ausgeübt werden (vgl. Börsenverein 2005b: 43f.).

Zu den weniger erlernbaren Anforderungen gehören Sprachgefühl (40 Nennungen) und Textverständnis (19 Nennungen). Beide Kriterien liegen eher im Bereich von Talent. Dies soll jedoch nicht heißen, dass sie nicht gezielt gefördert oder trainiert werden können. Zu den wichtigsten Fertigkeiten, die ein Lektor besitzen sollte, zählen außerdem soziale Kompetenz (62 Nennungen), Organisationstalent (49 Nennungen) und Kommunikationsfähigkeit (42 Nennungen). Aber auch der Teamfähigkeit wird eine große Bedeutung beigemessen (24 Nennungen). Dies gilt auch für Verhandlungsgeschick und Durchsetzungsvermögen (16 Nennungen). Einige Lektoren gaben an, dass ein Bewerber ein Gespür für Bücher haben muss, eine Leidenschaft für sie (18 Nennungen). Andere nannten Talent und eine Neigung zum Beruf (3 Nennungen). Dazu zählt auch, dass ein Lektor Themen und Trends erkennen können muss, ein Gespür für Qualität besitzt und Konzeptionsarbeit leisten kann (jeweils 9 Nennungen).

Bei den Anforderungen an die persönlichen Eigenschaften kommt vor allem der Neugier, dem Interesse und der Vielseitigkeit große Bedeutung zu (41 Nennungen). An zweiter Stelle steht die Belastbarkeit (35 Nennungen). Mit deutlichem Abstand folgen Akribie, Sorgfalt, Genauigkeit und Geduld (23 Nennungen). Aber auch geistige und zeitliche Flexibilität werden gefordert (20 Nennungen) – ebenso wie Kreativität (18 Nennungen) und Engagement (14 Nennungen). Außerdem sollte ein Lektor über gesunden Menschenverstand verfügen, lernfähig sein, eine schnelle Auffassungsgabe und eine hohe Konzentrationsfähigkeit haben (13 Nennungen). Häufig entscheiden aber auch die Persönlichkeit und das Erscheinungsbild über eine Anstellung. Immerhin 21 Lektoren gaben an, dass es besonders wichtig ist, dass ein Bewerber ins Team bzw. zum Verlag passt. Und vier Lektoren gaben an, dass ein Bewerber vor allem Idealismus mitbringen und wenig Karrierebewusstsein haben sollte. Er müsse bereit sein, für wenig Geld viel Arbeit zu leisten. Dies alles sind also „wesentliche, aber kaum erlernbare Grundvoraussetzungen“ (Röhring 1992: 26) für den Beruf des Lektors – denn

„Erfolg wird in diesem Beruf auf Dauer nur haben, wer die permanente Bereitschaft mitbringt, seine ganze Persönlichkeit einzusetzen, die Bereitschaft, ständig Neues zu lernen und sich täglich neu zu engagieren“ (Röhring 1992: 26f.).

Ergänzend zu der offenen Frage nach den wichtigsten Einstellungskriterien wurde den Lektoren eine Liste mit zehn Fähigkeiten und Kenntnissen vorgegeben, deren Wichtigkeit sie anhand einer Viererskala bewerten sollten. Das Ergebnis dieses Frageblocks zeigt wiederum, dass die größte Bedeutung der Kenntnis der deutschen Sprache und der Rechtschreibung zugesprochen wird. 89 Prozent der Befragten gaben an, dass es „sehr wichtig“ für einen Lektor sei ($\bar{x}$ = 1,11), die eigene Sprache in Wort und Schrift gut zu beherrschen. Den zweiten Platz nimmt die Teamfähigkeit ein ($\bar{x}$ = 1,31). Sie wird von 72 Prozent der Lektoren für „sehr wichtig“ gehalten. Erst an dritter Stelle steht das Fachwissen ($\bar{x}$ = 1,40), knapp gefolgt von nervlicher Belastbarkeit ($\bar{x}$ = 1,43) und der Kenntnis einschlägiger Computeranwendungsprogramme ($\bar{x}$ = 1,49).

Sich im Buchmarkt und im Verlagswesen gut auszukennen, wird deutlich weniger hoch bewertet ($\bar{x}$ = 1,81). Dies empfinden nur noch 41 Prozent der Befragten als „sehr wichtig“. Eine noch geringere Bedeutung kommt dem speziellen Wissen über Herstellung, Marketing und Vertrieb zu. Dieses wird nur von 29 Prozent der Lektoren als „sehr wichtig“ eingestuft ($\bar{x}$ = 2,00). Auf den letzten Plätzen liegen weit abgeschlagen die Kategorien Layoutkenntnisse, Führungsqualitäten sowie Betriebswirtschaft. Dass diesen Bereichen eine so geringe Bedeutung beigemessen wird, ist allerdings etwas verwunderlich, da sie bei der Frage nach den wichtigsten Einstellungskriterien öfter genannt wurden als beispielsweise Kenntnisse im Bereich der Herstellung oder im Bereich der elektronischen Datenverarbeitung. Ansonsten entsprechen die Einschätzungen der Wichtigkeit einzelner Fertigkeiten und Kenntnissen jedoch weitgehend den Nennungen der Einstellungskriterien.

Die Wichtigkeit von Kenntnissen und Fertigkeiten

Bereich	$\bar{x}$	s
Deutsche Sprache/Rechtschreibung	1,11	0,327
Teamfähigkeit	1,31	0,514
Fachwissen des Programmbereichs	1,40	0,669
nervlich stark belastbar	1,43	0,575
Computeranwendungsprogramme	1,49	0,642
Kenntnis von Buchmarkt/Verlagswesen	1,81	0,803
Herstellung/Marketing/Vertrieb	2,00	0,784
Layoutkenntnisse	2,31	0,796
Führungsqualitäten	2,32	0,742
Betriebswirtschaft	2,63	0,734

(n = 311)

Vergleicht man die Angaben der Lektoren untereinander, so fällt auf, dass es signifikante Unterschiede bei der Beurteilung gibt. Technische Kenntnisse und Fertigkeiten im Bereich von Computer und Layout werden beispielsweise von Lektoren im Bereich elektronischer Medien und des Publishing-on-Demand-Verfahrens besonders hoch bewertet. So liegen hier die Mittelwerte in der Kategorie „Anwendungsprogramme" bei 1,34 (elektronische Medien) bzw. 1,27 (Publishing-on-Demand) und in der Kategorie „Layout" bei 2,07 (elektronische Medien) bzw. 2,00 (Publishing-on-Demand). Die Bedeutung der PC-Kenntnisse korreliert außerdem leicht mit der Zahl der Berufsjahre: Je länger ein Lektor im Beruf ist, desto geringer ist die Bedeutung. Dies kann damit erklärt werden, dass jüngere Generationen bereits mit dem Computer aufgewachsen sind, ältere sich hingegen im Laufe ihres Arbeitslebens erst auf den Computer umstellen mussten. Die Layoutkenntnisse korrelieren hingegen mit der Zahl der in einem Verlag beschäftigten Lektoren: Je weniger

Lektoren in einem Verlag arbeiten, desto größer schätzen sie die Wichtigkeit dieser Kenntnisse ein – ein Hinweis darauf, dass Lektoren in kleineren Verlagen häufiger mit herstellerischen bzw. lektoratsfremden Aufgaben betraut werden. Eine relativ große Bedeutung wird den Layoutkenntnissen außerdem von Lektoren zugesprochen, die überwiegend am Text arbeiten ($\bar{x}$ = 2,05). Die geringste Bedeutung sprechen ihnen hingegen die Belletristik-Lektoren zu ($\bar{x}$ = 2,74).

Dafür sind für die Belletristik-Lektoren – ebenso wie für die Sachbuchlektoren – die Sprach- und Rechtschreibkenntnisse von auffällig großer Bedeutung ($\bar{x}$ = 1,02 bzw. 1,06). Darüber hinaus zeichnen sich diese Gruppen dadurch aus, dass sie die Kenntnis der Buch- und Verlagsbranche signifikant höher bewerten ($\bar{x}$ = 1,63 bzw. 1,60). Für Lektoren, die überwiegend am Text arbeiten, ist dies hingegen weniger von Bedeutung ($\bar{x}$ = 2,18), was dadurch zu erklären ist, dass sie in viel geringerem Umfang an der Programmarbeit mitwirken. So verwundert es auch nicht, dass die Wichtigkeit der Branchenkenntnisse mit der Zahl der von einem Lektor betreuten Lizenztitel korreliert: Je mehr Lizenzen ein Lektor bearbeitet, desto wichtiger ist es für ihn, den Buchmarkt und das Verlagswesen gut zu kennen.

Die Bedeutung der Kenntnis von Herstellung, Marketing und Vertrieb steigt leicht mit der beruflichen Erfahrung der Lektoren. Doch auch die Größe eines Verlages hat einen entscheidenden Einfluss darauf. So sind Kenntnisse in diesen lektoratsfremden Bereich für Lektoren, die allein im Lektorat tätig sind, besonders wichtig ($\bar{x}$ = 1,86). In großen Verlagen mit vielen fest angestellten Lektoren werden diese Aufgaben hingegen vermehrt von eigenständigen Abteilungen übernommen und tangieren die Arbeit der Lektoren offenbar weniger. Aber auch das Geschlecht hat einen signifikanten Einfluss. So beträgt der Mittelwert bei den Lektorinnen 2,08. Der Mittelwert der Lektoren liegt hingegen bei 1,86.

Geschlechterspezifisch ist auch die Einschätzung der Wichtigkeit der nervlichen Belastbarkeit. So ist für Lektorinnen diese Eigenschaft wesentlich wichtiger ($\bar{x}$ = 1,36) als für ihre männlichen Kollegen ($\bar{x}$ =1,56). Aber auch Lektoren, die im Bereich der Belletristik oder der Sachbücher tätig sind, sprechen der nervlichen Belastbarkeit eine auffällig große Bedeutung zu ($\bar{x}$ = 1,34). Darüber hinaus korreliert die Bedeutung dieser Eigenschaft mit der Zahl der Lizenztitel und der wöchentlichen Arbeitszeit. Dies lässt darauf schließen, dass die Einschätzung der Wichtigkeit dieser Kategorie vor allem von der Arbeitsbelastung der Lektoren abhängt. Die Überprüfung anhand der Zufriedenheit mit der täglichen Arbeitsbelastung bestätigt diese Vermutung: Es gibt einen deutlichen negativen Zusammenhang zwischen der Wichtigkeit der nervlichen Belastbarkeit und der Zufriedenheit mit der täglichen Arbeitsbelastung.

Teamfähigkeit ist vor allem für die Textarbeiter sehr wichtig ($\bar{x}$ = 1,18). Sie sind bei ihrer Tätigkeit besonders auf Absprachen mit anderen Personen wie verantwortlichen Lektoren, Autoren, Layoutern, Herstellern etc. angewiesen. Führungseigenschaften hingegen benötigen vor allem Cheflektoren und Lektoren in leitenden Positionen ($\bar{x}$ = 2,14). Kenntnisse in Betriebswirtschaft werden mit zunehmender Zahl der Berufjahre immer wichtiger. Dies deutet darauf hin, dass mit der Berufserfahrung auch die Verantwortung der Lektoren steigt. Ebenso korreliert die Berufserfahrung mit der Bedeutung des spezifischen Fachwissens. Darin zeigt sich vermutlich, dass sich ältere Lektoren unter anderem durch ihre Erfahrungswerte gegenüber den jüngeren profilieren. Andererseits erfordert die größere Verantwortung für das Verlagsprogramm natürlich auch eine fundierte Fachkompetenz. Verwunderlich ist jedoch, dass Sachbuchlektoren dem Fachwissen eine besonders geringe Bedeutung zusprechen. Der Mittelwert dieser Gruppe von 1,62 weicht signifikant von den Werten der anderen Lektorengruppen ab. Dies kann nur dadurch erklärt werden, dass in diesem Bereich vor allem Allrounder mit einem großen Allgemeinwissen und thematischer Flexibilität gefragt sind.

* * *

In der Kommunikationsschaltzentrale

Überwiegend sind es ja kommunikative Menschen. Es gibt den Eigenbrötler. Der Hauptpunkt aber ist, dass sie sehr kommunikative Menschen sind, die ganz vielseitig interessiert sind, über alles lachen und reden. Das ist, glaube ich, die einzige Gemeinsamkeit. Sonst gibt es Große, Kleine, Dicke, Dünne – alles. Man muss mit Sprache umgehen und mit Menschen umgehen. Mit ganz verschiedenen Menschen, denn Sie haben ja nicht nur Autoren. Wir haben Agenten, Übersetzer, Redakteure, Korrektoren, Verlagskollegen, Konkurrenten. Man ist dauernd am Kommunizieren.

Maria Dürig, Limes (München)

Ich würde sagen kommunikativ – als ganz wichtiges Kriterium. Stilbewusst, im Sinne eines literarischen Urteilsvermögens, was sicherlich wiederum heißt Belesenheit. Denn da sehe ich eigentlich schon einen starken Zusammenhang. Die Fähigkeit, Kontakte herzustellen, Kontakte zu verknüpfen, die Fähigkeit, sich gut und sicher und schnell Informationen zu verschaffen. Und ein gutes sprachliches Vermögen, sei es passiv im Sinne von Korrekturlesen, also klar: Grammatik kennen, Orthographie kennen, bis hin aber auch zur Fähigkeit, Texte schreiben zu können – gute Texte schreiben zu können.

Roland Spahr, Fischer Taschenbuch Verlag (Frankfurt)

Man braucht Ergebnisorientierung, man braucht Marktkenntnis, man muss eine hohe Kommunikationsfähigkeit haben – das ist ganz wichtig, weil man eben irgendwo in der Kommunikationsschaltzentrale drinsitzt und mit ganz verschiedenen Leuten zu tun hat. Mit einem Grafiker muss ich ganz anders umgehen als mit dem Professor von der Uni. Und er sollte auch verkäuferische Fähigkeiten haben, das vergisst man oft. Er muss Ideen verkaufen, beginnend bei der lektoratsinternen Runde, hingehen zur Vertretertagung. Er präsentiert vielleicht auch mal einen Titel vor der Presse oder bei einer öffentlichen Veranstaltung. Das ist eben sehr vielseitig.

Stefan Brückner, Konrad Theiss (Stuttgart)

Jemand der gut zuhören kann, ein Gespür für Menschen hat, ein Gespür für Bücher. Er sollte ein gutes Abstraktionsvermögen haben, die Sprache lieben, auf Menschen zugehen können – obwohl ich das zu meinen nicht so starken Seiten zähle. Es ist immer erstaunlich, was man in der Beziehung alles lernen kann.

Dietrich Voorgang, Claudius (München)

Wenn sie ein Lektor sind, der auch Programm macht, dann finde ich, müssen Sie ausgesprochen kommunikative Fähigkeiten haben. Sie müssen auf Menschen zugehen, Sie müssen einen Sinn für Qualität haben und für die Sprache, selbstverständlich gerne lesen. Sie müssen ungeheure Neugierde haben. Sie müssen, gerade wenn sie Sachbuchlektor sind, in dem Fach sehr bewandert sein und darüber hinaus ein großes Interesse haben. Sie müssen an den gesellschaftlichen Debatten gerne teilnehmen, und Sie müssen auch – was die Engländer „social life" nennen – jemand sein, der sich gerne in Gesellschaft bewegt, der auch Ansprachen halten kann, der es auch versteht, sich auf gesellschaftlichen Anlässen zu bewegen, Smalltalk zu machen. Bei verschiedenen Anlässen, Buchvorstellungen und dergleichen, müssen Sie in der Lage sein, vor einem breiten Publikum Auskunft über den Autor und das Buch geben zu können. Und das ist eine ganz wichtige Eigenschaft: Sie müssen sehr viel von Psychologie verstehen, ein Gespür für andere Leute haben. [...] Sie müssen Sinn für Qualität haben und bereit sein, Geburtshelfer zu sein, dass diese Qualität das Licht der Welt gleichsam entdeckt. Wenn sie eitel sind, werden sie das Bedürfnis haben, selber dauernd auf dem Buchdeckel zu stehen und irgendwo benannt zu sein. Das ist nicht gut.

Christoph Selzer, Klett-Cotta (Stuttgart)

Man muss sehen, dass man mit Leuten umgeht und wie man mit Leuten umgeht, von denen man etwas haben will. Kann man wahrscheinlich härter machen. Jedenfalls nach meiner Erfahrung: große Bereitschaft sich auf Leute und deren Erzeugnisse einzulassen, große Geduld, großes Durchhaltevermögen, Begeisterungsbereitschaft, Empfindlichkeit für ästhetische Qualität, literarische Qualitäten, ein Stück Pedanterie wahrscheinlich auch, Genauigkeit in der Durcharbeitung von Texten.

Hans-Ulrich Müller-Schwefe, Suhrkamp (Frankfurt)

Was ein Lektor unbedingt können muss, mindestens aushalten können muss, ist das Vermitteln zwischen verschiedenen Ansichten und verschiedenen Ansprüchen an ein konkretes Buch oder eine konkrete Buchidee. Man muss dauernd vermitteln und relativieren. Autoren haben eine bestimmte Vorstellung davon, für wen das geschrieben ist, welches Niveau es haben soll, was es erreichen soll, dieses Buch. Leser haben oft ganz andere Ansprüche an eben jene Buchidee. Buchhändler haben wieder komplett andere Vorstellungen und Erwartungen. Und ein Lektor muss das aushalten können, obwohl das sehr schwer ist und anstrengend, zwischen diesen verschiedenen berechtigten Ansprüchen hin und her zu tanzen.

Christine Ruhrberg, Reclam (Stuttgart)

Für die Berufswahl, und zwar für die Pressearbeit ebenso wie für die Lektoratsarbeit, hat gezählt, dass ich fließend Englisch kann, also Mehrsprachigkeit. Es hat gezählt, dass ich sehr gut reden kann, kommunikativ bin und bücherverrückt.

Maria Dürig, Limes (München)

Schon Buchliebhaber, das schon. Jemand, der interessiert ist an seinem Themenbereich oder überhaupt interessiert ist am Geschehen. Möglichst vielseitig, organisatorisch bitte nicht unbegabt. Das ist jetzt auch eine Skizzierung des Ideals. Und man sollte schon auch kommunikativ sein, weil es einem sonst sehr schwer fällt, mit den vielen Leuten, mit denen wir zu tun haben, vernünftig im Gespräch zu bleiben, nicht nur mit den Autoren. Das betrifft ja auch die Agenten und diverse andere Bereiche, selbst hier im Haus, weil wir ja Schnittstelle für vieles sind. Das betrifft auch die Beschäftigung mit Marketing. Also kommunikative Fähigkeiten sind auch wichtig.

Julia Hoffmann, Deutsche Verlags-Anstalt (München)

* * *

Neugierde, Neugierde, Neugierde

Es ist natürlich schon diese Begeisterung für Bücher. Das ist gar nicht so sehr auf die Bücher als Objekte bezogen, sondern einfach Begeisterung für Themen und große Neugierde. Bei den Kollegen in der Literatur ist es vielleicht eine ästhetische Neugierde, teilweise auch Neugierde auf Stoffe oder neue Figuren. Die Leute, die ihren Mankell betreuen, die sich halt dafür interessieren, wie es jetzt mit der Tochter von Wallander weitergeht. Und bei mir: Ich sehe es halt bei mir auch als das große Vergnügen an, dass ich einen Beruf habe, wo ich mich gerade nicht spezialisiere. Dass ich so eine Art Universaldilettantismus betreibe. Das, was normalerweise in meinem Alter fällig ist, dass alles immer enger und immer kleinteiliger wird, das bleibt mir erspart. Von den amerikanischen Künstlern der fünfziger und sechziger Jahre bis hin zu Verhaltensbiologie oder Hirnforschung, das kommt bei mir alles vor. Das empfinde ich als großen Vorteil. Diese Neugierde ist es sicher.

Tobias Heyl, Hanser (München)

Erstens Neugierde, zweitens Neugierde, drittens Neugierde. Und vielleicht viertens, wenn man Redaktion macht, muss man natürlich ein großes Sprachgefühl in der Muttersprache haben. Man muss natürlich die Fremdsprache können, aber vor allem die Muttersprache können. Wer Sachbücher lektoriert, muss so viel Sachkenntnis mitbringen, dass er beurteilen kann, ob was nicht stimmen könnte. Ein Lektor muss einfach Neugierde mitbringen. Und so ein allumfassendes Halbwissen.

Susanne Schüssler, Klaus Wagenbach (Berlin)

Umgang mit Sprache hilft natürlich sowieso. Man glaubt gar nicht, gerade im technischen Bereich, wie verbreitet es ist, sich nicht mit der Grammatik auszukennen, geschweige denn mit der Rechtschreibung. Das ist doch teilweise sehr dramatisch.

Rita von der Grün, Beuth (Berlin)

Er sollte auf jeden Fall ein gutes Gefühl für Literatur, für Stil, für Trends haben. Er sollte flexibel sein, belastbar, kommunikativ und teilweise auch diskussionsfreudig und durchsetzungsstark.

Carlos Westerkamp, Ullstein (Berlin)

Also erst mal natürlich schon fundiertes Handwerk, das muss er schon können. Das ist ganz schrecklich, wenn man nicht weiß, wie ein Cip-Titel aussieht oder ganz normale Sachen: Was ist Klebebindung? Warum nehme ich ein Hardcover? Alles, was man handwerklich braucht. Das ist einfach eine Erleichterung. Wenn sie schon fachlich nicht mit den Autoren argumentieren können, dann müssen sie wenigstens sicher sein in der Verlagsarbeit, sonst gibt es große Probleme. Dann muss man multifunktional einsetzbar sein. Teilweise wird man zu einer Besprechung gerufen bei den Terminologen, die wollen gerne eine CD machen und fragen: „Was müssen wir tun?“ Dann müssen sie aus dem Stehgreif … Klar, das kriegt man im Laufe der Zeit schon mit, aber sie müssen zumindest gleich den Eindruck vermitteln, sie wissen, worüber sie reden. Sie brauchen relativ viel Sicherheit. Die kriegen sie durch Erfahrung, durch permanentes Informieren. Und sie müssen sehen, dass sie kontaktfreudig und strapazierfähig sind. Ich denke, das ist das Wesentliche. Und wenn sie noch ein Fachstudium haben in eine Richtung, schadet das auch nichts.

Rita von der Grün, Beuth (Berlin)

Viele Lektoren sind irgendwo ein bisschen widersprüchlich. Sie sind einerseits sehr kreativ und andererseits sehr perfektionistisch, also so kreative Perfektionisten.

Stefan Brückner, Konrad Theiss (Stuttgart)

* * *

8.4 Konsequenzen für die Ausbildung

Die Darstellung der spezifischen Anforderungen an die Kenntnisse, Fähigkeiten und Eigenschaften der Lektoren hat gezeigt, dass trotz der Vielfalt des Verlagswesens die Voraussetzungen für den Beruf des Lektors nicht beliebig sind. Es gibt zwar Unterschiede, aber eben auch Gemeinsamkeiten. So ist ein abgeschlossenes Hochschulstudium beinahe schon eine Grundvoraussetzung, die für alle Lektoren gilt. Dabei ist abzuwägen, welcher Studiengang für das angestrebte Ziel der richtige ist. Da die meisten Lektoren ein sozial- oder geisteswissenschaftliches Studium haben, scheint eine Kombination aus verschiedenen Fachrichtungen dieser beiden Bereiche empfehlenswert. Für die Tätigkeit in einem Fachverlag empfiehlt sich ein einschlägiges Fachstudium. So suchen Medizin-Fachverlage überwiegend Lektoren mit medizinischer Vorbildung oder einschlägigem Studium. Ebenso ist für die Arbeit in einem Wissenschaftsverlag eine fundierte wissenschaftliche Bildung im entsprechenden Fachbereich Voraussetzung. Ein Abschluss in einem einschlägigen Studiengang wie Verlagswirtschaft, Bibliothekswesen oder Buchwissenschaft wird nicht erwartet.

Dafür scheint es heute immer wichtiger, dass bereits während des Studiums erste berufspraktische Erfahrungen in Buchhandel, Verlag oder Printmedien gesammelt werden. Diese sind nicht nur hilfreich bei der eigenen Orientierung hinsichtlich der Berufswahl, sondern bieten auch Gelegenheit, hilfreiche Kontakte in der Branche zu knüpfen. Auch sollte man sich von seinem Berufswunsch nicht gleich abbringen lassen, wenn der eigene Weg nicht direkt ins Lektorat eines Verlages führt. In Deutschland zeichnet sich über die Hälfte der Lektoren dadurch aus, dass sie vor ihrer Arbeit im Lektorat mindestens ein Jahr lang in einem anderen Beruf tätig waren –

und zwar zumeist in Bereichen außerhalb des Verlags- und Buchwesens. Diese Berufserfahrung muss also keineswegs als negativ betrachtet werden, sondern kann sogar die eigene fachliche Qualifikation steigern.

Es stellt sich jedoch die Frage, wie im Anschluss an Studium und Verlagspraktikum das Handwerkszeug eines Lektors erlernt werden kann. Da besonders junge Lektoren, die in besonderem Maße über einschlägige Praktikumserfahrungen verfügen, hinsichtlich der Angemessenheit der eigenen Ausbildung unzufrieden sind, scheint hier ein dringender Handlungsbedarf zu bestehen. Wie bereits erwähnt, zeichnen sich Lektoren durch eine besondere Begeisterung für ihren Beruf aus. Es wäre daher sowohl in ihrem Interesse als auch im Interesse ihrer Arbeitgeber, dass sie so gut wie möglich auf ihren Beruf vorbereitet werden und dass ihnen durch eine fundierte Ausbildung das Handwerkszeug eines Lektors vermittelt wird.

Für die Ausbildung der Lektoren gab es seither im Wesentlichen drei Möglichkeiten: Learning on the Job, Volontariat und Lektorenseminare. Jeder dieser Wege allein scheint jedoch nicht ausreichend zu sein – zumal viele Lektoren besonders mit der Möglichkeit der beruflichen Weiterbildung unzufrieden sind. Die Analyse der Angebote zeigte jedoch, dass die Ursachen dafür vermutlich in den Verlagen zu suchen sind: Den Lektoren scheint weniger das passende Angebot als vielmehr die Zeit und das Geld für die Kurse zu fehlen. Neben dem Zeitmangel und den knappen Budgets vor allem kleinerer Verlage ist bei den Überlegungen zu einer Lektorenausbildung aber auch die Heterogenität des Verlagswesens zu berücksichtigen.

Bei den Überlegungen erweist sich ein Blick in den Journalismus als fruchtbar. Auch hier existiert ein heterogenes Berufsbild, das vom Fernsehjournalisten über den Radioreporter bis hin zum Zeitungsjournalisten reicht, vom Auslandskorrespondenten über den Feuilletonisten bis hin zum Lokaljournalisten und von der renommierten überregionalen Tageszeitung über das Anzeigenblatt bis hin zum Alternativmedium. Dennoch hat sich das Redaktionsvolontariat als Ausbildungsstandard etabliert. Die Grundlage dafür bildet die Tatsache, dass allen journalistischen Arbeitsbereichen das gleiche Handwerkszeug gemein ist: gute Recherche, gute Schreibe und ein Gespür für Themen und Geschichten. Damit weist der Journalismus deutliche Parallelen zum Buchwesen auf: Auch ein Lektor muss neue Themen oder Autoren aufspüren, versiert im Umgang mit Sprache sein und Ideen entwickeln.

Das Volontariat bietet innerhalb von eineinhalb bis zwei Jahren die Möglichkeit, dass dem Berufsanfänger durch eine Kombination aus Learning by Doing und Seminaren sowohl praktische Fertigkeiten als auch theoretische Kenntnisse vermittelt werden. Wichtig scheint darüber hinaus die Möglichkeit, im Rahmen der Seminare sich mit angehenden Lektoren aus anderen Verlagen auszutauschen, zusätzliche Einblicke zu erhalten und Kontakte zu knüpfen. Dazu, so hat die Lektorenbefragung gezeigt, besteht heute noch zu selten die Gelegenheit.

Angesichts der finanziellen Lage vieler Verlage und der großen Zahl kleiner Unternehmen sollte bei der Konzeption eines Lektoratsvolontariats darauf geachtet werden, dass die Kosten für die Ausbildung nicht zu groß sind. Dies betrifft vor allem die Seminarkosten. Dies könnte beispielsweise durch eine sorgfältige Entwicklung einzelner Module erreicht werden, die so aufeinander abgestimmt sind, dass sowohl inhaltliche Doppelungen als auch Lücken vermieden werden. Die Kosten für die Kurse, die für das Lektorenzertifikat der Akademie des Deutschen Buchhandels benötigt werden, liegen beispielsweise bei 3500 Euro, wobei sich die Kurse auf bis zu zwei Jahre verteilen. Diese Summe sollte für die meisten Verlage im Rahmen des Möglichen liegen – zumal sie selbst von den Kenntnissen und Fertigkeiten profitieren, die ihr Volontär im Rahmen der einzelnen Kurselemente erwirbt.

Auch dem Zeitmangel in den Verlagen könnte mit einem modularen Ausbildungssystem begegnet werden. Durch einzelne, kurze Intensivseminare, die in einem regelmäßigen Turnus mehrmals im Jahr angeboten werden, kann beispielsweise genügend Flexibilität gewährleistet werden. Die Kurse können dann so gelegt werden, dass die Arbeit im Verlag nicht beeinträchtigt wird und es keine Überschneidungen mit wichtigen Terminen gibt. Gleichzeitig ermöglicht eine modulare Gestaltung aber auch, dass die Kurse auf die verschiedenen Arbeitsbereiche der Lektoren eingehen. Die Kurse sollten so aufgebaut werden, dass sie sich in ein Kernmodul mit Kursen für alle Lektoren und in ein Zusatzmodul mit speziellen Kursen für spezifische Buch- und Verlagssegmente gliedern. Somit könnte die Heterogenität der Branche berücksichtigt werden.

Entsprechend den Anforderungen an die Lektoren und den Einstellungskriterien sollten im Rahmen des Kernmoduls vor allem Soft Skills vermittelt werden – Autorenmanagement, Projektmanagement, Zeitmanagement, Arbeitsorganisation, Verhandlungsführung, Präsentation, Arbeit im Team etc. Aber auch allgemeine Kenntnisse und Fertigkeiten müssen Bestandteil dieser Kurse sein: Rechtschreibung, Grammatik, Stil, kreatives Schreiben, Zielgruppenanalyse, Marktanalyse, Projektkalkulation, Programmarbeit, Urheber- und Vertragsrecht, Überblick über die Verlagsarbeit etc. In speziellen Kursen sollte darüber hinaus auf besondere Anforderungen bestimmter Verlage oder Programmbereiche eingegangen werden: Didaktik, Layout, elektronische Datenverarbeitung, Hypertext, Sachbuchkonzeption, Produktmanagement in Fachverlagen, Manuskriptarbeit für Belletristik-Lektoren etc.

Der Erwerb von Fremdsprachen und Fachwissen bliebe bei diesem Ausbildungssystem weiterhin in der Verantwortung des Einzelnen und müsste – wie bisher – im Rahmen eines Studiums oder einer einschlägigen Ausbildung erworben werden. Die persönlichen Eigenschaften wie Neugier, Interesse, Belastbarkeit, Auffassungsgabe und Akribie könnte ein Bewerber in Verlagspraktika unter Beweis stellen. Die dabei erworbenen praktischen Erfahrungen können ihn bei der Bewerbung um ein Lektoratsvolontariat empfehlen – wobei dieses wiederum seine beruflichen Erfahrungen vertieft. Im Rahmen eines solchen Volontariats könnten angehende Lektoren optimal gefördert, für die Zukunft der Lektoratarbeit fit gemacht und umfassend auf die Tätigkeit in einem vielseitigen und verantwortungsvollen Berufsfeld vorbereitet werden.

* * *

Mehr Praxis im Studium

Was mir beim Studium nicht gefallen hat, was man völlig anders machen könnte: Man könnte ein viel kreativeres Studium aufziehen. Das wäre für ein Lektorat wichtig: mit Texten umgehen, das ästhetische Sensorium schärfen und so weiter, das auch auszuprobieren mit Begutachtung, mit Redaktion von Texten, mit Probezeit im Verlag, also dieses Kreative …

Hans-Ulrich Müller-Schwefe, Suhrkamp (Frankfurt)

Ich könnte mir vorstellen, dass man viel stärker in die Uni hinein Praktiker holen sollte, dass man Workshops oder Blockseminare anbieten sollte, wo man bestimmte Fertigkeiten vermittelt. Es will ja nicht jeder Lektor werden, manchmal ist es ja auch Zufall, dass sich so etwas ergibt. […] Ich habe unheimlich viele Fortbildungen gemacht, beim Börsenverein oder wo auch immer, weil ich das gebraucht habe. Das wurde ja nicht vermittelt im Studium.

Rita von der Grün, Beuth (Berlin)

9 Die Zukunft der Lektoratsarbeit

Nachdem die Gegenwart der Lektoratsarbeit und die Aspekte der Lektorenausbildung ausgiebig beleuchtet wurden, lohnt es sich, abschließend noch einen Blick in die Zukunft zu werfen. Vor welchen Herausforderungen und Veränderungsprozessen steht der Beruf des Lektors?

Die Unkenrufe, wie man sie hinsichtlich der Lesekultur und der Zukunft des Mediums Buch hinlänglich kennt, machen auch vor dem Berufsbild des Lektors nicht Halt: „Eine gründliche Redaktion der Texte findet kaum noch statt, weil sie angesichts der Zahl der zu bearbeitenden Buchprojekte und der für Produktion und Verbreitung erforderlichen organisatorischen Arbeiten gar nicht zu bewältigen wäre“ (Nickel 2005: 12). Früher war alles besser – so das generelle Fazit. Mit Blick auf die Zukunft kommt daher nicht nur Göbel (1997: 20) zu kassandrischen Prognosen: „In manchen Großlektoraten kann es sein, daß der Lektor nur noch für Einkauf, Werbetexte und die richtige Vermarktungsstrategie zuständig ist und der Außenlektor mit dem Inhalt allein gelassen wird.“ Die Arbeit am Manuskript oder an der Übersetzung wird demzufolge zunehmend von Außenlektoren übernommen. Die Hauslektoren werden sich hingegen immer mehr auf die Akquisition und die Produktbetreuung konzentrieren (vgl. Meixner 1996: 24). Sie sind damit beschäftigt, den Markt für Buchprojekte zu analysieren, Verkaufsförderungskampagnen zu planen und Werbung, Öffentlichkeitsarbeit und Marketing zu unterstützen – ganz zu schweigen vom Handel mit Nebenrechten oder dem Verkauf von Lizenzen (vgl. Mendlewitsch 2001: 26f.). Durch den Siegeszug der Computer kommt es außerdem zu einer „Verlagerung der Arbeit am Satz bzw. eines Teils der Setzerarbeit auf den Schreibtisch des Autors und des Lektors“ (Kerlen 2003: 85). Mit Hilfe von Desktop-Publishing-Programmen setzen Lektoren inzwischen zum Teil selbst das Manuskript.

Im Rahmen der Studie sollte untersucht werden, wie diese Prognosen von den Lektoren selbst beurteilt werden. Handelt es sich tatsächlich um grundlegende Wandlungsprozesse, die alle Lektorate erfassen, oder sind vor allem große Verlage davon betroffen?

Zur empirischen Überprüfung der Mutmaßungen wurden den Lektoren sieben Aussagen vorgegeben, deren Richtigkeit sie anhand einer Skala von 1 (stimme voll und ganz zu) bis 4 (stimme überhaupt nicht zu) bewerten sollten. Ein erster Blick auf die Ergebnisse zeigt, dass nicht alle Zukunftsszenarien von den Lektoren gleichermaßen als zuteffend eingeschätzt werden. So stimmt zwar ein sehr großer Teil der Lektoren zu, dass die Verkaufschancen in Zukunft zunehmend über die Publikation eines Manuskripts entscheiden werden, dass Lektoren verstärkt die ökonomischen Interessen ihrer Verlage zu vertreten haben und dass sie sehr viel Zeit mit Planen, Koordinieren und Delegieren verbringen werden, hinsichtlich der Bedeutung literarischer Agenten und freier Lektoren gehen die Meinungen jedoch auseinander.

Die Zukunft der Lektoratsarbeit

Aussagen	$\bar{x}$*	s	n
Die Verkaufschancen eines Buches werden immer mehr über die Veröffentlichung entscheiden.	1,51	0,649	305
Verlagslektoren werden stärker die ökonomischen Interessen ihrer Verlage vertreten müssen.	1,55	0,588	308
Verlagslektoren werden immer mehr Zeit mit Planen, Koordinieren und Delegieren verbringen.	1,65	0,710	305
Verlagslektoren müssen immer mehr über betriebswirtschaftliche Kenntnisse verfügen.	1,92	0,720	308
Verlagslektoren werden künftig zusätzliche technische und herstellerische Kompetenzen benötigen.	2,00	0,809	308
Die Manuskriptarbeit wird immer mehr von freien Lektoren übernommen.	2,03	0,935	298
Die Betreuung der Autoren wird immer mehr von literarischen Agenturen übernommen.	3,06	0,798	271

* Der Mittelwert errechnet sich aus seiner Skala von 1 (stimme voll und ganz zu) bis 4 (stimme überhaupt nicht zu).

Die Einschätzung der Lektoren zeigt, dass vor allem die ökonomischen Aspekte verstärkt in den Vordergrund treten werden. Dies wird auch durch die Korrelation der Mittelwerte der einzelnen Aussagen zu ökonomischen Aspekten bestätigt. Sie lässt darauf schließen, dass die ökonomische Handlungsweise in den Lektoraten dazu führen wird, dass die Beurteilung der Verkaufschancen von Manuskripten an Bedeutung gewinnen wird und verstärkt betriebswirtschaftliche Kenntnisse gefragt sind. Dadurch wird sich das Arbeitsfeld der Lektoren deutlich verändern: Statt selbst die Zeit zu finden, um am Manuskript zu arbeiten, werden Lektoren diese Arbeit immer öfter an freie Lektoren vergeben müssen. Die Hauslektoren werden folglich in zunehmendem Maße mit Koordinieren, Planen und Delegieren beschäftigt sein, und zwar aus einem einfachen Grund: Je mehr freie Mitarbeiter betreut und angewiesen und je mehr kalkulatorische und planerische Tätigkeiten wahrgenommen werden müssen, desto weniger Zeit bleibt den Lektoren für die klassische Lektoratsarbeit. Diese Auslagerung der Kernkompetenzen kann jedoch zu einer Stärkung der Rolle der literarischen Agenturen führen.

Betrachtet man die Einschätzungen einzelner Lektorengruppen, ergeben sich signifikante Unterschiede. Dabei zeigte sich, dass die Größe der Lektorate von erheblicher Relevanz ist. Je mehr Lektoren in einem Verlag tätig sind, desto größer wird der Einfluss eingeschätzt, den die ökonomischen Interessen eines Verlags in Zukunft auf die Lektoratsarbeit ausüben werden. Während 61 Prozent der Befragten in Verlagen mit über 20 Lektoren „voll und ganz" der Aussage zustimmen, dass sie in Zukunft stärker die ökonomischen Interessen ihrer Verlage vertreten müssen ($\bar{x}$ = 1,39), tun dies nur 42 Prozent der Lektoren in Verlagen mit maximal zwei fest angestellten Lektoren ($\bar{x}$ = 1,65). Außerdem gab es bei den Lektoren in großen Verlagen nicht einen einzigen, der dieser Aussage nicht zustimmt.

Es verwundert daher auch nicht, dass Lektoren in großen Verlagen signifikant häufiger davon ausgehen, dass sie in Zukunft mehr Zeit mit Planen, Koordinieren und Delegieren verbringen werden. 93 Prozent von ihnen stimmten der Aussage „überwiegend" bis „voll und ganz" zu ($\bar{x}$ = 1,36). Bei den Lektoren in kleinen Lektoraten taten dies nur 87 Prozent ($\bar{x}$ = 1,72). Ähnlich verhält es sich bei der Einschätzung des Einflusses der Verkaufschancen auf die Entscheidung über Publikation oder Nicht-Publikation. Hier stimmten 100 Prozent der Lektoren in großen Verlagen, aber nur 92 Prozent der Lektoren in kleinen Verlagen „überwiegend“ bis „voll und ganz“ zu ($\bar{x}$ = 1,29 und $\bar{x}$ = 1,64). Die Relevanz herstellerischer und technischer Kompetenzen wird dagegen besonders von den Mitarbeiter kleiner Verlage betont. Sie stimmen der Aussage zu 86 Prozent „überwiegend“ bis „voll und ganz“ zu ($\bar{x}$ = 1,81), Lektoren in großen Verlagen taten dies nur zu 57 Prozent ($\bar{x}$ = 2,29).

Die Rolle freier Lektoren bei der Arbeit am Manuskript und die Wahrnehmung planerischer Aufgaben werden je nach Tätigkeitsprofil der Lektoren unterschiedlich bewertet. So zeichnen sich die Produktmanager (also jene Lektoren, die ein sehr breites Tätigkeitsprofil haben und sich bereits heute am stärksten mit wirtschaftlichen Aspekten befassen) dadurch aus, dass sie signifikant häufiger der Aussage zustimmen, dass die Manuskriptarbeit verstärkt von freien Lektoren übernommen werden wird ($\bar{x}$ = 1,59). Die Textarbeiter hingegen gehen am wenigsten davon aus, dass sie in Zukunft vermehrt planerische Aufgaben übernehmen werden ($\bar{x}$ = 1,80). Lektoren, deren Arbeit sich heute vor allem auf die Arbeit am Manuskript und das Verfassen von Informationstexten konzentriert, gehen also davon aus, dass sich daran in Zukunft wenig ändern wird.

Die Zahl der von einem Lektor betreuten Lizenztitel korreliert dagegen signifikant mit der Einschätzung der Bedeutung literarischer Agenten für die Autorenbetreuung. Je mehr Lizenztitel ein Lektor betreut, desto mehr stimmt er der Aussage zu, dass die Autorenbetreuung in Zukunft immer mehr in den Händen der Agenten liegen wird. Je weniger Lizenztitel hingegen ein Lektor betreut, desto geringer schätzt er deren Bedeutung ein.[47] Daneben spielt die Größe der Verlage bzw. der Lektorate eine entscheidende Rolle:

47 Der Mittelwert von Lektoren, die keine Lizenztitel betreuen, liegt bei 3,13. Der Mittelwert von Lektoren, die mindestens zu 50 Prozent Lizenztitel betreuen, beträgt 2,81. Der Korrelationskoeffizient beträgt –0,155.

Lektoren in kleinen Verlagen (maximal zwei fest angestellte Lektoren) stimmten der Aussage, dass literarische Agenturen die Autorenbetreuung übernehmen werden, zu 24 Prozent „überwiegend“ oder „voll und ganz“ zu ($\bar{x}$ = 2,97). Lektoren in großen Lektoraten (mindestens 20 fest angestellte Lektoren) taten dies nur zu 8 Prozent ($\bar{x}$ = 3,38).

Aber auch die Editionsform, für welche ein Lektor überwiegend zuständig ist, hat einen entscheidenden Einfluss auf die Beurteilung der zukünftigen Bedeutung literarischer Agenturen. So gehen laut T-Test auf Mittelwertverteilung besonders Lektoren der klassischen Buchsegmente wie Hard- und Softcover sowie Taschenbuch von einer Bedeutungszunahme aus. Sie stimmten der Aussage signifikant häufiger zu ($\bar{x}$ = 2,93) als etwa Lektoren im Bereich elektronischer Medien oder des Publishing-on-Demand ($\bar{x}$ = 3,33). Noch deutlicher weichen die Einschätzungen der Belletristiklektoren und der Sachbuchlektoren von den Einschätzungen der Wissenschaftslektoren und der Schul- und Lehrbuchlektoren ab: Während Erstere vermehrt der Meinung sind, dass die Betreuung der Autoren immer mehr von literarischen Agenturen übernommen wird (der Mittelwert beträgt jeweils 2,83), kann diese Ansicht von Letzteren nicht geteilt werden ($\bar{x}$ = 3,15 bzw. $\bar{x}$ = 3,58). Dies lässt sich damit erklären, dass im Bereich der Belletristik und des Sachbuchs Autoren verstärkt auf die Vermittlungskompetenz der Agenturen setzen, die ihnen bei der Vermittlung an einen Verlag unter die Arme greifen und gleichzeitig ihre Rechte und Interessen professionell gegenüber dem Verlag vertreten. Im wissenschaftlichen Buchsegment und im Bereich der Lehr- und Schulbücher scheinen Agenten hingegen noch kaum eine Rolle zu spielen.

Nicht zuletzt ist jedoch der Programmbereich, in welchem die Lektoren überwiegend tätig sind, entscheidend für die Einschätzung der Zukunft. So lassen sich hinsichtlich der Arbeitsaufgaben, der Bedeutung der Verkaufschancen und der Notwendigkeit betriebswirtschaftlicher Kenntnisse signifikante Unterschiede erkennen. Belletristik-Lektoren gehen beispielsweise weitaus weniger davon aus, dass herstellerische und technische Kompetenzen oder betriebswirtschaftliche Kenntnisse an Bedeutung gewinnen werden ($\bar{x}$ = 2,35 bzw. $\bar{x}$ = 2,13). Der hart umkämpfte Sachbuchmarkt, der sich im Gegensatz zu anderen nonfiktionalen Buchbereichen nicht an eine klar definierte Leserschaft richtet, wird dagegen nach Einschätzung der Sachbuchlektoren dazu führen, dass ihre Arbeit immer mehr von Verkaufszahlen diktiert wird. Von allen Lektoren räumen sie am deutlichsten ein, dass in der Zukunft die Verkaufschancen eines Titels verstärkt über dessen Publikation oder Nicht-Publikation entscheiden werden ($\bar{x}$ = 1,30). In allen Bereichen des Verlagswesens werden also deutliche Veränderungen erwartet, die sich auf die Arbeit der Lektoren auswirken werden – wobei die größte treibende Kraft dieses Wandels die zunehmende ökonomische Ausrichtung des Verlagswesens und die wachsenden Renditeerwartungen darstellen.

* * *

Vom Lektor zum Produktmanager

Ich glaube, dass der Produktmanager weiter in den Vordergrund rücken wird, dass die Allroundtätigkeit, die ich hier noch habe, weiter abnehmen wird. Ich glaube, dass – vielleicht nicht in zehn Jahren, aber in einem noch größeren Zeitraum – es Lektoren in diesem Sinne fast nicht mehr geben wird und die Entscheidung, was für Bücher gemacht werden, vom Inhalt fast nicht mehr abhängen wird, sondern nur noch davon, wie das Produkt am besten verkäuflich ist.

Dietrich Voorgang, Claudius (München)

Ich glaube, es wird noch stärker in Richtung Produktmanagement gehen, in Richtung Marketing, Betriebswirtschaft. Ich glaube, dass das inhaltliche Wissen verhältnismäßig weniger bedeutend wird als das betriebswirtschaftliche Wissen oder auch neue Medienkenntnisse, solche Sachen. Man wird eher zum Produktmanager.

Stefan Brückner, Konrad Theiss (Stuttgart)

Es heißt ja auch immer wieder: Der Lektor wird mehr zum Produktmanager, d.h. er organisiert und verwaltet und hat weniger Zeit, sich wirklich mit allen Texten zu beschäftigen. Ein Beispiel dafür ist, dass wir sehr viel mit freien Lektoren arbeiten. Was die Redaktion des Textes, also die Bearbeitung des Stilistischen angeht, machen wir das kaum noch selber. Im Hardcover wird das noch verstärkt getan, im Taschenbuch so gut wie gar nicht, weil es zeitlich nicht zu leisten ist. Das geben wir raus, und wenn es zurückkommt, überprüfen wir das zwar, aber man kann es sich eigentlich nicht leisten, das ganze redigierte Manuskript dann noch mal durchzuarbeiten. Und das ist vielleicht ein Punkt, der dazu führt. Also: immer weniger Leute, die sich mit immer mehr Projekten beschäftigen müssen.

Carlos Westerkamp, Ullstein (Berlin)

Die Medien spezialisieren sich. Es gibt dann künftig eben Buchthemen, und es gibt Internetthemen, und es gibt Zeitungsthemen. Und da wird man sich natürlich als Lektor zunehmend Gedanken machen müssen.

Tobias Heyl, Hanser (München)

Ich glaube, dass sich der Lektoratsberuf stark verändert. Weg von dem Bild, das man hatte: dass da jemand sitzt im stillen Kämmerlein und das ein oder andere Manuskript liest und mal mit einem Autor telefoniert. Es hat eine Veränderung gegeben stark hin zu dem, was man vielleicht als Produktmanager oder Projektmanager bezeichnen könnte: dass man Projekte platziert, nach Außen vertritt, mit dem Publikum, mit Presseleuten und mit Marketingleuten in Kontakt kommt. […] Ich denke, dass man, nach dem heute schon im angelsächsischen Bereich üblichen Modell, eine stärkere Trennung vornehmen wird zwischen Managementarbeit und inhaltlicher Arbeit. Auf der einen Seite wird das vielleicht dazu führen, dass man sich auch wieder weniger beklagen muss über die Qualität der Lektoren: Wenn es Leute gibt, die Textarbeit machen und sonst von allem anderen befreit sind, dann hat das was für sich. Und derjenige, der den Manager gibt, der würde dann die Kommunikation führen, die Außendarstellung machen, Kontakt mit den Autoren durchführen und so weiter. Das wäre dann eine klare Trennung, und ich denke, das wird sich so entwickeln.

Roland Spahr, Fischer Taschenbuch Verlag (Frankfurt)

Ich könnte mir auch vorstellen, dass es ein gewisses „Rollback“ gibt. Wenn alle Verlage so arbeiten und rein nach wirtschaftlichen Gesichtspunkten produzieren, dann heißt das, dass wir natürlich auch so windschnittige Einheitsbücher haben, also dass nur die Marktbedürfnisse gedeckt werden.

Susanne Schüssler, Klaus Wagenbach (Berlin)

* * *

Outsourcing

Ich denke schon, das was immer gesagt wird: dass man noch stärker betriebswirtschaftliche Faktoren in die Entscheidungen einbezieht. Diese Notwendigkeit wird sicher steigen, weil diese Entwicklung am Markt so weitergeht. Das ist eben die Abhängigkeit von den Händlern und von den Medien – na ja, Medien vielleicht gar nicht so stark. Aber sonst? Man wird sicher dafür kämpfen müssen, dass es nicht so kommt, wie es in England oder in Amerika ist: dass das alles ausgelagert wird. Da sehe ich auch die Gefahr, dass immer mehr Sachen an freie Lektoren gegeben werden. Das ist für die Autoren schlecht und das ist für die Bücher schlecht. Jemand, der so etwas im Haus von Anfang bis Ende macht, ist auf jeden Fall besser.

Tobias Heyl, Hanser (München)

Wir versuchen den Personalbestand relativ schlank zu halten. Als Kleinverlag hat man einfach wenig Reserve. Das ist eine Sicherheitsüberlegung, dass man sagt: Man fährt mit einem schlanken Personalbestand. Das hat aber auch einen Spezialisierungsvorteil, weil wir sagen: Wir hier drin, wir verstehen uns eigentlich als Ideenschmiede für neue Buchkonzepte, für Buchprodukte. Wir kennen den Markt sehr gut, befassen uns intensiv damit. Und für das Thema – was weiß ich: Ostanatolien zum Beispiel –, da gibt es andere Spezialisten draußen, die das viel besser können, die sich nämlich auch nur damit beschäftigen. Und dieser Spezialist kontrolliert mir dann den Text. Das meine ich mit Spezialisierungsvorteil.

Stefan Brückner, Konrad Theiss (Stuttgart)

10 Resümee und Ausblick

Ziel der Studie war es, die Konturen des Lektors und seiner Aufgaben im Verlag nachzuzeichnen. Bis zu dieser Untersuchung konnten über die aktuelle Situation in den Lektoraten keine verlässlichen Aussagen getroffen werden. Die empirischen Ergebnisse bringen nun endlich Licht in das Dunkel. Der Lektor tritt aus dem Schatten seiner Autoren und Bücher heraus und bleibt nicht länger dem „Ethos der Unsichtbarkeit" (Hielscher 1996: 13) verpflichtet. Dabei wurde im Verlauf der Studie deutlich, dass Verlage Unternehmen mit Mitarbeitern sind, „die zumeist hochmotiviert und engagiert für ihr Haus und den Autor und dessen Erfolg arbeiten" (Groothuis 2001: 53).

An der Bedeutung des Lektors für die Buchproduktion kann kein Zweifel bestehen. Gleichwohl hat sich der Stellenwert der verschiedenen Tätigkeitsfelder im Verlag in den letzten Jahren stark verändert – und wird sich in Zukunft noch weiter verändern. Nicht zuletzt die Bestsellerproduktion, der Wandel des Buchhandels und die wachsende Medienkonkurrenz haben dazu beigetragen, dass Öffentlichkeitsarbeit und Werbung immer mehr an Gewicht gewinnen. Der Absatzmarkt und die begrenzte Aufmerksamkeit der potenziellen Leser sind hart umkämpft. Dennoch gilt: „Heute ist das Marketing ein wichtiger und notwendiger Teil des Verlegens, aber die Lektoratsarbeit bleibt sein Dreh- und Angelpunkt" (Davies 1995: 12).

Die Befragung der Lektoren hat bezüglich des Berufsprofils unter anderem folgende Ergebnisse erbracht:

- Viele Lektoren sind Quereinsteiger: 55 Prozent der Befragten haben vor ihrer jetzigen Tätigkeit bereits in einem anderen Beruf gearbeitet – vorzugsweise in anderen Bereichen der Medienbranche, aber auch im medizinisch-naturwissenschaftlichen Bereich oder im Bildungssektor. Eine weitere große Gruppe hat ihre berufliche Laufbahn direkt im Verlag begonnen und ist nach ihrer Ausbildung oder Tätigkeiten innerhalb der Administration oder der Herstellung ins Lektorat gewechselt.

- Der Beruf des Lektors ist ein Frauenberuf. Fast zwei Drittel der Befragten sind weiblichen Geschlechts. Das Durchschnittsalter liegt bei Anfang vierzig. Das formale Bildungsniveau ist sehr hoch: 70 Prozent haben ein abgeschlossenes Hochschulstudium, jeder Fünfte hat promoviert. Dabei überwiegen deutlich die sprach- und literaturwissenschaftlichen Fächer, allen voran die Germanistik. Daneben werden vor allem Studienabschlüsse in Kunst- und Kulturwissenschaft, in der Geschichtswissenschaft, aber auch im Bereich Naturwissenschaft und Technik genannt.

- Die Qualifikationen für den Lektorenberuf haben sich 45 Prozent der Befragten unter anderem in einem Praktikum oder einer Hospitanz erworben. Gut ein Drittel hat ein Verlagsvolontariat durchlaufen. Eine berufliche Ausbildung in Verlag, Buchhandel oder Bibliothek ging nur bei jedem Fünften der Arbeit im Lektorat voraus. Einschlägige Lektorenkurse haben 37 Prozent besucht. Somit zeichnet sich bezüglich des Berufszugangs kein einheitliches Bild ab. Doch ist der Anteil der Lektoren, die ein berufliches Qualifizierungsangebot in Anspruch genommen haben, recht groß.

- Vier von fünf der befragten Lektoren arbeiten in Vollzeit in einem unbefristeten Arbeitsverhältnis. Im Schnitt haben sie rund zehn Jahre einschlägige Berufserfahrung. Analog zu den Ergebnissen der Verlagsbefragung, wonach die Branche von Sach- und Fachbuchverlagen sowie wissenschaftlichen Buchverlagen dominiert wird, herrschen auch bei den Tätigkeitsgebieten der Lektoren diese Bereiche vor. Für die Belletristik sind nur rund 20 Prozent der Lektoren „häufig“ oder „sehr häufig“ zuständig.

- Bei den Editionsformen, die in die Zuständigkeit der befragten Lektoren fallen, ergibt sich ein ähnliches Bild. Die Verlagsbefragung hatte bereits gezeigt, dass die noch jungen Produktionsverfahren des Publishing-on-Demand und der elektronischen Speichermedien bisher nur einen geringen Anteil am gesamten Verlagswesen einnehmen. Die Lektoren leisten ihre Arbeit nach wie vor überwiegend für Hard- und Softcovertitel.

- Die reale Arbeitszeit der Lektoren liegt deutlich über der 40-Stunden-Woche. Betrachtet man nur die in Vollzeit beschäftigten Lektoren, so kommt man im Schnitt auf gut 45 Stunden. Die in Teilzeit beschäftigten Lektoren arbeiten durchschnittlich etwa 25 Stunden in der Woche. Dabei werden von den Lektoren insgesamt im Schnitt 21 Manuskripte pro Jahr zur Druckreife gebracht. Nur ein kleiner Teil der tatsächlich veröffentlichten Texte wurde zuvor unverlangt eingesandt (circa 15 Prozent) – wobei bereits innerhalb eines Monats bei vielen Verlagen mehr unverlangte Manuskripte eingehen, als von einem Lektor im Laufe eines Jahres druckreif gemacht werden (rund 24 unverlangt eingesandte Manuskripte pro Monat).

- Die klassischen Lektoratsaufgaben sind auf einer Rangliste der am häufigsten ausgeübten Tätigkeiten noch immer ganz vorn zu finden. Am meisten genannt wird die Betreuung der Autoren: 96 Prozent der Befragten gaben an, dies „häufig“ zu tun. Platz zwei belegt die Arbeit am Manuskript (Prüfen von Textaufbau und Stil) mit 91 Prozent. Auf den Plätzen drei und vier folgen fast gleichauf das Verfassen von Informationstexten (86 Prozent) und die Prüfung von Manuskripten auf ihre Tauglichkeit für das Verlagsprogramm. Die Tätigkeit, die den fünften Platz der Rangliste einnimmt, bringt man sicherlich wenig mit dem Klischee des Lektors als Bücherwurm in Verbindung: Erstellen und Überwachen von Zeitplänen (81 Prozent). Es folgen die Entwicklung neuer Buchideen, die (Rechtschreib-)Korrektur und die Kostenkalkulation. Bei der Lektoratsarbeit muss also die Erfüllung klassischer Aufgaben mit arbeitsökonomischem Handeln verbunden werden.

- Die Lektoren sehen sich überwiegend als Diener der Interessen ihres Verlags. 53 Prozent stimmen dieser Aussage „voll und ganz“ zu, 41 Prozent „überwiegend“. An zweiter Stelle stehen die Interessen der Autoren. Ihnen fühlen sich 32 Prozent der Lektoren bei ihrer Arbeit „voll und ganz“ und 44 Prozent „überwiegend“ verpflichtet. Daneben wollen Lektoren mit ihrer Arbeit die Bildung und die Aufklärung befördern. 42 Prozent stimmen dieser Aussage „voll und ganz“, 31 Prozent „überwiegend“ zu. Damit wird das janusköpfige Wesen des Lektors deutlich: Er hat den Anspruch, den oft gegensätzlichen Interessen von Verlag und Autoren zu entsprechen und beiden fast gleichermaßen gerecht zu werden.

- Betrachtet man, inwiefern die angestrebten Ziele erreicht werden können, so scheint es überwiegend leicht, sowohl den Vorstellungen des Verlags als auch den Erwartungen des Autors zu entsprechen. So gaben jeweils zwischen 86 und 92 Prozent der Befragten an, dass sie in der Regel diese Ziele auch erreichen. Hohe Auflagen- und Verkaufszahlen sind hingegen schwer erreichbar. Nur 26 Prozent der Befragten gelingt es, diesen Anspruch zu verwirklichen. Am schwierigsten lassen sich Anspruch und Wirklichkeit jedoch für jene Lektoren in Einklang bringen, die mit ihrer Arbeit viel Geld verdienen wollen. Nur jedem fünften Lektor gelingt dies auch. Das durchschnittliche monatliche Nettoeinkommen eines ganztags beschäftigten Lektors liegt bei 2000 Euro. Lektoren verdienen somit weniger als andere Kommunikationsberufe wie etwa Journalisten oder Pressesprecher.

- Dennoch zeigte sich in Bezug auf die Berufszufriedenheit, dass die Lektoren nur wenig zu kritisieren haben. Besonders das Verhältnis zu den Arbeitskollegen und Mitarbeitern wird sehr geschätzt. 95 Prozent der Befragten gaben an, damit „eher“ bis „sehr zufrieden“ zu sein. Auch die Möglichkeit, die Arbeit selbst einzuteilen, wird von den Lektoren positiv bewertet. Darüber hinaus herrscht eine große Zufriedenheit mit den eigenen beruflichen Qualifikationen, wenngleich die Möglichkeit, sich beruflich weiterzubilden, nur für die Hälfte der Befragten ausreichend ist. Die Sicherheit, die der Beruf bietet, wird durchschnittlich bewertet. Die Höhe der Bezahlung, die Aufstiegsmöglichkeiten, die Zeit für die Kernaufgaben und die Arbeitsbelastung werden hingegen als weniger zufriedenstellend empfunden.

Die zunehmende Ökonomisierung des Buchmarktes und der Bedeutungszuwachs von Werbung, Marketing und Öffentlichkeitsarbeit sind nicht ohne Auswirkungen auf die Arbeit der rund 2300 fest angestellten Lektoren in Deutschland geblieben – auch wenn diese nach wie vor eher selten Aufgaben in diesen Bereichen übernehmen. Die steigende Bedeutung wirtschaftlicher Aspekte hat dazu geführt, dass planerische und organisatorische Aufgaben heute weit mehr im Vordergrund stehen und auch in Zukunft einen wachsenden Anteil an den Tätigkeitsfeldern der Lektoren einnehmen werden. Durch das Outsourcing von Aufgabenbereichen zeichnet sich in der Verlagsbranche außerdem ein Trend ab, der in den Lektoraten mehr und mehr zu einer Auslagerung von Kernkompetenzen führt (vgl. Kals 1999: 65). Schneider (2005: 351ff.) vermutet daher, dass es langfristig zu einer Arbeitsteilung zwischen Agenten, freien Lektoren und Verlagslektoren kommen wird, bei welcher die Agenten überwiegend die Autorenbetreuung, die freien Lektoren die Arbeit am Manuskript und die Verlagslektoren die Vermarktung der Bücher übernehmen werden.

Für den Bereich der Belletristik werden diese Vermutungen mehr oder minder bestätigt – wobei hinsichtlich der Rolle der literarischen Agenturen allerdings eher zurückhaltende Einschätzungen gegeben werden. Hier erwarten die befragten Lektoren keine amerikanischen Verhältnisse. Im Bereich der nonfiktionalen Buchsegmente werden literarische Agenten allenfalls beim Sachbuch oder im Bereich der Ratgeberliteratur eine relevante Rolle spielen. Auf den Bereich des Fachbuchs, des wissenschaftlichen Buchs, des Lehrbuchs und des Schulbuchs dürften die Prognosen hingegen kaum zutreffen. Und es ist eine weitere Einschränkung zu machen, denn die Befragung der Lektoren zeigte, dass diese in großen Verlagen wesentlich stärker von den Wandlungsprozessen durch die Ökonomisierung betroffen sind. Projektkalkulation, Verkaufschancen, ökonomische Interessen und planerische Aufgaben werden hier in Zukunft verstärkt das Berufsbild prägen. In kleinen Verlagen werden hingegen nach wie vor klassische Allrounder gefragt sein, die neben der Lektoratsarbeit auch Aufgaben in Herstellung, Vertrieb und Öffentlichkeitsarbeit kompetent übernehmen.

Diese Zukunftseinschätzungen dürfen jedoch nicht zu einer verzerrten Wahrnehmung der Gegenwart führen. Noch bilden das Autorenmanagement und die Arbeit am Manuskript den Kernbereich der Aufgaben der Hauslektoren – auch wenn viele von ihnen eingestehen, dass ihnen nicht immer genügend Zeit hierfür bleibt. Gerade die Zusammenarbeit mit den Autoren reizt viele Lektoren an ihrer Tätigkeit und macht diese zu einem vielseitigen Kommunikationsberuf mit Kontakten zu interessanten Menschen. Es ist schwer vorstellbar, dass der Lektorenberuf ohne die Arbeit mit Autoren und die gemeinsame Arbeit am Manuskript noch die gleiche Anziehungskraft ausüben wird.

Ohne die Leidenschaft der Lektoren ist dieser Beruf, der viele hochqualifizierte Idealisten anzieht, die für wenig Geld viel Arbeit leisten, allerdings kaum denkbar. Die Leidenschaft für dieses Metier darf aber nicht den Blick auf die Notwendigkeit ökonomischen Handelns verstellen. Nur ein Verlag, der seine Zielgruppe kennt, den Markt analysiert, frühzeitig auf Veränderungen reagiert und richtig kalkuliert, kann erfolgreich Bücher machen und gegen die Konkurrenz neuer Medien und neuer Anbieter bestehen.

Die Herausforderungen der Zukunft und der Wandel des Berufsbildes stellen aber auch wachsende Anforderungen an die Qualifikationen und Kompetenzen im Lektorat. Deshalb scheint es dringlich, die Aus- und Weiterbildung der Lektoren stärker zu fördern und die Grundlage dafür zu schaffen, dass sie auch in der Zukunft mit den Entwicklungen in der Branche Schritt halten können. Nur so kann gewährleistet werden, dass Lektoren auch weiterhin mit großem Einsatz und Engagement die Interessen ihrer Verlage vertreten. Denn – ganz gleich welche Bedeutung dem Beruf des Lektors in Zukunft zukommen mag – „für die, die ihn mit Talent und mit Engagement ausüben, kann er weit mehr als ein Job, er kann eine Lebensaufgabe sein“ (Kerlen 2003: 38).

Nachwort

„Habent sua fata libelli." Dieses verkürzte Zitat aus einer Schrift des lateinischen Grammatikers Terentianus Maurus führt der Börsenverein des Deutschen Buchhandels in seinem Wappen. Es trifft nicht nur für Bücher, sondern auch für Forschungsprojekte zu. Die erste Lehrveranstaltung des Verfassers, durchgeführt im Sommersemester 1973 am Publizistik-Institut der Universität Salzburg, galt dem Thema „Das Buch als Massenkommunikationsmittel". Seitdem hat er sich immer wieder mit diesem von der Kommunikationswissenschaft auffällig ignorierten Medium und auch mit dem Kommunikationsmodus Lesen beschäftigt.

Bei der Durchsicht alter Aufsätze stoße ich in einem Beitrag über Buchgemeinschaften auf ein Kapitel mit der Überschrift „Selektion: Der unbekannte Lektor". Es beginnt so: „Auf dem Weg vom Autor zum Leser durchläuft das Buch, wie jedes Medienprodukt, mehrere Schleusen: Zunächst entscheidet der Verlag, ob er ein ihm angebotenes Manuskript in sein Programm aufnehmen soll oder nicht. Fällt diese Entscheidung positiv aus, wird das Manuskript gesetzt, gedruckt, gebunden, an den Handel expediert und in das voluminöse ‚Verzeichnis lieferbarer Bücher' aufgenommen [...]."

Und weiter heißt es dort: „Die Prüfung, die Auswahl, die Bearbeitung der eingereichten Manuskripte besorgt ein unsichtbares Wesen, von dem kaum mehr als die Berufsbezeichnung bekannt ist: der *Lektor.* Daß man über diese Profession und die Leute, die sie ausüben, so gut wie nichts weiß, ist um so erstaunlicher, als der Kommunikationsbetrieb, kein Wunder, sonst nicht gerade publizitätsscheu ist. [...] Lektor, das ist ein Beruf ohne Berufsbild, ohne Ausbildungsstandards, ohne Berufsorganisation, ja wohl auch ohne ein halbwegs homogenes professionelles Selbstbild. Nicht einmal zu einem saftigen Klischee wie beim rasenden Reporter oder beim dämonischen (Natur-)Wissenschaftler mit Dr.-Frankenstein-Appeal hat es gereicht. [...] Die Journalisten sind in den letzten Jahrzehnten wissenschaftlich durchröntgt worden. [...] Über Lektoren – nichts dergleichen. Dabei bietet sich diese klassische Gatekeeper-Position für berufssoziologische Studien geradezu an" (Hömberg 1981: 6f.).

Der Germanist Helmut Kreuzer schrieb mir damals: „Das Berufsbild des Lektors – das wäre doch ein Thema für Sie." Der Wunsch, diesem Beruf mit einer empirischen Erhebung auf den Grund zu gehen, hat mich seitdem nicht mehr losgelassen.

Erst mehr als zwei Jahrzehnte später ließ sich die Absicht dann realisieren. Ich danke Ralf Hohlfeld für seine Mitarbeit bei dem entsprechenden Projektantrag und seine Beratung bei der Durchführung; und ich danke der Deutschen Forschungsgemeinschaft für die Bewilligung der Forschungsmittel. Da diese nur einen Teil der Kosten deckte, hat sich der Abschluss der Studie dann allerdings verzögert.

Mein Dank gilt in besonderer Weise meinen Mitarbeitern Susanne Pypke für ihre tatkräftige Unterstützung bei den empirischen Erhebungen und Christian Klenk für die Durchführung der Intensiv-Interviews. Er gilt ferner den Verlagsleitern sowie den Lektorinnen und Lektoren, die sich unserer wissenschaftlichen Neugier gestellt und unsere Fragen bereitwillig beantwortet haben.

Die vorliegende Studie wurde 2009 abgeschlossen. Anfang 2010 in Buchform veröffentlicht, hat sie bei Lesern und Rezensenten ein gutes Echo gefunden, sodass schon nach gut einem Jahr eine zweite Auflage erscheinen kann. Dazu wurde der Text durchgesehen und an einigen Stellen korrigiert.

Eichstätt und München, im August 2011 *Walter Hömberg*

Literatur

Monographien und Sammelbände

Athill, Diana (2000): Stet: an Editor's Life. London: Grove Press.

Atteslander, Peter (2003): Methoden der empirischen Sozialforschung. 10. Aufl., Berlin: de Gruyter.

Bentele, Günter/Brosius, Hans-Bernd/Jarren, Otfried (Hg.) (2003): Öffentliche Kommunikation. Handbuch Kommunikations- und Medienwissenschaft. Wiesbaden: Westdeutscher Verlag.

Bentele, Günter/Großkurth, Lars/Seidenglanz, René (2005): Profession Pressesprecher – Vermessung eines Berufsstandes. Berlin: Helios.

Böckelmann, Frank (1993): Journalismus als Beruf. Bilanz der Kommunikatorforschung im deutschsprachigen Raum von 1945 bis 1990. Konstanz: Universitätsverlag.

Börsenverein des Deutschen Buchhandels (Hg.) (2003): Buch und Buchhandel in Zahlen 2003. Frankfurt am Main: MVB.

Börsenverein des Deutschen Buchhandels (Hg.) (2004): Buch und Buchhandel in Zahlen 2004. Frankfurt am Main: MVB.

Börsenverein des Deutschen Buchhandels (Hg.) (2005a): Buch und Buchhandel in Zahlen 2005. Frankfurt am Main: MVB.

Börsenverein des Deutschen Buchhandels (Hg.) (2006): Buch und Buchhandel in Zahlen 2006. Frankfurt am Main: MVB.

Börsenverein des Deutschen Buchhandels (Hg.) (2007): Buch und Buchhandel in Zahlen 2007. Frankfurt am Main: MVB.

Börsenverein des Deutschen Buchhandels (Hg.) (2008): Buch und Buchhandel in Zahlen 2008. Frankfurt am Main: MVB.

Breyer-Mayländer, Thomas/Huse, Ulrich Ernst/Koenigsmarck, Michaela von/Münch, Roger (2001): Wirtschaftsunternehmen Verlag. Edition Buchhandel, Bd. 5: Grundwissen Buchhandel – Verlage. 2. Aufl., Frankfurt am Main: Bramann.

Clement, Michel/Blömeke, Eva/Sambeth, Frank (Hg.): (2009): Ökonomie der Buchindustrie. Herausforderungen in der Buchbranche erfolgreich managen. Wiesbaden: Gabler.

Commins, Dorothy (1978): What Is an Editor? Saxe Commins at Work. Chicago, London: University of Chicago Press.

Coser, Lewis A./Kadushin, Charles/Powell, Walter W. (1982): Books. The Culture and Commerce of Publishing. New York: Basic Books.

Davies, Gill (1995): Beruf: Lektor. Friedrichsdorf: Hardt & Wörner.

Diekmann, Andreas (1995): Empirische Sozialforschung. Grundlagen, Methoden, Anwendungen. Reinbek bei Hamburg: Rowohlt.

Dillman, Don A. (1978): Mail and Telephone Surveys. The Total Design Method. New York u. a.: John Wiley & Sons.

Epstein, Jason (2003): Vom Geschäft mit Büchern, Vergangenheit, Gegenwart und Zukunft des Verlagswesens. St. Gallen, Zürich: Midas Management Verlag.

Gläser, Jochen/Laudel, Grit (2006): Experteninterviews und qualitative Inhaltsanalyse als Instrumente rekonstruierender Untersuchungen. 2. Aufl., Wiesbaden: VS Verlag für Sozialwissenschaften.

Glaubitz, Uta (2001): Jobs für Bücherwürmer und Leseratten. Machen Sie ihre Leidenschaft zum Beruf. Frankfurt am Main, New York: Campus.

Groothuis, Rainer (2001): Wie kommen die Bücher auf die Erde? Köln: DuMont.

Habermas, Rebekka/Pehle, Walter H. (Hg.) (1989): Der Autor, der nicht schreibt. Versuche über den Büchermacher und das Buch. Frankfurt am Main: Fischer Taschenbuch Verlag.

Habermehl, Werner (1992): Angewandte Sozialforschung. München, Wien: Oldenbourg.

Heinold, Wolfgang Ehrhardt (2001): Bücher und Büchermacher. Verlage in der Informationsgesellschaft. 5. Aufl., Heidelberg: C.F. Müller/Hüthig.

Hömberg, Walter/Hackel-de Latour, Renate (Hg.) (2005): Studienführer Journalismus, Medien, Kommunikation. 3. Aufl., Konstanz: UVK Verlagsgesellschaft.

Kerlen, Dietrich (2003): Lehrbuch der Buchverlagswirtschaft. Stuttgart: Hauswedell.

Keuchen, Gernot (1983): Karriere im Verlag. Prinzipien der Arbeit in Lektorat und Redaktion. Hardebek: Eulenhof-Verlag.

Laatz, Wilfried (1993): Empirische Methoden. Ein Lehrbuch für Sozialwissenschaftler. Thun, Frankfurt am Main: Harry Deutsch.

Lamnek, Siegfried (2005): Qualitative Sozialforschung. Lehrbuch. 4. Aufl., Weinheim, Basel: Beltz.

Meier, Klaus (2002): Ressort, Sparte, Team. Wahrnehmungsstrukturen und Redaktionsorganisation im Zeitungsjournalismus. Konstanz: UVK Verlagsgesellschaft.

Mendlewitsch, Doris (2001): Rund ums Buch. Ein Leitfaden für Autoren und Leser. 3. Aufl., Münster: Daedalus.

Merten, Klaus/Teipen, Petra (1991): Empirische Kommunikationsforschung. Darstellung, Kritik, Evaluation. München: Ölschläger.

Nickel, Gunther (Hg.) (2006): Krise des Lektorats? Göttingen: Wallstein.

Plinke, Manfred (Hg.) (2001): Buch-Partner. Dienstleister rund ums Buch 2001. Lektorat, Illustration, Buchgestaltung, Druckvorstufe, Druck. Berlin: Autorenhaus-Verlag.

Porst, Rolf (2001): Wie man die Rücklaufquote bei postalischen Befragungen erhöht. Mannheim: ZUMA.

Prott, Jürgen (1976): Bewusstsein von Journalisten. Standesdenken oder gewerkschaftliche Solidarisierung? Frankfurt am Main, Köln: Europäische Verlagsanstalt.

Rautenberg, Ursula (Hg.) (2003): Reclams Sachlexikon des Buches. 2. Aufl., Stuttgart: Reclam.

Röhring, Hans-Helmut (1992): Wie ein Buch entsteht. Einführung in den modernen Buchverlag. 5. Aufl., Darmstadt: Wissenschaftliche Buchgesellschaft.

Rühl, Manfred (1979): Die Zeitungsredaktion als organisiertes soziales System. 2. Aufl., Freiburg/Schweiz: Universitätsverlag.

Salaws, Ausma (2001): Karrieren unter der Lupe: Buchhandel und Verlagswesen. Würzburg: Lexika Verlag.

Schneider, Ute (Hg.) (1997): Das Lektorat – eine Bestandsaufnahme. Beiträge zum Lektorat im literarischen Verlag. Wiesbaden: Harrassowitz.

Schneider, Ute (2005): Der unsichtbare Zweite. Die Berufsgeschichte des Lektorats im literarischen Verlag. Göttingen: Wallstein.

Schnell, Rainer/Hiller, Paul B./Esser, Elke (1999): Methoden der empirischen Sozialforschung. 6. Aufl., München: Oldenbourg.

Scholl, Armin/Weischenberg, Siegfried (1998): Journalismus in der Gesellschaft. Theorie, Methodologie und Empirie. Opladen, Wiesbaden: Westdeutscher Verlag.

Siblewski, Klaus (2005): Die diskreten Kritiker. Warum Lektoren schreiben – vorläufige Überlegungen zu einem Berufsbild. Aachen: Rimbaud.

Weischenberg, Siegfried (1995): Journalistik. Theorie und Praxis aktueller Medienkommunikation. Bd. 2: Medientechnik, Medienfunktionen, Medienakteure. Opladen: Westdeutscher Verlag.

Weischenberg, Siegfried/Malik, Maja/Scholl, Armin (2006a): Die Souffleure der Mediengesellschaft. Report über die Journalisten in Deutschland. Konstanz: UVK Verlagsgesellschaft.

Aufsätze und Artikel

Arold, Marliese (2001): Zuverlässiger Freund. In: Börsenblatt des Deutschen Buchhandels, 168. Jg., Nr. 25, S. 25f.

Bardola, Nicola (2003): Die Regie bleibt im Haus. In: Börsenblatt des Deutschen Buchhandels, 170. Jg., Nr. 20, S. 24.

Bauer, Martin (1995): Neugier und Demut – Besichtigung eines Berufsbildes. Verlagslektoren. In: Claudio Gallio (Hg.): Freie Laufbahn. Berufe für Geisteswissenschaftler. Mannheim: Bollmann, S. 143-146.

Bock, Marlene (1992): Das halbstrukturierte leitfadenorientierte Tiefeninterview. Theorie und Praxis der Methode am Beispiel von Paarinterviews. In: Jürgen H. P. Hoffmeyer-Zlotnik (Hg.): Analyse verbaler Daten: Über den Umgang mit qualitativen Daten. Opladen: Westdeutscher Verlag, S. 90-109.

Busch, Günther (1994):Vier Fußnoten zur Zukunft der Bücher. In: Klaus Wagenbach (Hg.): Wieso Bücher? Wie und mit welchen Absichten überlebt man gute Bücher, Zimmerbrände und deutsche Umgebung? Oder: Anstiften von Denken und Laune! Berlin: Wagenbach, S. 37-40.

Engel, Bernhard/Ridder, Christa-Maria (2005): Massenkommunikation 2005: Images und Funktionen der Massenmedien im Vergleich. In: Media Perspektiven, Nr. 9, S. 422-448.

Engel, Bernhard/Windgasse, Thomas (2005): Mediennutzung und Lebenswelten 2005. In: Media Perspektiven, Nr. 9, S. 449-464.

Evers, Momo (2003): Vom Schleifen seltener Edelsteine, Lektor und Autor – eine Hassliebe? In: Federwelt. Zeitschrift für Autorinnen und Autoren, Nr. 43, S. 15-20.

Flott, Günter (2005): Hoffen auf die große Chance. In: Journalist, 55. Jg., Nr. 1, S. 45f.

Fritzsche, Walter (1978): Zwischen allen Stühlen. In: Begegnung, 14. Folge, S. 123-130.

Gauer, Walter (1996): Unter Ausschluß der Öffentlichkeit. Fusionen in der Buchverlagslandschaft. In: Agenda. Zeitschrift für Medien, Bildung, Kultur, 19. Jg., Nr. 26, S. 58f.

Göbel, Wolfram (1981): Die geistigen Geburtshelfer. In: Börsenblatt für den Deutschen Buchhandel, 37. Jg., Nr. 97, S. 2977-2983.

Göbel, Wolfram (1986): Lektoren – die geistigen Geburtshelfer. Marginalien zu Praxis und Geschichte eines jungen Berufsstandes. In: Gutenberg-Jahrbuch 1986. Für die Herausgabe verantwortlich Hans-Joachim Koppitz. 61. Jg., Mainz: Gutenberg-Gesellschaft, S. 271-280.

Göbel, Wolfram (1997): Produktmanager, Ghostwriter oder Macher. Die Funktionsveränderungen im Verlagslektorat. In: Ute Schneider (Hg.): Das Lektorat – eine Bestandsaufnahme. Wiesbaden: Harrassowitz, S. 9-28.

Graf, Tanja (1998): Auch für die Vermarktung bleibt die Leidenschaft des Lektors wichtig. In: Buchreport, 29. Jg., Nr. 40/41, S. 144-146.

Groll, Gunter (1963): Was tut eigentlich ein Lektor? In: Verlag Kurt Desch (Hg.): Ein Almanach der Autoren des Verlags Kurt Desch. Wien, München, Basel: Desch, S. 240f.

Hamann, Götz (2004): Die Unersättlichen. In: Die Zeit, Nr. 14 vom 25.3., S. 21.

Heinichen, Veit (2002): Die Jammerbranche. In: Die Zeit, Nr. 26 vom 20.6., S. 41.

Hielscher, Martin (1996): Der Kritiker als Platzhirsch. Dürfen sich Lektoren öffentlich über Literatur äußern? In: Süddeutsche Zeitung, Nr. 48 vom 27.2., S. 13.

Hiller, Helmut (1961): Der Verlagsbuchhandel. In: Helmut Hiller/Wolfgang Strauß (Hg.): Der deutsche Buchhandel. Wesen, Gestalt, Aufgabe. Gütersloh: Bertelsmann, S. 52-161.

Hömberg, Walter (1981): Kulturvertrieb als Freizeitservice? Buchgemeinschaften. In: Medien, 3. Jg., Nr. 2, S. 6-12.

Hömberg, Walter (2004): Verlag, Buchhandel, Bibliothek. In: Helmut Brackert/Jörn Stückrath (Hg.): Literaturwissenschaft. Ein Grundkurs. 8. Aufl., Reinbek: Rowohlt, S. 392-406.

Jaeger, Stefan (1978): Der Markt wirkt auf die Produktion zurück, Marketing und modernde Literatur – ein Widerspruch? In: Begegnung, 14. Folge, S. 47-57.

Jung, Jochen (2006): Sie sind die Gegenmacht. Warum es für die Hausintellektuellen wichtig ist, sich auf sich selbst zu besinnen. In: Börsenblatt des Deutschen Buchhandels, 173. Jg., Nr. 7, S. 11.

Kals, Ursula (1999): Geistige Geburtshelfer mit einem Gespür für Bestseller. Bücher für den Bildungshorizont der Internet-Generation verkaufen. In: Frankfurter Allgemeine Zeitung, Nr. 241 vom 16.10., S. 65.

Kepplinger, Hans Mathias (1979): Angepasste Außenseiter. Ergebnisse und Interpretationen der Kommunikatorforschung. In: ders. (Hg.): Angepasste Außenseiter. Was Journalisten denken und wie sie arbeiten. Freiburg, München: Alber, S. 7-28.

Kettenbach, Hans Werner (2001): Fragen des Stils. In: Börsenblatt des Deutschen Buchhandels, Jg. 168, H. 31, S. 18f.

Kochhan, Christoph (2005): Dem Leser auf der Spur. In: Börsenblatt des Deutschen Buchhandels, 172. Jg., Nr. 45, S. 12-17.

Kochhan, Christoph/Haddad, Denise/Dehm, Ursula (2005): Bücher und Lesen als Freizeitaktivität. In: Media Perspektiven, Nr. 1, S. 23-32.

Langenbucher, Wolfgang R. (1974/1975): Kommunikation als Beruf. Ansätze und Konsequenzen kommunikationswissenschaftlicher Berufsforschung. In: Publizistik, 19. Jg., Nr. 3-4, 20. Jg., H. 1-2, S. 256-277.

Langendorf, Boris (2006): Bücher werden immer billiger. In: Börsenblatt des Deutschen Buchhandels, 173. Jg., Nr. 12, S. 18f.

Meixner, Barbara (1996): Lektor = Produktmanager? In: BuchMarkt, 31. Jg., Nr. 3, S. 24f.

Moritz, Rainer (1997): Die Unverlangten. Vom Umgang mit Manuskriptangeboten – ein Alltagsbericht. In: Ute Schneider (Hg.): Das Lektorat – eine Bestandsaufnahme. Wiesbaden: Harrassowitz, S. 69-77.

Nickel, Gunther (2005): Dem Schönen entrückt. In: Börsenblatt des Deutschen Buchhandels, 172. Jg., Nr. 18, S. 10-14.

Noelle-Neumann, Elisabeth/Petersen, Thomas (2002): Methoden der Publizistik- und Kommunikationswissenschaft. In: Elisabeth Noelle-Neumann/Winfried Schulz/Jürgen Wilke (Hg.): Das Fischer Lexikon Publizistik Massenkommunikation. Aktualisierte Aufl., Frankfurt am Main: Fischer Taschenbuch Verlag, S. 265-303.

Rühl, Manfred (1989): Organisatorischer Journalismus. Tendenzen der Redaktionsforschung. In: Max Kaase/Winfried Schulz (Hg.): Massenkommunikation. Theorien, Methoden, Befunde. Opladen: Westdeutscher Verlag, S. 253-269.

Schädlich, Krista Maria (1991): Dem Dichter auf die Sprünge helfen: Der Lektor. In: Werner Waldmann (Hg.): Berufsstart in den Medien. Ausbildung – Chancen – Karrieren. Weinheim: Beltz, S. 41-51.

Schneider, Beate/Schönbach, Klaus/Stürzebecher, Dieter (1993): Westdeutsche Journalisten im Vergleich: jung, professionell und mit Spaß an der Arbeit. In: Publizistik, 38. Jg., H. 1, S. 5-30.

Sheppard, R. Z./Scott, John M./Simpson, Janice C. (1980): The Decline of Editing. Or why are people asking whom's minding the store? In: Time (European Edition), Nr. 9 vom 1.9., S. 40.

Struss, Dieter (1981): Der Lektor oder: „Wer bin ich?" In: Heinz Ludwig Arnold (Hg.): Literaturbetrieb in der Bundesrepublik Deutschland. Ein kritisches Handbuch. 2. Aufl., München: Edition Text und Kritik, S. 185-195.

Weischenberg, Siegfried/Malik, Maja/Scholl, Armin (2006b): Journalismus in Deutschland 2005. Zentrale Befunde der aktuellen Repräsentativbefragung deutscher Journalisten. In: Media Perspektiven, Nr. 7, S. 346-361.

Wellershoff, Dieter (1972): Der Lektor. Auskünfte über eine Liebhaberei als Beruf. In: Bodo Franzmann u. a.: Arbeitsfeld Buch. Berufe zwischen Produktion und Leser. Frankfurt am Main: Aspekte Verlag, S. 54-65.

Wittstock, Uwe (2006): Lob des Lektors. In: Die Welt, Nr. 76 vom 30.3., S. 25.

Zinsser, William (2002): Autor und Lektor. In: Gerhild Tieger/Manfred Plinke (Hg.): Deutsches Jahrbuch für Autoren und Autorinnen 2003/2004. Schreiben und Veröffentlichen: Hörfunk, Film/TV, Theater, Buch. Berlin: Autorenhaus-Verlag, S. 174f.

Arbeitspapiere und Dokumentationen

Arbeitsgemeinschaft für Kommunikationsforschung (Weiß, Hans-Jürgen u.a.) (1977): Synopse Journalismus als Beruf. München (verv. Ms.).

Börsenverein des Deutschen Buchhandels (Hg.) (2005b): Berufsbild Verlagspressesprecher – Profil und Bedeutung des Pressesprechers im Verlag. Frankfurt am Main: Verleger-Ausschuss des Börsenvereins des Deutschen Buchhandels.

Bundesinstitut für Bevölkerungsforschung/Robert Bosch Stiftung (Hg.) (2005): The Demographic Future of Europe – Facts, Figures, Policies. Ergebnisse der Population Policy Acceptance Studie PPAS. Wiesbaden: Statistisches Bundesamt.

Franzmann, Bodo (2001): Leseverhalten in Deutschland im neuen Jahrtausend. Mainz: Stiftung Lesen.

Konrad-Adenauer-Stiftung (Hg.) (2006): Familienreport 2005. Teil 1: Situation von Familien in Deutschland. Sankt Augustin (Arbeitspapier).

Lampert, Thomas/Ziese, Thomas (2005): Armut, soziale Ungleichheit und Gesundheit. Expertise des Robert Koch Instituts zum zweiten Armuts- und Reichtumsbericht der Bundesregierung. Berlin (Arbeitspapier).

Anhang

1 Repräsentativitätstest

Geprüft wurde, inwiefern der Rücklauf der Verlagsbefragung repräsentativ für die Grundgesamtheit ist – oder anders gesagt: inwiefern die vorliegenden Daten einer unverzerrten, zufälligen Stichprobe entsprechen. Hierzu wurde der „Goodness of Fit"-Test durchgeführt. Dieser klärt die Frage, ob sich für eine Zufallsstrichprobe eine Variable in ihrer Häufigkeitsverteilung signifikant von erwarteten Häufigkeiten der Grundgesamtheit unterscheidet. Voraussetzung hierfür ist, dass die Verteilungen bestimmter Daten für die Grundgesamtheit bekannt sind

Dies war im vorliegenden Fall sowohl für die Verteilung der Verlage nach Bundesländern als auch nach Umsatzsteuergrößenklassen gegeben. Also konnte die Repräsentativität der Stichprobe anhand zweier Variablen getestet werden. Die „Verteilung der Verlage nach Bundesländern" ist eine Variable, die kaum äußeren Einflüssen unterliegt, da davon auszugehen ist, dass der Postversand deutschlandweit zuverlässig funktioniert. Anders verhält es sich bei der Variablen „Umsatzgrößenklasse". Hier war durchaus mit Verzerrungen zu rechnen, da es vorstellbar ist, dass die Größe eines Unternehmens auf dessen Bereitschaft, sich an der Studie zu beteiligen, Einfluss nimmt. Dies gilt insbesondere für die sogenannten Mini- oder Ein-Mann-Verlage, die keine fest angestellten Lektoren beschäftigen und in den untersten Segmenten der Umsatzgrößenklassen zu verorten sind.

Überprüft wurde, ob die Verlage, die den Fragebogen ausgefüllt haben, repräsentativ sind für alle Verlage der Grundgesamtheit (H_0), oder ob sie sich signifikant von den erwarteten Häufigkeiten der Grundgesamtheit unterscheiden (H_1). Hierzu wurden die Verlage nach ihrer Zugehörigkeit zu Bundesländern ausgezählt und mit den entsprechenden Daten der Adressdatenbank verglichen (siehe nachfolgende Tabelle). Ergibt sich bei dem Test ein signifikanter Unterschied zwischen den erwarteten Häufigkeiten und den tatsächlichen, kann dies als Indikator dafür gesehen werden, dass die

Stichprobe nicht hinreichend repräsentativ ist, dass sie durch äußere Einflüsse verzerrt wurde.

Häufigkeitsverteilung der Verlage nach Bundesländern

Bundesländer	Adressdatenbank		Stichprobe	
	absolut	Prozent	absolut	Prozent
Baden-Württemberg	209	15,6	77	17,3
Bayern	299	22,2	99	22,3
Berlin	105	7,8	39	8,8
Brandenburg	8	0,6	4	0,9
Bremen	9	0,7	2	0,5
Hamburg	53	3,9	18	4,1
Hessen	160	11,9	49	11,0
Mecklenburg-Vorpommern	7	0,5	3	0,7
Niedersachsen	80	6,0	28	6,3
Nordrhein-Westfalen	266	19,8	84	18,9
Rheinland-Pfalz	50	3,7	16	3,6
Saarland	7	0,5	1	0,2
Sachsen	36	2,7	9	2,0
Sachsen-Anhalt	11	0,8	6	1,4
Schleswig-Holstein	32	2,4	4	0,9
Thüringen	12	0,9	5	1,1
Summe	1 344	100	444*	100

* Die Zahl entspricht der Anzahl der beantworteten Fragebögen, bei denen die Zugehörigkeit zu einem Bundesland ermittelt werden konnte.

Eine Überprüfung der Verteilung in der Stichprobe mit der Verteilung der Adressdatenbank mittels Chi-Quadrat-Test („Goodness of Fit"-Test) kam zu folgendem Resultat: Bei einem Signifikanzniveau von α = 0,01 (1 % Irrtumswahrscheinlichkeit) und df = 15 (Freiheitsgrade) ergibt sich aus einer tabellierten Chi-Quadrat-Verteilung ein kritischer Chi-Quadrat-Wert von 30,5779. Der empirische Chi-Quadrat-Wert beträgt 9,1975. Er fällt damit in den Annahmebereich der H_0-Hypothese, da er deutlich kleiner ist als der kritische

Chi-Quadrat-Wert. Die Stichprobe ist folglich repräsentativ für die Grundgesamtheit.

$$\chi^2_{emp} < \chi^2_{krit} \quad \Rightarrow H_o \text{ wird angenommen!}$$

Häufigkeitsverteilung der Verlage nach Umsatzgrößenklassen

Größenklassen	Steuerstatistik*		Stichprobe	
	absolut	Prozent	absolut	Prozent
bis 100 000 Euro	906	35,5	112	24,5
über 100 000 bis 250 000	512	20,1	72	15,8
über 250 000 bis 500 000	369	14,5	60	13,1
über 500 000 bis 1 Mio.	230	9,0	46	10,1
über 1 Mio. bis 2 Mio.	183	7,2	48	10,5
über 2 Mio. bis 5 Mio.	169	6,6	51	11,2
über 5 Mio. bis 10 Mio.	66	2,6	26	5,7
über 10 Mio. bis 25 Mio.	69	2,7	25	5,5
über 25 Mio. bis 50 Mio.	24	0,9	7	1,5
über 50 Mio.	25	0,9	10	2,1
Summe	2 553	100	457**	100

* Die Angaben beziehen sich auf das Verlegen von Büchern (ohne Adressbücher) und sind der jährlich vom Statistischen Bundesamt Destatis herausgegebenen Umsatzsteuerstatistik entnommen. Sie gelten für das Jahr 2003 (Umsatzsteuerstatistik vom 3.6.2005).

** In 31 Fällen wurden von den Befragten keine Angaben zur Umsatzgrößenordnung ihres Verlages gemacht, daher ergeben sich als Summe nur 457 gültige Fälle und nicht 488.

Die Überprüfung anhand der zweiten Variablen (Umsatzgrößenklasse) zeigte, dass sich die Verteilung der Stichprobe signifikant von den erwarteten Häufigkeiten der Grundgesamtheit (Adressdatenbank) unterscheidet. Hierzu wurden die Verlage nach ihrer Zugehörigkeit zu Umsatzgrößenklassen ausgezählt und mit entsprechenden Daten der Umsatzsteuerstatistik verglichen (siehe Tabelle auf Seite 131). Das Resultat des „Goodness of Fit"-Tests zeigt, dass sich bei einem Signifikanzniveau von $\alpha = 0{,}01$ (1 % Irrtumswahrscheinlichkeit) und df = 9 (Freiheitsgrade) ein kritischer Chi-Quadrat-Wert von 21,666 ergibt. Der empirische Chi-Quadrat-Wert beträgt jedoch 80,690. Er fällt damit in den Ablehungsbereich der H_0-Hypothese, da er deutlich größer ist als der kritische Chi-Quadrat-Wert. Die Stichprobe ist folglich nicht repräsentativ für die Grundgesamtheit.

$$\chi^2_{emp} > \chi^2_{krit} \quad \Rightarrow H_0 \text{ wird verworfen!}$$

Erläuterung des Ergebnisses

Die Stichprobe kann aus mindestens vier Gründen nicht repräsentativ sein:

- Erstens liegt der Stichprobe eine andere Definition von Verlagen zugrunde als der Umsatzsteuerstatistik, die den Begriff weiter definiert.
- Zweitens stammen die Daten der Umsatzsteuerstatistik aus dem Jahr 2003 (und z. T. auch aus 2002) und können somit nicht eins zu eins auf das Jahr 2005 übertragen werden.
- Drittens war zu vermuten, dass jene Verlage, die keine Lektoren beschäftigen, sich weniger an der Umfrage beteiligen.
- Viertens war anzunehmen, dass kleine Verlage mit niedrigen Umsätzen keine Lektoren beschäftigen. Dies ergab auch eine Durchsicht des Datenmaterials der Befragung.

Um die in den Punkten drei und vier gemachten Annahmen zu prüfen, wurde der Test wiederholt. Dazu wurden alle Verlage, die die Teilnahme an der Befragung mit der Begründung verweigert hatten, keine Lektoren zu beschäftigen, mit den untersten zwei Umsatzgrößenklassen der Stichprobe zu einer Kategorie zusammengefasst. Analog dazu wurden auch die untersten zwei Kategorien der

Mehrwertsteuerstatistik zusammengefasst. Dadurch enthielt die Kategorie der kleinsten Verlage der Stichprobe nun 300 Verlage, die entsprechende Kategorie der Umsatzsteuerstatistik 1418.

Bei einem Signifikanzniveau von $\alpha = 0{,}01$ und acht Freiheitsgraden ergibt sich aus einer tabellierten Chi-Quadrat-Verteilung ein kritischer Chi-Quadrat-Wert von 20,090. Der empirische Chi-Quadrat-Wert beträgt 31,716. Er fällt damit wiederum in den Ablehnungsbereich der H_0-Hypothese, da er größer ist als der kritische Chi-Quadrat-Wert. Die Stichprobe ist demzufolge zwar nicht repräsentativ für die Grundgesamtheit, doch liegen die Werte deutlich näher als beim ersten Test. Die Abweichung dürfte daher zu einem großen Teil auf das Konto der unterschiedlichen Verlagsdefinitionen und Erhebungszeiträume beider Datensätze gehen (siehe Punkte 1 und 2). Um die Vermutung zu stützen, wurden in einem weiteren Test die untersten drei Umsatzsteuerklassen aus dem Testverfahren ausgeschlossen. Begründet wird dieses Vorgehen dadurch, dass diese drei Klassen auch bei der Bildung des Verlagsgrößenindex in einer Kategorie zusammengefasst wurden. Ergibt sich kein signifikanter Unterschied zwischen den erwarteten Häufigkeiten und den tatsächlichen, kann dies als Indikator dafür gewertet werden, dass zumindest die mittleren und die großen Verlage in der Stichprobe hinreichend repräsentiert sind.

Bei einem Signifikanzniveau von $\alpha = 0{,}01$ und sechs Freiheitsgraden ergibt sich aus einer tabellierten Chi-Quadrat-Verteilung ein kritischer Chi-Quadrat-Wert von 6,812. Der empirische Chi-Quadrat-Wert beträgt 11,847. Damit ist der empirische Wert kleiner als der kritische Wert. Folglich ist die Verteilung in der Stichprobe bezüglich der mittleren und großen Verlage repräsentativ für die Verteilung in der Grundgesamtheit. Man kann also davon ausgehen, dass die wesentliche Verzerrung tatsächlich von den kleinen Verlagen mit einem maximalen Umsatz von 500 000 Euro ausgeht. Bei der Auswertung der Daten wird dies zu berücksichtigen sein.

$$\chi^2_{emp} < \chi^2_{krit} \quad \Rightarrow H_0 \text{ wird angenommen!}$$

2 Gewichtung der Daten

Wie der „Goodness of fit"-Test zeigte, ist die Verteilung der Verlage nach Umsatzgrößenklassen in der Stichprobe nicht repräsentativ für die Verteilung in der Grundgesamtheit. Da die Variable „Umsatzgrößenklasse" signifikant mit den weiteren Größenvariablen wie beispielsweise der Zahl der fest angestellten Mitarbeiter und der Zahl der Buchtitel in Erstauflage, aber auch mit anderen Variablen korreliert, war davon auszugehen, dass diese analog zur Umsatzgrößenklasse von der Verzerrung betroffen sind. Daher mussten die Daten vor der Auswertung gewichtet werden.

Die Verzerrung ging von der Gruppe der kleinen Verlage aus. Während in der Umsatzsteuerstatistik für 2003 insgesamt 70 Prozent der Verlage einen maximalen Umsatz vor Steuer von 500 000 Euro nicht überschritten, traf dies nur auf 53,4 Prozent der Verlage der Stichprobe zu. Schaut man, in welche Kategorien des Verlagsgrößenindex[48] die nach Umsatzgrößenklasse kleinen Verlage fallen, so kann man aus nachfolgender Kreuztabelle ersehen, dass sie zu 98,77 Prozent in der Kategorie „klein" zu finden sind. Nur 0,23 Prozent entfallen auf die mittleren Verlage.

Verteilung auf die Kategorien des Verlagsgrößenindex

Verlage	Verlagsgrößenindex			
	klein	mittel	groß	Summe
bis 500 000 Euro	241	3	0	244
in Prozent	98,77	0,23	0	100

Aufgrund der Vermutung, dass die Verzerrung alle Größenvariablen in ähnlicher Weise betrifft (hohe Korrelation zwischen den Variablen mit Werten von mindestens 0,630), wurden von der Variablen

[48] Der Index wurde aus drei Größenvariablen erstellt: Umsatzgrößenklasse, Zahl der fest angestellten Mitarbeiter und Zahl der Titel in Erstauflage 2004. Zur Erstellung des Index siehe die folgenden Ausführungen.

„Umsatzgrößenklasse“ ausgehend die Korrekturwerte für die Gewichtung berechnet. Ein anderes Vorgehen bot sich nicht an, da dies die einzige Größenvariable war, für die externe Vergleichsdaten zur Verfügung standen. Daher wurde nun zunächst untersucht, wie viele Verlage mit einem maximalen Umsatz von 500 000 Euro den Fragebogen hätten beantworten müssen, damit das Sample bezüglich der Variablen „Umsatzgrößenklasse“ repräsentativ für die Grundgesamtheit gewesen wäre. Die Berechnung ergab 497 Verlage (statt 244). Von diesen 497 Verlagen wurden – wie zuvor berechnet – 98,77 Prozent (491 Verlage) der Kategorie „klein“ des Verlagsgrößenindexes zugewiesen, 0,23 Prozent (6 Verlage) der Kategorie „mittel“. Anschließend wurden die Kategorien des Größenindexes um jene Fälle ergänzt, deren Umsatz über 500 000 Euro beträgt. Somit liegt der Anteil kleiner Verlage bei 79,35 Prozent, der Anteil mittlerer Verlage bei 15,8 Prozent und der Anteil der großen Verlage bei 4,85 Prozent.

Neuverteilung auf die Kategorien des Verlagsgrößenindex

Verlage	Verlagsgrößenindex			
	klein	mittel	groß	Summe
bis 500 000 Euro	491	6	0	497
über 500 000 Euro	97	111	36	244
Gesamt (Sollwert)	588	117	36	741
in Prozent	79,35	15,80	4,85	100,00

Die so entstandene Verteilung des Verlagsgrößenindex wurde nun als Sollgröße verwendet. Es wurde also angenommen, dass sie der Verteilung in einer unverzerrten Zufallsstichprobe entspricht. Um die Annahme zu prüfen, wurde für die Grundgesamtheit der Umsatzsteuerstatistik ermittelt, wie groß bei ihr der Anteil der kleinen, mittleren und großen Verlage in einem Verlagsgrößenindex wäre. Die Berechnungen ergaben 82,2 Prozent für die kleinen Verlage,

14,4 Prozent für die mittleren Verlage und 3,4 Prozent für die großen Verlage. Dies entspricht laut Signifikanztest den errechneten Sollwerten für die Stichprobe. Die Annahmen über die Verzerrung der Stichprobe und die Korrelationen zwischen den Größenvariablen waren also gültig. Anhand der Sollwerte und der empirischen Werte konnten daher die Korrekturwerte für die Gewichtung des Verlagsgrößenindex ermittelt werden.

Berechnung der Korrekturwerte

Kategorien	Sollwerte		Istwerte		Korrekturwerte
	absolut	Prozent	absolut	Prozent	
kleine Verlage	588	79,35	338	69,3	1,145
mittlere Verlage	117	15,8	114	23,4	0,675
große Verlage	36	4,85	36	7,4	0,655
Summe	741	100	488	100	–

3 Erstellung der Verlagsprofile

Da die Auswertung berücksichtigen sollte, inwiefern sich die Verlagsgröße, die Programmausrichtung und die Produktpalette der Verlage auf das Lektorat bzw. auf weitere abhängige Variablen auswirken, musste für diese Merkmale zunächst eine Typisierung durchgeführt werden.

Der Verlagsgrößenindex

In der Verlagsbefragung wurden zur Verlagsgröße vier Fragen gestellt. Mit der ersten wurde die Zahl der Buchtitel in Erstauflage für das Jahr 2004 ermittelt. Dies erschien insofern sinnvoll, als der Arbeitsaufwand sich stark an der Zahl der Titel orientiert. Die Höhe der Auflage hat auf ihn hingegen keinen Einfluss. Wichtig war stattdessen, einen gut überschaubaren Zeitraum anzugeben, weshalb die Titelzahl des vergangen Jahres genannt werden sollte.

Mit einer weiteren Frage wurde die Zahl der fest angestellten Mitarbeiter erhoben, da auch dies ein relevantes Kennzeichen für die Größe eines Unternehmens ist. Wichtig ist dabei auch die Relation, die hier zu der Titelzahl entsteht, denn nicht alle Unternehmen, die zum herstellenden Buchhandel gerechnet werden, sind reine Buchverlage. Es finden sich vielmehr auch Mischverlage darunter (Zeitungen, Zeitschriften etc.) oder aber sogenannte Regiebetriebe. Das Kerngeschäft dieser Unternehmen hat meist nichts mit dem Buchwesen zu tun. Die Buchproduktion ist vielmehr als Nebenprodukt der Haupttätigkeit des Unternehmens zu sehen. Durch die Kombination der Mitarbeiterzahl und der Titelzahl konnte also verhindert werden, dass ein solches Unternehmen, das zwar viele Mitarbeiter hat, aber nur wenige Titel produziert, automatisch als großer Verlag gewertet wird.

Ebenso wichtig ist für den Größenindex jedoch auch die wirtschaftliche Bedeutung eines Unternehmens. Dazu wurden die Befragten gebeten, ihren Verlag einer Umsatzgrößenklasse zuzuordnen. Dazu wurde in Anlehnung an die Umsatzsteuerstatistik eine Liste mit zehn Klassen vorgegeben. Die kleinste Kategorie umfasste alle Verlage bis 100 000 Euro Umsatz vor Steuer, die größte Kategorie alle Verlage mit über 50 Millionen Euro. Auch diese Kennziffern können jedoch nicht allein die Größe eines Verlages hinreichend bestimmen. Vielmehr ist auch hier die Relation zur Anzahl der Titel sehr interessant: Es gibt Verlage, die ein sehr exquisites Programm mit sehr geringen Auflagenzahlen verlegen und daher geringe Umsätze erzielen. Andere Verlage können hingegen bei gleicher Titelzahl, aber einem am allgemeinen Geschmack orientierten Programm sehr viel höhere Umsätze erzielen. Daneben gibt es jedoch auch Verlage, die trotz geringer Titelzahl und geringer Auflagengröße hohe Umsätze erzielen, da sie im Premium-Segment angesiedelt sind, also ihre Bücher zu einem relativ hohen Preis verkaufen können.

Darüber hinaus wurden die Befragten aufgefordert, die Größe ihres Verlages selbst einzuschätzen. Bei der Frageformulierung wurde dabei absichtlich kein Hinweis gegeben, woran die Größe des Verlages gemessen werden soll. Dieses Verfahren wird von Coser et al. (1982) empfohlen. In einer empirischen Untersuchung amerikanischer Verlage stellte sich die Selbsteinschätzung im Vergleich zu anderen Verfahren zur Messung der Verlagsgröße als das verlässlichste Instrument heraus, da die Befragten meist intuitiv einen Index aus verschiedensten Größenmerkmalen bilden. Vor allem aber ist die Selbsteinschätzung darum sehr nützlich, da bei ihr die Verweigerungsquote bei quasi Null liegt. Dies wurde in den Ergebnissen dieser Studie erneut bestätigt.

Verweigerungsquote bei Angaben zur Verlagsgröße

		Selbsteinschätzung	Buchtitel in Erstauflage	fest angestellte Mitarbeiter	Umsatzgrößenklassen
n	gültig	488	478	474	457
	fehlend	0	10	14	31

Die Selbsteinschätzung floss zunächst jedoch nicht in die Bildung des Größenindex ein. Da zwischen den Werten dieser Variablen und den Werten der anderen drei Größenvariablen eine deutliche Korrelation besteht (der Spearman Rangkorrelationskoeffizient beträgt jeweils mindesten 0,6), sollte die Variable vielmehr als eine Art Kontrollgröße dienen, mit welcher der Index verglichen werden konnte. Besteht, wie zu erwarten war, zwischen der Selbsteinschätzung und dem Index eine starke Korrelation, können fehlende Werte (Verweigerungen bei den Angaben zu einzelnen Größenvariablen) durch die Angaben in der Variablen Selbsteinschätzung ausgeglichen werden. Somit wird gewährleistet, dass jeder Verlag im Größenindex enthalten ist.

Zur Bildung des Größenindex der Verlage standen also zunächst drei Variablen zur Verfügung: die Zahl der Buchtitel in Erstauflage, die Zahl der fest angestellten Mitarbeiter und die Umsatzgrößenklasse. Für alle drei Variablen wurde der Spearman Korrelationskoeffizient berechnet. Die Zusammenhangsmaße der drei untersuchten Kombinationen variieren leicht, doch ergibt sich jeweils ein starker positiver Zusammenhang:

Umsatzgrößenklassen/Anzahl der Mitarbeiter	= 0,865
Umsatzgrößenklasse/Anzahl der Buchtitel	= 0,700
Anzahl der Mitarbeiter/Anzahl der Buchtitel	= 0,710

Bedingungen der Größenindexbildung

Um auf der Grundlage der Messwerte der Größenvariablen einen Index erstellen zu können, war es zunächst erforderlich, sowohl für die metrisch gemessenen als auch für die ordinal vorliegenden Werte ein gemeinsames Messniveau herzustellen. Die Größenvariablen sollten zu diesem Zweck so rekodiert werden, dass sie auf ordinalem Niveau in drei Werte untergliedert sind: klein (= 1), mittel (= 2), groß (= 3). Somit war bei allen drei Größenvariablen die Information enthalten, ob der jeweilige Verlag im Vergleich zu den anderen klein, mittel oder groß ist. Dies ermöglicht ein Zusammenfassen der rekodierten Variablen zu einem Index, der alle Verlage nach ihrer Größe ordnet – und zwar gewichtet nach der Häufigkeit, mit welcher der Verlag die drei Größenordnungsplätze einnimmt. Der Größenindex soll die Verlage in drei Gruppen teilen:

groß (= 3): In diese Gruppe werden die Verlage eingestuft, die in mindesten zwei der drei Größenvariablen mit „groß" kodiert wurden, wobei in der dritten Variablen kein „klein" vergeben worden sein darf (Summe der Werte > 7).

mittel (= 2): Hier werden die Verlage eingestuft, bei denen die Summe der Werte, die ihnen in den drei Größenvariablen zugewiesen wurden entweder 5, 6 oder 7 beträgt.

klein (= 1): Dies sind alle Verlage, die mindestens bei zwei Variablen mit „klein" codiert wurden, wobei die dritte Variable nicht mit „groß" codiert sein darf (Summe der Werte < 5!).

Beispiel: Ein Verlag wurde in Größenvariable V_1 mit einer 2 codiert, in Größenvariable V_2 mit einer 3 und in Größenvariable V_3 erneut mit 2. Die Summe der drei Messwerte ergibt 7, in der Variablen Größenindex wird dem Verlag folglich der Wert 2 (mittel) zugewiesen.

Die Rekodierung der Größenvariablen

Bevor die einzelnen Größenvariablen rekodiert werden konnten, wurden zunächst wichtige statistische Kennwerte ermittelt. Dabei sollte die zusätzliche Auswertung der Variablen „Selbsteinschätzung" Aufschluss darüber geben, wie sich die Verlage selbst in einer Dreierskala zur Erfassung der Verlagsgröße (1 = eher klein, 2 = eher mittel, 3 = eher groß) einordnen. Die Häufigkeitsauszählung ergab dabei Folgendes:

Selbsteinschätzung der Verlagsgröße

Größe	Häufigkeit	Prozent	gültige Prozente	kumulierte Prozente
eher klein	369	75,6	75,6	75,6
eher mittel	105	21,5	21,5	97,1
eher groß	14	2,9	2,9	100,0
Summe	488	100,0	100,0	

Die Verteilung der Fälle auf die drei Messwerte spiegelt deutlich die Struktur der deutschen Verlagsbranche wieder, die von wenigen großen Verlagen und einer großen Vielfalt an kleinen und kleinsten Verlagen geprägt wird. Die Selbsteinschätzung zeigt, dass nur knapp drei Prozent der Befragten ihren Verlag für eher groß halten. Drei Viertel der Befragten schätzen ihren Verlag hingegen als eher klein ein. Wobei bei diesen Angaben noch zu berücksichtigen ist, dass die kleinen Verlage in der Stichprobe sogar leicht unterrepräsentiert sind. Die statistischen Kennwerte der anderen Größenvariablen bestätigen im Folgenden die extrem asymmetrische Verteilung der Verlage nach Größe.

Buchtitel in Erstauflage

Wie aufgrund der Auswertung der Variablen „Selbsteinschätzung der Verlagsgröße“ zu erwarten war, verteilen sich auch innerhalb der Variablen „Buchtitel in Erstauflage“ die Werte sehr asymmetrisch. Trotz der großen Spannweite der Werte zwischen einem Minimum von Null und einem Maximum von 960 Buchtiteln liegt das arithmetische Mittel bei 45,6. Der Median beträgt 14; die Hälfte der Befragten gab also an, dass ihr Verlag im Jahr 2004 maximal 14 Buchtitel in Erstauflage publiziert hat.

Kumulative Häufigkeitsverteilung der Buchtitel in Erstauflage

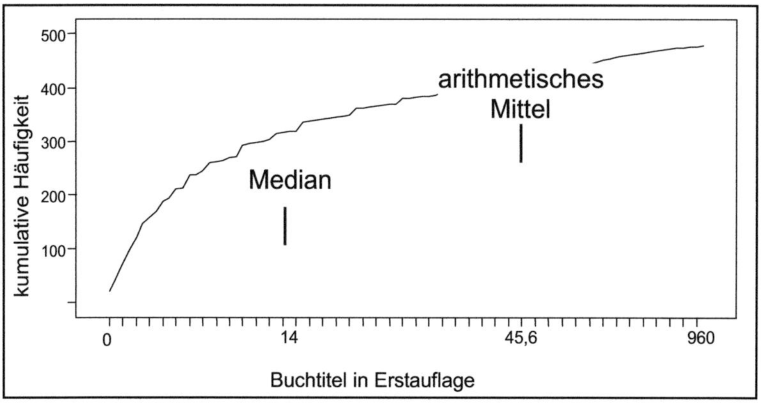

Die Darstellung der kumulativen Häufigkeit zeigt sehr deutlich, dass aufgrund der extremen Asymmetrie der Verteilung und der sehr großen Spannbreite der Werte eine Transformation durch Zusammenfassen in gleichmäßige Intervalle wenig sinnvoll war. Vielmehr musste der Tatsache Rechnung getragen werden, dass das Gros der Fälle im untersten Bereich der Skala zu finden ist und auch das arithmetische Mittel in diesem Bereich liegt. (Bei der Interpretation der Grafik ist zu beachten, dass der Wertebereich zwischen 100 und 960 stark verkürzt dargestellt wird.) Um die Werte zu transformieren, wurden die Extremwerte mittels eines Boxplots ermittelt. Bei diesem Verfahren werden all jene Werte als Extremwerte identifiziert, die mehr als drei Boxenlängen vom oberen Quartilswert nach oben bzw. vom unteren Quartilswert nach unten abweichen, wobei die Boxenlänge von jenem Wertebereich bestimmt wird, in welchem die Werte der mittleren 50 Prozent der Fälle der Verteilung liegen. Es stellte sich heraus, dass alle Fälle, deren Wert größer als 145 ist, als Extremfälle betrachtet werden müssen. Aufgrund der stark asymmetrischen Verteilung der Werte war jedoch zu erwarten, dass aufgrund der geringen Anzahl der großen Verlage deren Werte statistisch als Extremwerte zu identifizieren sind. Daher wurde der per Boxplot ermittelte Wert für die Variable „Buchtitel in Erstauflage“ als Grenze zwischen den mittleren und den großen Verlagen angenommen.

Zur Bestimmung der Grenze zwischen den kleinen und den mittleren Verlagen musste ein anderes Verfahren angewandt werden. Hierzu wurde zunächst die Bedingung festgelegt, dass das arithmetische Mittel in der Gruppe der Verlage mittlerer Größe liegen muss. Aufgrund der asymmetrischen Häufigkeitsverteilung wurde außerdem die Bedingung festgelegt, dass der Median in der Gruppe der kleinen Verlage liegen muss. Die Grenzziehung sollte also zwischen den beiden Werten erfolgen. Dazu wurden beide Werte addiert und durch zwei geteilt. Somit ergab sich für die untere Grenze ein Wert von 30. Bei der Rekodierung wurden folglich alle Fälle mit einem Wert von 0 bis 30 den kleinen Verlagen zugeordnet, alle Fälle mit einem Wert von 31 bis 145 den mittleren Verlagen und alle Fälle mit einem Wert von über 145 den großen Verlagen. Für die rekodierte Variable „Buchtitel in Erstauflage“ ergab sich folgende Verteilung:

Größenordnung der Verlage nach Zahl der Buchtitel in Erstauflage

		Häufigkeit	Prozent	gültige Prozente	kumulierte Prozente
gültig	klein	335	68,6	70,1	70,1
	mittel	106	21,7	22,2	92,3
	groß	37	7,6	7,7	100,0
	Gesamt	478	98,0	100,0	
fehlend	keine Angaben	10	2,0		
Summe		488	100,0		

Fest angestellte Mitarbeiter

Bei der Rekodierung der Variablen „fest angestellte Mitarbeiter“ wurde in gleicher Weise verfahren wie bei der eben beschriebenen Variablen. Wie nicht anders zu erwarten, lag auch hier eine stark asymmetrische Verteilung der Werte vor. Die Spannweite war jedoch etwas geringer und erstreckte sich zwischen einem Minimum von Null und einem Maximum von 700 Mitarbeitern. Das arithmetische Mittel betrug 17,75. Der Median lag bei 4, das heißt, 50 Prozent der Befragten gaben an, dass ihr Verlag derzeit maximal vier fest angestellte Mitarbeiter beschäftigt.

Um die Werte zu transformieren, wurden erneut die Extremwerte mittels eines Boxplots ermittelt. Dieses Mal betrug der Wert für die obere Grenze 37. Zur Bestimmung der unteren Grenze wurde wie bei der vorangegangenen Variablen der Mittelwert zwischen Median und arithmetischem Mittel berechnet. Er betrug 11. Bei der Rekodierung wurden folglich alle Fälle mit einem Wert von 0 bis 11 den kleinen Verlagen zugeordnet, alle Fälle mit einem Wert von 12 bis 37 den mittleren Verlagen und alle Fälle mit einem Wert von über 37 den großen Verlagen. Für die rekodierte Variable „fest angestellte Mitarbeiter“ ergab sich folgende Verteilung:

Größenordnung der Verlage nach Zahl der fest angestellten Mitarbeiter

		Häufig-keit	Pro-zent	gültige Prozente	kumulierte Prozente
gültig	klein	363	74,4	76,6	76,6
	mittel	59	12,1	12,4	89,0
	groß	52	10,7	11,0	100,0
	Gesamt	474	97,1	100,0	
fehlend	keine Angaben	14	2,9		
Summe		488	100,0		

Umsatzgrößenklasse

Die Rekodierung der Variablen „Umsatzgrößenklasse" ist im Gegensatz zu den zwei anderen Größenvariablen wesentlich leichter, da die Daten hier bereits ordinalskaliert vorliegen. Dadurch ist die Spannbreite relativ gering und erstreckt sich zwischen einem Minimum von 0 bis zu einem Maximum von 9. Die Verteilung ist leicht asymmetrisch. Im Schnitt hat ein Verlag einen Umsatz vor Steuer von rund 4,3 Millionen Euro. Bei der Hälfte der Verlage beträgt der Umsatz vor Steuer jedoch maximal 435 500 Euro (Median).

Um die Werte zu transformieren, wurden die zehn Umsatzgrößenklassen in drei Kategorien zusammengefasst. Als „klein" wurden alle Verlage mit einem Umsatz vor Steuer bis maximal 500 000 Euro eingestuft, als „mittel" alle Verlage mit einem Umsatz vor Steuer zwischen 500 001 und 10 Millionen Euro, als „groß" alle Verlage mit über 10 Millionen Euro. Damit wurde – analog zum Rekodierungsverfahren der anderen Größenvariablen – die Bedingung erfüllt, dass der Median im Wertebereich der kleinen Verlage und das arithmetische Mittel im Wertebereich der mittleren Verlage liegt. Für die rekodierte Variable „Umsatzgrößenklasse" ergab sich folgende Verteilung:

Größenordnung der Verlage nach Umsatzgrößenklassen

		Häufigkeit	Prozent	gültige Prozente	kumulierte Prozente
gültig	klein	244	50,0	53,4	53,4
	mittel	171	35,0	37,4	90,8
	groß	42	8,6	9,2	100,0
	Gesamt	457	93,6	100,0	
fehlend	keine Angaben	31	6,4		
Summe		488	100,0		

Wie bereits erwähnt, wurden die neu gebildeten Größenvariablen in einem Index zusammengefasst, der schließlich für alle Verlage eine verbindliche Angabe über deren Größe geben sollte. Dabei wurden die bereits dargestellten Regeln eingehalten. Es stellte sich jedoch heraus, dass in 50 Fällen aufgrund fehlender Angaben zunächst kein Wert vergeben werden konnte. Diese Fälle mussten also auf der Grundlage der vorhandenen Werte und unter Zuhilfenahme der Werte der Variablen „Selbsteinschätzung" nachkodiert werden. Dies schien insofern zulässig, da die Korrelation nach Spearman zwischen dem neu gebildeten Größenindex und der Variablen „Selbsteinschätzung" sehr stark ist und die drei Größenvariablen auch einzeln mit der Variablen „Selbsteinschätzung" sehr stark korrelieren (siehe nachfolgende Tabelle mit den Werten des Spearman Korrelationskoeffizienten).

Überblick über die Korrelationen

	Größenindex	Selbsteinschätzung
Buchtitel in Erstauflage	0,71	0,60
fest angestellte Mitarbeiter	0,75	0,67
Umsatzgrößenklassen	0,74	0,63
Selbsteinschätzung	0,72	1,00

Aus der Tabelle geht außerdem hervor, dass der neu gebildete Index mit allen drei Größenvariablen deutlich stärker korreliert als die Selbsteinschätzung. Diese wiederum korreliert mit dem Größenindex ebenso deutlich stärker als mit den einzelnen Größenvariablen. Der erstellte Größenindex kann daher als geeignetes Mittel betrachtet werden, um die Verlage in drei Gruppen zu ordnen. Damit bestätigt das Ergebnis zwar die Vermutung von Coser et al. (1982), dass die Selbsteinschätzung der Verlagsgröße die tatsächliche Verteilung sehr gut widerspiegelt und aufgrund der praktisch nicht vorhandenen Ausfälle ein sehr probates Mittel für die Verlagsgrößenbestimmung ist, doch hat sich die Bildung eines Index aus den Größenvariablen als eine noch besseres Verfahren erwiesen. Es hat jedoch den Nachteil, dass fehlende Werte nachkodiert werden müssen. In der vorliegenden Studie ist die Anzahl der Fälle, bei denen bei zwei oder drei der Größenvariablen die Aussage verweigert wurde, jedoch sehr gering. Ihr Anteil an der Stichprobe (n = 488) beträgt 0,8 Prozent. Für den Größenindex ergab sich folgende Häufigkeitsverteilung:

Verteilung der Verlage nach Verlagsgrößenindex

	Häufigkeit	Prozent	gültige Prozente	kumulierte Prozente
klein	338	69,3	69,3	69,3
mittel	114	23,4	23,4	92,6
groß	36	7,4	7,4	100,0
Summe	488	100,0	100,0	

Nach diesem Index sind kleine Verlage dadurch gekennzeichnet, dass sie im Schnitt 12 Bücher in Erstauflage verlegen, drei fest angestellte Mitarbeiter beschäftigen und einen Umsatz von durchschnittlich 546 016 Euro vor Steuer erwirtschaften. Die mittleren Verlage verlegen im Schnitt 77 Bücher, haben durchschnittlich 23 fest angestellte Mitarbeiter und einen Umsatz vor Steuer von rund 5,1 Millionen Euro. Die großen Verlage zeichnen sich dadurch aus, dass sie durchschnittlich 266 Buchtitel in Erstauflage verlegen, 138 fest angestellte Mitarbeiter beschäftigen und einen Umsatz vor Steuer von rund 37,4 Millionen Euro erwirtschaften.

Typisierung der Verlage nach Editionsformen

Neben der Größe eines Verlages kann auch die Art der Produkte, die verlegt werden, einen Einfluss auf die Lektoratsorganisation und die allgemeine Marktposition eines Unternehmens ausüben. Daher wurden im Fragebogen die verschiedenen Editionsformen abgefragt. Die Befragten sollten in einer Liste mit festen Antwortvorgaben zu jeder der genannten Editionsform angeben, welchen Prozentanteil sie am Umsatz des Verlages einnimmt. Abgefragt wurden in dieser Liste klassische Hardcoverbücher, Taschenbücher, elektronische Editionsformen wie CDs oder E-Books und Publishing-on-Demand-Produkte. In einer offenen Kategorie wurde außerdem nach weiteren Editionsformen und deren Anteil am Verlagsumsatz gefragt. Die Analyse der Angaben zu den einzelnen Editionsformen ergab:

Häufigkeit der Editionsformen (Mehrfachantworten)

Editionsform	Antworten		Prozent der Fälle
	n	Prozent	
klassisches (Hardcover-)Buch	399	36,1	85,4
Taschenbuch, Softcovertitel	350	31,6	74,9
elektronische Publikationen	161	14,6	34,5
Publishing-on-Demand	75	6,8	16,1
Sonstige	121	10,9	25,9
Summe	1106	100,0	236,8

(n = 467)

Um eine Typisierung der Verlage nach den von ihnen verlegten Editionsformen zu erstellen, war es zunächst notwendig, jene Verlage herauszufiltern, bei denen das Produktangebot von einer einzelnen Editionsform dominiert wird. Damit das Vorherrschen einer einzelnen Editionsform als signifikant gewertet werden kann, wurden folgende Bedingungen festgelegt:

1. Der Anteil der dominierenden Editionsform am Umsatz eines Verlages muss mehr als 50 Prozent betragen.

2. Der jeweilige Umsatzanteil von weiteren Editionsformen muss deutlich unter 50 Prozent liegen. Er darf jeweils maximal zwei Drittel des Wertes der dominierenden Editionsform betragen.

Als klassische (Hardcover-)Buchverlage wurden zum Beispiel all jene Verlage typisiert, bei welchen die klassischen Buchtitel am Verlagsumsatz den größten Anteil einnehmen (über 50 Prozent) und dieser Anteil am Umsatz mindestens eineinhalbmal größer ist als der jeweilige Anteil anderer Editionsformen. Zur Rekodierung wurden also zunächst jene Fälle ermittelt, die in einer der angegebenen Editionsformen einen Anteil am Verlagsumsatz von mehr als 50 Prozent aufweisen. Anschließend wurde geprüft, inwiefern auch die zweite Bedingung erfüllt ist, der Anteil also mindestens eineinhalbmal größer ist als der Anteil der nächst größten Editionsform.

Neben den Verlagen, die eine einzelne dominierende Editionsform aufweisen, gibt es jedoch auch solche, bei denen z.B. zwei Editionsformen das Angebot dominieren. Diese wurden im Zuge der bisherigen Typisierung ebenfalls ermittelt und in einer eigenen Kategorie erfasst. Eine Untersuchung dieser Kategorie zeigte, dass häufig eine ganz bestimmte Kombination vorlag, und zwar waren dies Verlage, deren Umsatz zu gleich großen Teilen mit Hardcover- und Softcovertiteln erzielt wird. Die Kategorie „Hard- und Softcoververlag“ enthält daher all jene Verlage, bei denen die Hard- und Softcovertitel bzw. die klassischen Bücher und die Taschenbücher gemeinsam einen Anteil am Verlagsumsatz von über 50 Prozent einnehmen, wobei die jeweiligen Anteile weiterer Editionsformen wiederum maximal zwei Drittel des entsprechenden Wertes betragen dürfen. Die Fälle, bei denen weder eine einzelne Editionsform dominiert noch eine gemeinsame Dominanz aus Hardcover- und Softcoverbüchern festgestellt werden konnte, konnten aufgrund ihrer großen Heterogenität nicht weiter kategorisiert werden. Unter ihnen befinden sich zu einem großen Teil Verlage mit sehr breitem Angebotspektrum an Editionsformen, aber auch Unternehmen, deren Hauptgeschäft nicht im Verlegen von Büchern besteht (Regiebetriebe, Zeitungs- und Zeitschriftenverlage). Sie alle wurden in der Kategorie „sonstiger Verlag“ zusammengefasst. Somit ergab sich folgende Verteilung:

Verlagsprofil nach Editionsform

		Häufigkeit	Prozent	gültige Prozente	kumulierte Prozente
gültig	Hardcoververlag	181	37,1	39,9	39,9
	Taschenbuch-/ Softcoververlag	150	30,7	33,0	72,9
	E-Publikationen-verlag	5	1,0	1,1	74,0
	PoD-Verlag	14	2,9	3,1	77,1
	Hard- und Softcoververlag	49	10,0	10,8	87,9
	sonstiger Verlag	55	11,3	12,1	100,0
	Gesamt	454	93,0	100,0	
fehlend	keine Angaben	13	2,7		
	nur Nennung	21	4,3		
	Gesamt	34	7,0		
Summe		488	100,0		

Typisierung der Verlage nach Lizenztiteln

Ergänzend zur Editionsform wurden die Befragten gebeten anzugeben, ob ihr Verlag Lizenztitel verlegt. Dies erschien notwendig, da die Manuskriptarbeit an Lizenztiteln völlig andere Anforderungen an das Lektorat stellt als die Arbeit an Erstveröffentlichungen. Außerdem wurde nach Lizenzen aus dem deutschen Sprachraum und nach Lizenzen aus dem Ausland unterschieden. Dies ist insofern wichtig, da davon auszugehen war, dass die meisten deutschsprachigen Titel, die schon einmal veröffentlicht wurden, bereits ein Lektorat durchlaufen haben. Sie müssen als Lizenztitel also nicht unbedingt noch einmal komplett lektoriert werden. Außerdem war anzunehmen, dass in den meisten Fällen auch der direkte Kontakt zum Autor sowie die gemeinsame Arbeit am Manuskript entfallen. Anders bei fremdsprachigen Lizenztiteln: Hier müssen sich Lektoren häufig zusätzlich um eine angemessene Übersetzung kümmern.

Die Analyse der Angaben zu den Lizenzen ergab für deutschsprachige Lizenzen:

Verlage ohne deutsche Lizenzen	= 328
Verlage mit deutschen Lizenzen	= 106
Verlage mit Lizenzen, aber ohne Prozentangaben	= 55
Summe	= 488

Um eine Typisierung der Verlage nach ihrem Anteil von Lizenzen am Gesamtprogramm zu erstellen, wurden jene Verlage herausgefiltert, an deren Verlagsprogramm Lizenztitel einen Anteil von mindestens 30 Prozent einnehmen. Ab diesem Wert wurde angenommen, dass sich das Verlegen von Lizenztiteln auf die Organisation des Verlages und seines Lektorats messbar niederschlägt. Eine entsprechende Rekodierung der Variablen „deutsche Lizenzen" ergab folgende Verteilung:

Index deutsche Lizenzen

		Häufigkeit	Prozent	gültige Prozente	kumulierte Prozente
gültig	keine Lizenzen	328	67,2	75,8	75,8
	Lizenzanteil < 30%	51	10,5	11,8	87,5
	Lizenzanteil mind. 30%	54	11,1	12,5	100,0
	Gesamt	433	88,7	100,0	
fehlend	keine Prozentangaben	55	11,3		
Summe		488	100,0		

Für die Lizenzen aus dem Ausland ergab sich Folgendes:

Verlage ohne ausländische Lizenzen	= 246
Verlage mit ausländischen Lizenzen	= 191
Verlage mit Lizenzen, aber ohne Prozentangaben	= 51
Summe	= 488

Die Typisierung der Verlage nach ausländischen Lizenzen erfolgte analog zu den deutschen Lizenzen. Es wurden also erneut jene Verlage herausgefiltert, an deren Verlagsprogramm Lizenztitel einen Anteil von mindestens 30 Prozent einnehmen. Die Rekodierung der Variablen „ausländische Lizenzen" ergab folgende Verteilung:

Index ausländische Lizenzen

		Häufigkeit	Prozent	gültige Prozente	kumulierte Prozente
gültig	keine Lizenzen	246	50,4	56,3	56,3
	Lizenzanteil < 30%	133	27,3	30,4	86,7
	Lizenzanteil mind. 30%	58	11,9	13,3	100,0
	Gesamt	437	89,5	100,0	
fehlend	keine Prozentangaben	51	10,5		
Summe		488	100,0		

Typisierung der Verlage nach Programmbereichen

Zuletzt wurden die Verlage nach den inhaltlichen Gebieten ihrer Verlagsprogramme gruppiert, da es für die Verlags- und Lektoratsorganisation durchaus einen Unterschied macht, ob Romane, Schulbücher, Ratgeber oder Bildbände verlegt werden. Dazu wurde im Fragebogen anhand eines Mehrfachantwortensets die Programmausrichtung der Verlage erhoben. Die Befragten sollten in einer Liste von zehn Programmbereichen alle Bereiche ankreuzen, die ihr Verlagsprogramm umfasst. In einer offenen Frage wurden darüber hinaus weitere Programmbereiche ermittelt. Die Analyse der offenen Kategorie ergab jedoch, dass hier überwiegend auf Editionsformen hingewiesen wurde (z.B. Tonträger, Noten, Kalender, Zeitschriften) oder aber Buchbereiche genannt wurden, die eindeutig einer der anderen Kategorien zugewiesen werden konnten (etwa Do-it-yourself-Bücher, Krimis, Biographien). Als einziger Bereich, der häufig genannt, aber zunächst keinem anderen Sektor eindeutig zugeordnet werden konnte, wurden Bücher mit regionalem Bezug (Regionalia) und Geschenkbücher angegeben. Sie wurden daher jeweils in einer neuen Kategorie erfasst.

Die nunmehr zwölf Kategorien wurden im Zuge der Typisierung der Verlage nach ihrer Programmausrichtung reduziert, und zwar indem ähnliche Bereiche zusammengefasst wurden. Die Kategorie der Bild- und Kunstbücher wurde folglich um den neuen Bereich der Geschenkbücher und die Kategorie der Kinderbücher erweitert. Somit weisen die in diese Kategorie fallenden Bücher überwiegend einen großen Bild- und einen eher geringen Textanteil auf. Die Kategorien Fachbuch, Sachbuch und Ratgeber wurden ebenso zusammengelegt, da auch hier deutlich erkennbare Gemeinsamkeiten bestehen (sachlicher Text, Experten als Autoren, eventuell graphische Darstellungen und Fotografien). Aufgrund der vergleichbaren Merkmale der Kategorien Belletristik und Jugendbuch (literarische Texte, kaum Zeichnungen und Illustrationen, fiktive Inhalte) wurden diese Kategorien ebenfalls zusammengefasst. Die Kategorien Lexika, Schul- und Lehrbuch, wissenschaftliches Buch und Regionalia blieben erhalten, da sie jeweils spezifische Merkmale aufweisen und keine Gemeinsamkeiten mit anderen Kategorien haben. So zeichnen sich Schul- und Lehrbücher durch ihre besondere zielgruppenspezifische und pädagogische Aufbereitung der Inhalte aus, ein Lexikon enthält einzelne Einträge zu Stichwörtern und wird meist von einem Autorenteam erstellt, wissenschaftliche Publikationen haben wiederum einen völlig anderen Entstehungshintergrund als Fach- und Sachbücher, und unter den Begriff der Regionalia fällt ein sehr breites Spektrum an Büchern, das nur eines verbindet: der gemeinsame regionale Bezug.

Durch das Zusammenfassen der Kategorien ergab sich folgende Verteilung:

Häufigkeiten der Programmbereiche

Programmbereiche	Antworten		Prozent der Fälle
	n	Prozent	
Belletristik/Jugendbuch	156	16,5	32,0
Fach-/Sachbuch, Ratgeber	368	38,9	75,6
Kinder-/Bild-/Kunst-/ Geschenkbuch	141	14,9	29,0
Lexika	40	4,2	8,2
Schulbuch	34	3,6	7,0
wissenschaftliches Buch	183	19,3	37,6
Regionalia	24	2,5	4,9
Summe	946	100,0	-

(n = 487)

Nach Abschluss der Rekodierung wurde versucht, mittels Two-Step-Clusteranalyse[49] die Verlage nach Programmausrichtung in Gruppen zu ordnen. Die Clusteranalyse scheiterte jedoch an der großen Heterogenität der Verlagsprogramme. Das Verfahren gruppierte die Verlage in insgesamt elf Cluster, wobei die signifikanten Merkmale bzw. die signifikaten Kategorien innerhalb der Cluster wenig geeignet waren, um eine klare Charakterisierung der einzelnen Gruppen anzugeben. So war allein der Chi-Quadrat-Wert der

[49] Bei der Two-Step-Clusteranalyse handelt es sich um eine explorative Prozedur zum Ermitteln von natürlichen Gruppierungen (Clustern) innerhalb eines Datensatzes, die andernfalls nicht erkennbar wären. Dabei können nicht nur sehr große Datensätze, sondern auch Daten verschiedener Messniveaus verarbeitet werden. Im Zuge einer zweistufigen Klassifizierung wird im ersten Schritt die im Datensatz enthaltene sinnvolle Anzahl der Klassen ermittelt. Im zweiten Schritt werden in einer Pre-Cluster-Phase die Clusterzentren ermittelt und anschließend die einzelnen Proben anhand eines Nähe-Kriteriums so den Clustern zugeordnet, dass deren Zentren so weit wie möglich auseinander liegen.

Kategorie Belletristik/Jugendbuch in fünf der elf Cluster hoch signifikant. Es musste daher ein anderes Verfahren angewandt werden.

Hierfür wurde zunächst die Breite der Programmspektren analysiert und die Verlage nach der Anzahl ihrer Programmbereiche sortiert. Wie aus der folgenden Tabelle ersichtlich wird, war es demnach sinnvoll, zunächst eine Kategorie für jene Verlage zu bilden, deren Programm vier und mehr Bereiche umfasst (Gemischtwarenverlag, n = 84).

Programmvielfalt der Verlage

		Häufigkeit	Prozent	gültige Prozente	kumulierte Prozente
gültig	ein Programmbereich	144	29,5	29,6	29,6
	zwei Programmbereiche	139	28,5	28,5	58,1
	drei Programmbereiche	120	24,6	24,6	82,8
	vier Programmbereiche	44	9,0	9,0	91,8
	fünf Programmbereiche	20	4,1	4,1	95,9
	sechs Programmbereiche	11	2,3	2,3	98,2
	sieben Programmbereiche	3	0,6	0,6	98,8
	acht Programmbereiche	4	0,8	0,8	99,6
	neun Programmbereiche	2	0,4	0,4	100,0
	Gesamt	487	99,8	100,0	
fehlend	keine Angaben	1	0,2		
Summe		488	100,0		

Die restlichen 403 Fälle wurden mittels Two-Step-Clusteranalyse in fünf homogene Gruppen eingeteilt. Vier dieser Cluster werden durch je einen der am häufigsten genannten Programmbereiche charakterisiert (Belletristik/Jugendbuch, Fach-/Sachbuch und Ratgeber, wissenschaftliches Buch, Kinder-/Bild-/Kunst-/Geschenkbuch). Das fünfte Cluster wird dagegen von den drei eher selten genannten Bereichen charakterisiert (Lexika, Schul-/Lehrbuch, Regionalia). Die Einteilung der Clusteranalyse erwies sich damit als sehr praktikabel, um die Verlage nach ihrer Programmausrichtung zu typisieren.

Die fünf Verlagstypen der Clusteranalyse wurden durch den sechsten Verlagstyp (Gemischtwarenverlag) ergänzt. Somit ergab sich folgende Verteilung:

Programmausrichtungsindex

		Häufigkeit	Prozent	gültige Prozente	kumulierte Prozente
gültig	Belletristik, Jugendbuch	65	13,3	13,3	13,3
	Fach-/Sachbuch, Ratgeber	113	23,2	23,2	36,6
	Bild-/Kunst-/ Geschenkbuch	73	15,0	15,0	51,5
	wissenschaftliches Buch	94	19,3	19,3	70,8
	Lexika, Schulbuch, Regionalia	58	11,9	11,9	82,8
	Gemischtwarenverlage	84	17,2	17,2	100,0
	Gesamt	487	99,8	100,0	
fehlend	keine Angaben	1	0,2		
Summe		488	100,0		

4 Zusätzliche Tabellen

Übersicht

Verlagsbefragung

Lektorenbefragung

Lesehinweis:

$\bar{x}$ = arithmetisches Mittel
s = Standardabweichung
System = systemdefinierte fehlende Werte bei Filterfragen (Frage traf auf den Respondenten nicht zu)

Verlagsbefragung

Tab. 1: Einfluss auf die Situation der Buchverlage

		Häufigkeit	Prozent	gültige Prozente	kumulierte Prozente
gültig	Buchhandel	226	46,3	48,1	48,1
	Medienkonkurrenz	190	38,9	40,4	88,5
	beides	40	8,2	8,5	97,0
	weder/noch	14	2,8	3,0	100,0
	Gesamt	470	96,3	100,0	
fehlend	keine Angabe	18	3,7		
Summe		488	100,0		

Tab. 2: Einflussquellen auf die Situation der Verlage

	Häufigkeit	Prozent	Kumulierte Prozente
Buchhandel allgemein	36	7,9	7,9
Buchhandelskonzentration	61	13,4	21,3
Profitorientierung des Buchhandels	32	7,0	28,3
Verlust der Vielfalt des Buchhandels	13	2,9	31,2
Verlust der Qualität im Buchhandel	34	7,5	38,7
Medienkonkurrenz allgemein	50	11,0	49,7
elektronische Medien	82	18,1	67,8
Marktorientierung der Verlage	18	4,0	71,8
Leser	48	10,6	82,4
abhängig von Verlagstyp	43	9,5	91,9
abhängig von Verlagsgröße	37	8,1	100,0
Summe	454	100,0	

Tab. 3: Die Zukunft des Mediums Buch

		Häufigkeit	Prozent	Gültige Prozente	Kumulierte Prozente
gültig	Bedeutung wird abnehmen	154	31,6	32,7	32,7
	...gleich bleiben	296	60,7	62,8	95,5
	... zunehmen	21	4,4	4,5	100,0
	Gesamt	471	96,8	100,0	
fehlend	keine Angaben	16	3,2		
Summe		487	100,0		

Tab. 4: Chancen für die Zukunft des Buches

	Häufigkeit	Prozent	kumulierte Prozente
Qualität der Produkte	22	10,1	10,1
Erschließung neuer Medien	15	6,9	17,0
Förderung der Lesekompetenz	16	7,4	24,4
Leseverhalten	5	2,3	26,7
Informationsverhalten	12	5,5	32,2
Buchhandel	9	4,1	36,3
Gesellschaft	1	0,5	36,8
Eigenschaften des Buches	41	18,9	55,7
Auflage	2	1,0	56,7
Produktion	7	3,2	59,9
Themen	52	24,0	83,9
Liebhaberei	7	3,2	87,1
Crossmediale Vernetzung	22	10,1	97,2
Marketing	6	2,8	100,0
Summe	217	100,0	

Tab. 5: Gefahren für die Zukunft des Buches

	Häufigkeit	Prozent	kumulierte Prozente
Qualität der Produkte ist teuer	36	16,7	16,7
Konkurrenz durch neue Medien	49	22,8	39,5
Rückgang der Lesekompetenz	15	7,0	46,5
Leseverhalten	26	12,0	58,5
Informationsverhalten	6	2,8	61,3
Buchhandel	25	11,6	72,9
Gesellschaft	14	6,5	79,4
Eigenschaften des Buches	1	0,5	79,9
Auflage	6	2,8	82,7
Produktion	17	7,9	90,6
Medienkonkurrenz	17	7,9	98,5
Selbstvermarktung	1	0,5	99,0
Bibliothekswesen	1	0,5	99,5
Verlage	1	0,5	100,0
Summe	215	100,0	

Tab. 6: Umsatzgrößenklassen

		Häufigkeit	Prozent	gültige Prozente	kumulierte Prozente
gültig	≤ 100.000	128	26,3	28,0	28,0
	> 100.000 – 250.000	82	16,7	17,8	45,8
	> 250.000 – 500.000	68	14,0	14,9	60,7
	> 500.000 – 1 Mio.	48	9,9	10,6	71,2
	> 1 Mio. – 2 Mio.	45	9,2	9,7	81,0
	> 2 Mio. – 5 Mio.	41	8,3	8,8	89,8
	> 5 Mio. – 10 Mio.	19	3,9	4,1	94,0
	> 10 Mio. – 25 Mio.	17	3,4	3,6	97,6
	> 25 Mio. – 50 Mio.	5	0,9	1,0	98,6
	> 50 Mio.	7	1,3	1,4	100,0
	Gesamt	460	94,0	100,0	
fehlend	keine Angaben	29	6,0		
Summe		489	100,0		

Tab. 7: Editionsformen

Tab. 7.1: Editionsformen gesamt (Mehrfachantworten)

	Antworten		Prozent der Fälle
	n	Prozent	
Hardcover	389	38,2	84,0
Taschenbuch	343	33,7	74,1
E-Publikation	135	13,2	29,2
PoD	57	5,6	12,3
Sonstiges	95	9,3	20,5
Summe	1019	100,0	220,1

Tab. 7.2: Editionsformenindex

		Häufigkeit	Prozent	Gültige Prozente	kumulierte Prozente
gültig	Hardcoververlag	177	36,3	38,8	38,8
	Taschenbuch-/ Softcoververlag	158	32,4	34,7	73,6
	E-Publikationen-verlag	6	1,2	1,3	74,8
	PoD-Verlag	15	3,1	3,3	78,1
	Hard- und Softcoververlag	48	9,8	10,5	88,7
	sonstiger Verlag	52	10,6	11,3	100,0
	Gesamt	456	93,4	100,0	
fehlend	keine Angaben	13	2,7		
	nur Nennung*	19	4,0		
	Gesamt	32	6,6		
Summe		488	100,0		

* Es wurden keine Prozentangaben zum Anteil am Verlagsumsatz gemacht.

Tab. 7.3: Editionsformen nach Verlagsgröße

		Verlagsgrößenindex			Gesamt
Editionsform		klein	mittel	groß	
Hardcover	Anzahl	299	68	21	388
Taschenbuch	Anzahl	276	51	17	344
E-Publikation	Anzahl	92	29	14	135
PoD	Anzahl	44	8	2	54
Sonstiges	Anzahl	62	27	6	95
Summe	Anzahl	773	183	60	1016

Tab. 7.4: Zahl der verschiedenen Editionsformen pro Verlag

Zahl der Editionsformen		Häufigkeit	Prozent	Gültige Prozente	Kumulierte Prozente
gültig	1	98	20,1	21,6	21,6
	2	184	37,7	40,5	62,1
	3	123	25,2	27,1	89,2
	4	39	8,0	8,6	97,8
	5	10	2,0	2,2	100,0
	Gesamt	454	93,0	100,0	
fehlend	0	34	7,0		
Summe		488	100,0		

Tab. 8: Programmbereiche

Tab. 8.1: Programmbereiche gesamt (Mehrfachantworten)

		Antworten		Prozent der Fälle
		n	Prozent	
	Belletristik	141	11,2%	29,0%
	Fachbuch	197	15,7%	40,5%
	Bild-/Kunst-/ Geschenkbuch	86	6,9%	17,8%
	Jugendbuch	38	3,0%	7,8%
	Kinderbuch	75	6,0%	15,5%
	Lexika	34	2,7%	7,1%
	Ratgeber	101	8,0%	20,8%
	Sachbuch	254	20,2%	52,2%
	Schulbuch	30	2,4%	6,2%
	wissenschaftliches Buch	181	14,4%	37,2%
	Regionalia	27	2,1%	5,5%
	Sonstiges	93	7,4%	19,1%
Summe		1257	100,0%	258,7%

Tab. 8.2: Programmbereiche nach Verlagsgröße

	Verlagsgrößenindex			Gesamt
	klein	mittel	groß	
Belletristik, Jugendbuch	64	5	1	70
Fach-/Sachbuch, Ratgeber	90	18	5	113
Kinder-/Bild-/Kunst-/Geschenkbuch	60	11	3	74
wissenschaftliches Buch	79	14	3	96
Lexika, Schulbuch, Regionalia	44	10	3	57
Gemischtwarenverlage	49	20	8	77
Summe	386	78	23	487

Tab. 8.3: Zahl der Programmbereiche pro Verlag

Zahl der Programmbereiche		Häufigkeit	Prozent	gültige Prozente	kumulierte Prozente
gültig	1	144	29,5	29,6	29,6
	2	139	28,5	28,5	58,1
	3	120	24,6	24,6	82,8
	4	44	9,0	9,0	91,8
	5	20	4,1	4,1	95,9
	6	11	2,3	2,3	98,2
	7	3	0,6	0,6	98,8
	8	4	0,8	0,8	99,6
	9	2	0,4	0,4	100,0
	Gesamt	487	99,8	100,0	
fehlend	0	1	0,2		
Summe		488	100,0		

Tab. 9: Lizenzen

Tab. 9.1: Deutsche Lizenzen (Index)

		Häufigkeit	Prozent	gültige Prozente	kumulierte Prozente
gültig	keine Lizenzen	333	68,4	77,2	77,2
	Lizenzanteil < 30%	45	9,1	10,3	87,6
	Lizenzanteil mind. 30%	54	11,0	12,4	100,0
	Gesamt	432	88,5	100,0	
fehlend	keine Prozentangaben	56	11,5		
Summe		488	100,0		

Tab. 9.2: Deutsche Lizenzen nach Verlagsgröße

Index deutsche Lizenzen	Verlagsgrößenindex			Gesamt
	klein	mittel	groß	
keine Lizenzen	274	49	10	333
Lizenzanteil < 30%	25	14	5	44
Lizenzanteil mind. 30%	42	6	5	53
Summe	341	69	20	430

Tab. 9.3: Ausländische Lizenzen (Index)

		Häufigkeit	Prozent	gültige Prozente	kumulierte Prozente
gültig	keine Lizenzen	260	53,3	59,9	59,9
	Lizenzanteil < 30%	119	24,5	27,5	87,4
	Lizenzanteil mind. 30%	55	11,2	12,6	100,0
	Gesamt	434	89,0	100,0	
fehlend	keine Prozentangaben	54	11,0		
Summe		488	100,0		

Tab. 9.4: Ausländische Lizenzen nach Verlagsgröße

Index ausländische Lizenzen	Verlagsgrößenindex			Gesamt
	klein	mittel	groß	
keine Lizenzen	229	26	5	260
Lizenzanteil < 30%	73	32	14	119
Lizenzanteil mind. 30%	38	14	3	55
Summe	340	72	22	434

Tab. 10: Unternehmensformen

Tab. 10.1: Unternehmensformen gesamt

		Häufigkeit	Prozent	Gültige Prozente	kumulierte Prozente
gültig	unabhängige Tochter	72	14,8	14,9	14,9
	abhängige Tochter	12	2,5	2,6	17,5
	Imprint	14	2,9	2,9	20,4
	Mutterunternehmen	10	2,1	2,1	22,5
	eigenständiger Verlag	373	76,6	77,5	100,0
	Gesamt	481	98,8	100,0	
fehlend	keine Angaben	6	1,2		
Summe		487	100,0		

Tab. 10.2: Unternehmensformen nach Verlagsgröße

			Verlagsgrößenindex			Gesamt
			klein	mittel	groß	
Verlagsorganisation	unabhängige Tochter	Anzahl	38	25	9	72
		% von Organisation	52,8	34,7	12,5	100
		% von Größenindex	9,9	32,9	39,1	15,0
	abhängige Tochter	Anzahl	10	2	0	12
		% von Organisation	83,3	16,7	0	100
		% von Größenindex	2,6	2,6	0	2,5
	Imprint	Anzahl	13	1	0	14
		% von Organisation	92,9	7,1	0	100
		% von Größenindex	3,4	1,3	0	2,9
	Mutterunternehmen	Anzahl	3	4	3	10
		% von Organisation	30,0	40,0	30,0	100
		% von Größenindex	0,8	5,3	13,0	2,1
	eigenständiger Verlag	Anzahl	318	44	11	373
		% von Organisation	85,3	11,8	2,9	100
		% von Größenindex	83,2	57,9	47,8	77,5
Summe			382	76	23	481
	% von Verlagsorganisation		79,4	15,8	4,8	100
	% von Verlagsgrößenindex		100	100	100	100

Tab. 11: Verlagsleitung nach Verlagsgröße

			Verlagsleitung		Gesamt
			nein	ja	
Verlagsgrößenindex	klein	Anzahl	332	52	384
		% von Verlagsgrößenindex	86,5	13,5	100
		% von Verlagsleitung	83,2	61,9	79,5
	mittel	Anzahl	55	22	77
		% von Verlagsgrößenindex	71,4	28,6	100
		% von Verlagsleitung	13,8	26,2	15,9
	groß	Anzahl	12	10	22
		% von Verlagsgrößenindex	54,5	45,5	100
		% von Verlagsleitung	3,0	11,9	4,6
Summe			399	84	483
	% von Verlagsgrößenindex		82,6	17,4	100
	% von Verlagsleitung		100	100	100

Tab. 12: Wahrnehmung der Lektoratstätigkeiten in den Verlagen

Lektoratsarbeit	Antworten		n
	Zahl der Verlage	Prozent der Verlage	
Verleger	300	61,5	488
fester Lektor	189	38,8	487
freier Lektor	183	38,8	472
Lektoratsassistent	58	11,9	486
Volontär	17	3,5	486
sonstige Mitarbeiter	94	19,3	488

Tab. 13: Zahl der fest angestellten Lektoren

		Häufigkeit	Prozent	gültige Prozente	kumulierte Prozente
gültig	0	300	61,5	61,6	61,6
	1	73	15,0	15,1	76,6
	2	44	9,0	9,0	85,7
	3	29	5,9	5,9	91,6
	4	6	1,2	1,2	92,8
	5	9	1,9	1,9	94,7
	6	3	0,5	0,6	95,3
	7	3	0,7	0,7	95,9
	8	3	0,7	0,7	96,6
	9	5	0,9	0,9	97,6
	10	1	0,3	0,3	97,8
	12	2	0,4	0,4	98,2
	13	1	0,1	0,1	98,4
	14	1	0,1	0,1	98,5
	15	1	0,3	0,3	98,8
	20	1	0,1	0,1	98,9
	25	1	0,3	0,3	99,2
	26	1	0,1	0,1	99,3
	30	1	0,1	0,1	99,5
	36	1	0,1	0,1	99,6
	83	1	0,1	0,1	99,7
	111	1	0,1	0,1	99,9
	162	1	0,1	0,1	100,0
	Gesamt	489	99,9	100,0	
fehlend	99	1	0,1		
Summe		490	100,0		

Tab. 14: Zahl der freien Lektoren

		Häufigkeit	Prozent	gültige Prozente	kumulierte Prozente
gültig	0	289	59,3	61,3	61,3
	1	61	12,6	13,0	74,3
	2	53	11,0	11,3	85,6
	3	28	5,7	5,9	91,6
	4	15	3,0	3,1	94,7
	5	11	2,3	2,3	97,1
	6	3	0,6	0,6	97,7
	7	1	0,1	0,1	97,8
	8	2	0,4	0,4	98,2
	9	1	0,2	0,2	98,5
	10	4	0,8	0,8	99,3
	15	1	0,1	0,1	99,4
	40	1	0,3	0,3	99,7
	50	1	0,3	0,3	100,0
	Gesamt	471	96,7	100,0	
fehlend	99	16	3,3		
Summe		487	100,0		

Tab. 15: Statistische Kennzahlen der Lektoratsmitarbeiter

		angestellte Lektoren	freie Lektoren	Lektorats-assistenten	Volontäre
N	gültig	487	472	486	486
	fehlend	1	16	1	2
Mittelwert		1,72	1,23	0,30	0,08
Median		0,00	0,00	0,00	0,00
Standardabweichung		8,356	3,742	1,760	0,608
Minimum		0	0	0	0
Maximum		162	50	40	9
Summe		839	582	146	39

Tab. 16: Entwicklung der Mitarbeiterzahlen

Tab. 16.1: Die Entwicklung im Vergleich

Entwicklung	feste Mitarbeiter		feste Lektoren		freie Lektoren	
	absolut	Prozent	absolut	Prozent	absolut	Prozent
abgenommen	107	22,8	29	15,7	26	11,4
konstant	246	52,5	87	46,5	126	54,6
zugenommen	115	24,6	71	37,8	79	34,1
Summe	468	100,0	187	100,0	231	100,0

Bei den Prozentangaben treten Ungenauigkeiten durch Runden auf, sodass sich bei Addition der angegebenen Werte nicht immer 100,0 Prozent ergeben.

Tab. 16.2: Entwicklung der fest angestellten Mitarbeiter und der Lektoren

Entwicklung der Mitarbeiter		Entwicklung der Lektoren			Gesamt
		abgenommen	konstant	zugenommen	
abgenommen	Anzahl	26	20	6	52
	% von Mitarbeiter	50,0	38,5	11,5	100
konstant	Anzahl	4	49	9	62
	% von Mitarbeiter	6,5	79,0	14,5	100
zugenommen	Anzahl	0	18	56	74
	% von Mitarbeiter	0	24,3	75,7	100
Summe	Anzahl	30	87	71	188
	% von Mitarbeiter	16,0	46,3	37,8	100

Tab. 16.3: Entwicklung der fest angestellten Lektoren und der freien Lektoren

Entwicklung der Lektoren		Entwicklung freier Lektoren			Gesamt
		abgenommen	konstant	zugenommen	
abgenommen	Anzahl	4	7	10	21
	% von Lektoren	19,0	33,3	47,6	100
konstant	Anzahl	6	24	16	46
	% von Lektoren	13,0	52,2	34,8	100
zugenommen	Anzahl	4	16	17	37
	% von Lektoren	10,8	43,2	45,9	100
Summe	Anzahl	14	47	43	104
	% von Lektoren	13,5	45,2	41,3	100

Tab. 17: Merkmale von Verlagen mit und ohne Lektoren

Tab. 17.1: Verlagsorganisation

Verlagsorganisation		Verlage …		Gesamt
		ohne Lektoren	mit Lektoren	
unabhängige Tochter	Anzahl	23	48	71
	% von Verlagsorganisation	32,4	67,6	100
	% von Verlagsart	7,7	26,2	14,7
abhängige Tochter	Anzahl	8	5	13
	% von Verlagsorganisation	61,5	38,5	100
	% von Verlagsart	2,7	2,7	2,7
Imprint	Anzahl	9	5	14
	% von Verlagsorganisation	64,3	35,7	100
	% von Verlagsart	3,0	2,7	2,9
Mutter-unternehmen	Anzahl	2	8	10
	% von Verlagsorganisation	20,0	80,0	100
	% von Verlagsart	0,7	4,4	2,1
eigenständiger Verlag	Anzahl	257	117	374
	% von Verlagsorganisation	68,7	31,3	100
	% von Verlagsart	86,0	63,9	77,6
Summe	Anzahl	299	183	482
	% von Verlagsorganisation	62,0	38,0	100
	% von Verlagsart	100	100	100

Tab. 17.2: Verlagsleitung

Trennung in wirtschaftliche und programmatische Verlagsleitung?		Verlag …		Gesamt
		ohne Lektor	mit Lektor	
nein	Anzahl	270	129	399
	% von Verlagsleitung	67,7	32,3	100
	% von Verlagsart	91,2	69,4	82,8
ja	Anzahl	26	57	83
	% von Verlagsleitung	31,3	68,7	100
	% von Verlagsart	8,8	30,6	17,2
Summe	Anzahl	296	186	482
	% von Verlagsleitung	61,4	38,6	100
	% von Verlagsart	100	100	100

Tab. 17.3: Lektoratsarbeit des Verlegers

Verleger ist in Lektorat tätig?		Verlagsart: ohne Lektor	Verlagsart: mit Lektor	Gesamt
nein	Anzahl	69	118	187
	% von Verleger	36,9	63,1	100
	% von Verlagsart	23,0	63,1	38,4
ja	Anzahl	231	69	300
	% von Verleger	77,0	23,0	100
	% von Verlagsart	77,0	36,9	61,6
Summe	Anzahl	300	187	487
	% von Verleger	61,6	38,4	100
	% von Verlagsart	100	100	100

Tab. 18: Lektoratshierarchie und Verlagsgröße

Verlagsgrößenindex		Lektoratshierarchie: keine Hierarchie	Lektoratshierarchie: es gibt eine Hierarchie	Gesamt
klein	Anzahl	64	38	102
	% von Verlagsgrößenindex	62,7	37,3	100
	% von Lektoratshierarchie	85,3	38,0	58,3
mittel	Anzahl	11	41	52
	% von Verlagsgrößenindex	21,2	78,8	100
	% von Lektoratshierarchie	14,7	41,0	29,7
groß	Anzahl	0	21	21
	% von Verlagsgrößenindex	0	100	100
	% von Lektoratshierarchie	0	21,0	12,0
Summe	Anzahl	75	100	175
	% von Verlagsgrößenindex	42,9	57,1	100
	% von Lektoratshierarchie	100	100	100

Tab. 19: Vertikale Arbeitsteilung in den Lektoraten / Lektorate mit und ohne Hierarchie

		Häufigkeit	Prozent	gültige Prozente	kumulierte Prozente
gültig	es gibt keine Hierarchie	76	15,5	43,2	43,2
	es gibt eine Hierarchie	99	20,4	56,8	100,0
	Gesamt	175	35,9	100,0	
fehlend	keine festen Lektoren	300	61,5		
	keine Angaben	13	2,6		
	Gesamt	313	64,1		
Summe		488	100,0		

Tab. 20: Horizontale Arbeitsteilung in den Lektoraten (Mehrfachantworten)

	Antworten		Prozent der Fälle
	n	Prozent	
Themengebiete	82	53,7	74,6
Gattungen	33	21,7	30,2
Publikationsart	16	10,1	14,1
sonstige Unterscheidung	22	14,5	20,1
Summe	153	100,0	139,0

Lektorenbefragung

Tab. 21: Geschlecht der Lektoren

		Häufigkeit	Prozent	gültige Prozente	kumulierte Prozente
gültig	männlich	113	36,3	36,5	36,5
	weiblich	197	63,3	63,5	100,0
	Gesamt	310	99,7	100,0	
fehlend	k. A.	1	0,3		
Summe		311	100,0		

Tab. 22: Alterstruktur der Lektoren

Statistische Kennwerte		Gesamt	Männer	Frauen
n	gültig	310	113	196
	fehlend	1	0	1
Mittelwert		41,70	44,37	40,12

Tab. 23: Familienstand

Tab. 23.1: Familienstand nach Geschlecht

		Männer		Frauen		Gesamt	
		Häufigkeit	gültige Prozente	Häufigkeit	gültige Prozente	Häufigkeit	gültige Prozente
gültig	ledig	35	31,0	114	58,8	149	48,7
	verheiratet	73	64,6	69	35,6	142	46,1
	getrennt lebend	1	0,9	2	1,0	3	1,0
	geschieden	4	3,5	9	4,6	13	4,2
	Gesamt	113	100,0	194	100,0	307	100,0
fehlend	k. A.	0		3		3	
Summe		114		197		310	

Tab. 23.2: Fester Partner, feste Partnerin?

		Häufigkeit	Prozent	gültige Prozente	kumulierte Prozente
gültig	ja	102	32,8	62,6	62,6
	nein	61	19,6	37,4	100,0
	Gesamt	163	52,4	100,0	
fehlend	k. A.	3	1,0		
	System	145	46,6		
	Gesamt	148	47,6		
Summe		311	100,0		

Tab. 23.3: Mit Partner zusammen lebend?

		Häufigkeit	Prozent	gültige Prozente	kumulierte Prozente
gültig	ja	58	18,6	57,4	57,4
	nein	43	13,8	42,6	100,0
	Gesamt	101	32,5	100,0	
fehlend	k. A.	1	0,3		
	System	209	67,2		
	Gesamt	210	67,5		
Summe		311	100,0		

Tab. 24: Kinderzahl

Zahl der Kinder		Männer		Frauen		Gesamt	
		Häufigkeit	gültige Prozente	Häufigkeit	gültige Prozente	Häufigkeit	gültige Prozente
gültig	0	47	41,6	139	72,8	186	61,3
	1	19	16,8	26	13,6	45	14,8
	2	30	26,5	22	11,5	52	17,0
	3	16	14,2	4	2,1	20	6,6
	4	1	0,9	0	0,0	1	0,3
	Gesamt	113	100,0	191	100,0	304	100,0
fehlend	k. A.	0		6		6	
Summe		114		197		311	

Tab. 25: Formales Bildungsniveau nach Geschlecht

Abschluss	Männer		Frauen		Gesamt	
	absolut	Prozent	absolut	Prozent	absolut	Prozent
Hauptschule	1	0,9	0	0,0	1	0,3
Mittlere Reife	1	0,9	4	2,0	5	1,6
Abitur/Fachhochschulreife	3	2,7	6	3,0	9	2,9
Studium ohne Abschluss	3	2,7	11	5,6	14	4,5
Studium mit Abschluss	68	60,2	149	75,6	217	69,8
Promotion	37	32,7	26	13,2	63	20,6
anderer Abschluss	0	0,0	1	0,5	1	0,3
Summe	113	100,0	197	100,0	310	100,0

Tab. 26: Monatliches Nettoeinkommen

Tab. 26.1: Monatliches Nettoeinkommen nach Geschlecht

Einkommen		Männer		Frauen		Gesamt	
		Häufigkeit	gültige Prozente	Häufigkeit	gültige Prozente	Häufigkeit	gültige Prozente
gültig	bis 1000 Euro	6	5,8	16	8,9	22	7,7
	bis 2000 Euro	37	35,6	111	61,7	148	52,1
	bis 3000 Euro	37	35,6	37	20,6	74	26,1
	bis 4000 Euro	17	16,3	13	7,2	30	10,6
	über 4000 Euro	7	6,7	3	1,7	10	3,5
	Gesamt	104	100,0	180	100,0	284	100,0
fehlend	weiß nicht	1		0		1	
	k. A.	8		17		25	
	Gesamt	9		17		26	
Summe		113		197		310	

Tab. 26.2: Richtungsmaße und Korrelationen zwischen Geschlecht und Einkommen

Richtungsmaß

			Wert
Nominal- bzgl. Intervallmaß	Eta	Einkommen abhängig	0,273
		Geschlecht abhängig	0,298

Symmetrische Maße

		Wert	asymptotischer Standardfehler (a)	näherungsweises T(b)	näherungsweise Signifikanz
Nominal- bzgl. Nominalmaß	Kontingenzkoeffizient	0,285			0,000
Intervall- bzgl. Intervallmaß	Pearson-R	-,273	0,058	-4,769	0,000(c)
Ordinal- bzgl. Ordinalmaß	Korrelation nach Spearman	-,279	0,058	-4,876	0,000(c)
Anzahl der gültigen Fälle		284			

(a) Die Null-Hyphothese wird nicht angenommen.
(b) Unter Annahme der Null-Hyphothese wird der asymptotische Standardfehler verwendet.
(c) Basierend auf normaler Näherung.

Tab. 27: Anstellungsverhältnis

Tab. 27.1: Befristet oder unbefristet?

Art der Anstellung	Männer		Frauen		Gesamt	
	absolut	Prozent	absolut	Prozent	absolut	Prozent
befristet	4	3,5	22	11,2	26	8,4
unbefristet	109	96,5	175	88,8	285	91,6
Summe	113	100,0	197	100,0	311	100,0

Tab. 27.2: Vollzeit oder Teilzeit?

Art der Anstellung	Männer		Frauen		Gesamt	
	absolut	Prozent	absolut	Prozent	absolut	Prozent
Vollzeit	103	91,2	166	84,3	270	86,8
Teilzeit	10	8,8	31	15,7	41	13,2
Summe	113	100,0	197	100,0	311	100,0

Tab. 27.3: Art des Anstellungsverhältnisses und der Beschäftigung

		vollzeit-beschäftigt	teilzeit-beschäftigt	Gesamt
befristet	Anzahl	19	7	26
	% der Gesamtzahl	6,1	2,3	8,4
unbefristet	Anzahl	251	34	285
	% der Gesamtzahl	80,7	10,9	91,6
Summe	Anzahl	270	41	311
	% der Gesamtzahl	86,8	13,2	100,0

Tab. 28: Berufsjahre als Lektor

Tab. 28.1: Tätigkeit als Lektor in Festanstellung

statistische Kennwerte		Männer		Frauen		Gesamt	
		Seit wie vielen Jahren sind sie als Lektor tätig?	Wie viele Jahre davon als Lektor fest angestellt?	Seit wie vielen Jahren sind sie als Lektor tätig?	Wie viele Jahre davon als Lektor fest angestellt?	Seit wie vielen Jahren sind sie als Lektor tätig?	Wie viele Jahre davon als Lektor fest angestellt?
n	gültig	113	113	197	195	310	308
	fehlend	0	0	0	2	0	2
Mittelwert		11,296	10,022	9,169	8,267	9,958	8,927
Standardfehler des Mittelwertes		0,7486	0,7308	0,5365	0,5189	0,4386	0,4250
Median		10,000	8,000	7,000	6,000	8,000	6,000
Minimum		0,0	0,0	0,0	0,0	0,0	0,0
Maximum		31,0	30,0	41,0	41,0	41,0	41,0

Tab. 28.2: Index nach Berufsjahren

Bezeichnung	Berufsjahre	Häufigkeit	Prozent	gültige Prozente	kumulierte Prozente
Greenhorns	0 bis 4	90	28,9	28,9	28,9
Junioren	5 bis 9	81	26,0	26,0	55,0
Erfahrene	10 bis 19	94	30,2	30,2	85,2
alte Hasen	20 und mehr	46	14,8	14,8	100,0
Summe	0 bis 41	311	100,0	100,0	

Tab. 29: Reale Wochenarbeitszeit nach Anstellungsverhältnis

		Gesamt	Vollzeit	Teilzeit
n	gültig	309	269	40
	fehlend	2	1	1
Mittelwert		42,942	45,561	25,325
Standardfehler des Mittelwertes		0,5846	0,4561	1,4489
Median		43,000	45,000	25,500
Modus		40,0	40,0	30,0
Minimum		6,0	20,0	6,0
Maximum		90,0	90,0	43,0

Tab. 30: Position im Lektorat

Tab. 30.1: Führungsposition

Führungsposition		Häufigkeit	Prozent	gültige Prozente	kumulierte Prozente
gültig	ja	98	31,5	40,8	40,8
	nein	142	45,7	59,2	100,0
	Gesamt	240	77,2	100,0	
fehlend	k. A.	1	0,3		
	System	70	22,5		
	Gesamt	71	22,8		
Summe		311	100,0		

Tab. 30.2: Führungsposition nach Geschlecht

Führungsposition		Geschlecht		Gesamt
		männlich	weiblich	
ja	Anzahl	42	56	98
	% von Geschlecht	49,4	36,4	41,0
nein	Anzahl	43	98	141
	% von Geschlecht	50,6	63,6	59,0
Summe	Anzahl	85	154	239
	% von Geschlecht	100,0	100,0	100,0

Tab. 31: Anzahl fest angestellter Lektoren im Verlag

		Häufigkeit	Prozent	gültige Prozente	kumulierte Prozente
gültig	0	6	1,9	2,0	2,0
	1	70	22,5	23,0	25,0
	2	64	20,6	21,1	46,1
	3	32	10,3	10,5	56,6
	4	19	6,1	6,3	62,8
	5	21	6,8	6,9	69,7
	6	7	2,3	2,3	72,0
	7	11	3,5	3,6	75,7
	8	10	3,2	3,3	78,9
	9	6	1,9	2,0	80,9
	10	5	1,6	1,6	82,6
	11	1	0,3	0,3	82,9
	12	7	2,3	2,3	85,2
	13	2	0,6	0,7	85,9
	14	4	1,3	1,3	87,2
	15	6	1,9	2,0	89,1
	16	2	0,6	0,7	89,8
	17	1	0,3	0,3	90,1
	18	1	0,3	0,3	90,5
	20	8	2,6	2,6	93,1
	22	1	0,3	0,3	93,4
	25	1	0,3	0,3	93,8
	30	6	1,9	2,0	95,7
	40	4	1,3	1,3	97,0
	45	2	0,6	0,7	97,7
	50	2	0,6	0,7	98,4
	60	2	0,6	0,7	99,0
	80	3	1,0	1,0	100,0
	Gesamt	304	97,7	100,0	
fehlend	k. A.	7	2,3		
Summe		311	100,0		

Tab. 32: Statistische Kennwerte der Zahl fest angestellter Lektoren

n	gültig	304
	fehlend	7
Mittelwert		7,27
Median		3,00
Standardabweichung		12,063

Tab. 33: Zuständigkeiten der Lektoren

Tab. 33.1: Zuständigkeiten nach Editionsformen

Tab. 33.1.1: Zuständig für Hardcover

		Häufigkeit	Prozent	gültige Prozente	kumulierte Prozente
gültig	sehr häufig zuständig	122	39,2	39,4	39,4
	häufig zuständig	98	31,5	31,6	71,0
	selten zuständig	59	19,0	19,0	90,0
	nie zuständig	31	10,0	10,0	100,0
	Gesamt	310	99,7	100,0	
fehlend	k. A.	1	0,3		
Summe		311	100,0		

Tab. 33.1.2: Zuständig für Softcover

		Häufigkeit	Prozent	gültige Prozente	kumulierte Prozente
gültig	sehr häufig zuständig	149	47,9	47,9	47,9
	häufig zuständig	95	30,5	30,5	78,5
	selten zuständig	48	15,4	15,4	93,9
	nie zuständig	19	6,1	6,1	100,0
	Summe	311	100,0	100,0	

Tab. 33.1:3: Zuständig für elektronische Medien

		Häufigkeit	Prozent	gültige Prozente	kumulierte Prozente
gültig	sehr häufig zuständig	17	5,5	5,5	5,5
	häufig zuständig	36	11,6	11,6	17,0
	selten zuständig	122	39,2	39,2	56,3
	nie zuständig	136	43,7	43,7	100,0
	Summe	311	100,0	100,0	

Tab. 33.1.4: Zuständig für Publishing-on-Demand-Produkte

		Häufigkeit	Prozent	gültige Prozente	kumulierte Prozente
gültig	sehr häufig zuständig	5	1,6	1,6	1,6
	häufig zuständig	16	5,1	5,1	6,8
	selten zuständig	52	16,7	16,7	23,5
	nie zuständig	238	76,5	76,5	100,0
	Summe	311	100,0	100,0	

Tab. 33.1.5: Zuständig für journalistische Medien

		Häufigkeit	Prozent	gültige Prozente	kumulierte Prozente
gültig	sehr häufig zuständig	12	3,9	3,9	3,9
	häufig zuständig	19	6,1	6,1	10,0
	selten zuständig	8	2,6	2,6	12,5
	nie zuständig	272	87,5	87,5	100,0
	Summe	311	100,0	100,0	

Tab. 33.1.6: Zuständig für andere Publikationsform

		Häufigkeit	Prozent	gültige Prozente	kumulierte Prozente
gültig	sehr häufig zuständig	21	6,8	51,2	51,2
	häufig zuständig	8	2,6	19,5	70,7
	selten zuständig	12	3,9	29,3	100,0
	Gesamt	41	13,2	100,0	
fehlend	System	270	86,8		
Summe		311	100,0		

Tab. 33.2: Zuständigkeiten nach Editionsformen (Index)

		Häufigkeit	Prozent	gültige Prozente	kumulierte Prozente
gültig	Hardcover	43	13,8	13,8	13,8
	Softcover	47	15,1	15,1	28,9
	Hard-/Softcover	123	39,5	39,5	68,5
	elektronische Medien	44	14,1	14,1	82,6
	PoD	15	4,8	4,8	87,5
	journalistische Medien	23	7,4	7,4	94,9
	Sonstiges	16	5,1	5,1	100,0
	Summe	311	100,0	100,0	

Tab. 33.3: Zuständigkeiten nach Programmbereichen

Tab. 33.3.1: Zuständig für Belletristik

		Häufigkeit	Prozent	gültige Prozente	kumulierte Prozente
gültig	sehr häufig zuständig	45	14,5	14,5	14,5
	häufig zuständig	22	7,1	7,1	21,5
	selten zuständig	31	10,0	10,0	31,5
	nie zuständig	213	68,5	68,5	100,0
	Summe	311	100,0	100,0	

Tab. 33.3.2: Zuständig für Fachbuch/wissenschaftliches Buch

		Häufigkeit	Prozent	gültige Prozente	kumulierte Prozente
gültig	sehr häufig zuständig	139	44,7	44,7	44,7
	häufig zuständig	39	12,5	12,5	57,2
	selten zuständig	43	13,8	13,8	71,1
	nie zuständig	90	28,9	28,9	100,0
	Summe	311	100,0	100,0	

Tab. 33.3.3: Zuständig für Sachbuch

		Häufigkeit	Prozent	gültige Prozente	kumulierte Prozente
gültig	sehr häufig zuständig	110	35,4	35,4	35,4
	häufig zuständig	68	21,9	21,9	57,2
	selten zuständig	55	17,7	17,7	74,9
	nie zuständig	78	25,1	25,1	100,0
	Summe	311	100,0	100,0	

Tab. 33.3.4: Zuständig für Kinder- oder Jugendbücher

		Häufigkeit	Prozent	gültige Prozente	kumulierte Prozente
gültig	sehr häufig zuständig	16	5,1	5,1	5,1
	häufig zuständig	14	4,5	4,5	9,6
	selten zuständig	45	14,5	14,5	24,1
	nie zuständig	236	75,9	75,9	100,0
	Summe	311	100,0	100,0	

Tab. 33.3.5: Zuständig für Schulbuch/Lehrbuch

		Häufigkeit	Prozent	gültige Prozente	kumulierte Prozente
gültig	sehr häufig zuständig	28	9,0	9,0	9,0
	häufig zuständig	39	12,5	12,5	21,5
	selten zuständig	42	13,5	13,5	35,0
	nie zuständig	202	65,0	65,0	100,0
	Summe	311	100,0	100,0	

Tab. 33.3.6: Zuständig für Bild-/Geschenk-/Kunstbuch

		Häufigkeit	Prozent	gültige Prozente	kumulierte Prozente
gültig	sehr häufig zuständig	10	3,2	3,2	3,2
	häufig zuständig	6	1,9	1,9	5,1
	selten zuständig	3	1,0	1,0	6,1
	nie zuständig	292	93,9	93,9	100,0
	Summe	311	100,0	100,0	

Tab. 33.3.7: Zuständig für anderen Bereich

		Häufigkeit	Prozent	gültige Prozente	kumulierte Prozente
gültig	ja	4	1,3	1,3	1,3
	nein	307	98,7	98,7	100,0
	Summe	311	100,0	100,0	

Tab. 33.4: Zuständigkeiten nach Programmbereichen (Index)

Bezeichnung	Definition	Häufigkeit	Prozent	gültige Prozente	kumulierte Prozente
N.-F.-Generalisten	lektoriert gleichermaßen Sach- und Fachbücher und wissensch. Bücher	106	34,1	34,1	34,1
N.-F.-Pädagogen	lektoriert neben anderen nonfiktionalen Titeln Schul- und Lehrbücher	64	20,6	20,6	54,7
Sachbuchlektoren	lektorieren überwiegend Sachbücher	63	20,3	20,3	74,9
Fiction-Lektoren	lektorieren überwiegend belletristische Titel	46	14,8	14,8	89,7
Sonstige	micht klar zu definieren oder aber spezielle Einzelfälle	32	10,3	10,3	100,0
Summe	alle Lektoren	311	100,0	100,0	

Tab. 33.5: Zuständigkeit für Lizenztitel

			Häufigkeit	Prozent	gültige Prozente	kumulierte Prozente
gültig	keine Lizenzen	0 Prozent	96	30,9	31,7	31,7
	wenig Lizenzen	1 bis 29 Prozent	135	43,4	44,6	76,2
	viele Lizenzen	ab 30 Prozent	72	23,2	23,8	100,0
	Gesamt	0 bis 100 Prozent	303	97,4	100,0	
fehlend			8	2,6		
Summe			311	100,0		

Tab. 34: Manuskriptzahl

		Wie viele der von Ihnen betreuten Manuskripte wurden 2004 publiziert?	Wie viele dieser Manuskripte wurden unverlangt eingesandt?	Wie viele Manuskripte werden pro Monat unverlangt eingesandt?
n	gültig	291	285	299
	fehlend	20	26	12
Mittelwert		21,14	3,33	24,11
Standardfehler des Mittelwertes		1,473	0,522	3,876
Median		14,00	0,00	5,00
Modus		20	0	1
Minimum		0	0	0
Maximum		200	100	800

Tab. 35: Tätigkeiten im Lektorat

Tab. 35.1: Manuskripte auf Tauglichkeit prüfen

		Häufigkeit	Prozent	gültige Prozente	kumulierte Prozente
gültig	häufig	266	85,5	85,5	85,5
	selten	39	12,5	12,5	98,1
	nie	6	1,9	1,9	100,0
	Summe	311	100,0	100,0	

Tab. 35.2: Entwickeln von Konzepten und Ideen für neue Reihen oder Einzeltitel

		Häufigkeit	Prozent	gültige Prozente	kumulierte Prozente
gültig	häufig	221	71,1	71,1	71,1
	selten	79	25,4	25,4	96,5
	nie	11	3,5	3,5	100,0
	Summe	311	100,0	100,0	

Tab. 35.3: Erstellung von Marketing- und PR-Konzepten

		Häufigkeit	Prozent	gültige Prozente	kumulierte Prozente
gültig	häufig	132	42,4	42,4	42,4
	selten	150	48,2	48,2	90,7
	nie	29	9,3	9,3	100,0
	Summe	311	100,0	100,0	

Tab. 35.4: Erstellen und Überwachen von Kostenkalkulationen

		Häufigkeit	Prozent	gültige Prozente	kumulierte Prozente
gültig	häufig	190	61,1	61,1	61,1
	selten	73	23,5	23,5	84,6
	nie	48	15,4	15,4	100,0
	Summe	311	100,0	100,0	

Tab. 35.5: Erstellen und Überwachen von Zeitplänen

		Häufigkeit	Prozent	gültige Prozente	kumulierte Prozente
gültig	häufig	250	80,4	80,6	80,6
	selten	54	17,4	17,4	98,1
	nie	6	1,9	1,9	100,0
	Gesamt	310	99,7	100,0	
fehlend	k. A.	1	0,3		
Summe		311	100,0		

Tab. 35.6: Verfassen von Informations- oder Klappentexten

		Häufigkeit	Prozent	gültige Prozente	kumulierte Prozente
gültig	häufig	267	85,9	86,1	86,1
	selten	41	13,2	13,2	99,4
	nie	2	0,6	0,6	100,0
	Gesamt	310	99,7	100,0	
fehlend	k. A.	1	0,3		
Summe		311	100,0		

Tab. 35.7: Arbeit an der bild-/textlichen Gestaltung einzelner Titel oder Reihen (Layout)

		Häufigkeit	Prozent	gültige Prozente	kumulierte Prozente
gültig	häufig	164	52,7	52,9	52,9
	selten	107	34,4	34,5	87,4
	nie	39	12,5	12,6	100,0
	Gesamt	310	99,7	100,0	
fehlend	k. A.	1	0,3		
Summe		311	100,0		

Tab. 35.8: Herstellerische Aufgaben

		Häufigkeit	Prozent	gültige Prozente	kumulierte Prozente
gültig	häufig	75	24,1	24,1	24,1
	selten	119	38,3	38,3	62,4
	nie	117	37,6	37,6	100,0
	Summe	311	100,0	100,0	

Tab. 35.9: Prüfen von Textaufbau, Stil und Inhalt

		Häufigkeit	Prozent	gültige Prozente	kumulierte Prozente
gültig	häufig	282	90,7	90,7	90,7
	selten	29	9,3	9,3	100,0
	Summe	311	100,0	100,0	

Tab. 35.10: Korrekturlesen auf Grammatikfehler und Rechtschreibfehler

		Häufigkeit	Prozent	gültige Prozente	kumulierte Prozente
gültig	häufig	194	62,4	62,4	62,4
	selten	85	27,3	27,3	89,7
	nie	32	10,3	10,3	100,0
	Summe	311	100,0	100,0	

Tab. 35.11: Betreuung von Autoren

		Häufigkeit	Prozent	gültige Prozente	kumulierte Prozente
gültig	häufig	297	95,5	95,5	95,5
	selten	10	3,2	3,2	98,7
	nie	4	1,3	1,3	100,0
	Summe	311	100,0	100,0	

Tab. 35.12: Weitere Lektoratsaufgabe

		Häufigkeit	Prozent	gültige Prozente	kumulierte Prozente
gültig	ja	118	37,9	37,9	37,9
	nein	193	62,1	62,1	100,0
	Summe	311	100,0	100,0	

Tab. 36: Clusterung nach Tätigkeiten

Tab. 36.1: Das Tätigkeitsprofil (Index)

		Häufig-keit	Pro-zent	gültige Prozente	kumulierte Prozente
gültig	klassische Allrounder	190	61,1	61,7	61,7
	Projektmanager	74	23,8	24,0	85,7
	Textarbeiter	44	14,1	14,3	100,0
	Gesamt	308	99,0	100,0	
fehlend		3	1,0		
Summe		311	100,0		

Tab. 36.2: Tätigkeitsprofil und Berufserfahrung

Index nach Jahren im Beruf		Cluster Tätigkeit: klassische Allrounder	Cluster Tätigkeit: Projekt-manager	Cluster Tätigkeit: Text-arbeiter	Gesamt
Greenhorns	Anzahl	53	17	20	90
	% von Cluster Tätigkeit	27,9	23,0	45,5	29,2
Junioren	Anzahl	52	15	12	79
	% von Cluster Tätigkeit	27,4	20,3	27,3	25,6
Erfahrene	Anzahl	58	29	7	94
	% von Cluster Tätigkeit	30,5	39,2	15,9	30,5
alte Hasen	Anzahl	27	13	5	45
	% von Cluster Tätigkeit	14,2	17,6	11,4	14,6
Summe	Anzahl	190	74	44	308
	% von Cluster Tätigkeit	100	100	100	100

Tab. 36.3: Tätigkeitsprofil und Geschlecht

			Cluster Tätigkeit: klassische Allrounder	Cluster Tätigkeit: Projekt-manager	Cluster Tätigkeit: Text-arbeiter	Ge-samt
Geschlecht	männ-lich	Anzahl	75	27	9	111
		% von Cluster Tätigkeit	39,5	36,5	20,9	36,2
	weiblich	Anzahl	115	47	34	196
		% von Cluster Tätigkeit	60,5	63,5	79,1	63,8
Summe		Anzahl	190	74	43	307
		% von Cluster Tätigkeit	100	100	100	100

Tab. 36.4: Statistische Kennwerte der „klassischen Allrounder“

		Einkommen	Führungs-position	durch-schnitt-liche rea-le Wo-chenar-beitszeit	Wie viele der von Ihnen betreuten Manuskripte wurden 2004 publiziert?
n	gültig	172	144	189	179
	fehlend	18	46	1	11
Mittelwert		2040,9302	1,59	42,587	18,27
Standardabweichung		887,61577	0,493	10,1273	15,683

Tab. 36.5: Statistische Kennwerte der „Projektmanager"

		Einkommen	Führungsposition	durchschnittliche reale Wochenarbeitszeit	Wie viele der von Ihnen betreuten Manuskripte wurden 2004 publiziert?
n	gültig	69	60	73	71
	fehlend	5	14	1	3
Mittelwert		2152,4167	1,53	44,890	28,14
Standardabweichung		982,59730	0,503	6,7998	33,873

Tab. 36.6: Statistische Kennwerte der „Textarbeiter"

		Einkommen	Führungsposition	durchschnittliche reale Wochenarbeitszeit	Wie viele der von Ihnen betreuten Manuskripte wurden 2004 publiziert?
n	gültig	41	33	44	38
	fehlend	3	11	0	6
Mittelwert		1548,9817	1,70	41,205	22,24
Standardabweichung		740,04450	0,467	14,7988	38,051

Tab. 37: Berufliche Vorbilder

Tab. 37.1: Gibt es ein berufliches Vorbild?

		Häufigkeit	Prozent	gültige Prozente	kumulierte Prozente
gültig	ja	85	27,3	27,4	27,4
	nein	225	72,3	72,6	100,0
	Gesamt	310	99,7	100,0	
fehlend	weiß nicht	1	0,3		
Summe		311	100,0		

Tab. 37.2: Berufliche Vorbilder und Programmbereich

Index Programmzuständigkeit		Lektor, den Sie als berufliches Vorbild betrachten? ja	nein	Gesamt
Fiction-Lektoren	Anzahl	19	27	46
	% von Index Programmzuständigkeit	41,3	58,7	100,0
N.-F.-Generalisten	Anzahl	22	84	106
	% von Index Programmzuständigkeit	20,8	79,2	100,0
Sachbuchlektoren	Anzahl	20	43	63
	% von Index Programmzuständigkeit	31,7	68,3	100,0
N.-F.-Pädagogen	Anzahl	12	52	64
	% von Index Programmzuständigkeit	18,8	81,3	100,0
Sonstige	Anzahl	12	19	31
	% von Index Programmzuständigkeit	38,7	61,3	100,0
Summe	Anzahl	85	225	310
	% von Index Programmzuständigkeit	27,4	72,6	100,0

Tab. 38: Berufliches Selbstverständnis und Handlungsrelevanz

Tab. 38.1: Die Interessen des Verlages

Tab. 38.1.1: In meinem Beruf geht es mir darum, den Interessen meines Verlages zu dienen!

		Häufigkeit	Prozent	gültige Prozente	kumulierte Prozente
gültig	trifft voll und ganz zu	165	53,1	53,2	53,2
	trifft überwiegend zu	128	41,2	41,3	94,5
	trifft teilweise zu	14	4,5	4,5	99,0
	trifft weniger zu	2	0,6	0,6	99,7
	trifft überhaupt nicht zu	1	0,3	0,3	100,0
	Gesamt	310	99,7	100,0	
fehlend	weiß nicht	1	0,3		
Summe		311	100,0		

Tab. 38.1.2: Gelingt es, den Interessen des Verlages zu dienen?

		Häu-figkeit	Pro-zent	gültige Prozente	kumulierte Prozente
gültig	gelingt voll und ganz	51	16,4	17,5	17,5
	gelingt überwiegend	217	69,8	74,3	91,8
	gelingt teilweise	24	7,7	8,2	100,0
	Gesamt	292	93,9	100,0	
fehlend	weiß nicht	1	0,3		
	System	18	5,8		
	Gesamt	19	6,1		
Summe		311	100,0		

Tab. 38.1.3: In meinem Beruf geht es mir darum, den Interessen meiner Autoren zu dienen!

		Häu-figkeit	Pro-zent	gültige Prozente	kumulierte Prozente
gültig	trifft voll und ganz zu	98	31,5	31,6	31,6
	trifft überwiegend zu	138	44,4	44,5	76,1
	trifft teilweise zu	61	19,6	19,7	95,8
	trifft weniger zu	8	2,6	2,6	98,4
	trifft überhaupt nicht zu	5	1,6	1,6	100,0
	Gesamt	310	99,7	100,0	
fehlend	weiß nicht	1	0,3		
Summe		311	100,0		

Tab. 38.1.4: Gelingt es, den Interessen/der Arbeit Ihrer Autoren zu dienen?

		Häu-figkeit	Pro-zent	gültige Prozente	kumulierte Prozente
gültig	gelingt voll und ganz	25	8,0	10,6	10,6
	gelingt überwiegend	178	57,2	75,7	86,4
	gelingt teilweise	31	10,0	13,2	99,6
	gelingt weniger	1	0,3	0,4	100,0
	Gesamt	235	75,6	100,0	
fehlend	weiß nicht	1	,3		
	System	75	24,1		
	Gesamt	76	24,4		
Summe		311	100,0		

Tab. 38.1.5: Ich will die Literatur/das literarische Leben fördern!

		Häufigkeit	Prozent	gültige Prozente	kumulierte Prozente
gültig	trifft voll und ganz zu	56	18,0	18,4	18,4
	trifft überwiegend zu	48	15,4	15,7	34,1
	trifft teilweise zu	65	20,9	21,3	55,4
	trifft weniger zu	63	20,3	20,7	76,1
	trifft überhaupt nicht zu	73	23,5	23,9	100,0
	Gesamt	305	98,1	100,0	
fehlend	weiß nicht	2	0,6		
	k. A.	4	1,3		
	Gesamt	6	1,9		
Summe		311	100,0		

Tab. 38.1.6: Gelingt es, die Literatur/das literarische Leben zu fördern?

		Häufigkeit	Prozent	gültige Prozente	kumulierte Prozente
gültig	gelingt voll und ganz	5	1,6	4,9	4,9
	gelingt überwiegend	33	10,6	32,4	37,3
	gelingt teilweise	48	15,4	47,1	84,3
	gelingt weniger	10	3,2	9,8	94,1
	gelingt überhaupt nicht	6	1,9	5,9	100,0
	Gesamt	102	32,8	100,0	
fehlend	weiß nicht	2	0,6		
	System	207	66,6		
	Gesamt	209	67,2		
Summe		311	100,0		

Tab. 38.1.7: Ich will hohe Auflagen- und Verkaufszahlen erzielen!

		Häufigkeit	Prozent	gültige Prozente	kumulierte Prozente
gültig	trifft voll und ganz zu	112	36,0	36,1	36,1
	trifft überwiegend zu	100	32,2	32,3	68,4
	trifft teilweise zu	65	20,9	21,0	89,4
	trifft weniger zu	28	9,0	9,0	98,4
	trifft überhaupt nicht zu	5	1,6	1,6	100,0
	Gesamt	310	99,7	100,0	
fehlend	k. A.	1	0,3		
Summe		311	100,0		

Tab. 38.1.8: Gelingt es, hohe Auflagen- und Verkaufszahlen zu erzielen?

		Häufigkeit	Prozent	gültige Prozente	kumulierte Prozente
gültig	gelingt voll und ganz	6	1,9	2,9	2,9
	gelingt überwiegend	49	15,8	23,6	26,4
	gelingt teilweise	130	41,8	62,5	88,9
	gelingt weniger	22	7,1	10,6	99,5
	gelingt überhaupt nicht	1	0,3	0,5	100,0
	Gesamt	208	66,9	100,0	
fehlend	weiß nicht	3	1,0		
	k. A.	1	0,3		
	System	99	31,8		
	Gesamt	103	33,1		
Summe		311	100,0		

Tab. 38.1.9: Ich will den Lesern Unterhaltung und Entspannung bieten!

		Häufigkeit	Prozent	gültige Prozente	kumulierte Prozente
gültig	trifft voll und ganz zu	56	18,0	18,1	18,1
	trifft überwiegend zu	51	16,4	16,5	34,5
	trifft teilweise zu	52	16,7	16,8	51,3
	trifft weniger zu	63	20,3	20,3	71,6
	trifft überhaupt nicht zu	88	28,3	28,4	100,0
	Gesamt	310	99,7	100,0	
fehlend	k. A.	1	0,3		
Summe		311	100,0		

Tab. 38.1.10: Gelingt es, den Lesern Unterhaltung und Entspannung zu bieten?

		Häufigkeit	Prozent	gültige Prozente	kumulierte Prozente
gültig	gelingt voll und ganz	19	6,1	18,6	18,6
	gelingt überwiegend	63	20,3	61,8	80,4
	gelingt teilweise	18	5,8	17,6	98,0
	gelingt weniger	2	0,6	2,0	100,0
	Gesamt	102	32,8	100,0	
fehlend	weiß nicht	2	0,6		
	k. A.	3	1,0		
	System	204	65,6		
	Gesamt	209	67,2		
Summe		311	100,0		

Tab. 38.1.11: Ich will neue Trends aufzuzeigen/neue Ideen vermitteln!

		Häufigkeit	Prozent	gültige Prozente	kumulierte Prozente
gültig	trifft voll und ganz zu	75	24,1	24,2	24,2
	trifft überwiegend zu	111	35,7	35,8	60,0
	trifft teilweise zu	76	24,4	24,5	84,5
	trifft weniger zu	33	10,6	10,6	95,2
	trifft überhaupt nicht zu	15	4,8	4,8	100,0
	Gesamt	310	99,7	100,0	
fehlend	k. A.	1	0,3		
Summe		311	100,0		

Tab. 38.1.12: Gelingt es, neue Trends aufzuzeigen?

		Häufigkeit	Prozent	gültige Prozente	kumulierte Prozente
gültig	gelingt voll und ganz	13	4,2	7,0	7,0
	gelingt überwiegend	61	19,6	33,0	40,0
	gelingt teilweise	100	32,2	54,1	94,1
	gelingt weniger	11	3,5	5,9	100,0
	Gesamt	185	59,5	100,0	
fehlend	weiß nicht	1	0,3		
	System	125	40,2		
	Gesamt	126	40,5		
Summe		311	100,0		

Tab. 38.1.13: Ich will Orientierung und Lebenshilfe geben!

		Häufigkeit	Prozent	gültige Prozente	kumulierte Prozente
gültig	trifft voll und ganz zu	48	15,4	15,4	15,4
	trifft überwiegend zu	44	14,1	14,1	29,6
	trifft teilweise zu	61	19,6	19,6	49,2
	trifft weniger zu	72	23,2	23,2	72,3
	trifft überhaupt nicht zu	86	27,7	27,7	100,0
	Summe	311	100,0	100,0	

Tab. 38.1.14: Gelingt es, Orientierung und Lebenshilfe zu geben?

		Häu-figkeit	Pro-zent	gültige Prozente	kumulierte Prozente
gültig	gelingt voll und ganz	14	4,5	15,7	15,7
	gelingt überwiegend	43	13,8	48,3	64,0
	gelingt teilweise	28	9,0	31,5	95,5
	gelingt weniger	3	1,0	3,4	98,9
	gelingt überhaupt nicht	1	0,3	1,1	100,0
	Gesamt	89	28,6	100,0	
fehlend	weiß nicht	2	0,6		
	k. A.	1	0,3		
	System	219	70,4		
	Gesamt	222	71,4		
Summe		311	100,0		

Tab. 38.1.15: Ich will zu Bildung/Aufklärung beitragen!

		Häu-figkeit	Pro-zent	gültige Prozente	kumulierte Prozente
gültig	trifft voll und ganz zu	130	41,8	41,9	41,9
	trifft überwiegend zu	97	31,2	31,3	73,2
	trifft teilweise zu	53	17,0	17,1	90,3
	trifft weniger zu	20	6,4	6,5	96,8
	trifft überhaupt nicht zu	10	3,2	3,2	100,0
	Gesamt	310	99,7	100,0	
fehlend	k. A.	1	0,3		
Summe		311	100,0		

Tab. 38.1.16: Gelingt es, zur Bildung und Aufklärung beizutragen?

		Häufigkeit	Prozent	gültige Prozente	kumulierte Prozente
gültig	gelingt voll und ganz	47	15,1	21,2	21,2
	gelingt überwiegend	101	32,5	45,5	66,7
	gelingt teilweise	65	20,9	29,3	95,9
	gelingt weniger	7	2,3	3,2	99,1
	gelingt überhaupt nicht	2	0,6	0,9	100,0
	Gesamt	222	71,4	100,0	
fehlend	weiß nicht	4	1,3		
	k. A.	2	0,6		
	System	83	26,7		
	Gesamt	89	28,6		
Summe		311	100,0		

Tab. 38.1.17: Ich will viel Geld verdienen!

		Häufigkeit	Prozent	gültige Prozente	kumulierte Prozente
gültig	trifft voll und ganz zu	20	6,4	6,5	6,5
	trifft überwiegend zu	30	9,6	9,7	16,2
	trifft teilweise zu	85	27,3	27,5	43,7
	trifft weniger zu	125	40,2	40,5	84,1
	trifft überhaupt nicht zu	49	15,8	15,9	100,0
	Gesamt	309	99,4	100,0	
fehlend	k. A.	2	0,6		
Summe		311	100,0		

Tab. 38.1.18: Gelingt es, im Beruf viel Geld zu verdienen?

		Häufigkeit	Prozent	gültige Prozente	kumulierte Prozente
gültig	gelingt voll und ganz	3	1,0	3,8	3,8
	gelingt überwiegend	12	3,9	15,0	18,8
	gelingt teilweise	38	12,2	47,5	66,3
	gelingt weniger	22	7,1	27,5	93,8
	gelingt überhaupt nicht	5	1,6	6,3	100,0
	Gesamt	80	25,7	100,0	
fehlend	k. A.	6	1,9		
	System	225	72,3		
	Gesamt	231	74,3		
Summe		311	100,0		

Tab. 38.1.19: Ich will mich selbst verwirklichen!

		Häufigkeit	Prozent	gültige Prozente	kumulierte Prozente
gültig	trifft voll und ganz zu	59	19,0	19,0	19,0
	trifft überwiegend zu	97	31,2	31,2	50,2
	trifft teilweise zu	105	33,8	33,8	83,9
	trifft weniger zu	33	10,6	10,6	94,5
	trifft überhaupt nicht zu	17	5,5	5,5	100,0
	Summe	311	100,0	100,0	

Tab. 38.1.20: Gelingt es, sich selbst zu verwirklichen?

		Häufigkeit	Prozent	gültige Prozente	kumulierte Prozente
gültig	gelingt voll und ganz	26	8,4	16,7	16,7
	gelingt überwiegend	81	26,0	51,9	68,6
	gelingt teilweise	47	15,1	30,1	98,7
	gelingt weniger	2	0,6	1,3	100,0
	Gesamt	156	50,2	100,0	
fehlend	k. A.	1	0,3		
	System	154	49,5		
	Gesamt	155	49,8		
Summe		311	100,0		

Tab. 39: Zufriedenheit im Beruf

Tab. 39.1: Zufriedenheit mit eigener beruflicher Qualifizierung

		Häufigkeit	Prozent	gültige Prozente	kumulierte Prozente
gültig	sehr zufrieden	101	32,5	32,9	32,9
	eher zufrieden	141	45,3	45,9	78,8
	teilweise zufrieden	54	17,4	17,6	96,4
	eher unzufrieden	8	2,6	2,6	99,0
	sehr unzufrieden	3	1,0	1,0	100,0
	Gesamt	307	98,7	100,0	
fehlend	weiß nicht	2	0,6		
	k. A.	2	0,6		
	Gesamt	4	1,3		
Summe		311	100,0		

Tab. 39.2: Zufriedenheit mit Möglichkeiten, sich beruflich weiterzubilden

		Häufigkeit	Prozent	gültige Prozente	kumulierte Prozente
gültig	sehr zufrieden	43	13,8	14,1	14,1
	eher zufrieden	109	35,0	35,6	49,7
	teilweise zufrieden	83	26,7	27,1	76,8
	eher unzufrieden	54	17,4	17,6	94,4
	sehr unzufrieden	17	5,5	5,6	100,0
	Gesamt	306	98,4	100,0	
fehlend	weiß nicht	1	0,3		
	k. A.	4	1,3		
	Gesamt	5	1,6		
Summe		311	100,0		

Tab. 39.3: Zufriedenheit mit täglicher Arbeitsbelastung

		Häufigkeit	Prozent	gültige Prozente	kumulierte Prozente
gültig	sehr zufrieden	32	10,3	10,3	10,3
	eher zufrieden	111	35,7	35,8	46,1
	teilweise zufrieden	90	28,9	29,0	75,2
	eher unzufrieden	65	20,9	21,0	96,1
	sehr unzufrieden	12	3,9	3,9	100,0
	Gesamt	310	99,7	100,0	
fehlend	k. A.	1	0,3		
Summe		311	100,0		

Tab. 39.4: Zufriedenheit mit Möglichkeit, sich die Arbeit selbst einzuteilen

		Häufigkeit	Prozent	gültige Prozente	kumulierte Prozente
gültig	sehr zufrieden	189	60,8	61,0	61,0
	eher zufrieden	88	28,3	28,4	89,4
	teilweise zufrieden	22	7,1	7,1	96,5
	eher unzufrieden	10	3,2	3,2	99,7
	sehr unzufrieden	1	0,3	0,3	100,0
	Gesamt	310	99,7	100,0	
fehlend	weiß nicht	1	0,3		
Summe		311	100,0		

Tab. 39.5: Zufriedenheit mit Zeit für Kernaufgabenbereich

		Häufigkeit	Prozent	gültige Prozente	kumulierte Prozente
gültig	sehr zufrieden	23	7,4	7,4	7,4
	eher zufrieden	99	31,8	32,0	39,5
	teilweise zufrieden	101	32,5	32,7	72,2
	eher unzufrieden	78	25,1	25,2	97,4
	sehr unzufrieden	8	2,6	2,6	100,0
	Gesamt	309	99,4	100,0	
fehlend	weiß nicht	1	0,3		
	k. A.	1	0,3		
	Gesamt	2	0,6		
Summe		311	100,0		

Tab. 39.6: Zufriedenheit mit beruflicher Sicherheit als Lektor

		Häufigkeit	Prozent	gültige Prozente	kumulierte Prozente
gültig	sehr zufrieden	58	18,6	19,1	19,1
	eher zufrieden	127	40,8	41,8	60,9
	teilweise zufrieden	72	23,2	23,7	84,5
	eher unzufrieden	36	11,6	11,8	96,4
	sehr unzufrieden	11	3,5	3,6	100,0
	Gesamt	304	97,7	100,0	
fehlend	weiß nicht	3	1,0		
	k. A.	4	1,3		
	Gesamt	7	2,3		
Summe		311	100,0		

Tab. 39.7: Zufriedenheit mit Aufstiegsmöglichkeiten im Beruf

		Häufigkeit	Prozent	gültige Prozente	kumulierte Prozente
gültig	sehr zufrieden	31	10,0	10,8	10,8
	eher zufrieden	80	25,7	27,9	38,7
	teilweise zufrieden	89	28,6	31,0	69,7
	eher unzufrieden	70	22,5	24,4	94,1
	sehr unzufrieden	17	5,5	5,9	100,0
	Gesamt	287	92,3	100,0	
fehlend	weiß nicht	6	1,9		
	k. A.	18	5,8		
	Gesamt	24	7,7		
Summe		311	100,0		

Tab. 39.8: Zufriedenheit mit Höhe der Bezahlung

		Häufigkeit	Prozent	gültige Prozente	kumulierte Prozente
gültig	sehr zufrieden	15	4,8	4,9	4,9
	eher zufrieden	117	37,6	38,4	43,3
	teilweise zufrieden	84	27,0	27,5	70,8
	eher unzufrieden	71	22,8	23,3	94,1
	sehr unzufrieden	18	5,8	5,9	100,0
	Gesamt	305	98,1	100,0	
fehlend	k. A.	6	1,9		
Summe		311	100,0		

Tab. 39.9: Zufriedenheit mit Verhältnis zu Arbeitskollegen

		Häufigkeit	Prozent	gültige Prozente	kumulierte Prozente
gültig	sehr zufrieden	211	67,8	69,0	69,0
	eher zufrieden	80	25,7	26,1	95,1
	teilweise zufrieden	14	4,5	4,6	99,7
	eher unzufrieden	1	0,3	0,3	100,0
	Gesamt	306	98,4	100,0	
fehlend	k. A.	5	1,6		
Summe		311	100,0		

Tab. 39.10: Zufriedenheit mit dem Verhältnis zu Vorgesetzten

		Häufigkeit	Prozent	gültige Prozente	kumulierte Prozente
gültig	sehr zufrieden	93	29,9	47,9	47,9
	eher zufrieden	58	18,6	29,9	77,8
	teilweise zufrieden	28	9,0	14,4	92,3
	eher unzufrieden	13	4,2	6,7	99,0
	sehr unzufrieden	2	0,6	1,0	100,0
	Gesamt	194	62,4	100,0	
fehlend	k. A.	2	0,6		
	System	115	37,0		
	Gesamt	117	37,6		
Summe		311	100,0		

Tab. 39.11: Zufriedenheit mit Verhältnis zu Mitarbeitern

		Häufigkeit	Prozent	gültige Prozente	kumulierte Prozente
gültig	sehr zufrieden	123	39,5	63,4	63,4
	eher zufrieden	62	19,9	32,0	95,4
	teilweise zufrieden	7	2,3	3,6	99,0
	eher unzufrieden	2	0,6	1,0	100,0
	Gesamt	194	62,4	100,0	
fehlend	weiß nicht	3	1,0		
	k. A.	21	6,8		
	System	93	29,9		
	Gesamt	117	37,6		
Summe		311	100,0		

Tab. 40: Einflussfaktoren auf die Lektoratsarbeit

Tab. 40.1: Einfluss der Mehrfachverwertung auf Aufnahme eines Buchprojektes

		Häufigkeit	Prozent	gültige Prozente	kumulierte Prozente
gültig	stark	83	26,7	27,2	27,2
	schwach	130	41,8	42,6	69,8
	gar nicht	92	29,6	30,2	100,0
	Gesamt	305	98,1	100,0	
fehlend	weiß nicht	6	1,9		
Summe		311	100,0		

Tab. 40.2: Einfluss von Verleger/Geschäftsführer/oberer Führungsebene

		Häufigkeit	Prozent	gültige Prozente	kumulierte Prozente
gültig	sehr groß	107	35,9	36,4	36,4
	eher groß	92	30,9	31,3	67,7
	eher klein	69	23,2	23,5	91,2
	sehr klein	18	6,0	6,1	97,3
	nicht vorhanden	8	2,7	2,7	100,0
	Gesamt	294	98,7	100,0	
fehlend	weiß nicht	2	0,7		
	k. A.	2	0,7		
	Gesamt	4	1,3		
Summe		298	100,0		

Tab. 40.3: Einfluss von Programmleitung/Cheflektor/mittlerer Führungsebene

		Häufigkeit	Prozent	gültige Prozente	kumulierte Prozente
gültig	sehr groß	56	41,5	42,4	42,4
	eher groß	38	28,1	28,8	71,2
	eher klein	18	13,3	13,6	84,8
	sehr klein	2	1,5	1,5	86,4
	nicht vorhanden	18	13,3	13,6	100,0
	Gesamt	132	97,8	100,0	
fehlend	k. A.	3	2,2		
Summe		135	100,0		

Tab. 40.4: Der Einfluss anderer Lektoren

		Häufigkeit	Prozent	gültige Prozente	kumulierte Prozente
gültig	sehr groß	7	3,1	3,1	3,1
	eher groß	56	24,6	24,6	27,6
	eher klein	107	46,9	46,9	74,6
	sehr klein	27	11,8	11,8	86,4
	nicht vorhanden	31	13,6	13,6	100,0
	Summe	228	100,0	100,0	

Tab. 40.5: Der Einfluss von Lesern oder Kunden

		Häufigkeit	Prozent	gültige Prozente	kumulierte Prozente
gültig	sehr groß	32	10,3	10,4	10,4
	eher groß	103	33,1	33,6	44,0
	eher klein	122	39,2	39,7	83,7
	sehr klein	28	9,0	9,1	92,8
	nicht vorhanden	22	7,1	7,2	100,0
	Gesamt	307	98,7	100,0	
fehlend	weiß nicht	1	0,3		
	k. A.	3	1,0		
	Gesamt	4	1,3		
Summe		311	100,0		

Tab. 40.6: Der Einfluss von Mitarbeitern (Marketing, Herstellung, PR, Vertrieb)

		Häufigkeit	Prozent	gültige Prozente	kumulierte Prozente
gültig	sehr groß	31	10,0	10,1	10,1
	eher groß	120	38,6	39,1	49,2
	eher klein	119	38,3	38,8	87,9
	sehr klein	14	4,5	4,6	92,5
	nicht vorhanden	23	7,4	7,5	100,0
	Gesamt	307	98,7	100,0	
fehlend	k. A.	4	1,3		
Summe		311	100,0		

Tab. 40.7: Der Einfluss von Verlagsvertretern/ Außendienstmitarbeitern

		Häufigkeit	Prozent	gültige Prozente	kumulierte Prozente
gültig	sehr groß	18	5,8	5,8	5,8
	eher groß	78	25,1	25,3	31,2
	eher klein	121	38,9	39,3	70,5
	sehr klein	27	8,7	8,8	79,2
	nicht vorhanden	64	20,6	20,8	100,0
	Gesamt	308	99,0	100,0	
Fehlend	weiß nicht	1	0,3		
	k. A.	2	0,6		
	Gesamt	3	1,0		
Summe		311	100,0		

Tab. 40.8: Der Einfluss von literarischen Agenten

		Häufigkeit	Prozent	gültige Prozente	kumulierte Prozente
gültig	sehr groß	6	1,9	1,9	1,9
	eher groß	22	7,1	7,1	9,1
	eher klein	51	16,4	16,5	25,6
	sehr klein	38	12,2	12,3	37,9
	nicht vorhanden	192	61,7	62,1	100,0
	Gesamt	309	99,4	100,0	
fehlend	weiß nicht	1	0,3		
	k. A.	1	0,3		
	Gesamt	2	0,6		
Summe		311	100,0		

Tab. 40.9: Der Einfluss von Autoren

		Häufigkeit	Prozent	gültige Prozente	kumulierte Prozente
gültig	sehr groß	50	16,1	16,2	16,2
	eher groß	167	53,7	54,0	70,2
	eher klein	80	25,7	25,9	96,1
	sehr klein	7	2,3	2,3	98,4
	nicht vorhanden	5	1,6	1,6	100,0
	Gesamt	309	99,4	100,0	
fehlend	k. A.	2	0,6		
Summe		311	100,0		

Tab. 40.10: Der Einfluss von Literaturkritikern und Rezensenten

		Häufigkeit	Prozent	gültige Prozente	kumulierte Prozente
gültig	sehr groß	3	1,0	1,0	1,0
	eher groß	36	11,6	11,6	12,6
	eher klein	148	47,6	47,7	60,3
	sehr klein	49	15,8	15,8	76,1
	nicht vorhanden	74	23,8	23,9	100,0
	Gesamt	310	99,7	100,0	
fehlend	weiß nicht	1	0,3		
Summe		311	100,0		

Tab. 40.11: Der Einfluss von Buchhändlern

		Häufigkeit	Prozent	gültige Prozente	kumulierte Prozente
gültig	sehr groß	11	3,5	3,5	3,5
	eher groß	66	21,2	21,3	24,8
	eher klein	150	48,2	48,4	73,2
	sehr klein	36	11,6	11,6	84,8
	nicht vorhanden	47	15,1	15,2	100,0
	Gesamt	310	99,7	100,0	
fehlend	weiß nicht	1	0,3		
Summe		311	100,0		

Tab. 40.12: Weitere Personen oder Gruppen mit Einfluss auf die Arbeit

		Häufigkeit	Prozent	gültige Prozente	kumulierte Prozente
gültig	ja	73	23,5	23,7	23,7
	nein	235	75,6	76,3	100,0
	Gesamt	308	99,0	100,0	
fehlend	weiß nicht	2	0,6		
	k. A.	1	0,3		
	Gesamt	3	1,0		
Summe		311	100,0		

Tab. 40.13: Wie groß ist der Einfluss dieser Gruppe bzw. Personen?

		Häufigkeit	Prozent	gültige Prozente	kumulierte Prozente
gültig	sehr groß	19	6,1	26,4	26,4
	eher groß	36	11,6	50,0	76,4
	eher klein	16	5,1	22,2	98,6
	sehr klein	1	0,3	1,4	100,0
	Gesamt	72	23,2	100,0	
fehlend	weiß nicht	1	0,3		
	System	238	76,5		
	Gesamt	239	76,8		
Summe		311	100,0		

Tab. 41: Gründung eines Berufsverbands für Verlagslektoren

		Häufigkeit	Prozent	gültige Prozente	kumulierte Prozente
gültig	ja	181	58,2	66,1	66,1
	nein	93	29,9	33,9	100,0
	Gesamt	274	88,1	100,0	
fehlend	weiß nicht	31	10,0		
	k. A.	6	1,9		
	Gesamt	37	11,9		
Summe		311	100,0		

Tab. 42: Zusammenarbeit mit den Autoren

Tab. 42.1: Statistische Kennwerte der Lektor-Autor-Beziehung

		z. T. enge Freundschaft	Lektor: unsichtbar bleiben	Reiz der Arbeit	permanent für Autoren da sein	Autoren: wenig Anerkennung	meist reibungslos?
n	gültig	308	307	308	307	308	308
	fehlend	3	4	3	4	3	3
Mittelwert		3,29	2,58	2,17	2,41	3,86	2,44
Standardabweichung		1,232	1,302	0,942	1,144	0,908	0,913

Tab. 42.2: Kennwerte: Lektoren, die einem Autor zum Durchbruch verholfen haben

Zum Durchbruch verholfen?		z. T. enge Freundschaft	Lektor: unsichtbar bleiben	Reiz der Arbeit	permanent für Autoren da sein	Autoren: wenig Anerkennung	meist reibungslos?
ja	Mittelwert	2,92	2,24	1,90	2,15	3,92	2,46
	n	107	107	107	107	107	107
	Standardabweichung	1,222	1,235	0,900	1,044	,881	,839
nein	Mittelwert	3,52	2,79	2,34	2,55	3,79	2,45
	n	190	189	190	189	190	190
	Standardabweichung	1,176	1,303	0,934	1,150	0,923	0,946
Summe	Mittelwert	3,30	2,59	2,18	2,41	3,84	2,45
	n	297	296	297	296	297	297
	Standardabweichung	1,226	1,304	0,945	1,128	0,908	0,907

Tab. 42.3: Die Lektor-Autor-Beziehung in der Beurteilung der Lektoren

Tab. 42.3.1: Mit meinen Autoren verbindet mich zum Teil enge Freundschaft

		Häufigkeit	Prozent	gültige Prozente	kumulierte Prozente
gültig	trifft voll und ganz zu	35	11,3	11,4	11,4
	trifft überwiegend zu	38	12,2	12,3	23,7
	trifft teilweise zu	95	30,5	30,8	54,5
	trifft weniger zu	82	26,4	26,6	81,2
	trifft gar nicht zu	58	18,6	18,8	100,0
	Gesamt	308	99,0	100,0	
fehlend	System	3	1,0		
Summe		311	100,0		

Tab. 42.3.2: Lektor hat unsichtbar zu bleiben neben dem Autor

		Häufigkeit	Prozent	gültige Prozente	kumulierte Prozente
gültig	trifft voll und ganz zu	74	23,8	24,1	24,1
	trifft überwiegend zu	94	30,2	30,6	54,7
	trifft teilweise zu	63	20,3	20,5	75,2
	trifft weniger zu	40	12,9	13,0	88,3
	trifft gar nicht zu	36	11,6	11,7	100,0
	Gesamt	307	98,7	100,0	
fehlend	k. A.	1	0,3		
	System	3	1,0		
	Gesamt	4	1,3		
Summe		311	100,0		

Tab. 42.3.3: Zusammenarbeit mit Autoren ist Reiz der Arbeit

		Häufigkeit	Prozent	gültige Prozente	kumulierte Prozente
gültig	trifft voll und ganz zu	83	26,7	26,9	26,9
	trifft überwiegend zu	117	37,6	38,0	64,9
	trifft teilweise zu	88	28,3	28,6	93,5
	trifft weniger zu	14	4,5	4,5	98,1
	trifft gar nicht zu	6	1,9	1,9	100,0
	Gesamt	308	99,0	100,0	
fehlend	System	3	1,0		
Summe		311	100,0		

Tab. 42.3.4: Autoren erwarten, dass man permanent für sie da ist

		Häufigkeit	Prozent	gültige Prozente	kumulierte Prozente
gültig	trifft voll und ganz zu	85	27,3	27,7	27,7
	trifft überwiegend zu	77	24,8	25,1	52,8
	trifft teilweise zu	91	29,3	29,6	82,4
	trifft weniger zu	42	13,5	13,7	96,1
	trifft gar nicht zu	12	3,9	3,9	100,0
	Gesamt	307	98,7	100,0	
fehlend	weiß nicht	1	0,3		
	System	3	1,0		
	Gesamt	4	1,3		
Summe		311	100,0		

Tab. 42.3.5: Autoren zeigen wenig Anerkennung für Arbeit der Lektoren

		Häufigkeit	Prozent	gültige Prozente	kumulierte Prozente
gültig	trifft voll und ganz zu	2	0,6	0,6	,6
	trifft überwiegend zu	15	4,8	4,9	5,5
	trifft teilweise zu	94	30,2	30,5	36,0
	trifft weniger zu	110	35,4	35,7	71,8
	trifft gar nicht zu	87	28,0	28,2	100,0
	Gesamt	308	99,0	100,0	
fehlend	System	3	1,0		
Summe		311	100,0		

Tab. 42.3.6: Zusammenarbeit mit Autoren ist meist reibungslos

		Häufigkeit	Prozent	gültige Prozente	kumulierte Prozente
gültig	trifft voll und ganz zu	40	12,9	13,0	13,0
	trifft überwiegend zu	138	44,4	44,8	57,8
	trifft teilweise zu	90	28,9	29,2	87,0
	trifft weniger zu	35	11,3	11,4	98,4
	trifft gar nicht zu	5	1,6	1,6	100,0
	Gesamt	308	99,0	100,0	
fehlend	System	3	1,0		
Summe		311	100,0		

Tab. 43: Berufszugang

Tab. 43.1: Direkter Zugang oder Quereinstieg?

Länger als ein Jahr in anderem Beruf gearbeitet?		Häufigkeit	Prozent	gültige Prozente	kumulierte Prozente
gültig	ja	171	55,0	55,0	55,0
	nein	140	45,0	45,0	100,0
	Summe	311	100,0	100,0	

Tab. 43.2: Eigene berufsspezifische Ausbildung: Praktikum/Hospitanz

		Häufigkeit	Prozent	gültige Prozente	kumulierte Prozente
gültig	ja	141	45,3	45,3	45,3
	nein	170	54,7	54,7	100,0
	Summe	311	100,0	100,0	

Tab. 43.3: Eigene berufsspezifische Ausbildung: Verlagsvolontariat

		Häufigkeit	Prozent	gültige Prozente	kumulierte Prozente
gültig	ja	108	34,7	34,7	34,7
	nein	203	65,3	65,3	100,0
	Summe	311	100,0	100,0	

Tab. 43.4: Eigene berufsspezifische Ausbildung in Buchverlag, Buchhandel, Bibliothek

		Häufigkeit	Prozent	gültige Prozente	kumulierte Prozente
gültig	ja	38	12,2	12,2	12,2
	nein	273	87,8	87,8	100,0
	Summe	311	100,0	100,0	

Tab. 43.5: Eigene berufsspezifische Ausbildung: Lektorenseminare

		Häufigkeit	Prozent	gültige Prozente	kumulierte Prozente
gültig	ja	116	37,3	37,3	37,3
	nein	195	62,7	62,7	100,0
	Summe	311	100,0	100,0	

Tab. 43.6: Eigene berufsspezifische Ausbildung: Einschlägiges Studium

		Häufigkeit	Prozent	gültige Prozente	kumulierte Prozente
gültig	Buchwissenschaft	5	1,6	1,7	1,7
	Verlagswirtschaft	1	,3	0,3	2,0
	Bibliothekswissenschaft	2	0,6	0,7	2,7
	etwas anderes	286	92,0	97,3	100,0
	Gesamt	294	94,5	100,0	
fehlend	System	17	5,5		
Summe		311	100,0		

Tab. 43.7: Sonstige verlagsbezogene Ausbildung

		Häufigkeit	Prozent	gültige Prozente	kumulierte Prozente
gültig	ja	28	9,0	9,0	9,0
	nein	283	91,0	91,0	100,0
	Summe	311	100,0	100,0	

Tab. 43.8: Berufsjahre und Nachweis von Praktikum/Hospitanz

Index nach Jahren im Beruf		Hospitanz oder Praktikum		Gesamt
		ja	nein	
Greenhorns	Anzahl	50	40	90
	% von Index nach Jahren im Beruf	55,6	44,4	100,0
Junioren	Anzahl	48	33	81
	% von Index nach Jahren im Beruf	59,3	40,7	100,0
Erfahrene	Anzahl	33	61	94
	% von Index nach Jahren im Beruf	35,1	64,9	100,0
alte Hasen	Anzahl	10	36	46
	% von Index nach Jahren im Beruf	21,7	78,3	100,0
Summe	Anzahl	141	170	311
	% von Index nach Jahren im Beruf	45,3	54,7	100,0

Tab. 43.9: Berufsjahre und Nachweis von Verlagsvolontariat

Index nach Jahren im Beruf		Verlagsvolontariat		Gesamt
		ja	nein	
Greenhorns	Anzahl	45	45	90
	% von Index nach Jahren im Beruf	50,0	50,0	100,0
Junioren	Anzahl	30	51	81
	% von Index nach Jahren im Beruf	37,0	63,0	100,0
Erfahrene	Anzahl	26	68	94
	% von Index nach Jahren im Beruf	27,7	72,3	100,0
alte Hasen	Anzahl	7	39	46
	% von Index nach Jahren im Beruf	15,2	84,	100,0
Summe	Anzahl	108	203	311
	% von Index nach Jahren im Beruf	34,7	65,3	100,0

Tab. 44: Motive für die Berufswahl

Tab. 44.1: Sie wurden Lektor aus Leidenschaft?

		Häufigkeit	Prozent	gültige Prozente	kumulierte Prozente
gültig	trifft voll zu	115	37,0	37,3	37,3
	trifft eher zu	103	33,1	33,4	70,8
	trifft eher nicht zu	59	19,0	19,2	89,9
	trifft gar nicht zu	31	10,0	10,1	100,0
	Gesamt	308	99,0	100,0	
fehlend	k. A.	3	1,0		
Summe		311	100,0		

Tab. 44.2: Sie wurden Lektor aufgrund fehlender Alternativen?

		Häufigkeit	Prozent	gültige Prozente	kumulierte Prozente
gültig	trifft voll zu	11	3,5	3,6	3,6
	trifft eher zu	33	10,6	10,7	14,2
	trifft eher nicht zu	76	24,4	24,6	38,8
	trifft gar nicht zu	189	60,8	61,2	100,0
	Gesamt	309	99,4	100,0	
fehlend	k. A.	2	0,6		
Summe		311	100,0		

Tab. 44.3: Sie wurden Lektor aus Interesse an einem vielseitigen Beruf?

		Häufigkeit	Prozent	gültige Prozente	kumulierte Prozente
gültig	trifft voll zu	190	61,1	61,7	61,7
	trifft eher zu	101	32,5	32,8	94,5
	trifft eher nicht zu	10	3,2	3,2	97,7
	trifft gar nicht zu	7	2,3	2,3	100,0
	Gesamt	308	99,0	100,0	
fehlend	k. A.	3	1,0		
Summe		311	100,0		

Tab. 44.4: Sie wurden Lektor aufgrund des Ansehens, das der Beruf genießt?

		Häufigkeit	Prozent	gültige Prozente	kumulierte Prozente
gültig	trifft voll zu	3	1,0	1,0	1,0
	trifft eher zu	26	8,4	8,4	9,4
	trifft eher nicht zu	147	47,3	47,6	57,0
	trifft gar nicht zu	133	42,8	43,0	100,0
	Gesamt	309	99,4	100,0	
fehlend	k. A.	2	0,6		
Summe		311	100,0		

Tab. 44.5: Sie wurden Lektor aufgrund der Kontakte zu interessanten Menschen?

		Häufigkeit	Prozent	gültige Prozente	kumulierte Prozente
gültig	trifft voll zu	71	22,8	23,0	23,0
	trifft eher zu	106	34,1	34,3	57,3
	trifft eher nicht zu	92	29,6	29,8	87,1
	trifft gar nicht zu	40	12,9	12,9	100,0
	Gesamt	309	99,4	100,0	
fehlend	k. A.	2	0,6		
Summe		311	100,0		

Tab. 44.6: Statistische Kennwerte der Motive für die Berufswahl

		Leidenschaft	fehlende Alternativen	vielseitiger Beruf	Ansehen des Berufs	interessante Menschen
n	gültig	308	309	308	309	309
	fehlend	3	2	3	2	2
Mittelwert		2,02	3,43	1,46	3,33	2,33
Standardabweichung		0,985	0,822	0,672	0,669	0,970

Tab. 44.7: Motive für die Berufswahl und Geschlecht (Mittelwerte)

	statistische Kennwerte	Leidenschaft	fehlende Alternativen	vielseitiger Beruf	Ansehen des Berufs	interessante Menschen
männlich	Mittelwert	2,16	3,29	1,46	3,31	2,32
	n	112	112	112	112	112
	Standardabweichung	0,991	0,864	0,584	0,685	1,015
weiblich	Mittelwert	1,94	3,52	1,46	3,34	2,33
	n	196	197	196	197	197
	Standardabweichung	0,975	0,786	0,719	0,662	0,946
Summe	Mittelwert	2,02	3,43	1,46	3,33	2,33
	n	308	309	308	309	309
	Standardabweichung	0,985	0,822	0,672	0,669	0,970

Tab. 44.8: Motive für die Berufswahl und Programmbereich (Mittelwerte)

	statistische Kennwerte	Leidenschaft	fehlende Alternativen	vielseitiger Beruf	Ansehen des Berufs	interessante Menschen
Fiction-Lektoren	Mittelwert	1,60	3,63	1,41	3,24	1,98
	n	45	46	46	46	46
	Standardabweichung	0,809	0,532	0,686	0,673	1,000
N.-F. - Generalisten	Mittelwert	2,13	3,33	1,54	3,36	2,41
	n	104	104	103	104	104
	Standardabweichung	0,952	0,908	0,711	0,652	0,961
Sachbuch	Mittelwert	2,05	3,40	1,38	3,51	2,32
	n	63	63	63	63	63
	Standardabweichung	1,038	0,890	0,682	0,592	0,997
N.-F.-Pädagogen	Mittelwert	2,20	3,44	1,41	3,13	2,42
	n	64	64	64	64	64
	Standardabweichung	0,946	0,753	0,555	0,724	0,887
Sonstige	Mittelwert	1,84	3,56	1,53	3,41	2,38
	n	32	32	32	32	32
	Standardabweichung	1,139	0,840	0,718	0,665	1,008
Summe	Mittelwert	2,02	3,43	1,46	3,33	2,33
	n	308	309	308	309	309
	Standardabweichung	0,985	0,822	0,672	0,669	0,970

Tab. 45: Anforderungen an Fertigkeiten, Kenntnisse und Persönlichkeit

Tab. 45.1: Es ist wichtig, den Buchmarkt/das Verlagswesen zu kennen

		Häufigkeit	Prozent	gültige Prozente	kumulierte Prozente
gültig	sehr wichtig	128	41,2	41,2	41,2
	eher wichtig	121	38,9	38,9	80,1
	eher nicht wichtig	55	17,7	17,7	97,7
	gar nicht wichtig	7	2,3	2,3	100,0
	Summe	311	100,0	100,0	

Tab. 45.2: Es ist wichtig, über Herstellung, Marketing, Vertrieb Bescheid zu wissen

		Häufigkeit	Prozent	gültige Prozente	kumulierte Prozente
gültig	sehr wichtig	89	28,6	28,7	28,7
	eher wichtig	138	44,4	44,5	73,2
	eher nicht wichtig	77	24,8	24,8	98,1
	gar nicht wichtig	6	1,9	1,9	100,0
	Gesamt	310	99,7	100,0	
fehlend	k.A.	1	0,3		
Summe		311	100,0		

Tab. 45.3: Es ist wichtig, gute Kenntnisse von Betriebswirtschaft zu haben

		Häufigkeit	Prozent	gültige Prozente	kumulierte Prozente
gültig	sehr wichtig	20	6,4	6,5	6,5
	eher wichtig	101	32,5	32,7	39,2
	eher nicht wichtig	161	51,8	52,1	91,3
	gar nicht wichtig	27	8,7	8,7	100,0
	Gesamt	309	99,4	100,0	
fehlend	k.A.	2	0,6		
Summe		311	100,0		

Tab. 45.4: Es ist wichtig, gute Kenntnisse der deutschen Sprache/Rechtschreibung zu haben

		Häufigkeit	Prozent	gültige Prozente	kumulierte Prozente
gültig	sehr wichtig	277	89,1	89,1	89,1
	eher wichtig	33	10,6	10,6	99,7
	eher nicht wichtig	1	0,3	0,3	100,0
	Summe	311	100,0	100,0	

Tab. 45.5: Es ist wichtig, die wichtigsten Computeranwendungsprogramme zu kennen

		Häufigkeit	Prozent	gültige Prozente	kumulierte Prozente
gültig	sehr wichtig	184	59,2	59,2	59,2
	eher wichtig	104	33,4	33,4	92,6
	eher nicht wichtig	22	7,1	7,1	99,7
	gar nicht wichtig	1	0,3	0,3	100,0
	Summe	311	100,0	100,0	

Tab. 45.6: Es ist wichtig, Layoutkenntnisse zu haben

		Häufigkeit	Prozent	gültige Prozente	kumulierte Prozente
gültig	sehr wichtig	51	16,4	16,4	16,4
	eher wichtig	127	40,8	40,8	57,2
	eher nicht wichtig	119	38,3	38,3	95,5
	gar nicht wichtig	14	4,5	4,5	100,0
	Summe	311	100,0	100,0	

Tab. 45.7: Es ist wichtig, Fachwissen des jeweiligen Programmbereichs zu haben

		Häufigkeit	Prozent	gültige Prozente	kumulierte Prozente
gültig	sehr wichtig	214	68,8	68,8	68,8
	eher wichtig	73	23,5	23,5	92,3
	eher nicht wichtig	20	6,4	6,4	98,7
	gar nicht wichtig	4	1,3	1,3	100,0
	Summe	311	100,0	100,0	

Tab. 45.8: Es ist wichtig, teamfähig zu sein

		Häu-figkeit	Pro-zent	gültige Prozente	kumulierte Prozente
gültig	sehr wichtig	224	72,0	72,0	72,0
	eher wichtig	79	25,4	25,4	97,4
	eher nicht wichtig	8	2,6	2,6	100,0
	Summe	311	100,0	100,0	

Tab. 45.9: Es ist wichtig, Führungseigenschaften zu haben

		Häu-figkeit	Pro-zent	gültige Prozente	kumulierte Prozente
gültig	sehr wichtig	42	13,5	13,6	13,6
	eher wichtig	134	43,1	43,5	57,1
	eher nicht wichtig	123	39,5	39,9	97,1
	gar nicht wichtig	9	2,9	2,9	100,0
	Gesamt	308	99,0	100,0	
fehlend	weiß nicht	2	0,6		
	k.A.	1	0,3		
	Gesamt	3	1,0		
Summe		311	100,0		

Tab. 45.10: Es ist wichtig, nervlich stark belastbar zu sein

		Häu-figkeit	Pro-zent	gültige Prozente	kumulierte Prozente
gültig	sehr wichtig	189	60,8	61,2	61,2
	eher wichtig	107	34,4	34,6	95,8
	eher nicht wichtig	13	4,2	4,2	100,0
	Gesamt	309	99,4	100,0	
fehlend	weiß nicht	2	0,6		
Summe		311	100,0		

Tab. 46: Anforderungen nach bestimmten Lektoratsbereichen

Tab. 46.1: Anforderungen und Programmbereiche (Mittelwerte)

Programm	Statistische Kennwerte	Buch-markt/ Verlags-wesen	Herstel-lung, Marke-ting, Vertrieb	Betriebs-wirtschaft	deutsche Sprache, Orthogra-phie	Compu-terpro-gramme
Fiction-Lektoren	Mittelwert	1,63	2,07	2,76	1,02	1,63
	n	46	46	45	46	46
	Standard-abweichung	0,711	0,772	0,679	0,147	0,799
N.-F. - Generalis-ten	Mittelwert	1,92	2,02	2,55	1,12	1,38
	n	106	106	106	106	106
	Standard-abweichung	0,745	0,743	0,732	0,330	0,543
Sachbuch-lektoren	Mittelwert	1,60	1,87	2,62	1,06	1,48
	n	63	63	63	63	63
	Standard-abweichung	0,871	0,871	0,771	0,246	0,669
N.-F.- Pä-dagogen	Mittelwert	2,08	2,17	2,70	1,19	1,50
	n	64	63	63	64	64
	Standard-abweichung	0,822	0,794	0,687	0,393	0,617
Sonstige	Mittelwert	1,59	1,75	2,63	1,16	1,63
	n	32	32	32	32	32
	Standard-abweichung	0,756	0,672	0,833	0,448	0,660
Summe	Mittelwert	1,81	2,00	2,63	1,11	1,49
	n	311	310	309	311	311
	Standard-abweichung	0,803	0,784	0,734	0,327	0,642

Fortsetzung →

Fortsetzung Tab. 46.1

Programm	Statistische Kennwerte	Layout-Kenntnisse	Fachwissen	Teamfähigkeit	Führungseigenschaften	nervlich belastbar
Fiction-Lektoren	Mittelwert	2,74	1,39	1,20	2,35	1,33
	n	46	46	46	46	46
	Standardabwei-	0,713	0,649	0,401	0,640	0,560
N.-F.- Generalisten	Mittelwert	2,22	1,31	1,27	2,36	1,56
	n	106	106	106	105	106
	Standardabwei-	0,756	0,558	0,526	0,735	0,618
Sachbuchlektoren	Mittelwert	2,22	1,62	1,33	2,32	1,35
	n	63	63	63	63	63
	Standardabwei-	0,792	0,869	0,475	0,839	0,513
N.-F. - Pädagogen	Mittelwert	2,28	1,34	1,39	2,27	1,40
	n	64	64	64	64	63
	Standardabwei-	0,826	0,648	0,607	0,696	0,555
Sonstige	Mittelwert	2,22	1,41	1,34	2,27	1,39
	n	32	32	32	30	31
	Standardabwei-	0,832	0,560	0,483	0,828	0,558
Summe	Mittelwert	2,31	1,40	1,31	2,32	1,43
	n	311	311	311	308	309
	Standardabwei-	0,796	0,669	0,514	0,742	0,575

Tab. 46.2: Anforderungen und Berufserfahrung (Mittelwerte)

Berufsjahre	Statistische Kennwerte	Buchmarkt/ Verlagswesen	Herstellung, Marketing, Vertrieb	Betriebswirtschaft	deutsche Sprache, Orthographie	Computerprogramme
bis 4 Jahre	Mittelwert	1,88	2,10	2,75	1,17	1,34
	n	90	90	89	90	90
	Standardabweichung	0,819	0,808	0,695	0,404	0,564
5-9 Jahre	Mittelwert	1,84	2,01	2,75	1,09	1,49
	n	81	80	80	81	81
	Standardabweichung	0,843	0,819	0,720	0,283	0,615
10-19 Jahre	Mittelwert	1,79	2,04	2,53	1,12	1,57
	n	94	94	94	94	94
	Standardabweichung	0,774	0,747	0,758	0,323	0,680
20 und mehr Jahre	Mittelwert	1,67	1,70	2,39	1,04	1,57
	n	46	46	46	46	46
	Standardabweichung	0,762	0,695	0,714	0,206	0,720
Summe	Mittelwert	1,81	2,00	2,63	1,11	1,49
	n	311	310	309	311	311
	Standardabweichung	0,803	0,784	0,734	0,327	0,642

Fortsetzung Tab. 46.2

Berufsjahre	Statistische Kennwerte	Layout-Kenntnisse	Fachwissen	Teamfähigkeit	Führungseigenschaften	nervlich belastbar
bis 4 Jahre	Mittelwert	2,31	1,53	1,32	2,37	1,42
	n	90	90	90	89	90
	Standardabweichung	0,713	0,737	0,516	0,817	0,580
5-9 Jahre	Mittelwert	2,49	1,38	1,31	2,32	1,43
	n	81	81	81	81	81
	Standardabweichung	0,760	0,624	0,562	0,739	0,546
10-19 Jahre	Mittelwert	2,28	1,37	1,29	2,32	1,38
	n	94	94	94	93	93
	Standardabweichung	0,822	0,688	0,478	0,710	0,530
20 und mehr Jahre	Mittelwert	2,04	1,24	1,30	2,22	1,56
	n	46	46	46	45	45
	Standardabweichung	0,893	0,524	0,511	0,670	0,693
Summe	Mittelwert	2,31	1,40	1,31	2,32	1,43
	n	311	311	311	308	309
	Standardabweichung	0,796	0,669	0,514	0,742	0,575

Tab. 46.3: Anforderungen und Tätigkeitsprofil (Mittelwerte)

Profil	Statistische Kennwerte	Buchmarkt/ Verlagswesen	Herstellung, Marketing, Vertrieb	Betriebswirtschaft	deutsche Sprache, Orthographie	Computerprogramme
klassischer Allrounder	Mittelwert	1,73	1,95	2,67	1,09	1,54
	n	190	190	189	190	190
	Standardabweichung	0,783	0,782	0,735	0,294	0,664
Projektmanager	Mittelwert	1,81	2,08	2,50	1,16	1,45
	n	74	74	74	74	74
	Standardabweichung	0,771	0,790	0,707	0,371	0,622
Textarbeiter	Mittelwert	2,18	2,16	2,72	1,09	1,34
	n	44	43	43	44	44
	Standardabweichung	0,843	0,754	0,734	0,362	0,568
Summe	Mittelwert	1,81	2,01	2,64	1,11	1,49
	n	308	307	306	308	308
	Standardabweichung	0,801	0,782	0,730	0,324	0,643

Fortsetzung Tab. 46.3

Profil	Statistische Kennwerte	Layout-Kenntnisse	Fachwissen	Teamfähigkeit	Führungseigenschaften	nervlich belastbar
klassischer Allrounder	Mittelwert	2,32	1,39	1,35	2,30	1,46
	n	190	190	190	188	189
	Standardabweichung	0,802	0,648	0,551	0,745	0,579
Projektmanager	Mittelwert	2,46	1,35	1,27	2,30	1,33
	n	74	74	74	73	73
	Standardabweichung	0,797	0,650	0,477	0,739	0,502
Textarbeiter	Mittelwert	2,05	1,52	1,18	2,43	1,48
	n	44	44	44	44	44
	Standardabweichung	0,714	0,792	0,390	0,759	0,664
Summe	Mittelwert	2,31	1,40	1,31	2,32	1,43
	n	308	308	308	305	306
	Standardabweichung	0,796	0,671	0,516	0,745	0,576

Tab. 47: Die Zukunft der Lektoratsarbeit

Tab. 47.1: Manuskriptarbeit wird immer mehr von freien Lektoren übernommen

		Häu-figkeit	Pro-zent	gültige Prozente	kumulierte Prozente
gültig	stimme voll und ganz zu	105	33,8	35,2	35,2
	stimme überwiegend zu	101	32,5	33,9	69,1
	stimme eher nicht zu	71	22,8	23,8	93,0
	stimme überhaupt nicht zu	21	6,8	7,0	100,0
	Gesamt	298	95,8	100,0	
fehlend	weiß nicht	13	4,2		
Summe		311	100		

Tab. 47.2: Verlagslektoren müssen stärker ökonomische Interessen der Verlage vertreten

		Häu-figkeit	Pro-zent	gültige Prozente	kumulierte Prozente
gültig	stimme voll und ganz zu	152	48,9	49,4	49,4
	stimme überwiegend zu	143	46,0	46,4	95,8
	stimme eher nicht zu	12	3,9	3,9	99,7
	stimme überhaupt nicht zu	1	0,3	0,3	100,0
	Gesamt	308	99,0	100,0	
fehlend	weiß nicht	2	0,6		
	k. A.	1	0,3		
	Gesamt	3	1,0		
Summe		311	100		

Tab. 47.3: Die Autorenbetreuung wird immer mehr von literarischen Agenturen übernommen

		Häu-figkeit	Pro-zent	gültige Prozente	kumulierte Prozente
gültig	stimme voll und ganz zu	10	3,2	3,7	3,7
	stimme überwiegend zu	48	15,4	17,7	21,4
	stimme eher nicht zu	128	41,2	47,2	68,6
	stimme überhaupt nicht zu	85	27,3	31,4	100,0
	Gesamt	271	87,1	100,0	
fehlend	weiß nicht	35	11,3		
	k. A.	5	1,6		
	Gesamt	40	12,9		
Summe		311	100		

Tab. 47.4: Verlagslektoren werden mehr Planen, Koordinieren und Delegieren

		Häufigkeit	Prozent	gültige Prozente	kumulierte Prozente
gültig	stimme voll und ganz zu	145	46,6	47,5	47,5
	stimme überwiegend zu	124	39,9	40,7	88,2
	stimme eher nicht zu	33	10,6	10,8	99,0
	stimme überhaupt nicht zu	3	1,0	1,0	100,0
	Gesamt	305	98,1	100,0	
fehlend	weiß nicht	3	1,0		
	k. A.	3	1,0		
	Gesamt	6	1,9		
Summe		311	100		

Tab. 47.5: Verkaufschancen entscheiden immer mehr über Publikation oder Ablehnung

		Häufigkeit	Prozent	gültige Prozente	kumulierte Prozente
gültig	stimme voll und ganz zu	170	54,7	55,7	55,7
	stimme überwiegend zu	119	38,3	39,0	94,8
	stimme eher nicht zu	11	3,5	3,6	98,4
	stimme überhaupt nicht zu	5	1,6	1,6	100,0
	Gesamt	305	98,1	100,0	
fehlend	weiß nicht	1	0,3		
	k. A.	5	1,6		
	Gesamt	6	1,9		
Summe		311	100		

Tab. 47.6: Verlagslektoren werden technische und herstellerische Kompetenzen brauchen

		Häufigkeit	Prozent	gültige Prozente	kumulierte Prozente
gültig	stimme voll und ganz zu	89	28,6	28,9	28,9
	stimme überwiegend zu	140	45,0	45,5	74,4
	stimme eher nicht zu	68	21,9	22,1	96,4
	stimme überhaupt nicht zu	11	3,5	3,6	100,0
	Gesamt	308	99,0	100,0	
fehlend	weiß nicht	3	1,0		
Summe		311	100		

Tab. 47.7: Verlagslektoren brauchen in Zukunft mehr betriebswirtschaftliche Kenntnisse

		Häufigkeit	Prozent	gültige Prozente	kumulierte Prozente
gültig	stimme voll und ganz zu	88	28,3	28,6	28,6
	stimme überwiegend zu	162	52,1	52,6	81,2
	stimme eher nicht zu	53	17,0	17,2	98,4
	stimme überhaupt nicht zu	5	1,6	1,6	100,0
	Gesamt	308	99,0	100,0	
fehlend	weiß nicht	3	1,0		
Summe		311	100		

5 Verlagsanschreiben

ANSCHRIFT

7. April 2005

Studie zum Berufsbild des Verlagslektors

Sehr geehrter Herr ..., sehr geehrte Frau...,

Lektoren sind als geistige Geburtshelfer, graue Eminenzen, Literaturkulis, Autoren-Dompteure und literarische Entdecker, als Seelenheiler und Produktmanager bezeichnet worden. Lektoren sind unsichtbare Verlagsarbeiter. Der Öffentlichkeit sind nur wenige von ihnen bekannt. Doch die unscharfen Formulierungen provozieren die Frage nach der faktischen Rolle und Funktion des Lektors im Buchverlag.

Eine von Prof. Dr. Walter Hömberg initiierte und geleitete Studie am Lehrstuhl I für Journalistik der Katholischen Universität Eichstätt will Licht in die Dunkelzone dieses Berufsstandes bringen. Ziel des Forschungsprojektes „Der Lektor im Buchverlag: Berufsbild, Anforderungsprofile, Arbeitsweisen – Konturen eines unbekannten Kommunikationsberufs“ ist es, die Entwicklung und die Situation des Lektorats in Deutschland erstmals empirisch zu untersuchen. Dazu werden zwei Erhebungen durchgeführt: eine schriftliche Verlagsbefragung und eine telefonische Lektorenbefragung. Die Studie wird von der Deutschen Forschungsgemeinschaft (DFG) finanziert und vom Verleger-Ausschuss des Börsenvereins unterstützt.

Für das Gelingen unseres Forschungsprojekts sind wir auf Ihre Unterstützung angewiesen. Wir bitten Sie daher, den beigefügten Fragebogen auszufüllen oder von einem Ihrer Mitarbeiter ausfüllen zu lassen und *bis Ende Mai 2005* an uns zurück zu senden. Das Ausfüllen des Fragebogens kostet Sie nur wenig Zeit. Für uns ist Ihre Mitarbeit jedoch unersetzbar.

Ihre Antworten werden von uns vertraulich behandelt. Die Untersuchungsergebnisse werden nicht in Verbindung mit Ihrem Namen bzw. dem Namen Ihres Verlags ausgewertet, sondern nur in Form von zusammenfassenden Statistiken dargestellt. Es ist absolut sichergestellt, dass Ihre Angaben nicht mit Ihrer Person oder Ihrem Verlag in Verbindung gebracht werden. Dies gilt auch für die Angaben zu den in Ihrem Verlag arbeitenden Lektoren, die für die Lektorenbefragung in der zweiten Phase unseres Projekts unverzichtbar sind.

Wir bedanken uns im Voraus sehr herzlich für Ihre Mitarbeit.

Mit besten Grüßen

Lehrstuhl für Journalistik I
Katholische Universität Eichstätt-Ingolstadt

6 Fragebögen

Schriftlich-postalische Verlagsbefragung

Der Lektor im Buchverlag:
Ein unsichtbarer Medienarbeiter?

KATHOLISCHE UNIVERSITÄT EICHSTÄTT INGOLSTADT

Katholische Universität Eichstätt-Ingolstadt
Prof. Dr. Walter Hömberg
Lehrstuhl für Journalistik I
DFG-Projekt Lektor

85071 Eichstätt

Mit dieser Studie werden erstmals die Berufssituation und die Arbeitsweise der Lektoren in Buchverlagen untersucht. Wir sind Ihnen daher sehr dankbar, wenn Sie Auskunft zu einigen Bereichen Ihres Verlages geben würden. Ihre Antworten werden selbstverständlich vertraulich behandelt. Hier einige Hinweise zu unserem Fragebogen:

- Beantworten Sie bitte die folgenden Fragen durch Ankreuzen. Ergänzende Anmerkungen bei den offenen Fragen sind willkommen. Falls der Platz nicht ausreichen sollte, benutzen Sie bitte ein zusätzliches Blatt.
- Der Fragebogen richtet sich an die Geschäftsleitungen ganz unterschiedlicher Verlagstypen. Deshalb ist es nicht zu vermeiden, dass einige Fragestellungen vielleicht etwas pauschal wirken und nicht alle möglichen Differenzierungen erfassen. Bitte wählen Sie jeweils die Antwortvorgabe, die der Situation ihres Verlages bzw. Ihrer persönlichen Einschätzung am ehesten entspricht.
- Bitte senden Sie den vollständig ausgefüllten Fragebogen bis Ende Mai 2005 zurück.

Herzlichen Dank!

Zur Situation der Buchverlage

1. Die Buchbranche ist von einem anhaltenden Strukturwandel ergriffen. Was hat Ihrer Meinung nach einen größeren Einfluss auf die Situation der Verlage: der Wandel des Buchhandels oder die Medienkonkurrenz? (Bitte ankreuzen und kurz dazu Stellung nehmen.)

   ❍ der Wandel des Buchhandels ❍ die Medienkonkurrenz

   ____

   ____

   ____

   ____

   ____

   ____

Zur Ausrichtung Ihres Verlages

2. Welche der folgenden Bereiche umfasst Ihr Verlagsprogramm? (Mehrfachnennung möglich.)

❍ Belletristik	❍ Kinderbuch	❍ Schulbuch
❍ Fachbuch	❍ Lexika	❍ wissenschaftliches Buch
❍ Bild- und Kunstbuch	❍ Ratgeber	❍ Sonstiges, und zwar
❍ Jugendbuch	❍ Sachbuch	________________

3. Welche der folgenden Angebote finden sich unter den Publikationen Ihres Verlages? (Falls Sie die genauen Daten nicht zur Hand haben, geben Sie bitte einen Schätzwert an.)

❍ klassische Hardcover-Bücher	Anteil am Verlagsumsatz = _____ %
❍ Taschenbücher/Paperbacks	Anteil am Verlagsumsatz = _____ %
❍ elektronische Publikationsformen (CDs, E-Book etc.)	Anteil am Verlagsumsatz = _____ %
❍ Publishing/Print on Demand	Anteil am Verlagsumsatz = _____ %
❍ sonstige Publikationsformen	Anteil am Verlagsumsatz = _____ %
	Summe = 100 %

4. Wie viele Titel im Gesamtprogramm Ihres Verlages sind Lizenztitel?

   _______ % der Titel sind deutsche Lizenzen

   _______ % der Titel sind Lizenzen aus dem Ausland

Zur Verlagsgröße

5. Wie schätzen Sie die Größe Ihres Verlages selbst ein? Er ist ...

   ❍ eher groß ❍ eher mittlerer Größe ❍ eher klein

6. Wie viele Buchtitel in Erstauflage haben Sie 2004 insgesamt produziert?

   _______ Titel in Erstauflage

7. Wie viele fest angestellte Mitarbeiter beschäftigt Ihr Verlag gegenwärtig?

   _______ Mitarbeiter in Festanstellung

8. Hat sich diese Zahl in den letzten fünf Jahren verändert?

   ❍ sie hat zugenommen ❍ sie ist konstant geblieben ❍ sie hat abgenommen

9. Unternehmen werden häufig nach ihren Umsatzgrößenklassen ausgewiesen. In welche Umsatz-größenklasse (Umsatz vor Steuer) ist Ihr Verlag einzuordnen? (Bitte ankreuzen.)

   ❍ bis 100.000 Euro
   ❍ über 100.000 bis 250.000 Euro
   ❍ über 250.000 bis 500.000 Euro
   ❍ über 500.000 bis 1 Million Euro
   ❍ über 1 Mio. bis 2 Mio. Euro
   ❍ über 2 Millionen bis 5 Millionen Euro
   ❍ über 5 Millionen bis 10 Millionen Euro
   ❍ über 10 Millionen bis 25 Millionen Euro
   ❍ über 25 Millionen bis 50 Millionen Euro
   ❍ über 50 Millionen Euro

Zur Unternehmensstruktur

10. Gibt es im Verlag eine Trennung zwischen programmatischer und wirtschaftlicher Leitung?

    ❍ ja ❍ nein

11. Wie ist Ihr Verlag organisiert? (Bitte die zutreffende Antwort ankreuzen.)
    ❍ Der Verlag ist ein Tochterunternehmen und hat eine unabhängige Programmleitung
    ❍ Der Verlag ist ein Tochterunternehmen und hat *keine* unabhängige Programmleitung
    ❍ Der Verlag ist ein Imprint ohne eigenständige Unternehmensstruktur
    ❍ Der Verlag ist das Mutterunternehmen von ihm untergeordneten Verlagen
    ❍ Der Verlag ist ein eigenständiges und unabhängiges Unternehmen

Zum Lektorat

12. Die Lektoratsarbeit kann in einem Verlag sehr unterschiedlich organisiert sein. Von wem wird sie in Ihrem Verlag erledigt? (Mehrfachnennungen sind möglich.)
    ❍ Verleger
    ❍ fest angestellte Lektoren, und zwar _______ Personen
    ❍ regelmäßig beschäftigte freie Lektoren, und zwar _______ Personen
    ❍ sonstige Mitarbeiter, und zwar
    ____

13. Wenn Sie regelmäßig freie Lektoren beschäftigen: Hat sich deren Anzahl in den letzten fünf Jahren verändert?

❍ sie hat zugenommen ❍ sie ist konstant geblieben ❍ sie hat abgenommen

Wenn Ihr Verlag keine fest angestellten Lektoren beschäftigt, überspringen Sie die Fragen 14-17.

Wenn Ihr Verlag fest angestellte Lektoren beschäftigt, beantworten Sie bitte die folgenden Fragen:

14. Hat sich die Anzahl der fest angestellten Lektoren in den letzten fünf Jahren verändert?

❍ sie hat zugenommen ❍ sie ist konstant geblieben ❍ sie hat abgenommen

15. Wie viele Personen gibt es auf den unterschiedlichen Hierarchieebenen des Lektorats?

_______ Cheflektor

_______ Lektor

_______ Lektoratsassistent

_______ Sonstige, und zwar ____

16. Wie ist die Lektoratsarbeit bzw. die Zuständigkeit innerhalb des Lektorats organisiert? (Mehrfachnennungen sind möglich.)

❍ nach inhaltlichen Themengebieten (z.B. Politik und Gesellschaft, deutsche Literatur, Natur ...)

❍ nach gattungsspezifischen Kriterien (z.B. Kinderbuch, Jugendbuch, Belletristik, Sachbuch ...)

❍ nach Publikationsarten (Taschenbuch, Hardcover, E-Book, CD-Rom, Hörbuch ...)

❍ keine Unterscheidung der Zuständigkeiten

❍ andere Unterscheidung der Zuständigkeiten, und zwar

____

17. Zum Abschluss bitten wir Sie, uns die fest angestellten Lektoren Ihres Verlages zu nennen. Da in einer zweiten Erhebung unserer Studie eine Auswahl an Lektoren zu ihrer Tätigkeit befragt werden soll, würden Sie mit Ihren Angaben unsere Arbeit sehr unterstützen. Diese Angaben werden nur zum Zweck der Kontaktaufnahme für eine telefonische Befragung benutzt.

Bitte tragen Sie die Angaben in die umseitig abgedruckte Tabelle ein.

Name, Vorname	Funktion	Telefonnummer

Fest angestellte Lektoren:

Falls der Platz hier nicht ausreichend ist, führen Sie die Liste bitte auf einem separaten Blatt fort.

18. Die Medienwelt hat sich in den letzten Jahren rasant gewandelt. Wie ist Ihre Einschätzung für die Zukunft des Buches? Die Bedeutung des Mediums Buch …

    ❍ wird zunehmen ❍ wird gleich bleiben ❍ wird abnehmen

    Wo sehen Sie besondere Chancen, wo besondere Probleme?

    ____

    ____

19. Haben Sie weitere Anregungen und Anmerkungen zu unserer Befragung?

    ____

    ____

Bitte denken Sie daran, den Fragebogen bis Ende Mai 2005 zurückzuschicken. Wir bedanken uns sehr herzlich für Ihre Mitarbeit!

Wenn Sie Interesse an den Ergebnissen der Studie haben, notieren Sie bitte Ihre Anschrift:

(Name)

(Verlag)

(Straße und Hausnummer)

(PLZ und Ort)

Mündlich-telefonische Lektorenbefragung

	Begrüßung		
	Grüß Gott, mein Name ist .... Ich bin von der Universität Eichstätt-Ingolstadt. Wir befragen deutschlandweit Lektorinnen und Lektoren zum Berufsbild des Verlagslektors. Dazu bitten wir Sie herzlich um Ihre Unterstützung. Das Interview dauert etwa 25 Minuten, die Regeln des Datenschutzes werden selbstverständlich eingehalten.		

	Berufliche Eckdaten						
1	Im Fragebogen wird der Einfachheit halber immer von „Lektoren“ gesprochen. Das schließt Verlagsredakteure, Programmplaner, Produktmanager aber auch Männer und Frauen gleichermaßen ein. Zunächst möchte ich Ihnen einige Fragen stellen, die Ihre jetzige Tätigkeit und Ihren beruflichen Werdegang betreffen. Wie lautet die genaue Bezeichnung ihrer jetzigen beruflichen Stellung? Antwort: ______________________________						
2	Stehen sie in einem befristeten oder in einem unbefristeten Arbeitsverhältnis?	befristet = 1 unbefristet = 2 keine Angabe = 3					
3	Sind Sie vollzeit- oder teilzeitbeschäftigt?	Vollzeit = 1 Teilzeit = 2 keine Angabe = 3					
4	Ich lese Ihnen jetzt einige inhaltliche Bereiche vor und Sie sagen mir bitte, wie häufig Sie dafür zuständig sind: sehr häufig – häufig – selten – nie. Für den Bereich ... sind Sie sehr häufig, häufig, selten, nie zuständig?	sehr häufig	häufig	selten	nie	keine Angabe	
	1. Belletristik	1	2	3	4	5	

	2. Fachbuch oder wissenschaftliches Buch	1	2	3	4	5	
	3. Sachbuch (INT: auch Ratgeber, Reise)	1	2	3	4	5	
	4. Kinderbuch oder Jugendbuch	1	2	3	4	5	
	5. Schulbuch oder Lehrbuch	1	2	3	4	5	zu 5
	6. Arbeiten Sie in einem anderen Bereich, der hier nicht genannt wurde?	ja = 1 nein = 2 keine Angabe = 3					
	Welcher Bereich ist dies bitte? ____________						
	Wie häufig sind sie für diesen zuständig: sehr häufig, häufig, selten, nie?	1	2	3	4	5	
5	Es geht nun darum, wie häufig Sie für einzelne Publikationsformen zuständig sind: sehr häufig, häufig, selten, nie. Wie häufig sind Sie für ... zuständig: sehr häufig, häufig, selten, nie?	sehr häufig	häufig	selten	nie	keine Angabe	zu 6
	1. Hardcover	1	2	3	4	5	
	2. Taschenbuch	1	2	3	4	5	
	3. elektronische Medien (INT: CD-ROM, E-Book, Hörbuch)	1	2	3	4	5	
	4. Publishing-on-Demand-Produkte	1	2	3	4	5	
	5. Sind Sie für eine andere Publikationsform zuständig, die hier nicht genannt wurde: Ja oder nein?	ja = 1 nein = 2 keine Angabe = 3					
	Welche Publikationsform ist das bitte? ____________						
	Wie häufig sind sie dafür zuständig: sehr häufig, häufig, selten, nie?	1	2	3	4	5	

6	Welchen Anteil machen erworbene Lizenztitel an allen von Ihnen betreuten Projekten aus?	_____ Prozent	
7	Seit wie vielen Jahren etwa sind sie jetzt als Lektor tätig, inklusive hauptberufliche freie Mitarbeiterschaft, aber ohne Ausbildungszeit? INT: Wenn Sie es nicht mehr so genau wissen, schätzen Sie bitte.	☐ Jahre	
8	Und wie viele Jahre davon sind Sie in der Verlagsbranche als Lektor fest angestellt, befristet oder unbefristet? INT: Wenn Sie es nicht mehr so genau wissen, schätzen Sie bitte.	☐ Jahre	
9	Wie viele fest angestellte Lektoren arbeiten bei Ihnen im Verlag, Sie selber mitgezählt?	☐ Zahl	
10	Haben Sie im Lektorat eine Führungsposition: Ja oder nein?	ja = 1 nein = 2 keine Angabe = 3	
11	Haben Sie die Leitung über einen bestimmten Teilbereich des Lektorats: Ja oder nein?	ja = 1 nein = 2 keine Angabe = 3	
12	Haben Sie die Leitung über das gesamte Lektorat: Ja oder nein?	ja = 1 nein = 2 keine Angabe = 3	

	Aufgaben und Tätigkeiten					
13	Kommen wir nun zu Ihren jetzigen Tätigkeiten. Ich nenne Ihnen einige Lektoratsaufgaben. Bitte sagen Sie mir jeweils, ob sie diese Tätigkeit häufig, selten oder nie ausüben bzw. ob sie häufig, selten oder nie daran beteiligt sind. ...: Machen Sie das häufig, selten, nie?	häufig	selten	nie	keine Angabe	
	1. Prüfen von Manuskripten oder Exposés auf ihre Tauglichkeit für das Verlagsprogramm	1	2	3	4	

	2. Entwickeln von Konzepten und Ideen für neue Reihen oder Einzeltitel	1	2	3	4	zu 14
	3. Erstellung von Marketing- und PR-Konzepten oder das Mitwirken dabei	1	2	3	4	
	4. Erstellen und Überwachen von Kostenkalkulationen	1	2	3	4	
	5. Erstellen und Überwachen von Zeitplänen	1	2	3	4	
	6. Verfassen von Informations- oder Klappentexten	1	2	3	4	
	7. Arbeit am Layout einzelner Titel oder Reihen	1	2	3	4	
	8. Korrektur von Textaufbau, Stil und Inhalt	1	2	3	4	
	9. Korrekturlesen auf Grammatikfehler und Rechtschreibfehler	1	2	3	4	
	10. Betreuung von Autoren	1	2	3	4	
	11. Üben Sie noch eine weitere Lektoratsaufgabe aus, die nicht erwähnt wurde: Ja oder nein?	ja = 1 nein = 2 keine Angabe = 3				
	Welche Aufgabe ist das bitte? ______					
	Wie häufig üben Sie diese Aufgabe aus: Häufig, selten, nie?	1	2	3	4	
14	Wie viele Stunden arbeiten Sie durchschnittlich pro Woche? Ich meine hier nicht die tariflich oder vertraglich vereinbarte Arbeitszeit, sondern die tatsächliche.	☐ Stunden				

	Autoren		
15	Haben Sie bei Ihrer beruflichen Tätigkeit Kontakt zu Autoren: Ja oder nein?	ja = 1 nein = 2 keine Angabe = 3	zu 18
16	Ich werde Ihnen nun einige Aussagen zur Zusammenarbeit mit Autoren vorlesen. Bitte		

		Die Aussage trifft …							
	sagen Sie mir jeweils, ob sie Ihrer Meinung nach voll und ganz zutrifft, überwiegend, teilweise, weniger oder überhaupt nicht zutrifft. …: Trifft das voll und ganz zu, überwiegend zu, teilweise zu, weniger zu oder überhaupt nicht zu? [INT: Zufällige Reihenfolge der Antwortvorgaben!]	voll und ganz zu	überwiegend zu	teilweise zu	weniger zu	überhaupt nicht zu	weiß nicht	keine Angabe	
	1. Mit meinen Autoren verbindet mich zum Teil eine enge Freundschaft	1	2	3	4	5	6	7	
	2. Der Lektor hat neben dem Autor unsichtbar zu bleiben	1	2	3	4	5	6	7	
	3. Die Zusammenarbeit mit den Autoren macht den eigentlichen Reiz meiner Arbeit aus	1	2	3	4	5	6	7	
	4. Autoren erwarten, dass man permanent für sie da ist	1	2	3	4	5	6	7	
	5. Autoren zeigen wenig Anerkennung für die Arbeit der Lektoren	1	2	3	4	5	6	7	
	6. Die Zusammenarbeit mit Autoren verläuft meist reibungslos	1	2	3	4	5	6	7	

17	Haben Sie schon einmal einem Autor zum beruflichen Durchbruch verholfen?	ja = 1 nein = 2 weiß nicht = 3 keine Angabe = 4	

	Manuskripte		
18	Wie viele Buchmanuskripte haben Sie im Jahr 2004 bis zur Druckreife betreut? [INT.: in etwa]	☐ Manuskripte	
19	Wie viele dieser Buchmanuskripte waren unverlangt eingesandt? [INT.: in etwa]	☐ Manuskripte	

20	Wie viele unverlangt eingesandte Manuskripte erhalten Sie im Durchschnitt pro Monat? [INT.: in etwa]	☐	Manu-skripte

	Ziele, Selbstverständnis und Handlungsrelevanz
21	Was sind Ihrer Meinung nach die wichtigsten Aufgaben eines Lektors in einem Buchverlag? Erste Aufgabe: ____ Zweite Aufgabe: ____ Dritte Aufgabe: ____ Vierte Aufgabe: ____ Fünfte Aufgabe: ____

22

Nun werde ich Ihnen einige Aussagen nenne, in denen es darum geht, wie man sich in seinem Beruf als Lektor verstehen kann. Bitte sagen Sie mir zu jeder Aussage, ob sie auf Sie persönlich voll und ganz, überwiegend, teilweise, weniger oder überhaupt nicht zutrifft.

In meinem Beruf geht es mir darum, ...: Trifft das voll und ganz zu, überwiegend zu, teilweise zu, weniger zu oder überhaupt nicht zu?

[INT: Zufällige Reihenfolge der Antwortvorgaben!]

	Die Aussage trifft …						
	voll und ganz zu	überwiegend zu	teilweise zu	weniger zu	überhaupt nicht zu	weiß nicht	keine Angabe
1. … den Interessen meines Verlages zu dienen	1	2	3	4	5	6	7
2. den Interessen und der Arbeit meiner Autoren zu dienen	1	2	3	4	5	6	7
3. die Literatur und das literarische Leben zu fördern	1	2	3	4	5	6	7
4. hohe Auflagen- und Verkaufszahlen zu erzielen	1	2	3	4	5	6	7
5. den Lesern Unterhaltung und Entspannung zu bieten	1	2	3	4	5	6	7
6. neue Trends aufzuzeigen und neue Ideen zu vermitteln	1	2	3	4	5	6	7
7. Orientierung und Lebenshilfe zu geben	1	2	3	4	5	6	7

<table>
<tr><td></td><td>8. im weiteren Sinn zur Bildung und zur Aufklärung beizutragen</td><td>1</td><td>2</td><td>3</td><td>4</td><td>5</td><td>6</td><td>7</td><td></td></tr>
<tr><td></td><td>9. viel Geld zu verdienen</td><td>1</td><td>2</td><td>3</td><td>4</td><td>5</td><td>6</td><td>7</td><td></td></tr>
<tr><td></td><td>10. mich selbst zu verwirklichen</td><td>1</td><td>2</td><td>3</td><td>4</td><td>5</td><td>6</td><td>7</td><td></td></tr>
<tr><td></td><td colspan="8">INT.: FILTERFÜHRUNG

Alle Aussagen, denen in Frage 22 „voll und ganz“ bzw. „überwiegend“ zugestimmt wurde, werden bei Frage 23 erneut vorgelegt!</td><td></td></tr>
<tr><td rowspan="12">23</td><td rowspan="2">Sie sagten mir eben, dass sie sich in ihrem Beruf als jemand verstehen, dem es darum geht, … Bitte sagen Sie mir nun, inwieweit Ihnen dies innerhalb ihrer täglichen Arbeit gelingt. Gelingt es ihnen voll und ganz, überwiegend, teilweise, weniger oder überhaupt nicht zutrifft.

[INT: Zufällige Reihenfolge der Antwortvorgaben!]</td><td colspan="7">DAS GELINGT MIR …</td><td rowspan="12"></td></tr>
<tr><td>voll und ganz zu</td><td>überwiegend zu</td><td>teilweise zu</td><td>weniger zu</td><td>überhaupt nicht zu</td><td>weiß nicht</td><td>keine Angabe</td></tr>
<tr><td>1. … den Interessen seines Verlages zu dienen</td><td>1</td><td>2</td><td>3</td><td>4</td><td>5</td><td>6</td><td>7</td></tr>
<tr><td>2. den Interessen und der Arbeit seiner Autoren zu dienen</td><td>1</td><td>2</td><td>3</td><td>4</td><td>5</td><td>6</td><td>7</td></tr>
<tr><td>3. die Literatur und das literarische Leben zu fördern</td><td>1</td><td>2</td><td>3</td><td>4</td><td>5</td><td>6</td><td>7</td></tr>
<tr><td>4. hohe Auflagen- und Verkaufszahlen zu erzielen</td><td>1</td><td>2</td><td>3</td><td>4</td><td>5</td><td>6</td><td>7</td></tr>
<tr><td>5. den Lesern Unterhaltung und Entspannung zu bieten</td><td>1</td><td>2</td><td>3</td><td>4</td><td>5</td><td>6</td><td>7</td></tr>
<tr><td>6. neue Trends aufzuzeigen und neue Ideen zu vermitteln</td><td>1</td><td>2</td><td>3</td><td>4</td><td>5</td><td>6</td><td>7</td></tr>
<tr><td>7. Orientierung und Lebenshilfe zu geben</td><td>1</td><td>2</td><td>3</td><td>4</td><td>5</td><td>6</td><td>7</td></tr>
<tr><td>8. im weiteren Sinn zur Bildung und zur Aufklärung beizutragen</td><td>1</td><td>2</td><td>3</td><td>4</td><td>5</td><td>6</td><td>7</td></tr>
<tr><td>9. viel Geld zu verdienen</td><td>1</td><td>2</td><td>3</td><td>4</td><td>5</td><td>6</td><td>7</td></tr>
<tr><td>10. sich selbst zu verwirklichen</td><td>1</td><td>2</td><td>3</td><td>4</td><td>5</td><td>6</td><td>7</td></tr>
</table>

<table>
<tr><td rowspan="4">24</td><td rowspan="4">Gibt es einen Lektor, den Sie als berufliches Vorbild betrachten: Ja oder nein?

[INT.: egal, ob der Lektor noch lebt oder bereits tot ist.]</td><td>ja</td><td>= 1</td><td rowspan="4">zu 26</td></tr>
<tr><td>nein</td><td>= 2</td></tr>
<tr><td>weiß nicht</td><td>= 3</td></tr>
<tr><td>keine Angabe</td><td>= 4</td></tr>
<tr><td>25</td><td colspan="3">Wie heißt dieser Lektor? ______________________________</td><td></td></tr>
<tr><td rowspan="4">26</td><td rowspan="4">Halten Sie einen allgemeinen Berufsverband für fest angestellte Lektoren für sinnvoll: Ja oder nein?</td><td>ja</td><td>= 1</td><td>zu 27</td></tr>
<tr><td>nein</td><td>= 2</td><td>zu 28</td></tr>
<tr><td>weiß nicht</td><td>= 3</td><td>zu 29</td></tr>
<tr><td>keine Angabe</td><td>= 4</td><td>zu 29</td></tr>
<tr><td>27</td><td colspan="3">Warum halten Sie einen Berufsverband für sinnvoll?

Erster Grund: ______________________________
Zweiter Grund: ______________________________
Dritter Grund: ______________________________
Vierter Grund: ______________________________
Fünfter Grund: ______________________________</td><td></td></tr>
<tr><td>28</td><td colspan="3">Warum halten Sie einen Berufsverband nicht für sinnvoll?

Erster Grund: ______________________________
Zweiter Grund: ______________________________
Dritter Grund: ______________________________
Vierter Grund: ______________________________
Fünfter Grund: ______________________________</td><td></td></tr>
<tr><td></td><td colspan="3"></td><td></td></tr>
</table>

	Berufszufriedenheit								
	Ich nenne Ihnen nun einige Aspekte, die mit Ihrer Arbeit im Verlag zusammenhängen können. Bitte sagen Sie mir zu jedem Aspekt, wie zufrieden oder unzufrieden Sie persönlich damit sind: Sehr zufrieden, eher zufrieden, teilweise zufrieden, eher unzufrieden, sehr unzufrieden. Sind Sie mit ... sehr zufrieden, eher zufrieden, teilweise zufrieden, eher unzufrieden, sehr unzufrieden? [INT: Zufällige Reihenfolge der Antwortvorgaben!]	ICH BIN DAMIT ...							
		sehr zufrieden	eher zufrieden	teilweise zufrieden	eher unzufrieden	sehr unzufrieden	weiß nicht	keine Angabe	
29	1. ... eigenen beruflichen Qualifizierung	1	2	3	4	5	6	7	
	2. den Möglichkeiten, sich beruflich weiterzubilden	1	2	3	4	5	6	7	
	3. der täglichen Arbeitsbelastung	1	2	3	4	5	6	7	
	4. der Möglichkeit, sich die Arbeit selbst einzuteilen	1	2	3	4	5	6	7	
	5. der Zeit, die Sie für ihren eigentlichen Kernaufgabenbereich haben	1	2	3	4	5	6	7	
	6. der beruflichen Sicherheit, die Ihnen Ihr Job bietet	1	2	3	4	5	6	7	
	7. den Aufstiegsmöglichkeiten innerhalb Ihres Berufes	1	2	3	4	5	6	7	
	8. der Höhe Ihrer Bezahlung	1	2	3	4	5	6	7	
	9. dem Verhältnis zu Ihren Arbeitskollegen	1	2	3	4	5	6	7	
	INT.: FILTERFÜHRUNG Punkt 10 nicht bei Gesamtleitungsrolle fragen! (Frage 12 = ja)								
	10. dem Verhältnis zu Ihren Vorgesetzten	1	2	3	4	5	6	7	
	INT.: FILTERFÜHRUNG Punkt 11 nur bei Gesamt- oder Teilleitungsrolle fragen (Frage 11 oder 12 = ja)								
	11. dem Verhältnis zu Ihren Mitarbeitern	1	2	3	4	5	6	7	

<table>
<tr><th></th><th colspan="8">Lektoratsinterne Strukturen</th><th></th></tr>
<tr><td rowspan="2">30</td><td rowspan="2">Nun werde ich Ihnen einige Personengruppen nennen. Bitte geben sie jeweils an, inwieweit diese Einfluss auf Ihre Arbeit als Lektor nehmen. Ist der Einfluss sehr groß, eher groß, eher klein, sehr klein, nicht vorhanden?

Der Einfluss … ist sehr groß, eher groß, eher klein, sehr klein, nicht vorhanden?</td><td colspan="7">DER EINFLUSS IST …</td><td rowspan="2"></td></tr>
<tr><td>sehr groß</td><td>eher groß</td><td>eher klein</td><td>sehr klein</td><td>nicht vorhanden</td><td>weiß nicht</td><td>keine Angabe</td></tr>
<tr><td></td><td>1. … des Verlegers bzw. der oberen Führungsebene des Verlags</td><td>1</td><td>2</td><td>3</td><td>4</td><td>5</td><td>6</td><td>7</td><td></td></tr>
<tr><td></td><td>2. der Programmleitung oder des Cheflektors bzw. der mittleren Führungsebene</td><td>1</td><td>2</td><td>3</td><td>4</td><td>5</td><td>6</td><td>7</td><td></td></tr>
<tr><td></td><td>3. anderer Lektoren</td><td>1</td><td>2</td><td>3</td><td>4</td><td>5</td><td>6</td><td>7</td><td>zu 31</td></tr>
<tr><td></td><td>4. von Lesern oder Kunden</td><td>1</td><td>2</td><td>3</td><td>4</td><td>5</td><td>6</td><td>7</td><td></td></tr>
<tr><td></td><td>5. von Mitarbeitern aus den Bereichen Marketing, Herstellung, PR oder Vertrieb</td><td>1</td><td>2</td><td>3</td><td>4</td><td>5</td><td>6</td><td>7</td><td></td></tr>
<tr><td></td><td>6. literarischer Agenten</td><td>1</td><td>2</td><td>3</td><td>4</td><td>5</td><td>6</td><td>7</td><td></td></tr>
<tr><td></td><td>7. der Autoren</td><td>1</td><td>2</td><td>3</td><td>4</td><td>5</td><td>6</td><td>7</td><td></td></tr>
<tr><td></td><td>8. der Literaturkritiker oder Rezensenten</td><td>1</td><td>2</td><td>3</td><td>4</td><td>5</td><td>6</td><td>7</td><td></td></tr>
<tr><td></td><td>9. der Buchhändler</td><td>1</td><td>2</td><td>3</td><td>4</td><td>5</td><td>6</td><td>7</td><td></td></tr>
<tr><td></td><td colspan="4" rowspan="4">Gibt es weitere Personen oder Gruppen, die einen Einfluss auf Ihre Arbeit haben: Ja oder nein?</td><td colspan="3">ja</td><td>= 1</td><td></td></tr>
<tr><td></td><td colspan="3">nein</td><td>= 2</td><td></td></tr>
<tr><td></td><td colspan="3">weiß nicht</td><td>= 3</td><td></td></tr>
<tr><td></td><td colspan="3">keine Angabe</td><td>= 4</td><td></td></tr>
</table>

	Welche Person oder Gruppe ist dies? Erste Person/Gruppe: __________ Zweite Person/Gruppe: __________ Dritte Person/Gruppe: __________								
	Wie groß ist der Einfluss dieser Person bzw. Gruppe: Sehr groß, eher groß, eher klein, sehr klein, nicht vorhanden?	1	2	3	4	5	6	7	

31	Wie stark beeinflusst die mögliche Mehrfachverwertung in unterschiedlichen Medien die Aufnahme eines Buchprojektes in das Programm ihres Verlages: Beeinflusst sie die sie Aufnahme stark, schwach, gar nicht?	stark	= 1	
		schwach	= 2	
		gar nicht	= 3	
		weiß nicht	= 4	
		keine Angabe	= 5	

	Berufszugang und Ausbildung	
32	Nun möchte ich Ihnen einige Fragen zum Zugang in den Beruf als Lektor stellen. Was sind in Ihren Augen die drei wichtigsten Kriterien, die jemand erfüllen muss, um in Ihrem Betrieb als Lektor eingestellt zu werden? [INT.: 99 = keine Angabe, 88 = weiß nicht] Erstens: __________ Zweitens: __________ Drittens: __________	

		Wichtigkeit						
33	Ich lese Ihnen nun einige Eigenschaften und Kenntnisse vor. Wie wichtig sind die Ihrer Meinung nach, wenn jemand eine berufliche Tätigkeit in Ihrem Arbeitsbereich anstrebt? Sind sie sehr wichtig, eher wichtig, eher nicht wichtig, gar nicht wichtig? ... ist/sind sehr wichtig, eher wichtig, eher nicht wichtig, gar nicht wichtig?	sehr wichtig	eher wichtig	eher nicht wichtig	gar nicht wichtig	weiß nicht	keine Angabe	
	1. Den Buchmarkt und das Verlagswesens gut zu kennen, ...	1	2	3	4	5	6	

	2. Über Herstellung, Marketing und Vertrieb gut Bescheid zu wissen	1	2	3	4	5	6	
	3. Gute Grundkenntnisse in Betriebswirtschaft	1	2	3	4	5	6	
	4. Gute Kenntnisse der deutschen Sprache und der Rechtschreibung	1	2	3	4	5	6	
	5. Die wichtigsten Computeranwenderprogramme zu beherrschen	1	2	3	4	5	6	
	6. Layout-Kenntnisse	1	2	3	4	5	6	
	7. Das für den jeweiligen Programmbereich nötige Fachwissen zu besitzen	1	2	3	4	5	6	
	8. Teamfähigkeit	1	2	3	4	5	6	
	9. Über Führungseigenschaften zu verfügen	1	2	3	4	5	6	
	10. Nervlich stark belastbar zu sein	1	2	3	4	5	6	

	Eigene Ausbildung			
34	Kommen wir nun zu Ihrer eigenen Ausbildung. Welche verlagsbezogene Aus- bzw. Vorbildung besitzen Sie?			
	1. Hospitanz oder Praktikum in einem Verlag: Ja oder nein?	ja	= 1	
		nein	= 2	
		keine Angabe	= 3	
	2. Verlagsvolontariat: Ja oder nein?	ja	= 1	
		nein	= 2	
		keine Angabe	= 3	
	3. Berufsausbildung im Buchverlag, im Buchhandel oder im Bibliothekswesen: Ja oder nein?	ja	= 1	
		nein	= 2	
		keine Angabe	= 3	

	Welchen Beruf haben Sie dabei erlernt? ______			
	4. Teilnahme an einschlägigen Lektorenkursen: Ja oder nein?	ja	= 1	
		nein	= 2	
		keine Angabe	= 3	
	Bei welcher Institution haben Sie die Lektorenkurse besucht? ______			
	5. Studium: Ja oder nein?	ja	= 1	
		nein	= 2	
		keine Angabe	= 3	zu 6.
	Haben Sie Buchwissenschaft, Verlagswirtschaft, Bibliothekswesen oder etwas anderes studiert?	Buchwissenschaft	= 1	
		Verlagswirtschaft	= 2	
		Bibliothekswesen	= 3	
		etwas anderes	= 4	
		keine Angabe	= 5	
	6. Haben Sie eine andere verlagsbezogene Ausbildung: Ja oder nein?	ja	= 1	zu 35
		nein	= 2	
		keine Angabe	= 3	
	Welche Ausbildung ist das bitte? ______			
35	Haben Sie vor Ihrer Tätigkeit als Lektor schon einmal länger als ein Jahr in einem anderen Beruf gearbeitet: Ja oder nein?	ja	= 1	
		nein	= 2	zu 37
		keine Angabe	= 3	
36	In welchem Bereich bzw. Beruf haben Sie gearbeitet? ______ [INT.: Bitte geben Sie möglichst die exakte Bezeichnung an.]			

	Nun geht es darum, warum Sie Lektor geworden sind. Ich lese Ihnen einige Aussagen vor, und Sie sagen mir bitte, wie sehr die auf Sie zutreffen: Treffen sie voll zu, eher zu, eher nicht zu, gar nicht zu? Sie wurden Lektor ...: Trifft das voll zu, eher zu, eher nicht zu, gar nicht zu? [INT.: Zufällige Reihenfolge der Aussagen!]	TRIFFT ...						
		voll zu	eher zu	eher nicht zu	gar nicht zu	weiß nicht	keine Angabe	
37	1. ... aus Leidenschaft	1	2	3	4	5	6	
	2. aufgrund fehlender Alternativen	1	2	3	4	5	6	
	3. aus Interesse an einem vielseitigen Beruf	1	2	3	4	5	6	
	4. aufgrund des Ansehens, das dieser Beruf genießt	1	2	3	4	5	6	
	5. aufgrund der spannenden Kontakte zu interessanten und außergewöhnlichen Menschen	1	2	3	4	5	6	
	6. durch Zufall	1	2	3	4	5	6	

38	Besuchen Sie regelmäßig die Buchmesse in Frankfurt oder in Leipzig: Ja oder nein?	ja	= 1	
		nein	= 2	
		keine Angabe	= 3	

	Zur Zukunft der Lektorate							
39	Nun geht es um die Zukunft der Lektorate. Ich lese Ihnen einige Aussagen vor. Bitte geben Sie jeweils an, wie sehr Sie zustimmen: Voll und ganz, überwiegend, eher nicht, überhaupt nicht. ...: Stimmen Sie voll und ganz zu, überwiegend zu, eher nicht zu oder überhaupt nicht zu? [INT.: Zufällige Reihenfolge der Aussagen!]	ICH STIMME ...						
		voll und ganz zu	überwiegend zu	eher nicht zu	überhaupt nicht zu	weiß nicht	keine Angabe	
	1. Die Manuskriptarbeit wird immer mehr von freien Lektoren übernommen	1	2	3	4	5	6	
	2. Verlagslektoren werden stärker die ökonomischen Interessen ihrer Verlage vertreten müssen	1	2	3	4	5	6	

	3. Die Betreuung der Autoren wird immer mehr von den literarischen Agenturen übernommen	1	2	3	4	5	6	
	4. Verlagslektoren werden immer mehr Zeit mit Planen, Koordinieren und Delegieren verbringen	1	2	3	4	5	6	
	5. Die Verkaufschancen eines Buches werden immer mehr über die Veröffentlichung eines Buches entscheiden	1	2	3	4	5	6	
	6. Verlagslektoren werden zukünftig zusätzliche technische und herstellerische Kompetenzen benötigen (Desktop-Publishing, Publishing-on-demand)	1	2	3	4	5	6	
	7. Verlagslektoren müssen immer mehr über betriebswirtschaftliche Kenntnisse verfügen	1	2	3	4	5	6	

	Soziodemographische Angaben			
	Abschließend noch ein paar Angaben zu Ihrer Person.			
40	Geschlecht der befragten Person [INT. Codieren ohne zu fragen.]	männlich	= 1	
		weiblich	= 2	
		keine Angabe	= 3	
41	In welchem Jahr wurden Sie geboren?	☐ Jahr		
42	Welchen Familienstand haben Sie? Sind Sie ledig, verheiratet, getrennt lebend, geschieden, verwitwet, wiederverheiratet?	ledig	= 1	
		verheiratet	= 2	zu 45
		getrennt lebend	= 3	
		geschieden	= 4	
		verwitwet	= 5	zu 45
		wiederverheiratet	= 5	
		keine Angabe	= 6	
43	Haben Sie einen festen Partner bzw. eine feste Partnerin: Ja oder nein?	ja	= 1	

		nein = 2	zu 45
		keine Angabe = 3	
44	Leben Sie mit Ihrem Partner bzw. Ihrer Partnerin zusammen: Ja oder nein?	ja = 1	
		nein = 2	
		keine Angabe = 3	
45	Wie viele eigene Kinder haben Sie? Ich meine damit auch die, die nicht mehr in Ihrem Haushalt leben.	☐ Zahl	
46	Welchen höchsten Bildungsabschluss haben Sie: Keinen Abschluss, Hauptschulanschluss, mittlere Reife, Abitur, Fachabitur, Fachhochschulreife, Studium ohne Abschluss, Studium mit Abschluss, Promotion oder einen anderen Abschluss?	keinen Abschluss = 1	
		Hauptschuleabschluss = 2	zu 48
		mittlere Reife = 3	zu 48
		Abitur/Fachhochschulreife = 4	zu 48
		Studium ohne Abschluss = 5	zu 48
		Studium mit Abschluss = 6	
		Promotion = 7	zu 48
		einen anderen Abschluss = 8	
		keine Angabe = 9	
	Welchen anderen Abschluss haben Sie dann? ________________		

<table>
<tr><td>47</td><td colspan="2">Welche Hauptfächer haben Sie studiert?
Welche Nebenfächer haben Sie studiert?

[INT.: 99 = keine Angabe, 88 = weiß nicht (mehr), 77 = kein weiteres Fach]

Erstes Hauptfach: ____
Zweites Hauptfach: ____
Drittes Hauptfach: ____
Erstes Nebenfach: ____
Zweites Nebenfach: ____
Drittes Nebenfach: ____</td><td></td></tr>
<tr><td>48</td><td colspan="2">Welchen Beruf haben zurzeit Ihre drei wichtigsten Freundinnen oder Freunde?

Beruf erster Freund: ____
Beruf zweiterFreund: ____
Beruf dritter Freund: ____

[INT.: Bitte möglichst genau notieren, bei Bezeichnungen wie ‚qualifizierte Angestellte' etc. bitte nachfragen „In welcher Branche arbeitet sie/er?"]
[INT.: 99 = keine Angabe, 88 = weiß nicht]</td><td></td></tr>
<tr><td rowspan="5">49</td><td rowspan="5">Wie hoch ist Ihr eigenes monatliches Nettoeinkommen, also der Betrag nach Abzug der Steuern und der Sozialversicherungsbeiträge? Ist es über 2 000 Euro, unter 2 000 Euro oder genau bei 2 000 Euro?</td><td>über 2.000 Euro = 1</td><td>zu 50</td></tr>
<tr><td>unter 2.000 Euro = 2</td><td>zu 51</td></tr>
<tr><td>genau bei 2.000 Euro = 3</td><td></td></tr>
<tr><td>weiß nicht = 4</td><td>zu 52</td></tr>
<tr><td>keine Angabe = 5</td><td></td></tr>
<tr><td rowspan="5">50</td><td rowspan="5">Ist es bis 3 000 Euro, ist es bis 4 000 Euro, ist es über 4 000 Euro?</td><td>bis 3.000 Euro = 1</td><td></td></tr>
<tr><td>bis 4.000 Euro = 2</td><td></td></tr>
<tr><td>über 4.000 Euro = 3</td><td></td></tr>
<tr><td>weiß nicht = 4</td><td></td></tr>
<tr><td>keine Angabe = 5</td><td></td></tr>
</table>

51	Ist es bis 1 000 Euro, ist es bis 2 000 Euro?	bis 1.000 Euro = 1 bis 2.000 Euro = 2 weiß nicht = 3 keine Angabe = 4	

	Abschluss	
52	Wir planen für später eine Intensivbefragung von Lektoren. Wären Sie bereit, an dieser Studie teilzunehmen? Wenn „Ja“: Dann würde ich gerne Ihren Namen und Ihre Telefonnummer notieren. Beides wird getrennt von Ihren Angaben im Fragebogen aufbewahrt, so dass weiterhin nicht von Ihren Angaben auf Ihre Person geschlossen werden kann. [INT.: Telefonnummer und Namen bitte gesondert auf einem Blatt notieren!	
	Damit sind wir am Ende der Befragung angekommen. Vielen Dank für Ihre Mitarbeit. Wenn Sie noch eine Frage, eine Anmerkung oder eine Ergänzung haben, können Sie mir das jetzt sagen. [INT.: 99 = keine Anmerkung] Anmerkung:	
	Dann bedanke ich mich noch einmal und wünsche Ihnen einen angenehmen Tag, auf Wiederhören. [INT.: Ende der Befragung]	

7 Intensivinterviews

Gesprächsleitfaden

• = Pflichtfragen – o = Zusatzfragen

1. Berufsbiographie
- Denken Sie einmal zurück an die Zeit, als sie beschlossen, Lektor in einem Buchverlag zu werden. Wie war das damals? (Entscheidungsprozess, Einflussfaktoren, prägende Momente, eigene Überlegungen, erste Erfahrungen, Zufall oder Planung?)
- Erzählen Sie mir bitte Ihren beruflichen Werdegang vom ersten Tag im Lektorat bis heute. (Verlage, Jobwechsel, Gründe dafür, Zuständigkeiten, Kinderpause)
- Was war Ihr größter beruflicher Erfolg? Und Ihre größte berufliche Niederlage? (Ggf. nachfragen: ein bestimmtes Buch, Buchreihe, Autor...)

2. Arbeitsalltag/Arbeitsabläufe
- Beschreiben Sie mir bitte, wie bei Ihnen ein üblicher Arbeitstag im Lektorat aussieht.
- o Welche Strukturierungsmuster oder Routinen gibt es in Bezug auf den Ablauf eines Tages, einer Woche, eines Monats, eines Jahres?
- o Als Lektor muss man mit vielen anderen Menschen zusammenarbeiten. Wie funktioniert das bei Ihnen? (Konflikte, Treffen, Autonomie, Abhängigkeiten, formell und informell)
- Wie ist das bei Ihrer derzeitigen Arbeit mit Umsatz- oder Titelzahlvorgaben? Wirtschaftliche Zwänge?
- Wie wird in Ihrem Verlag über die Publikation eines Titels entschieden? (Personen, Kriterien, Prozesse, Routinen)
- o Woran denken Sie bei dem Stichwort „unverlangt eingesandte Manuskripte"? (Bedeutung, eigener Umgang damit)

3. Lektor-Autor-Beziehung
- Beschreiben Sie mir Ihr Verhältnis und Ihre Zusammenarbeit mit den Autoren. (Frequenz, Kommunikationswege, Treffen, Privates, Probleme und Krisen, Inhalte ...)
- o Wie viele Autoren betreuen Sie gegenwärtig?
- o Welche Stellung hat die Betreuung der Autoren in Ihrem Berufsalltag?

4. Kritik am Lektorat

- In den Medien ist immer wieder Kritik an der Arbeit der Lektoren zu lesen. Worauf sind solche Aussagen Ihrer Meinung nach zurückzuführen? (Qualität der Kritiker, beschleunigte Produktionszyklen, Personalabbau, Lektorenausbildung, Kostendenken, Probleme mit Autoren, freien Lektoren, Übersetzern ...)

5. Berufsprestige, Stellung im Verlag, Selbst- und Fremdeinschätzung

- Denken Sie einmal an die Lektoren, die Sie kennen. Wie würden Sie einen typischen Lektor charakterisieren? (Eigenschaften, Fähigkeiten, Verhaltensweisen, Äußerlichkeiten; Beispiele von anderen Berufen: zerstreuter Professor, gestresster Manager...)
- Wo würden Sie das Lektorat in der Hierarchie ihres Verlages verorten?
- Sie sind auf einer Feier oder auf einem Empfang und jemand fragt Sie nach Ihrem Beruf. Wie reagiert Ihr Gegenüber, wenn Sie ihm sagen, dass Sie Lektor sind? (Welche Vorstellungen herrschen über den Beruf?)
- Haben Sie Ambitionen, selbst als Autor tätig zu werden (bereits publiziert)? Wenn ja, welcher Bereich? (Sachbuch, Belletristik ...)

6. Praktik der Aus- und Weiterbildung

- Sollte es eine eigene Ausbildung für Lektoren geben? (z. B. ein BA-Studiengang „Lektor“ o. Ä.)
- Die telefonische Lektorenbefragung hat gezeigt, dass Lektoren mit den beruflichen Weiterbildungsmöglichkeiten eher unzufrieden sind. Wie beurteilen Sie Ihre Situation? (Praktik im eigenen Haus, Zeit, Initiative, Finanzierung, Angebote)
  - Was tun Sie für Ihre eigene berufliche Weiterbildung (was haben Sie getan)?
  - Angenommen, Sie hätten in nächster Zeit die Möglichkeit, an einem Kurs teilzunehmen. Was müsste in diesem Kurs vermittelt werden? (Warum ist das wichtig?)

7. Zukunftsszenario

- Ein Verleger gibt Ihnen die Möglichkeit, unabhängig von ökonomischen Erwägungen ein Buchprojekt zu realisieren. Was wäre Ihr „Wunschbuch“?
- Denken Sie einmal an Ihre berufliche Zukunft: Wo sehen Sie sich in zehn Jahren?
- Und wie sieht die Arbeit von Lektoren in zehn Jahren allgemein aus? (Neue Medien, verändertes Leseverhalten, Wandel im Buchhandel, Outsourcing ...)

Gesprächspartner

Frankfurt

22.11.2006	Claudia Stein, Büchergilde Gutenberg
22.11.2006	Roland Spahr, Fischer Taschenbuch Verlag
23.11.2006	Stephanie Aulbach, J.D. Sauerländer's Verlag
23.11.2006	Dr. Hans-Ulrich Müller-Schwefe, Suhrkamp Verlag

Berlin

13.12.2006	Rita von der Grün, Beuth-Verlag
14.12.2006	Dr. Susanne Schüssler, Verlag Klaus Wagenbach
14.12.2006	Carlos Westerkamp, Ullstein Buchverlag
15.12.2006	Cedric Sherratt, Cornelsen-Schulbuchverlag

München

29.11.2006	Dr. Dietrich Voorgang, Claudius-Verlag
06.12.2006	Dr. Maria Dürig, Limes Verlag (Random House)
10.01.2007	Julia Hoffmann, Deutsche Verlags-Anstalt
20.12.2006	Dr. Tobias Heyl, Carl Hanser Verlag

Stuttgart

20.10.2006	Dr. Christoph Selzer, Klett-Cotta Verlag
08.12.2006	Ute Hechtfischer, J.B. Metzler
21.12.2006	Dr. Christine Ruhrberg, Reclam
21.12.2006	Stefan Brückner, Konrad Theiss Verlag